浙江省普通高校“十三五”新形态教材

普通高等教育经济管理类专业精品教材

应用统计学

第 3 版

主　编　周志丹
副主编　董国辉　李旭帅
参　编　周志英　修雪芳　管丽萍

机 械 工 业 出 版 社

本书以经济管理案例的应用为基础，从应用统计的角度系统阐述了统计学的基本原理、知识和方法。本书共十章，包括统计应用概述、数据收集与整理、数据的度量、统计推断、相关分析与回归分析、时间序列、统计指数、列联表与方差分析、数据的降维、统计实验。本书强调统计的具体应用，强调利用 SPSS 软件分析数据并解释结果，可以迅速、有效地帮助读者提高分析问题和解决问题的能力。

本书可作为高等院校经济管理类专业的教材，也可作为企事业单位统计工作人员的参考用书。

图书在版编目（CIP）数据

应用统计学/周志丹主编. —3 版 .—北京：机械工业出版社，2022.6（2025.7 重印）

浙江省普通高校“十三五”新形态教材　普通高等教育经济管理类专业精品教材

ISBN 978-7-111-71725-6

Ⅰ. ①应…　Ⅱ. ①周…　Ⅲ. ①应用统计学-高等学校-教材　Ⅳ. ①C8

中国版本图书馆 CIP 数据核字（2022）第 180553 号

机械工业出版社（北京市百万庄大街 22 号　邮政编码 100037）

策划编辑：常爱艳　　责任编辑：常爱艳　李　乐

责任校对：潘　蕊　梁　静　　封面设计：鞠　杨

责任印制：常天培

河北虎彩印刷有限公司印刷

2025 年 7 月第 3 版第 5 次印刷

184mm×260mm · 22.75 印张 · 544 千字

标准书号：ISBN 978-7-111-71725-6

定价：63.80 元

电话服务　　网络服务

客服电话：010-88361066　　机　工　官　网：www.cmpbook.com

010-88379833　　机　工　官　博：weibo.com/cmp1952

010-68326294　　金　书　网：www.golden-book.com

机工教育服务网：www.cmpedu.com

前　　言

管仲云："不明于计数，而欲举大事，犹无舟楫而欲经于水险也。"应用统计学就是从应用的角度阐述统计数据信息的获取、处理、分析、推断的一系列统计理论和方法。凡是有数据出现的地方就有应用统计学。应用统计学在国民经济管理、政府决策、市场调查、质量控制、财务管理、投资分析、科学研究、数据挖掘等方面的应用日益广泛。

随着信息技术的快速发展，大数据技术应用已经成为政府和企业发展的战略选择。大数据的收集、处理、分析，以及云计算、云服务的科学研究和人才培养，已经成为政府统计和高等统计教育工作面临的重要课题。本书正是在该背景下重新安排了各章的内容，力图有所创新，能更好地满足大数据环境中统计信息技术、统计方法与理论在互联网时代的实践应用。

本书具有以下特点：

1. 内容创新

为说明大数据与统计学的关系，本书在多处介绍了大数据背景下统计数据在数量、结构、类型上与传统统计数据的不同，现代统计数据更具有"信息"的含义。在内容编排上，本书采用贴近生活实际的案例，逐步引导学生解决实际问题，最终掌握统计学知识。

在类型数据与数值数据的分析方面，增加了列联表、单因素、多因素和协方差分析；在数据的降维分析方面，增加了因子分析和对应分析。这些都是大学生在读时进行毕业论文写作和毕业后进行数据分析时常用的方法。

2. 应用创新

本书重点介绍描述统计和推断统计方面的基础知识，以案例引导的方式提出问题，通过生活或经济中的综合案例对各章内容进行总结，方便教师以探究式教学方式让学生完成各章的学习。

3. 实验创新

本书精简了公式推导、概念阐述，以通俗易懂的语言和例子来剖析深奥的数学概念。本书以 SPSS20.0 为工具开展实验，重点包括数据的录入与转换、数据的统计描述、数据图表的制作和数据分析。在数据分析中，重点介绍应用分析方法的对应情况、如何进行 SPSS20.0 的操作、对操作结果如何进行解释，而对分析思想只做简单介绍。

4. 思维创新

本书倡导以统计思维而非常规思维来学习应用统计学。本书主要体现了总体思维（统计总体)、数据收集思维（统计数据调查)、数据分布思维（数据整理)、平均水平思维(平均指标、平均差、方差、平均抽样误差等)、权重思维（加权算术平均数、统计指数、时点数列序时平均数等)、概率思维（抽样调查)、因素分析思维（时间数列与统计指数的因素分析)。这些统计思维贯穿全书，能为学好运用统计学打下思维基础。

本书模块丰富，正文中穿插了“知识链接”“知识扩展”“小卡片”“统计人物”等内容。本书为新形态教材，读者可扫描书中二维码获取相应题目答案及讲解视频。为便于师生互动，提高学生的学习兴趣和效率，本书将应用统计学的理论学习与计算机软件运用相结合，第十章是以 SPSS20.0 为工具的实验指导，读者可扫描书中二维码获取相应数据资料。另外，第八章、第九章也有相应知识的数据文件可扫码获取。为便于教学，本书还准备了教学课件（PPT）和教学大纲，使用本书作为教材的教师，请登录机械工业出版社教育服务网(www.cmpedu.com）注册下载。

本书共十章，教师可根据授课课时选择讲授的章节。第一～七章为应用统计学的基础知识；第八章和第九章为应用统计学的拓展知识，主要用于培养经济管理类专业学生在毕业论文写作中的数据分析能力；第十章为实验部分，有统计实验安排的院校可选择该章内容，培养学生应用计算机软件进行数据统计的基本能力。本书由浙江万里学院周志丹教授任主编，第一章由李旭帅、周志丹编写，第二章由修雪芳编写，第三章由周志英编写，第四章、第五章由周志丹编写，第六章由管丽萍编写、第七～九章由董国辉编写，第十章由李旭帅编写。全书由周志丹统稿。

本书编写过程中参考了国内外大量文献资料，在此对这些文献的作者表示感谢！

尽管编者为提高本书的质量做了不少努力，但由于水平有限、时间仓促，书中难免有疏漏或错误之处，恳请读者不吝赐教，以便今后进一步修改与完善。

编　者

目　录

第一章　统计应用概述

引例

数说中国成就，倍感骄傲自豪

2020年是“十三五”收官之年，是实现第一个百年奋斗目标的关键一年。让我们通过统计数据，来看看2020年我国取得的伟大成就。

成就一：全球唯一实现经济正增长的主要经济体。新冠疫情百年不遇，世界经济深度衰退，多重冲击前所未有。但是，我国经济总量突破百万亿元大关。全年国内生产总值达101.6万亿元，比上年增长2.3%，是全球唯一实现经济正增长的主要经济体。按年平均汇率折算，2020年我国经济总量占世界经济的比重超过17%。

成就二：2020年全年新建高速铁路投产里程2521km，“四纵四横”高铁主骨架全面建成。新改建高速公路里程12713km，港口万吨级码头泊位新增通过能力30562万t/年。高铁成为了我国的“新名片”。

成就三：保居民就业、保基本民生扎实有力。2020年全年城镇新增就业1186万人，超额完成年初预期目标。年末全国城镇调查失业率为5.2%，城镇登记失业率为4.2%，均低于预期目标。全年居民消费价格平均上涨2.5%，低于3.5%左右的预期目标。

成就四：脱贫攻坚成果举世瞩目。按现行农村贫困标准计算，2020年年初剩余的551万农村贫困人口全部实现脱贫。2020年全年贫困地区农村居民人均可支配收入12588元，实际增长5.6%，增速分别比全国居民和全国农村居民快3.5个百分点、1.8个百分点。

“十三五”时期，全国居民人均可支配收入年均名义增长2045元，比“十二五”时期多增156元；5575万农村贫困人口实现脱贫，年均减贫1115万人。

成就五：创新投入大幅增加。2020年全年研究与试验发展经费支出24426亿元，比上年增长10.3%，与国内生产总值之比为2.40%，比上年提高0.16个百分点；其中基础研究经费比上年增长12.6%，持续保持较快增长。世界知识产权组织报告显示，2020年我国继续位列全球创新指数排名第14位，是前30名中唯一的中等收入经济体。

成就六：科技实力显著增强。2020年全年全国授予专利363.9万件，比上年增长40.4%。年末每万人口发明专利拥有量预计达15.8件，比上年末增加2.5件。重大科技成果不断涌现。“嫦娥四号”首次登陆月球背面，“嫦娥五号”完成月表采样返回，“天问一号”探测器成功发射，“奋斗者”号完成万米载人深潜，北斗导航全球组网，量子计算原型系统“九章”成功研制，500m口径球面射电望远镜（FAST）正式开放运行。

成就七：实物商品网上零售额占比持续提高。2020年，我国电子商务平台交易额达到37.2万亿元，按同比口径计算，比上年增长4.5%。2020年，全国网上零售额11.76万亿元，按可比口径计算，比上年增长10.9%。其中，实物商品网上零售额增长14.8%，占社会消费品零售总额的比重为24.9%，比上年提高4.0个百分点。2020年，快递业务量达到833.6亿件，比上年增长31.2%，是2014年的6倍。

成就八：贸易大国地位更加巩固。货物贸易规模再创新高。全年货物进出口总额321557亿元，比上年增长1.9%，其中出口增长4.0%。进出口、出口总值双双创历史新高，继续稳居全球货物贸易第一。一般贸易占比继续提升。一般贸易进出口占货物进出口总额的59.9%，比上年提高0.9个百分点。贸易格局更趋多元化，东盟跃升为我国最大货物贸易伙伴，对东盟的进出口比重达14.7%，比上年提高0.7个百分点。

共建“一带一路”成效显著。全年对“一带一路”沿线国家进出口总额93696亿元，比上年增长1.0%；对“一带一路”沿线国家非金融类直接投资额178亿美元，增长18.3%。截至2021年1月底，累计同140个国家和31个国际组织签署205份共建“一带一路”合作文件。

成就九：居民收入与经济同步增长。2020年全年全国居民人均可支配收入32189元，比上年增长4.7%，扣除价格因素，实际增长2.1%，快于人均国内生产总值增速。农村居民收入较快增长。2020年全年农村居民人均可支配收入比上年实际增长3.8%，快于城镇2.6个百分点。

成就十：社会事业全面进步。一是社会保险覆盖面进一步扩大。2020年全国基本养老保险参保人数近10亿人，基本医疗保险参保率稳定在95%以上。二是教育文化繁荣发展。2020年全年研究生教育招生110.7万人，在学研究生314.0万人，毕业生72.9万人。普通本专科招生967.5万人，在校生3285.3万人，毕业生797.2万人。九年义务教育巩固率为95.2%，高中阶段毛入学率为91.2%。三是医疗卫生力量显著增强。2020年末全国共有医疗卫生机构102.3万个，卫生技术人员1066万人，比上年末增加51万人。2020年末全国共有体育场地371.3万个，比上年末增加16.9万个。

2021年是“十四五”开局之年，是第二个百年奋斗目标新征程的开启之年。

（数据来源：中国国家统计局网站）

本章学习目标

1. 认识和了解统计在学习、生活、工作与研究中的应用。
2. 理解和掌握统计学的几组基本概念。

3. 熟悉常用的数据分析方法和统计分析软件。
4. 了解大数据的概念、应用以及与统计学之间的关系。

第一节 生活中的统计学

凡是可以用数据表示的现象，都可以作为统计的研究对象。这就要求将来从事经济管理类工作的大学生必须掌握和运用统计数据分析技能，懂得如何把经济活动、学习和工作生活中的资料收集、整理和呈现出来，懂得如何利用这些数据对经济运行、企业发展状况进行分析，得出正确的结论，从而做出科学决策。

一、统计与生活息息相关

统计与人们的经济生活息息相关，成本、利润、投入、产出、贷款、效益、股份、市场预测、风险评估等一系列经济词汇被频繁使用，买与卖、存款与放贷、股票与债券、保险与理财、投资与融资等几乎每天都会碰到。

我们所得到的国内生产总值 GDP、股票金融市场数据、国际贸易顺差逆差、城乡居民家庭人均收入、恩格尔系数、农产品生产价格指数、各地区居民消费价格指数、商品零售价格指数和人民币汇率等，都是统计的结果。犯罪率、离婚率、失业率、人均绿化面积、CPI以及基尼系数等，无论我们是否学过统计、懂得统计，我们生活中的每一天都能遇到大量的统计数据，新闻和大众媒体随时都在发布统计数字。下面举例说明。

第 47 次《中国互联网络发展状况统计报告》

2021 年 2 月 3 日，中国互联网络信息中心（CNNIC）发布的第 47 次《中国互联网络发展状况统计报告》显示，截至 2020 年 12 月，中国网民规模达 9.89 亿人，互联网普及率达到 70.4%。我国农村网民规模达 3.09 亿人，占网民整体的 31.3%；城镇网民规模达 6.80 亿人，占网民整体的 68.7%。我国网民使用手机上网的比例达 99.7%；使用电视上网的比例为 24.0%；使用台式电脑上网、笔记本电脑上网、平板电脑上网的比例分别为 32.8%、28.2%和 22.9%。

我国网络购物用户规模达 7.82 亿人，较 2020 年 3 月增长 7215 万人，占网民整体的 79.1%。

我国网络直播用户规模达 6.17 亿人，较 2020 年 3 月增长 5703 万人，占网民整体的 62.4%；其中，电商直播用户规模为 3.88 亿人，占网民整体的 39.2%；游戏直播用户规模为 1.91 亿人，占网民整体的 19.3%；真人秀直播的用户规模为 2.39 亿人，占网民整体的 24.2%；演唱会直播的用户规模为 1.90 亿人，占网民整体的 19.2%；体育直播的用户规模为 1.38 亿人，占网民整体的 13.9%。

我国网约车用户规模达 3.65 亿人，较 2020 年 3 月增长 298 万人，占网民整体的 36.9%。

思考与练习：请通过网络查找《中国互联网络发展状况统计报告》，了解我国互联网的发展现状，思考统计在报告中的应用。

（一）炒股数据分析——人人关注数据

近几年炒股投资的人数越来越多，观看股票行情的人们（见图1-1）时刻都在与统计数字打交道。如何更好地对股票数据进行分析与判断成了众多股民的“必修课”。

图1-1 股民全神贯注地盯着股票行情

在投资股票时，经常会用到各种股票价格分析技术指标，其实股价数据就是典型的时间序列数据，可以利用如移动平均法等各种时间序列的数据分析方法进行股价分析和预测。2003年度诺贝尔经济学奖的获得者是美国经济学家罗伯特·恩格尔（Robert F. Engle）和英国经济学家克莱夫·格兰杰（Clive W. J. Granger），获奖原因就是他们发明了处理许多经济时间序列的两个关键特性的统计方法：时间变化的变更率和非平稳性。他们是时间序列经济学的奠基人。

思考与练习：请通过网络查找历年诺贝尔经济学奖获奖情况，并思考获奖成果与统计应用的关系。

股票价格的走势，就是典型的时间序列。时间序列数据的预测方法详见第六章。股票价格指数是如何计算出来的呢？详见第七章“统计指数”。

思考与练习：请通过网络初步了解与应用统计相关的股票分析技术有哪些。

（二）政府工作报告——“用统计数据说话”

领导人经常会在工作报告或发言中，运用一些统计数据来概括社会经济的发展情况。可见，“用统计数据说话”是一种很好的表达方式。

我国每年的政府工作报告总是会列举大量的水平、比例、结构、速度等数据来说明国民经济的发展状况；统计部门每月、每季、每年都要定期公布经济运行的数据。

2021年预期国内生产总值比上年增长6%以上

2020年全年国内生产总值增长2.3%，城镇新增就业1186万人，年末全国城镇调查失业率降到5.2%。加强生活必需品保供稳价，居民消费价格上涨2.5%。对因疫情遇困群众及时给予救助，新纳入低保、特困供养近600万人，实施临时救助超过800万人次。

过去五年，我国经济社会发展取得新的历史性成就。国内生产总值从不到 70 万亿元增加到超过 100 万亿元。

2021 年发展的主要预期目标是：国内生产总值增长 6%以上；城镇新增就业 1100 万人以上，城镇调查失业率 5.5%左右；居民消费价格涨幅 3%左右；进出口量稳质升，国际收支基本平衡；居民收入稳步增长；生态环境质量进一步改善，单位国内生产总值能耗降低 3%左右，主要污染物排放量继续下降；粮食产量保持在 1.3 万亿斤以上。

（资料来源：2021 年 3 月的《中国政府工作报告》）

思考与练习：请通过网络查找并学习最近五年的政府工作报告，思考其中统计知识的应用。

（三）猪肉价格上涨 57.1%——探秘 CPI 统计生成之谜

CPI 是国民经济“晴雨表”，与老百姓的生活息息相关，如图 1-2 和图 1-3 所示。

图 1-2 调查员正在菜场实地采集 CPI 数据

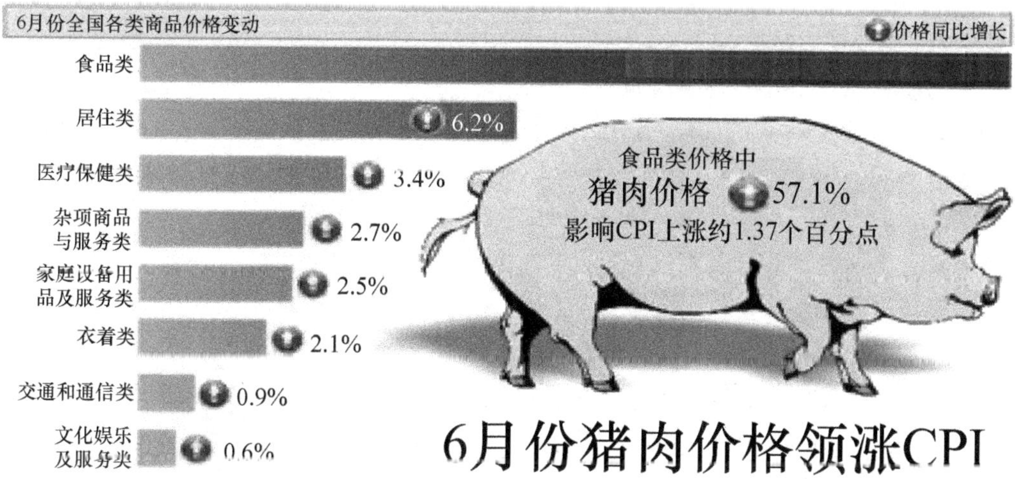

图 1-3 某年 6 月份全国居民消费价格变动

在人们的经济生活中，居民消费价格指数（Consumer Price Index，CPI）是反映与居民生活有关的产品与服务的价格变动的指标，通常作为观察通货膨胀水平的重要指标。CPI是民众能够切身体会到的数据，如生活消费品的价格是上涨了还是下跌了。事实上，身边的消费品，如水电、车票、蔬菜、汽油、住房等价格都在不断变动。那么，CPI的原始数据是如何调查和收集的呢？CPI数据的统计范围和调查方法是什么？具体内容将在第二章“数据收集与整理”中加以介绍。CPI是如何计算出来的呢？具体内容将在第七章“统计指数”中详细解答。

思考与练习：请通过网络，对与CPI相关的知识进行专题自主学习、小组讨论。

（四）全国经济普查——全面摸清我国第二产业和第三产业家底

《全国经济普查条例》规定，经济普查每5年进行一次，分别在逢3、8的年份实施。2018年第四次全国经济普查的主要目的是全面调查我国第二产业和第三产业的发展规模、布局和效益，了解产业组织、产业结构、产业技术、产业形态的现状以及各生产要素的构成，摸清全部法人单位资产负债状况和新兴产业发展情况，为推进国家治理体系和治理能力现代化提供科学、准确的统计数据支持。普查的对象是在我国境内从事第二产业和第三产业的全部法人单位、产业活动单位和个体经营户。普查标准时点为2018年12月31日，普查时期资料为2018年年度资料。

第四次全国经济普查主要数据

（1）单位情况。2018年年末，全国共有从事第二产业和第三产业活动的法人单位2178.9万个，比2013年年末（2013年是第三次全国经济普查年份）增加1093.2万个，增长100.7%；个体经营户6295.9万个。

按区域分，东部地区拥有法人单位1280.2万个，占58.8%；中部地区拥有法人单位492.9万个，占22.6%；西部地区拥有法人单位405.8万个，占18.6%。

（2）从业人员情况。2018年年末，全国第二产业和第三产业法人单位从业人员38323.6万人，比2013年年末增加2721.3万人，增长7.6%，其中女性从业人员14446.7万人，占37.7%。第二产业的从业人员为17255.8万人，减少2005.0万人，下降10.4%；第三产业的从业人员为21067.7万人，增加4726.2万人，增长28.9%。个体经营户从业人员14931.2万人。

（3）新兴产业研发投入方面。2018年，规模以上高技术制造业企业法人单位研究和发展（简称R&D）经费支出3559.1亿元，比2013年增长75.0%，R&D经费与营业收入之比为2.27%。

总的来看，第四次全国经济普查全面摸清了我国第二产业和第三产业“家底”，系统反映了我国经济社会发展状况，获得了极其宝贵的海量数据，是对国民经济一次高质量的“体检”。

（五）人口普查的调查方案、调查方法与统计公报

根据《中华人民共和国统计法》和《全国人口普查条例》，我国以2020年11月1日零时为标准时点开展了第七次全国人口普查，主要目的是全面查清我国人口数量、结构、分布等方面的情况，为完善我国人口发展战略和政策体系、制定经济社会发展规划、推动高质量

发展提供准确的统计信息支持。普查内容主要是调查人口和住户的基本情况，内容包括：姓名、公民身份证号码、性别、年龄、民族、受教育程度、行业、职业、迁移流动、婚姻生育、死亡、住房等情况。

人口普查的统计调查方案详见第二章“数据收集与整理”，调查方法详见第四章“统计推断”，性别比例、年平均增长率的计算详见第六章“时间序列”。

人口老龄化程度已高于世界平均水平（65 岁及以上人口占比 9.3%）

记者：人口老龄化是当前中国面临的一大挑战。当前中国老龄化在世界上处于什么水平？过去 10 年间中国人口老龄化显现出哪些新趋势和新特点？

人普办负责人：根据第七次全国人口普查数据，我国 65 岁及以上人口比重达到 13.50%，人口老龄化程度已高于世界平均水平（65 岁及以上人口占比 9.3%），但低于发达国家平均水平（65 岁及以上人口占比 19.3%）。我国人口老龄化的主要特点有以下几个方面：

第一，老年人口规模庞大。我国 60 岁及以上人口有 2.6 亿人，其中，65 岁及以上人口 1.9 亿人。有 16 个省份的 65 岁及以上人口超过了 500 万人。

第二，老龄化进程明显加快。2010 年至 2020 年，60 岁及以上人口比重上升了 5.44 个百分点，65 岁及以上人口比重上升了 4.63 个百分点。

第三，老龄化水平城乡差异明显。从全国看，乡村 60 岁、65 岁及以上老人的比重分别为 23.81%、17.72%，比城镇分别高出 7.99、6.61 个百分点。

第四，10 年来，我国人口预期寿命持续提高。2020 年，80 岁及以上人口有 3580 万人，占总人口的比重为 2.54%，比 2010 年增加了 1485 万人，比重提高了 0.98 个百分点。

人口老龄化是社会发展的重要趋势，也是今后较长一段时期我国的基本国情，这既是挑战也存在机遇。人口老龄化从挑战方面看，将减少劳动力的供给数量，增加家庭养老负担和基本公共服务供给的压力。同时也要看到，人口老龄化促进了“银发经济”发展，扩大了老年产品和服务消费，还有利于推动技术进步，这些都给经济发展带来了新的机遇。

思考与练习：请通过网络查阅人口普查数据，围绕中国人口老龄化进行专题学习，并讨论其带来了哪些机遇与挑战。

（六）你的工资涨了吗？——被增长了，被平均了！

仔细看完图 1-4 中的各幅画面，你能思考出哪些结论呢？

平均数是衡量数据一般水平的集中趋势的常用指标。不过，应用中也不能脱离实际情况。单纯的平均数指标不能反映事物的全貌，正如上面所说的“被增长”“被平均”的问题。

在第二章“数据的度量”中，会介绍如何进行数据的比较分析、数据的集中趋势和离散趋势的度量方法，以及数据的分布描述。这些是基本的描述统计数据分析的内容。

图 1-4　工资增长组图

二、统计与经济社会管理息息相关

（一）媒体报道中常见的经济运行数据

在媒体中，我们经常会遇见一些经济运行指标数据，这些数据的走势及变化与百姓生活密切相关。某年2月份某城市经济主要运行指标如表1-1所示。

表 1-1　某年 2 月份某城市经济主要运行指标

居民消费价格指数		同比上涨1%
工业品出厂价格指数		同比上涨2.4%
工业增加值		同比增长20%
社会消费品零售总额	967.7亿元（1~2月）	同比增长15.1%
城镇固定资产投资额	349.3亿元（1~2月）	同比增长37.3%
房地产开发投资额	204.9亿元（1~2月）	同比增长71%
城镇居民可支配收入	5335亿元（1~2月）	同比增长8.9%

（二）工业生产者价格指数的统计报道方式

国家统计局数据显示：2021年7月份，全国工业生产者出厂价格同比上涨9.0%，环比上涨0.5%；工业生产者购进价格同比上涨13.1%，环比上涨0.9%。1~7月，平均工业生产者出厂价格比去年同期上涨5.7%，工业生产者购进价格上涨7.9%。

7月份，中国制造业采购经理指数（PMI）为50.4%，低于上月0.5个百分点，继续位于临界点以上，制造业总体继续保持扩张态势，但步伐有所放缓。

PPI 与 PMI 指数解释

工业生产者价格指数（Producer Price Index for Industrial Products，PPI）包括工业生产者出厂价格指数和工业生产者购进价格指数。

工业生产者出厂价格指数反映工业企业产品第一次出售时的出厂价格的变化趋势和变动幅度。

工业生产者购进价格指数反映工业企业作为中间投入产品的购进价格的变化趋势和变动幅度。

统计范围：工业生产者出厂价格统计调查涵盖 40 个工业行业大类、1300 多个基本分类的工业产品价格；工业生产者购进价格统计调查涵盖 9 个大类、800 多个基本分类的工业产品价格。

调查方法：工业生产者价格调查采取重点调查与典型调查相结合的调查方法，涉及全国 4 万多家工业企业。

采购经理指数（PMI），是通过对企业采购经理的月度调查结果统计汇总、编制而成的指数，它涵盖了企业采购、生产、流通等各个环节，是国际上通用的监测宏观经济走势的先行性指数之一，具有较强的预测、预警作用。PMI 高于 50%，说明经济总体较上月扩张；低于 50%，则说明经济总体较上月收缩。

（三）一年一次的国民经济与社会发展统计公报

2021 年 2 月 28 日，国家统计局发布了一年一度的《中华人民共和国 2020 年国民经济与社会发展统计公报》。报告显示，经初步核算，2020 年国内生产总值为 1015986 亿元，比上年增长 2.3%（见图 1-5）。其中，第一产业增加值 77754 亿元，增长 3.0%；第二产业增加值 384255 亿元，增长 2.6%；第三产业增加值 553977 亿元，增长 2.1%。第一产业增加值占国内生产总值比重为 7.7%，第二产业增加值比重为 37.8%，第三产业增加值比重为 54.5%。分季度看，第一季度国内生产总值同比下降 6.8%，第二季度国内生产总值同比增长 3.2%，第三季度国内生产总值同比增长 4.9%，第四季度国内生产总值同比增长 6.5%。

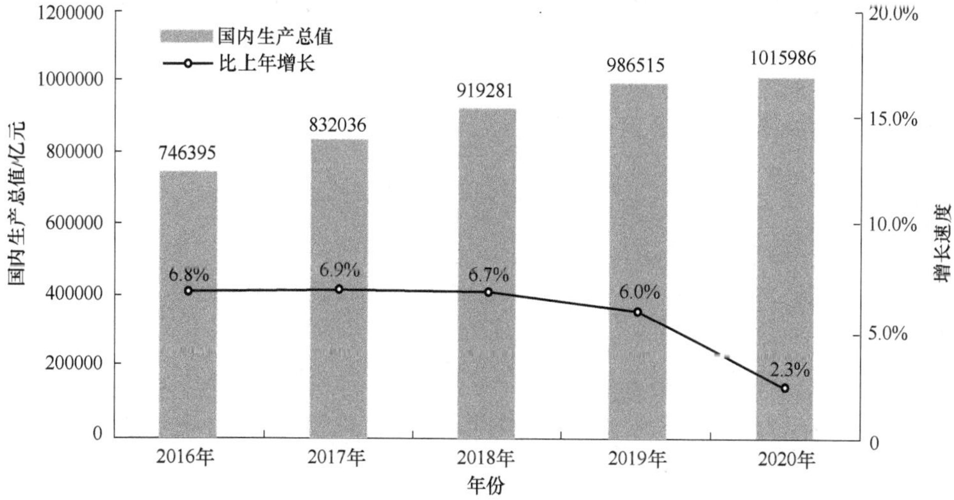

图 1-5 2016—2020 年国内生产总值（GDP）及其增长速度

在本章引例及上述报道中，同比、环比、百分点、PPI、比去年同月上升、平均增长率等名词都是什么含义、怎么计算呢？本书第六章“时间序列”将加以说明。

思考与练习：请登录国家统计局网站 http：//www.stats.gov.cn/，对网站内容进行专题自主学习，并思考统计的应用。

（四）民意测验与抽样调查

乔治·盖洛普（George Gallup，1901—1984）是美国数学家、社会科学家，抽样调查方法的创始人、民意调查的组织者。盖洛普咨询公司是全球著名的商业市场研究和咨询服务机构，创立于1935年，从2005年开始进行民生研究项目调查，至今已在130多个国家和地区展开民生研究项目调查，全球人口覆盖率达到95%。所编制的民生指数包括总体生活满意度、总体生活改善满意度、生活状况满意度、公共政策满意度四个方面。

民意测验是了解公众舆论趋向的一种社会调查。就其内容而言，属舆论调查；就其方法而言，属抽样调查。民意测验所研究的是公众普遍关心的政治或社会、经济问题。通过抽样调查的方式，征询调查对象的意见、观点或想法，并以此进行分析和推论，然后向公众公布调查结果，以期说明和解释问题的趋势或倾向，引起社会公众或被调查者的关注和重视，借此造成舆论并形成影响。民意测验的抽样调查是如何进行的呢？具体参见本书第四章“统计推断”。

思考与练习：请通过网络，以民意调查、民意测验为主题，进行专题自主学习。

（五）网络舆情与文本数据挖掘

随着网络舆论成为社会舆论的一种重要形式，网络舆情也逐渐对有关部门的决策产生了影响。网络舆情是指通过互联网传播的公众对现实生活中某些热点、焦点问题所持的有较强影响力、倾向性的言论和观点。网络舆情是以网络为载体，以事件为核心，广大网民情感、态度、意见、观点的表达、传播与互动的集合。网络舆情的表现方式主要有：网络评论、BBS论坛、博客、微博、微信、抖音、短视频、新闻跟帖及转帖等。

在突发事件的酝酿、爆发和演化过程中，网络舆情发挥着重要作用。网络舆情以非结构化的数据形式出现在互联网上，文本挖掘技术为突发事件中的网络舆情的分析处理提供了方法和技术手段。文本挖掘要从海量的非结构或半结构化的文本数据中发现潜在的、可理解的知识模式，研究技术包括自然语言处理、机器学习、计算机语言学、统计分析等多个学科，目前文本挖掘已经被广泛应用在各个领域。运用文本挖掘技术来处理分析互联网数据，对跟踪监测网络舆论导向具有重大的现实意义。

网络舆情的相关学科

网络舆情的相关学科主要有政治学、社会学、传播学、计算机科学与统计学。

政治学主要研究网络舆情与民主的发展以及与公共政策的联系，还有网络民意与选举的关系和直接民主的可行性。

社会学主要研究网络舆情形成的社会背景、社会分层、过程、变迁、趋势和原因，网络舆情对人格的影响，公共情绪的控制，网络舆情与公共政策、法律制定和法院裁决的关系，以及通过网络舆情预测社会运动等。

传播学主要研究网络舆论导向的策略和传播途径。

计算机科学与统计学主要研究网络舆情监测系统、网络舆情发展模型，通过大数据分析舆情走向。

思考与练习：请通过网络，以网络舆情为主题，搜集并总结出10条最近一年发生的典型网络舆情热点事件，进行小组讨论。

三、统计与企业、行业息息相关

（一）全球知名管理咨询公司与统计应用

2021年世界十大管理咨询公司排名依次为：麦肯锡咨询公司、德勤咨询公司、埃森哲、贝恩咨询公司、波士顿咨询公司、安永会计师事务所、罗兰·贝格咨询公司、毕博、科尔尼、汉普。

在管理咨询的工作中，会大量地运用到统计学的知识与方法。

（二）全国知名调查研究咨询公司与统计应用

目前全国知名市场咨询公司有：艾瑞咨询集团、益普索（Ipsos）、慧辰资讯、零点有数、盖洛普咨询公司、易观国际、英德知联恒市场咨询、尼尔森中国市场咨询公司等。

市场咨询公司员工的工作是各种各样的。统计学、社会学、心理学专业人员通常会做数据分析、行业报告、市场调查一类的工作；一般的经济学、市场营销学、管理学专业人员会做（行业）研究员、督导、市场调查员等。了解一个咨询公司的实力的最简便方法就是上它的网站，看看它曾经做过什么样的项目。

我国在20世纪80年代中后期才出现商业性的市场调查机构，近几年来国内调研业已呈现高速发展的势头。当前市场研究领域还处于混业竞争阶段，从业企业庞杂，既有国际公司尼尔森、益普索，也有只专注汽车行业的卓思天成，还有互联网模式研究的艾瑞咨询与数字100，以及擅长公共事务的零点有数与慧辰资讯，另外中为咨询、信索咨询是行业与市场结合调查的代表。2019年中国十大调查研究咨询公司排名如表1-2所示。

表1-2　2019年中国十大调查研究咨询公司

企业名称	2019年收入	公司业务优势	擅长业务领域
尼尔森	27.83亿元	消费、零售研究和媒体监测	快消品、汽车、金融、电信
益普索	11.81亿元	消费者研究、营销品牌研究、市场研究	快消品、技术、媒体、电信、药业、金融服务、公共部门
慧辰资讯	3.84亿元	企业内外部数据、消费者态度与行为数据和行业数据分析	汽车、通信、互联网科技、连锁零售、公共事务、教育
零点有数	3.81亿元	数据收集与分析	公共事务、消费品与新零售、地产、汽车、通信科技
卓思天成	1.85亿元	数据、市场研究分析、营销咨询	汽车
数字100	1.35亿元	态度数据、大数据行为数据、消费数据	快消品、3G、互联网、电商、金融
中为咨询	1.27亿元	行业市场调查研究、信息数据提供与分析	工业品、电子IT信息、CPG快消零售、文旅、现代服务、公共事务

（续）

企业名称	2019年收入	公司业务优势	擅长业务领域
艾瑞咨询	1.19亿元	数据服务、市场分析、产业研究	互联网、移动互联网、电子商务、互联网金融、网络营销、网络服务
信索咨询	1.05亿元	金融咨询、营销互动、市场研究	快消品、IT、商贸领导、金融服务、汽车
立信数据	0.83亿元	市场、民意和社会研究	城市公共、房地产、通信、汽车、金融、食品

思考与练习：请登录知名管理咨询公司、市场调查公司网站，对网站的内容、数据、报告、案例进行专题自主学习，并思考统计的应用。

（三）如何做好网络商品的关联营销与数据的相关回归分析

关联营销是指一个商品页旁边同时放了其他同类、同品牌可搭配的等有关联商品，用来提高销售额的营销方法。关联营销能够提升转化率、提高客单价、提高店内商品曝光率，从而提高成交率。关联营销一般称之为“购物篮分析”，也被比喻为“零售分析皇冠上的明珠”。

互补关联营销强调搭配的商品和主推商品有直接的相关性，如主推商品为鼻贴，那可以搭配面膜、洗面奶等同场景产品。替代关联营销是指主推商品和关联商品可以完全替代，如主推产品为圆领T恤，那么关联产品可以是V领T恤，也可以是立领T恤等。潜在关联营销重点强调潜在互补关系，如主推产品为泳衣，那潜在关联的商品可以为防晒霜。明面上，两种产品看起来并无关系，但是潜在意义上，买泳装的人可能在户外游泳，因此防晒霜也是必要的。

那么对于卖家来说，究竟要如何把握好关联销售的位置，如何选取关联商品，如何控制关联商品的数量呢？如何衡量商品的关联性，如何利用数据分析做好商品详情页的关联营销呢？本书第五章“相关分析与回归分析”的内容值得学习。

思考与练习：请通过网络，以关联营销、网络数据分析、数据营销为主题，进行专题自主学习，并思考统计的应用。

（四）裙边理论与子女平均身高

在经济学里有个裙边理论。裙边理论是美国宾州大学经济学家乔治·泰勒（George Taylor）于1920年提出的一种形象描述市场走势的理论。当妇女普遍选择短裙，裙边向上收时，股市也随之上扬，如20世纪的20年代和60年代；相反，当妇女穿着长裙，裙边向下降时，市场也逐渐走低，如20世纪的30年代和40年代。

“女人的裙子越短，经济景气就越旺。”目前还出现了通过发型长短也能看出经济景气的数据研究。这究竟是怎么回事呢？原来当经济增长时，女人会穿短裙，因为她们要炫耀里面的长丝袜；当经济不景气时，女人买不起丝袜，只好把裙边放长，来掩饰没有穿长丝袜的窘迫。裙边和经济景气间的这种关系就称为相关关系，本书将在第五章详细阐述。

通过对遗传现象的大量观察统计，人们发现子女身高与父母身高之间有一定关系。平均来看，若父母很高，他们的子女并不会像父母那样高；而若父母很矮，他们的子女也不像父母那样矮。英国统计学家高尔顿（Galton，1822—1911）和他的学生皮尔逊（Pearson，1856—1936）在研究父母身高与其子女身高的遗传问题时，观察了1078个父亲及其成年儿子的身高，研究表明：父亲平均身高每增减 1 个单位时，其成年儿子的身高仅平均增减 0.516 个单位。对这种遗传身高趋于一般的现象，高尔顿首次提出“回归”一词加以概括。

多少年来，人们利用“回归”的思想和方法，在自然科学和社会科学的许多领域建立回归模型，揭示了一个又一个问题的内在规律，并使其得到了深入广泛的应用，从而也推动了科学和社会的进步。有关回归分析，本书将在第五章详细阐述。

四、公务员、事业单位招录考试与统计学知识

2021 年度国家公务员考试报名于 2020 年 10 月 24 日 18:00 结束。最终共有 157.6 万人通过了用人单位的资格审查，竞争比约为 61∶1。国家公务员考试一直以来都备受关注，报考人数连续多年持续攀升。其实，在每年国家公务员考试或者各省市事业单位的招录考试试题里面就有大量涉及统计学知识的题目，对于大学生而言，学好统计学无论是参加公务员或事业单位招录考试还是对今后工作的职业生涯发展，都是很有帮助的。

2021 年度国家公务员考试公共科目笔试考试大纲

为便于报考者充分了解中央机关及其直属机构 2021 年度考试录用公务员公共科目笔试，特制定本大纲。

（一）笔试内容

中央机关及其直属机构 2021 年度考试录用公务员公共科目笔试分为行政职业能力测验和申论两科，主要测查从事公务员工作应当具备的基本能力和基本素质，特别是用习近平新时代中国特色社会主义思想指导分析和解决问题的能力。

公共科目笔试全部采用闭卷考试的方式。其中，行政职业能力测验为客观性试题，考试时限 120 分钟，满分 100 分。申论为主观性试题，考试时限 180 分钟，满分 100 分。

（二）行政职业能力测验

行政职业能力测验主要包括常识判断、言语理解与表达、数量关系、判断推理和资料分析等部分。

常识判断主要测查报考者在政治、经济、文化、科技等方面应知应会的基本知识以及运用这些知识进行分析判断的基本能力。

（国家公务员局官网：http://www.scs.gov.cn/）

行政职业能力测验主要测查与公务员职业密切相关的、适合通过客观化纸笔测验方式进行考查的基本素质和能力要素，包括言语理解与表达、数量关系、判断推理、资料分析和常识判断等部分。这里的数量关系、判断推理、资料分析题目都紧密地涉及统计知识。

数量关系主要测查报考者理解、把握事物间量化关系和解决数量关系问题的能力，主要涉及数据关系的分析、推理、判断、运算等。常见的题型有：数字推理、数学运算等。

2021 年国家公务员考试中的试题真题（部分）

1.（2021，国考，第 63 题）甲、乙两个单位周末分别安排 60%和 75%的职工下沉社区帮助困难群众，其中甲单位派出的职工比乙单位少 3 人。后两单位又在剩下的职工中分别抽调 40%和 75%的职工，共计 24 人参加周末的业务培训。问甲单位职工人数比乙单

位（　　）。

A. 少3人　　B. 少11人　　C. 多3人　　D. 多11人

2.（2021，国考，第65题）某县通过网络直播帮助本地农民销售农副产品，总共直播6次，其中第2次直播销售额比第1次高40%，比第3次低1.5%。直播3次后电视台报道了这一新闻，此后销量大幅改善，后3次直播总销售额是前3次总销售额的3倍，其中第5次直播销售额相当于6次直播总销售额的25%，且比第4次直播高10%，比第6次直播少16万元，问第6次直播的销售额比第3次直播高（　　）。

A. 不到100万元　　B. 100万~120万元之间

C. 120万~140万元之间　　D. 140万元以上

3.（2021，国考，第70题）某工厂在做好防疫工作的前提下全面复工复产，复工后第1天的产能即恢复到停工前日产能的60%，复工后每生产4天，日产能都会比前4天的水平改善1000件/日。已知复工80天后，总产量相当于停工前88天的产量，问复工后的总产量达到100万件是在复工后的第几天？（　　）

A. 54　　B. 56　　C. 58　　D. 60

4.（2021，国考，第78题）把下面的六个图形分为两类，使每一类图形都有各自的共同特征或规律，分类正确的一项是（　　）。

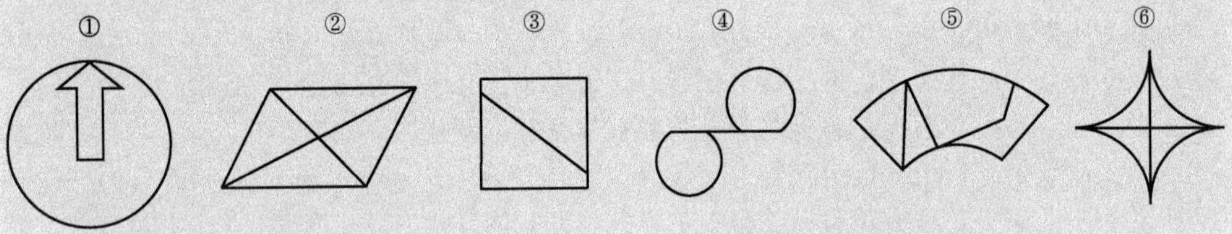

A. ①②③，④⑤⑥　　B. ①②④，③⑤⑥

C. ①③④，②⑤⑥　　D. ①③⑤，②④⑥

5.（2021，国考，第83题）统计数据分为定性数据与定量数据，定性数据包括分类数据和顺序数据。分类数据是指只能归于某一类别的非数值型数据，它是对事物进行分类的结果，用文字表述；顺序数据是指归于某一有序类别的非数值型数据。定量数据是指表现为具体数字观测值的数据。

① 按城市规模可将城市分为特大城市、大城市、中等城市和小城市；

② 婚姻状况：1——未婚，2——已婚，3——离异，4——丧偶；

③ A地到B地的距离为200km，到C地为320km，到D地为100km；

④ 某医院建筑面积37.5万m^2，开放床位3182个，临床医生687人。

根据上述定义，关于以上4组数据的说法正确的是（　　）。

A. ②④都是分类数据　　B. ②③④都是定量数据

C. ①②都是顺序数据　　D. 仅②是分类数据

6.（2021，国考，第86题）一般来说，科学实验中主要涉及三种变量：自变量、因变量和控制变量，自变量是指在实验中由实验者操作的变量。因变量是指随着自变量的变化而变化的变量。控制变量是指实验中除自变量以外的影响实验变化和结果的潜在因素或条件。

根据上述定义，下列说法正确的是（　　）。

A. 研究小麦供给量受当地采购价格的影响，小麦供给量是控制变量，采购价格是因变量

B. 研究不同税率对稀土出口量的影响、稀土出口量是自变量，税率是因变量

C. 研究气候条件对棉花产量的影响、气候条件是因变量，害虫影响是控制变量

D. 研究制糖厂营业额受糖产量的影响，糖的单价是控制变量，糖产量是自变量

资料分析题主要测查报考者对各种形式的文字、图表等资料的综合理解与分析加工能力，这部分内容通常由统计性的图表、数字及文字材料构成。

7.（2021，国考，资料分析题）根据以下资料（见表 1-3），回答 111-115 题。

表 1-3　2013—2019 年我国 LED 产业不同领域产值规模　（单位：亿元）

年　份	2013	2014	2015	2016	2017	2018	2019
总产值	2576	3507	4245	5216	6538	7374	7548
其中：封装	403	517	615	748	963	1054	959
外延芯片	105	138	151	182	232	240	201
应用市场	2068	2852	3479	4286	5343	6080	6388
其中：汽车照明	27	30	45	60	75	90	97
通用照明	696	1145	1551	2040	2551	2679	2707
景观照明	435	475	478	579	799	1007	1108
显示屏	240	307	425	549	727	947	1089
背光应用	340	435	475	519	513	505	503
信号及指示	87	89	90	90	91	92	84
其他	243	371	415	449	587	760	800

111. "十三五"（2016—2020 年）最后一年我国 LED 产业总产值要实现比"十二五"（2011—2015 年）最后一年翻番的目标，总产值至少要同比增长（　　）。

A. 9.6%　　B. 12.5%　　C. 16.3%　　D. 22.1%

112. 2014—2019 年间，我国 LED 产业封装、外延芯片和应用市场产值同比增速均超过 10%的年份有几个？（　　）

A. 1　　B. 2　　C. 3　　D. 4

113. 在表中所列各类 LED 应用市场中，2013—2019 年产值年均增速（以 2013 年为基期）最快的应用市场，2019 年产值约占 LED 行业总产值的（　　）。

A. 14%　　B. 17%　　C. 36%　　D. 85%

114. 以下折线图中，能准确反映 2015—2018 年间通用照明类 LED 应用市场产值同比增量变化趋势的是（　　）。

A. 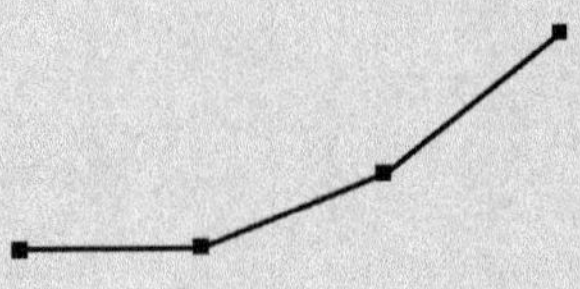

B. 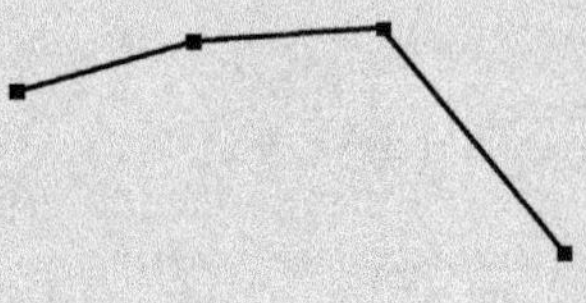

C. 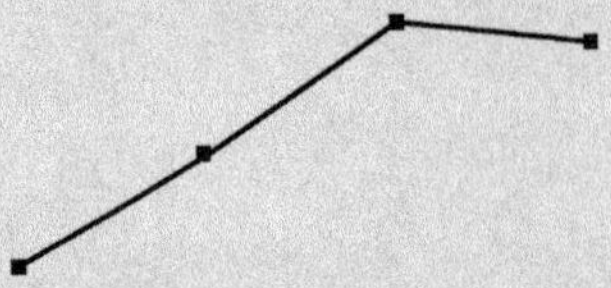

D. 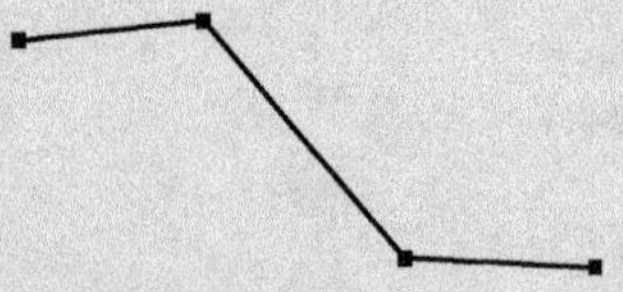

115. 关于2013—2019年我国LED产业，能够从上述资料中推出的是（　　）。

A. 2016年总产值同比增量低于2015年

B. 2019年封装产值占行业总产值比重高于5年前水平

C. 7年间汽车照明应用累计产值规模超过500亿元

D. 每年景观照明应用的产值均高于背光应用产值

思考与练习：请通过网络，查找国家或各省市公务员与事业单位招考的近5年的试题真题，进行答题并体会其中统计知识的大量应用。

五、统计学知识应用与大学生考证

仔细阅读表1-4，可以看出统计学的知识、方法、技能、软件有着广泛的应用。

表1-4　与统计学知识密切相关的资格证书、课程、书籍

与统计知识相关的考证、考试			
1	统计师	2	数据分析师
3	会计师	4	电子商务师
5	教师资格证	6	公务员事业单位招录考试
7	考研数学——概率论与数理统计	8	毕业论文写作
与统计学知识相关的课程、书籍			
1	应用统计学	2	概率论与数理统计
3	描述统计学	4	推断统计学
5	教育统计学	6	心理统计学
7	生物统计学	8	医学统计学
9	统计力学	10	统计物理学

（续）

与统计学知识相关的课程、书籍			
11	人力资源统计学	12	社会统计学
13	商务与经济统计学	14	管理统计学
15	货币与金融统计学	16	经济分析与统计解读
17	漫画统计学	18	有趣的统计：75 招学会数据分析
19	大数据时代下的统计学	20	重构大数据统计
21	Excel 在统计分析中的应用	22	SPSS 统计分析——从入门到精通
23	Eviews 统计分析与应用	24	SAS 统计分析从入门到精通
25	SPSS 统计分析与行业应用案例详解	26	金融数据分析与挖掘
27	问卷统计分析实务——SPSS 操作与应用	28	市场研究中的统计分析方法
29	统计数据分析方法与技术	30	质量控制过程中的统计技术

六、统计学知识与大学生学科竞赛

统计学知识与统计数据分析软件在大学生学科竞赛中有着广泛的应用。部分与统计学知识应用紧密相关的学科竞赛如表 1-5 所示。

表 1-5　部分与统计学知识应用紧密相关的学科竞赛

序　号	学科竞赛名称
1	全国大学数学建模竞赛
2	全国大学生市场调查与分析大赛
3	全国大学生电子商务“创新、创意及创业”挑战赛
4	浙江省大学生统计调查方案设计大赛
5	中国大学生服务外包创新创业大赛
6	“挑战杯”全国大学生课外学术科技作品竞赛
7	“挑战杯”中国大学生创业计划竞赛
8	中国“互联网+”大学生创新创业大赛
9	全国大学生物流设计大赛
10	浙江省大学生乡村振兴创意大赛

思考与练习：请打开表 1-5 中所示各学科竞赛的网站，了解大赛的情况、要求、获奖成果与统计的应用。

第二节　统计学的基本概念

一、统计的含义

世界统计日每五年举办一次，联合国将 2020 年 10 月 20 日确定为第三个世界统计日，庆祝主题为“用我们可以信赖的数据连通世界”，其徽标如图1-6所示。该主题反映了信任、权威数据、创新和公益在国家统计系统中的重要性。

统计是一种数据分析与问题处理方法，不论是宏观社会经济的调查、统计与研究，还是微观生活现象的观察分析与判断，都会用到。在生活中，统计有三种基本的含义，如图1-7所示。

图1-6　第三个世界统计日徽标

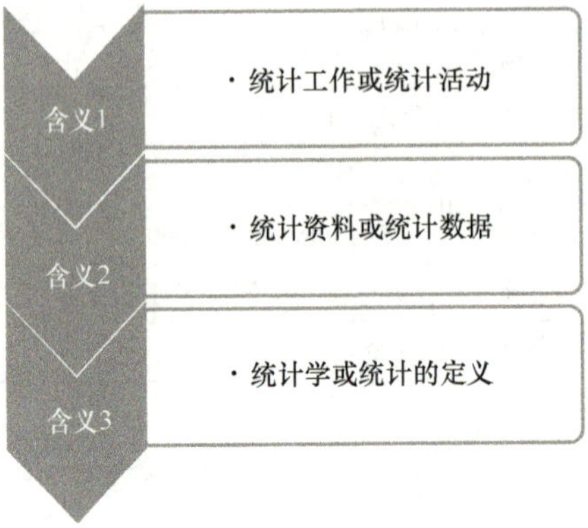

图1-7　统计的三种基本含义

第一种含义是统计工作或统计活动，是指收集、整理和分析数字资料的工作活动。例如，开学时，辅导员要统计一下到校的学生人数；足球比赛中教练组要统计每个队员的传球、助攻、犯规等数据；农产区在农产品收获后统计其产量；开展人口普查时要全民参与调查活动。

第二种含义是统计资料或统计数据，是统计工作的结果，表现为一系列的数字、文字资料。例如，一个班的学生数为60人，女生占30%，男女生的比例为2.33∶1等。国家统计局每年出版《中国统计年鉴》，反映国家的经济、文化教育以及科技发展等情况。这些都是在这个意义上的统计。

第三种含义是统计学或统计的定义。本书认为“统计学（Statistics）是一门收集、整理、分析、解释数据并从数据中得出结论的方法科学”。统计学用到了大量的数学及其他学科的专业知识，其应用范围几乎覆盖了社会科学和自然科学的各个领域。从表1-4可以看到其广泛的应用领域。

二、统计学的分类

统计学按研究方法不同，可以分为描述统计学和推断统计学。

描述统计学（Descriptive Statistics）：研究数据收集、处理和描述的统计学方法。它主要包括相对指标分析、集中趋势和离散趋势分析、因素分析、动态分析等几种方法。描述统计分为：描述统计量、统计图形、统计表格。详见第三章“数据的度量”。

描述统计是相对推断统计而言的，凡是只对样本数据进行分析而不涉及推断总体的统计分析都属于描述统计。

推断统计学（Inferential Statistics）：研究在随机抽样调查的基础上如何利用样本数据来推断总体特征的统计学方法。它主要包括假设检验、区间估计、回归分析、预测分析、综合评价等几种方法。

推断统计的必备前提是，样本数据必须来自随机抽样调查，即只有运用随机抽取的样本，其样本统计量才具备推断总体的资格。

三、数据及其分类

统计学的研究对象就是数据。世界上各种现象都可以用数据来描述，统计数据是对客观现象进行测量的结果。利用统计方法进行计算、分析，首先要有数据。收集、整理数据是统计工作的基础。在收集统计数据之前，首先要了解所调查对象的计量和测度。

（一）数据分类与测量尺度

在统计学中，按照对事物描述的精确程度由粗略到精确和对事物的计量层次由低级到高级，可以把测量尺度分为四个层次：定类尺度、定序尺度、定距尺度和定比尺度。（见图 1-8 和表 1-6）。

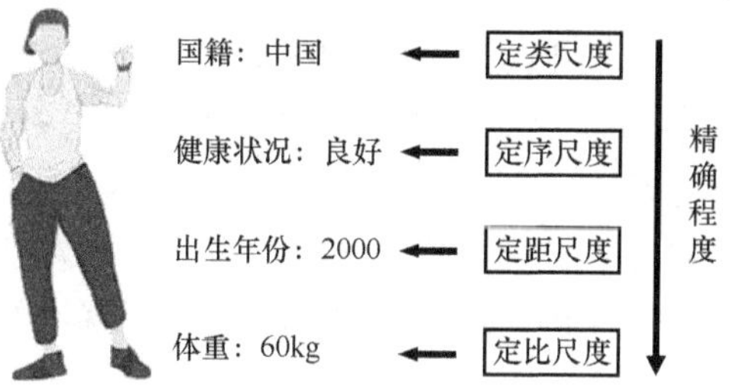

图 1-8　四类测量尺度

表 1-6　四类测量尺度的比较

数学特征	定类尺度	定序尺度	定距尺度	定比尺度
分类（=、≠）	√	√	√	√
排序（<、>）		√	√	√
间距（+、-）			√	√
比值（×、÷）				√

在 SPSS 中，使用度量标准属性对变量的测量尺度进行定义。其中，定类尺度变量用“名义 N”来表示；定序尺度用“序号 O”表示；定距尺度和定比尺度用“度量 S”来表示。这里度量尺度的设定，一般只会影响制图和制表过程，对绝大多数统计分析过程没有影响。

1. 分类数据与定类尺度

分类数据（Categorial Data）是指表现为类别，但不区分顺序的数据。数据的主要特征是采用文字、数字的代码（如 1、2、3；又如 A、B、C）和其他符号对事物进行简单的分类和分组。例如，性别分类为男和女，可以分别用 1 和 2 取值表示；按民族分为汉族、回族、满族等 56 个。

定类尺度（Nominal Scale）是最粗略、计量层次最低的计量尺度。它只能按照事物的某种属性对其进行平行的分类或分组，各类别之间没有明确的顺序或等级。运用定类尺度计量出的数据，通常是通过计算出每一类别中各元素或个体出现的频数或频率来进行分析的。

2. 顺序数据与定序尺度

顺序数据（Rank Data）即等级数据，是指表现为类别，也区分顺序或等级的数据。例如，学生成绩可以分为优、良、中、及格和不及格；满意度的五星级评价可以分为☆、☆☆、☆☆☆、☆☆☆☆、☆☆☆☆☆；对业绩成果可以分成一等奖、二等奖、三等奖等。

定序尺度（Ordinal Scale）是指对事物之间等级差别或顺序差别的一种测度尺度。对于定序变量而言，不能测量类别之间的准确差值，只能比较大小，不能进行加、减、乘、除的数学运算。例如，职工的收入分为高、中、低，人的年龄分为幼年、少年、青年、中年、壮年和老年等。定序尺度可用于分类，也可以用于统计分析中确定中位数、四分位数、众数等指标（以上指标在第三章“数据的度量”中介绍）。

3. 定距数据与定距尺度

定距数据通常包括如身高、体重、血压等的连续型数据，也包括诸如人数、商品件数等离散型数据。

定距尺度也称间隔尺度（Interval Scale），它不仅能将事物区分为不同类型并进行排序，而且可以准确地指出类别之间的差距是多少。例如，学生某门课程的考分，可以从高到低分类排序，形成 90 分、80 分、70 分直到 0 的序列。它们不仅有明确的高低之分，而且可以计算差距，如 90 分比 80 分高 10 分，比 70 分高 20 分等。定距尺度不仅具有定类尺度和定序尺度的特性，其结果还可以进行加、减运算，准确性比定类尺度和定序尺度强。生活中最典型的定距尺度是温度。

4. 定比数据与定比尺度

定比尺度（Ratio Scale）是在定距尺度的基础上，确定可以作为比较的基数，将两种相关的数加以对比而形成新的相对数，用以反映现象的构成、比重、速度、密度等数量关系。其计量的结果也可以为数值，可进行加、减、乘、除运算。

在统计的对比分析中，广泛地运用定比尺度进行计量。定比尺度与定距尺度之间的差别在于：定距尺度中没有绝对零点，而定比尺度中必须有一个绝对固定的零点。例如，就诊的病人数、电话的拨打次数等。

例如，将某地区人口数和土地面积对比计算人口密度指标，说明人口相对的密集程度。又如，将一个国家（地区）的国内生产总值与该国（地区）居民对比，计算人均国内生产总值，可以反映国家（地区）的综合经济能力。

（二）统计数据的类型

根据客观现象的表现和人们的认知程度，数据又可分为以下不同类型。

1. 观测数据和试验数据

观测数据是指通过调查和观测而收集到的客观数据，如 GDP、交通流量、收入、年龄、性别、学历、天体测量、降水概率等。试验数据是指在实验中控制实验对象的某些条件而收集到的数据。如减肥前后的体重、临床医学试验观测的人体特征、不同地质状况的农作物产量、产品销售试验等。

2. 定性数据和定量数据

定性数据或品质数据（Qualitative Data）是指用文字、符号、语言等描述的表示类别的信息，又可具体分为定类数据（分类数据）和定序数据（顺序数据）。定类数据是指对事物按照某种特征进行分类。例如，相貌分为漂亮、不漂亮；性别分为男和女；籍贯分为宁波、杭州、温州等。定序数据是指在对事物进行顺序上的定性描述，说明的也是事物的品质特征，可为对象排序，同样不能用数值表示。其结果是由定序尺度计量形成的，故表现为类别，但能区分顺序，可以进行大小比较。例如，满意程度描述为很满意、满意、不满意、很不满意等；学历上描述为高学历、中学历、低学历等。

定量数据（Quantitative Data）或数值型数据（Metric Data）是指对事物按照某种特征进

行具体的数量描述，又可具体分为定距数据和定比数据，如 GDP、固定资产投资、收入、年龄等。其中，定距数据的特点是两个数值之间可以计算差值，但它们的比值没有意义，常见的例子有温度、海拔、年份等。在定距数据中，零只是坐标上的一个点，并不表示现象没有或不存在。例如，当某天的气温为 0℃时并不是说这一天就没有温度；定比数据则有绝对零点，并且两个数字间的比值具有实际意义，常见的例子有体重、身高等。在实际应用中，定距数据和定比数据常常不区分而作为数值型数据来使用。

3. 截面数据、时间序列数据和面板数据

截面数据（Cross-section Data）是不同主体在同一时间点或同一时间段的数据，也称静态数据，是样本数据中的常见类型之一。例如，经济普查数据、人口普查数据、家庭收入调查数据。例如，2021 年 8 月 15 日国内各主要大中城市的气温就是截面数据。截面数据在统计分析、计量经济学中应用广泛。

时间序列数据（Time Series Data）是指在不同时间上所收集到的数据，用来描述现象随时间（年、季、月、周、日、时等）变化的情况。由一系列指标数据按时间先后顺序排列而成为时间序列，又称为动态数列。例如，图 1-5 中，2016—2020 年国内生产总值 GDP，以及其增长速度就是时间序列数据。

面板数据（Panel Data）是指在时间序列上取多个截面，在这些截面上同时选取不同单位的样本观测值所构成的样本数据。例如，2017—2021 年各年中国所有直辖市的某产品产值（单位：亿元）分别为：北京市分别为 8、9、10、11、12；上海市分别为 9、10、11、12、13；天津市分别为 5、6、7、8、9；重庆市分别为 7、8、9、10、11。

面板数据有时间序列和截面两个维度。对于时间序列的研究是统计学中的一个重要内容，将在第六章“时间序列”中学习。

4. 绝对数、相对数和平均数

绝对数（Absolute Number）、相对数（Relative Number）和平均数（Average）详见后面统计指标的分类。

5. 统计表和统计图

统计数据的表达形式可以分为统计表和统计图两种。

四、变量的分类

变量（Variable）：每次观察会得到不同结果的某种特征或属性。变量可以分为分类变量、顺序变量和数值型变量。

分类变量（Categorical Variable）：观测结果表现为某种类别的变量。

顺序变量（Rank Variable）：即有序分类变量，观测结果表现为某种有序类别的变量。

数值型变量（Metric Variable）：又称定量变量，观测结果表现为数字的变量。

另外，常见的分类是离散型变量和连续型变量。离散型变量一般用“计数”的方法取得，数值往往是整数，如职工人数、企业个数、设备台数等。连续型变量用“测量”的方法取得，如人的身高、体重，产品的长度、重量等。

变量还可以分为确定性变量和随机变量。受确定因素影响的变量称为确定性变量，受随机性因素影响的变量称为随机变量。所谓随机因素，是指各种不确定的、偶然性因素，这种因素对变量影响的大小和方向都是不确定的。

变量也可以分为定性变量和定量变量，具体特点与前面介绍的定性数据和定量数据相似。

五、总体、个体和样本

总体、样本和个体间的关系如图 1-9 所示。

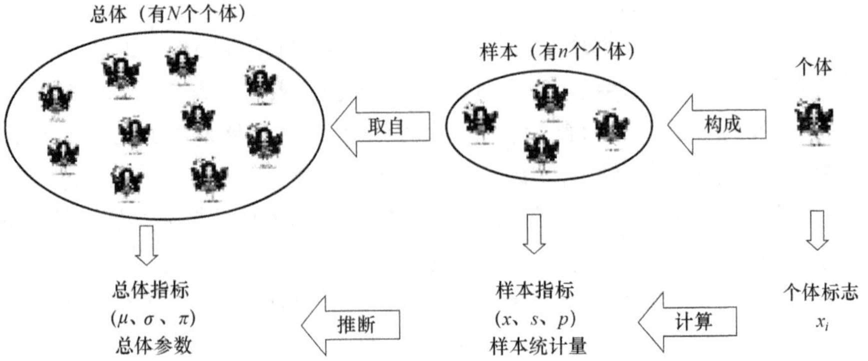

图 1-9　总体、样本和个体间的关系

（一）总体与个体

统计总体简称总体（Population），就是统计所要研究的事物或现象的全体，即由客观存在的，具有某种共同特征的许多个别事物构成的整体。总体单位简称个体或单位（Unit），是构成统计总体的个别事物。例如，一个学校有以教职工为单位组成的职工总体，有以教学设备为单位组成的设备总体，有以学生为单位组成的班级总体等。

统计总体可分为有限总体和无限总体，有限总体中包括的总体单位数是有限的，无限总体中包括的总体单位数是无限的，如海里的鱼虾，其数量是很多的。

（二）总体的特点

统计总体形成的必要条件，即总体的特点如下：

第一，同质性。组成统计总体的所有单位必须是在某些性质上是相同的或具有共同的特征。例如，工业企业总体必须是由进行工业生产经营的基本企业单位组成的。国有工业企业总体是由国有所有制的工业企业基本单位组成的。

第二，大量性。统计总体是由许多总体单位构成的。如所有的工业企业。

第三，差异性，又称变异性。例如，每个工业企业从事的具体业务内容不同、企业法人不同、员工人数不同。

（三）总体与个体的关系

个体与总体是类似于元素与集合的关系。

不过，总体和总体单位不是固定不变的，随研究目的不同，它们是可以转换的。例如，研究某班级学生的学习状况，则每个学生是这个总体中的一个单位。如果把研究范围扩大到以班级为单位的全校各教学班，则班级即为总体单位。

（四）样本与样本容量

样本（Sample）是研究中实际观测或调查的一部分个体，或总体的一部分。为了使样本能够正确反映总体情况，对总体要有明确的规定；总体内所有观察单位必须是同质的；在抽取样本的过程中，必须遵守随机原则；样本的观察单位还要有足够的数量。按照一定的抽样规则从总体中取出的一部分个体。样本容量（Sample Size）是指样本中个体的数目。总体容量是总体中总体单位的数量。

（五）参数与统计量

统计学中，参数（Parameter）是描述总体特征情况的统计指标。统计量（Statistic）是指描述样本数据情况的某种特征值。如研究某地成年男子的平均脉搏数（次/min），并从该地抽取 1000 名成年男子进行测量，所得的样本平均数即称为统计量。

参数是从总体数据中计算得到的指标，代表总体特征。总体确定时，参数是一个常数。由于总体数据通常是不明确的，因此参数经常是未知的。当根据样本数据推断总体情况时，参数通常是通过样本的特征值来预测得到的。

统计量是根据样本数据计算得到的特征值，它描述一组数据的情况，是一个变量，根据随机原则做不同的抽样样本时，统计量是会变化的。由于样本已经抽出，因此统计量是已知的。常用的统计量有：样本均值、样本方差、样本标准差、样本最值、样本极差、众数、中位数等。

参数常用希腊字母表示，样本统计量用英文字母表示。

六、标志、指标与指标体系

（一）统计标志

统计标志简称标志，是说明总体单位（个体）属性和特征的名称。例如，当研究的总体是我国民营经济发展状况时，每个民营企业是总体单位，企业的规模、员工人数、产量等都是每个民营企业具有的标志。标志按其表现形式可分为品质标志与数量标志两种。标志值是标志（名称）的具体取值。请注意区分标志和标志值。

凡是表示总体单位的属性特征的标志，称为品质标志。如某员工张三的性别为女、民族是汉族等。这里的“性别”和“民族”是品质标志（名称）。而“女”和“汉族”是该品质标志的属性的具体表现。

凡是表示总体单位的数量特征的标志，称为数量标志。它能用数量来表示，如企业的员工人数、产量、产值；员工的年龄、工龄、工资等。又如该工人的年龄是 35 岁，工资是 4680 元，则“年龄”和“工资”是数量标志（名称），而“35 岁”和“4680 元”则是该数量标志的标志值。

（二）统计指标

统计指标简称指标（Indicator），是说明总体数量特征的，由各个个体的标志值汇总得到。对统计指标的概念有两种理解和使用方法。第一种是指说明总体数量特征的名称，如全国总人口数、工资总额、谷物总产量等称作统计指标。第二种是把指标名称和具体时间地点的统计指标数值结合起来。一个完整的统计指标由指标时间（时期）、地点（空间范围）、指标名称、计算方法、指标数值和计量单位构成。例如，2020 年宁波舟山港完成货物吞吐量 11.72 亿 t，同比增长 4.7%；完成集装箱吞吐量 2872 万标准箱，同比增长 4.3%。宁波舟山港货物吞吐量连续 12 年保持全球第一，集装箱吞吐量继续位列全球第三。这些就是衡量港口发展情况的统计指标。

（三）指标与标志的关系

1. 指标与标志的区别

指标与标志的区别如下：①指标是说明总体特征的，而标志则是说明个体特征的。②标志有不能用数值表示的品质标志（如性别、民族）与能用数值表示的数量标志；而指标都是用数值表示的，没有不能用数值表示的统计指标。例如，班级中单个同学的性别只能用男或女表示，而班级学生总体则可以汇总成30名男生、20名女生的用数值表示的指标。

2. 指标与标志的联系

指标与标志的联系如下：①许多统计指标的数值是从总体单位的数量标志值汇总而来的，如某市的工业生产总值是从该市各工业企业的产值汇总而来的。②指标与标志（数量标志）在一定条件下可以相互转化。由于研究的目的不同，原来的统计总体如果变成总体单位，则相对应的统计指标也就变成数量标志；反之亦然。

（四）统计指标的分类

1. 数量指标和质量指标

统计指标按所说明的总体现象内容的特征不同，可以分为数量指标和质量指标。

数量指标是反映总体某一特征的绝对数量，主要说明总体的工作总量和规模水平，一般用绝对数表示。例如，某一地区的总人口、工业企业总数、国内生产总值、工资总额等。

质量指标是反映总体的强度、密度、效果、结构、工作质量等相对水平或平均水平的指标，一般用相对数或平均数表示。例如，人口密度、劳动生产率、资金利润率、计划完成程度、增长速度和平均工资等。这些质量指标的数值并不一定随总体范围的大小而增减。

例如：联合国世界旅游组织2021年1月28日发布数据显示，新冠疫情导致全球旅游人数大幅减少，2020年全球旅游业收入损失1.3万亿美元。2020年，国际游客数量比上一年下降74%，约为10亿人次。其中，首先遭到疫情冲击的亚洲降幅最大，前往亚太地区的游客人数猛降84%；接着是非洲和中东，游客数量减少75%；赴欧洲及美洲的游客则分别减少了70%、69%。这段资料中用百分数表示的指标都是质量指标。

2. 总量指标、相对指标和平均指标

统计指标按反映的具体内容和数值表现形式不同可分为总量指标、相对指标和平均指标。

总量指标是反映总体现象规模的统计指标，又称绝对数。例如，上述的游客人次数、旅游总收入等。总量指标按其反应的时间状况不同又可以分为时期指标和时点指标。时期指标又称时期数，它反映的是现象在一段时期内的总量，如产品产量、能源生产总量、财政收入、商品零售额等。时期数通常可以累积，具有可加性。时点指标又称时点数，它反映的是现象在某一时刻上的总量，如年末人口数、股票价格、月末盘点库存数等。时点数通常不能累加，各时点数累计后没有实际意义。

相对指标又称相对数，是两个绝对数之比。例如，经济增长率、物价指数、全社会固定资产增长率等。相对数通常分为比例和比率两种。比例是用总体中部分数值除以总体数值的比值，说明事物的内部结构，如第三产业在国内生产总值中所占比重；比率是同一指标不同时期的数值对比，可以说明事物的发展变化，如人口增长率、成本降低率。

平均指标又称平均数或均值，它反映的是现象在某一空间或时间上的平均数量和一般水平状况的统计指标，如人均国内生产总值、人均利润、平均工资、平均成本等。具体内容将在本书的第三章“数据的度量”中展开。

（五）统计指标体系

统计指标体系是指由若干相互联系的统计指标构成的一整套指标。一个统计指标仅仅从一个侧面反映了社会经济现象，而社会经济现象是多方面的、复杂的，要全面、系统地反映社会经济现象，就必须建立统计指标体系。

例如，近几年比较流行的城市幸福指数，就是通过一个指标体系衡量的。广东幸福城市指标体系由就业和收入、教育和文化、医疗卫生和健康、社会保障、消费和住房、公用设施、社会安全、社会服务、权益保障、人居环境等10个客观一级指标和个人发展、生活质量、精神生活、社会环境、社会公平、政府服务、生态环境等7个主观一级指标构成，另外一级指标还下设二级指标85个。

还有，财政部企业经济效益评价指标体系包括销售利润率、总资产报酬率、资本收益率、资本保值增值率、资产负债率、流动比率（或速动比率）、应收账款周转率、存货周转率、社会贡献率、社会积累率等10项统计评价指标。

又如，创新投入能力反映企业开展创新活动的意愿和投入力度，包括3个二级指标和6个三级指标，见表1-7。

表1-7 企业创新投入能力评价指标体系

3个二级指标	6个三级指标
创新经费	（1）创新经费投入占主营业务收入比重 （2）R&D经费支出占主营业务收入比重
创新人力	（1）R&D人员占就业人员比重 （2）就业人员中博士毕业生所占比重
研发机构	（1）研发机构R&D经费投入占企业R&D经费的比重 （2）研发机构R&D人员投入占企业R&D人员的比重

第三节 常用数据分析方法与统计软件

不同的数据类型、不同的问题情境，需要采用不同的分析方法。下面介绍几种常用的数据分析方法与统计软件。

一、常用数据分析方法与统计软件简介

（一）不同类型的数据采用不同的统计分析方法

区分测量的层次和数据的类型是十分重要的，因为对不同类型的数据将采用不同的统计方法来处理和分析。

对定类数据，通常计算出各组的频数或频率，制作频数分布表，计算其众数和异众比率，进行列联表分析和χ^2检验等。

对定序数据，可以计算其中位数、四分位差和众数，计算等级相关系数等非参数分析。

对定距数据和定比数据，还可以用更多的统计方法进行处理，如计算最值、极差、平均

数、标准差、方差等各种统计量、进行参数估计和假设检验等。

高层次的测量尺度具有低层次测量尺度的全部特性，但不能反过来。显然，可以很容易地将高层次测量尺度的测量结果转化为低层次测量尺度的测量结果，例如将考试成绩的百分制转化为五等级分制。在统计分析中，一般要求测量的层次越高越好，因为高层次的计量尺度包含更多的数学特性，所运用的统计分析方法越多，分析时也就越方便，因此应尽可能使用高层次的计量尺度。例如，对于定距数据和定比数据可以计算平均数，但对于定类数据和定序数据则不能计算平均数。

描述性统计是指运用制表和分类、图形以及计算概括性数据，来描述数据的集中趋势、离散趋势、偏度和峰度。

正态性检验：很多统计方法都要求数值服从或近似服从正态分布，所以之前需要进行正态性检验。

（二）常用数据分析方法与统计软件概述

常用的数据分析方法与统计软件如表1-8所示。

表1-8　常用数据分析方法与统计软件

常用的数据度量分析指标与统计量	问卷调查的常用分析方法	常用的图表	常见的分布	数据分析统计软件
总量指标（绝对数）	描述性统计	条形图	正态分布	Excel
相对指标（相对数）	探索性分析	柱状图	χ^2分布	SPSS
具体：结构相对数	信度分析	折线图	T分布	Eviews
比例相对数	频数分布表	饼图	F分布	SAS
比较相对数	列联表	箱图		Minitab
强度相对数	假设检验	直方图		Statistica
动态相对数	参数估计	散点图		R语言软件
计划完成程度相对数	均值比较T检验	茎叶图		
平均指标（平均数）	非参数检验	圆点图		
反映集中趋势：	方差分析	雷达图		
数值平均数	相关分析	趋势图		
（算术平均数、加权算术	回归分析	柏拉图		
平均数、截尾均数、调	因子分析	鱼骨图		
和平均数、几何平均数）	聚类分析	误差图		
位置平均数	对应分析			
（中位数、众数）	判别分析			
反映离散趋势：	时间序列分析			
方差、标准差、最大值、	结构方程模型			
最小值、极差、四分位差、				
离散系数、异众比率				
反映分布情况：				
偏度（左偏、右偏、对称分布）				
峰度（尖陡、扁平）				
数据处理：标准化Z值				

二、SPSS统计分析软件

（一）SPSS介绍

SPSS（Statistical Product and Service Solutions，即“统计产品与服务解决方案”）是

IBM 公司推出的一系列用于统计学分析运算、数据挖掘、预测分析和决策支持任务的软件产品及相关服务的总称。目前广泛地应用于自然科学、社会科学的各个领域。

本书第八~十章将专门就 SPSS 的应用进行介绍。

(二) SPSS 统计分析学习的大致框架

SPSS 统计分析学习的大致框架如图 1-10 所示。

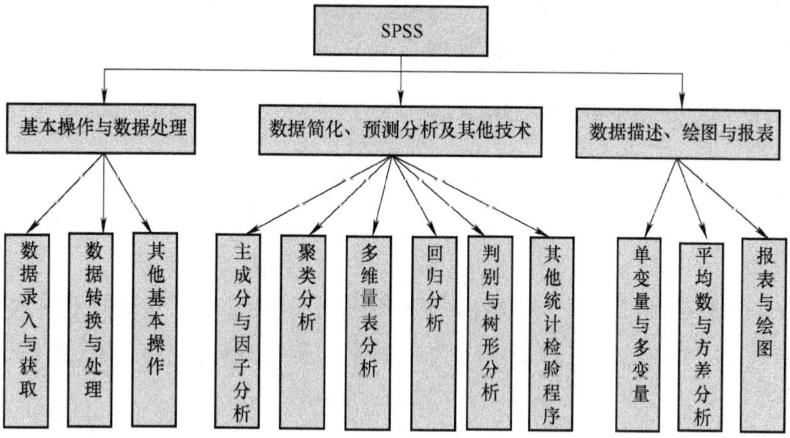

图 1-10　SPSS 统计分析学习的大致框架

(三) SPSS 常用多变量分析技术汇总

SPSS 常用多变量分析技术比较汇总如表 1-9 所示。

表 1-9　SPSS 常用多变量分析技术比较汇总

自变量	因变量		
	一个分类变量	一个定量变量	多个定量变量
一个分组变量（两个群）	卡方分析	独立样本 T 检验	多变量方差分析
一个分组变量（多群）	卡方分析	单因子方差分析	多变量方差分析
两个分组变量	分层卡方检验	多因子方差分析	多变量方差分析
N 个分组变量 一个定量变量	—	协方差分析	多变量协方差分析
一个定量变量	判别分析、Logistic 回归	简单相关分析、简单回归分析	—
多个定量变量（或包含虚拟变量）	判别分析、Logistic 回归	复回归分析或虚拟变量复回归分析	规则相关分析、路径分析、结构方程模型
多个定量变量	聚类分析（组别）	主成分分析（单成分）、因子分析（因子）、MDS（一维）	主成分分析（多成分）、因子分析（多因子）、MDS（多维）

(1) 卡方分析：计量两个定性（分类）变量的关联程度。

(2) 简单相关分析：计量两个定量（连续）变量的相关程度。

(3) 独立样本 T 检验：检验比较两组样本数据平均数是否相等。

(4) 单因子方差分析（又称单因素方差分析）：可以比较三组及以上的平均数是否相等，并进行多重比较检验。

(5) 双因素方差分析（又称多因子方差分析）：可以比较两因素的平均数是否相等，并检验主效应和交互效应。

(6) 判别分析（又称区别分析）与 Logistic 回归：应用于检验一组定量的自变量（可含虚拟变量）是否可以正确区别一个定性的因变量。

三、常用的专业统计数据分析方法

（一）方差分析

方差分析（Analysis of Variance，ANOVA）又称“变异数分析”或“F 检验”，是费希尔（Fisher）发明的，用于两个及两个以上样本均数差别的显著性检验。由于各种因素的影响，研究所得的数据呈现波动状。造成波动的原因可分成两类：一类是不可控的随机因素，另一类是研究中施加的对结果形成影响的可控因素。方差分析是从观测变量的方差入手，研究诸多控制变量中哪些变量是对观测变量有显著影响的变量。

（二）相关分析

相关分析（Correlation Analysis）是研究现象之间是否存在某种依存关系，并对具体有依存关系的现象探讨其相关方向以及相关程度。相关关系是一种非确定性的关系，例如，以 X 和 Y 分别表示一个人的身高和体重，或分别表示每公顷施肥量与每公顷小麦产量，则 X 与 Y 显然有关系，而又没有确切到可由其中的一个去精确地决定另一个的程度，这就是相关关系。

（三）回归分析

回归分析（Regression Analysis）是确定两种或两种以上变量间相互依赖的定量关系的一种统计分析方法。回归分析应用十分广泛，按照涉及的自变量的多少，可分为一元回归分析和多元回归分析；按照自变量和因变量之间的关系类型，可分为线性回归分析和非线性回归分析。

（四）因子分析

因子分析（Factor Analysis）是指研究从变量群中提取共性因子的统计技术。因子分析就是从大量的数据中寻找内在的联系，减少决策的困难。

因子分析的方法约有 10 多种，如重心法、影像分析法、最大似然解、最小平方法等。这些方法本质上大都属近似方法，是以相关系数矩阵为基础的，所不同的是相关系数矩阵对角线上的值。

（五）聚类分析

聚类分析（Cluster Analysis）是将数据分类到不同的类或者簇这样的一个分析过程，所以同一个簇中的对象有很大的相似性，而不同簇间的对象有很大的相异性。聚类分析是一种探索性的分析，在分类的过程中，人们不必事先给出一个分类的标准，聚类分析能够从样本数据出发，自动进行分类。聚类分析所使用方法的不同，常常会得到不同的结论。不同研究者对于同一组数据进行聚类分析，所得到的聚类数未必一致。

（六）结构方程模型分析

在社会科学以及经济、市场、管理等研究领域，有时需要处理多个原因多个结果间的复杂关系。通过结构方程多组分析，可了解不同组别（如不同性别）内各变量的关系是否保持不变，各因子的均值是否有显著差异。

结构方程模型（SEM）是国际管理研究和其他社会科学研究中日益广泛采用的建模技术，每年的美国管理学会年会上都有相关专题教学和研讨。SEM 越来越成为各类高层次学术刊物、高层次管理研究以及社会学和经济学等学科研究领域的必备方法。

第四节　大数据与统计学

互联网让信息和数据快速积累和流动，世界变得更透明、更平坦。大数据就是这个高科技时代的产物。阿里巴巴创始人在一次演讲中认为，未来最大的能源是数据，未来的时代将不是 IT 时代，而是 DT 的时代，DT 就是 Data Technology（数据科技）。大数据已经成为人们习以为常的一个名词，基于大数据分析下的精准推荐、精准营销、广告推荐、猜你喜欢……这些已经融入人们生活当中的行为，背后都有大数据技术的支持。还有席卷全球的新冠疫情，疫情数据的跟踪与分析、防控的相关措施制定也都少不了大数据的功劳。随着人工智能、移动互联网和物联网的兴起，大数据带来了无限想象力和商业应用价值。

一、大数据概述

（一）大数据的概念

关于大数据（Big Data）有很多不同的定义，以下是具有代表性的表述。

（1）大数据是指无法在可承受的时间范围内，用常规软件工具进行捕捉、管理和处理的数据集合，是需要新处理模式才能具有更强的决策力、洞察发现力和流程优化能力的海量、高增长率和多样化的信息资产（见百度百科）。

（2）维克托·迈尔-舍恩伯格（Viktor Mayer-Schonberger）及肯尼斯·库克耶（Kenneth Cukier）在《大数据时代》一书中认为，大数据不用随机分析法（抽样调查）这样的捷径，而采用所有数据进行分析处理。

（3）麦肯锡（McKinsey）则认为，大数据是一种规模大到在获取、存储、管理、分析方面大大超出了传统数据库软件工具能力范围的数据集合，具有海量的数据规模、快速的数据流转、多样的数据类型和价值密度低的特征。

大数据到底有多大？数据存储的最小基本单位是 Byte，按从小到大顺序分别为 Byte、KB、MB、GB、TB、PB、EB、ZB、YB、BB、NB、DB。能称为大数据的起始计量单位至少是 PB（1024TB）、EB（1024PB）或 ZB（2014EB）。

（二）大数据的特征

大数据时代，任何微小的数据都可能产生不可思议的价值。大数据一般具有 4 个特征，Volume（大量性）、Velocity（高速性）、Variety（多样性）、Value（价值性），一般称之为 4V。

第一，大量性。大数据的特征首先就体现为“大”。随着信息技术的高速发展，存储单位从过去的MB、GB到TB，乃至现在的PB、EB级别，数据开始爆发性增长。淘宝网每天产生的商品交易数据约20TB；脸书（Facebook，2021年10月28日更名为Meta）用户每天产生的日志数据超过300TB。有研究表明，整个人类文明所获得的全部数据中，有90%是过去几年内产生的。

第二，高速性。大数据的产生非常迅速，活跃在互联网上的每个用户每天都在向大数据提供大量的资料，并且这些数据是需要及时处理的。基于这种情况，大数据对处理速度有非常严格的要求，服务器中大量的资源都用于处理和计算数据，很多平台都需要做到实时分析。

第三，多样性。广泛的数据来源决定了大数据形式的多样性。日志数据是结构化明显的数据，还有一些数据结构化不明显，如图片、音频、视频等。

第四，价值性。这是大数据的核心特征。

（三）大数据的意义

现实世界所产生的数据中，有价值的数据所占比例很小。相比于传统的小数据，大数据能够通过从大量不相关的各种类型的数据中，挖掘出对未来趋势与模式预测分析有价值的数据，并通过机器学习方法、人工智能方法或数据挖掘方法深度分析，发现新规律和新知识，并运用于农业、金融、医疗等各个领域，从而最终达到改善社会治理、提高生产效率、推进科学研究的效果。

例如：通过结合大数据和高性能的分析，能够及时解析故障、问题和缺陷的根源，每年可能为企业节省数十亿美元；为成千上万的快递车辆规划实时交通路线，躲避拥堵；分析所有SKU，以利润最大化为目标来定价和清理库存；根据客户的购买习惯，为其推送他可能感兴趣的优惠信息；从大量客户中快速识别出金牌客户；使用点击流分析和数据挖掘来规避欺诈行为。

2015年8月，国务院发布了《促进大数据发展行动纲要》的通知，坚持创新驱动发展，加快大数据部署，深化大数据应用，已成为稳增长、促改革、调结构、惠民生和推动政府治理能力现代化的内在需要和必然选择。大数据成为推动经济转型发展的新动力，成为重塑国家竞争优势的新机遇，成为提升政府治理能力的新途径。

二、大数据的技术分析方法

（一）可视化分析

大数据分析的使用者有大数据分析专家，同时还有普通用户，但是他们二者对于大数据分析最基本的要求就是可视化分析，因为可视化分析能够直观地呈现大数据的特点，同时能够非常容易被读者所接受，就如同看图说话一样简单明了。

（二）数据挖掘算法

大数据分析的理论核心就是数据挖掘算法，各种数据挖掘的算法基于不同的数据类型和格式才能更加科学地呈现出数据本身具备的特点，也正是因为这些，被全世界统计学家所公认的各种统计方法才能深入数据内部，挖掘出公认的价值。

数据挖掘算法可分为分类、估计、预测、相关性分组或关联规则、聚类、描述和可视化、复杂数据类型挖掘（Text、Web、图形图像、视频、音频等）。

（三）预测性分析

大数据分析最重要的应用领域之一就是预测性分析，从大数据中挖掘出特点，通过科学地建立模型，之后便可以通过模型代入新的数据，从而预测未来的数据。

（四）语义引擎

非结构化数据的多元化给数据分析带来新的挑战，需要一套系统的工具去分析，提炼数据。语义引擎需要设计得足够人工智能，足以从数据中主动地提取信息。

（五）数据质量和数据管理

大数据分析离不开数据质量和数据管理，高质量的数据和有效的数据管理，无论是在学术研究还是在商业应用领域，都能够保证分析结果真实和有价值。

大数据分析的基础就是以上五个方面，当然如果更加深入地进行大数据分析，还有很多更加有特点、更加深入、更加专业的大数据分析方法。大数据的市场结构与关键技术如图 1-11 所示。

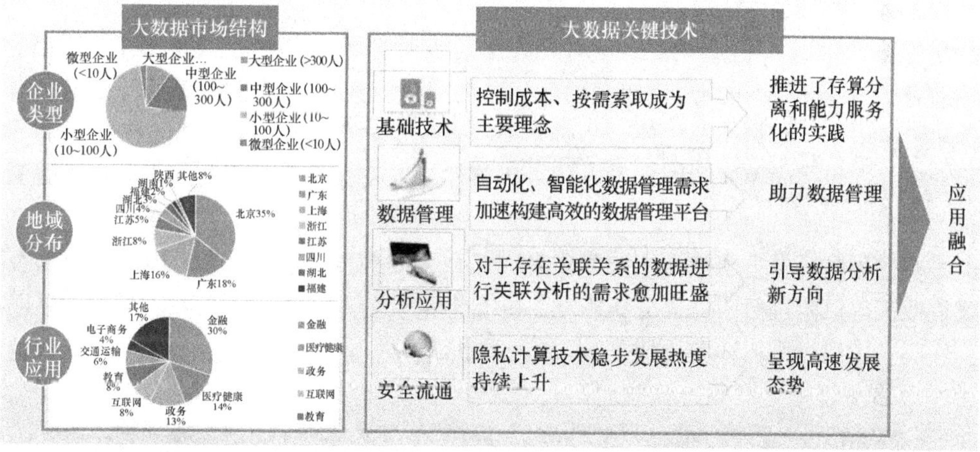

注：该图来自中国互联网协会。

图 1-11　大数据市场结构与关键技术

三、大数据的应用

（一）大数据是人工智能的一项重要的技术支撑

人工智能的三要素是算力、算法、大数据。大数据经常作为其中一项重要的技术支撑发挥作用。大数据的应用在很大程度上防止了疫情扩散，如通过对病毒特性、传播速度、发展规律、病例症状等信息进行数据汇总、加工和分析，与其他传染病病毒及其治疗方案进行对比，或者对疫情进行预警，掌握防疫主动权。

大数据的应用不仅能够帮助研发治疗新冠的医药、监测疫情发展，还在一系列现实场景中展现强大功能，如远程医疗会诊、AI 大客流测温系统、远程教育、5G 防疫智能机器人、无人机等。

（二）税收大数据

2021 年 3 月中共中央办公厅、国务院办公厅印发的《关于进一步深化税收征管改革的意见》强调，应充分运用大数据等现代信息技术加快推进智慧税务建设，深化税收大数据共享应用，依法运用大数据精准推送优惠政策信息。

税收大数据是指在税收征管过程中形成的一类大数据集，包含结构化数据和非结构化数据。税收大数据能充分发挥大数据获取数据及时、储存容量庞大以及分析数据迅速等技术优势，弥补传统税收分析方法的部分不足。目前，税收征管改革的重点方向之一是从“以票管税”转向“以数治税”，应用税收大数据能通过精准评估逃税风险进一步促进遵从行为。

由于税务机关的稽查资源有限，以往税务机关主要以抽查的方式检查逃税行为，使得部分纳税人存在逃税的侥幸心理。在大数据时代，税务机关基于税收大数据采用数据挖掘的方法，能够实现深度挖掘纳税人的涉税信息，评估潜在逃税风险。

（三）央视播报大数据防疫

中央电视台《新闻联播》播出《浙江：一人一码，大数据助力精准防疫》的相关报道，如图 1-12 所示。以下为详细报道：

浙江省全面推行“健康码”，运用大数据对疫情监测分析，实施精准防控，科学指导企业有序复工复产。在湖州市南太湖新区科创园区，企业员工正陆续返岗。在进入园区之前，除了要消毒、测量体温之外，还必须要检查一个“健康码”。疫情防控从原来严格的封闭式管理，逐步转向精密智控。可以用一码管住重点人，放开健康人，让更多的员工及时返岗。

市民在支付宝平台上申报个人健康信息，后台大数据会对申报人在一段时间内是否到过疫情严重地区等风险进行多方面分析审核，并自动生成个人专属的二维码。绿码，可以亮码通行；红码、黄码，则需要集中或居家隔离。“健康码”非常重要的一个特点就是实现动态管理。

图 1-12　大数据健康码助力防疫

（四）大数据治理提升政务服务效能

数据治理是全球性的新问题。我国作为数字经济大国、数据治理大国，开展数据治理对驱动数字经济创新发展、全面提升政府治理效能以及赋能公共服务和社会治理具有重大意义。

城市数据治理能力的持续升级，为百姓生活带来诸多便利。小李是某市一家药店的经理。过去，要开药店，一般需要往返相关机构 3~4 次办理各种手续，办证时间平均 30 个工作日。而最近，小李在某市政务中心“一业一证”窗口只提交了一次申请材料，一周后就拿到了含药品经营、医疗器械经营、食品经营三个许可证在内的行业综合许可证，节约了不少时间。

（五）高校大数据精准资助

“亲爱的同学，你好！学校通过分析餐厅一卡通消费数据，结合你在学校的综合表现，近期为你发放隐形资助 720 元……”近日，某大学一些学生收到了一条短信，饭卡里还凭空多出 720 元钱，这让同学们有些“丈二和尚摸不着头脑”。

原来，这些钱是学校对贫困学生的“偷偷的资助”。据报道，该大学通过自主开发的大数据平台，分析了学生 2021 年在学校刷一卡通的数据，找出每月在食堂吃饭 60 次以上、每天消费低于平均值 8 元钱的学生进行资助。按照每天 6 元的补助标准，一学期 720 元餐补，悄悄打进了一些学生的饭卡。

利用大数据“隐形资助”学生，不仅可以解决一些贫困学生生活上的压力，又可以维护他们的尊严。这与高校中传统的资助方式相比，最大的特点就是利用大数据技术分析，在资助公平和学生尊严之间找到了平衡，既充满关爱，又精准、高效。

（六）新媒体大数据直观反映社情民意

社会治理是一项极为复杂的“超级工程”。近年来，云计算、大数据等新型技术快速普及，为社会治理的智能化提供了有力支撑，提高了从问题发现到应急响应的速度，提升了社会治理的效率。新媒体大数据通过对公开的社交媒体、政务微博、公众号、论坛、贴吧、短视频等全媒体数据进行汇总和整理，能够帮助各级政府部门倾听民情、民意，实现基层社会治理问题的实时感知，快速应对，并且能够对应对效果进行即时评估的精细化管理。

新媒体大数据以反映民情、民意的新媒体大数据为基础，融合人工智能技术和区域治理评价指标体系，设计突发事件感知系统、风险感知防范系统、重大事件传播追踪系统等子系统，对突发事件进行事前预警、事发感知和事中追踪，通过政府内部数据与新媒体大数据的良好融合，为数字治理的更多场景赋能。

《中华人民共和国国民经济和社会发展第十四个五年规划和 2035 年远景目标纲要》明确了新时期的社会发展目标，提出“构建基层社会治理新格局”，要求“完善共建共治共享的社会治理制度”“加强和创新社会治理”。与此同时，智能手机等现代通信工具的普及，以及微博、微信等新媒体的快速发展，在为民众参与社会治理提供便利的同时，也为社会治理带来了新的思路和方式。

（七）数据安全法和个人信息保护法

面对市场的迫切需求，需要构建可控的数据安全体系。

《中华人民共和国数据安全法》是为了规范数据处理活动，保障数据安全，促进数据开发利用，保护个人、组织的合法权益，维护国家主权、安全和发展利益而制定的法律。

2021年6月10日，第十三届全国人民代表大会常务委员会第二十九次会议通过《中华人民共和国数据安全法》，自2021年9月1日起施行。其中，第十四条规定了国家实施大数据战略，推进数据基础设施建设，鼓励和支持数据在各行业、各领域的创新应用。

2021年8月20日，第十三届全国人民代表大会常务委员会第三十次会议表决通过《中华人民共和国个人信息保护法》，自2021年11月1日起施行。

（八）精准分析推荐与个性化服务

美国折扣零售商塔基特公司，利用大数据，可以在完全不与准妈妈对话的前提下，预测一位女性是否怀孕。对于零售商来说，知道一个顾客是否怀孕是非常重要的，因为这是一对夫妻改变消费观念的开始：他们会开始光顾以前不会去的商店，渐渐对新的品牌建立忠诚度。塔基特公司注意到，女性在怀孕3个月的时候，会买无香乳液，几个月后会买一些含镁、钙、锌等的营养品。该公司最终找出20多种关联物，并使用这些关联物给顾客打分，进行怀孕趋势预测评分。这些相关关系就能准确预测孕期顾客的预产期，从而在每个阶段给用户寄送相应的优惠券，以此建立起客户的忠诚度。

在电子商务领域中，用户行为的信息量十分庞大，用户在网站上发生的所有行为，如搜索、浏览、打分、点评、加入购物筐、取出购物筐、加入期待列表、购买、使用减价券和退货等；甚至包括在第三方网站上的相关行为，如比价、看相关评测、参与讨论、社交媒体上的交流、与好友互动等。根据不完全统计，一个用户在选择一个产品之前，平均要浏览5个网站、36个页面，在社会化媒体和搜索引擎上的交互行为多达数十次，面对如此庞杂的数据，不经过大数据分析简直是难以想象。大数据可以让电子商务更具个性化，实践证明，个性化的推荐会提高用户的购买率，降低无用信息的推荐，避免无用广告的滥用骚扰，无形中就提升了用户体验。

（九）用数据打造冠军团队

奥斯卡获奖影片《点球成金》讲述了美国职业棒球大联盟中的一个真实事件。在奥克兰运动家棒球队在刚有起色时，球队主力纷纷被重金挖走，资方投资严重不足，新赛季的前途非常渺茫。此时球队打破原有的经营理念，查询所有球员的历史数据，利用数学建模，定量分析不同球员的特点，合理搭配，重新组队，颠覆了棒球界里传统的靠重金挖明星球员组队的理念。在新的赛季中，奥克兰运动家棒球队创造了20场连胜的历史纪录。

（十）精准医疗

从生物学、医学上讲，以前生物学家只是通过对单个或几个基因的操控来观察其对生物体的影响，很难发现整体的关联。现在由于技术的发展，可以分析很多，如遗传信息、全体基因的表达量信息、蛋白质族谱信息、全基因组甲基化信息、表观遗传信息等；同时，还有个人健康指标、病历、药物反应等数据。如果真能达成生物学上多维多向数据的有机融合，就能够把个人完整地描述出来，从而实现精准医疗的目的。

四、大数据能取代统计学吗？

近代统计学虽然已有上百年的发展史，但随着大数据的到来，统计学已有的方法缺陷暴露无遗，从抽样调查和设计、数据管理和存储到统计分析和计算，海量数据分析的需求都部分地颠覆了传统的统计方法，由此说来，大数据能取代统计学吗？

（一）大数据与统计学的区别与联系

1. 大数据与统计学的区别

（1）样本统计和全样本统计。统计学主要依赖样本统计，样本是按照一定的概率从总体中抽取的，在样本规模增加有限的情况下，总体越大，样本估计的误差就越大。大数据背景下，数据来源不再是原来的简单抽样，而是“样本即总体”，直接将总体作为研究对象。

（2）数据收集形式不同。统计数据分析以往依赖于数据的随机采样，局限在小范围。大数据背景下，统计数据分析拥有各种来源、各种形式的海量数据。

（3）数据分析与处理方法不同。大数据是从大规模海量数据中建立模型和发现数据网络关系，强调对复杂系统进行整体性的研究。大数据对不同数据处理的方法不是简单地采用传统的假设检验方法进行研究，特别是对于统计学中的异常点，不再采取以往的丢弃或者平滑处理方式。

2. 大数据与统计学的联系

尽管统计学是定量的方法，但难以脱离定性方法而单独存在，它是定性基础上的定量方法，统计数据与统计方法相辅相成。而大数据时代，采用全数据模式，利用所有数据，让数据“发声”，从而发现和理解信息内容及信息与信息之间的关系。

（二）大数据时代，统计学是数据分析的灵魂

如今大数据时代可以做到将数据全部纳入分析范畴，更能减少误差，调查和数据分析的成本更低，这些并不意味着统计学方法就变得没有意义。大数据时代，统计学依然是数据分析的“灵魂”。统计学的思维、原则和方法可以帮助人们走出思维误区，厘清和摆脱许多流行的谬误和观念。

（三）大数据对统计学的挑战与机遇

1. 大数据对统计学的挑战

（1）大数据时代对统计学的新要求。当前很多追踪调查项目都存在耗时过长的问题，诸如海量纵向数据的应用、多种数据来源的整合、快速以及简便地呈现结果、严格保护数据和系统安全等，都对统计学提出新的要求。

（2）大样本标准的调整。统计学依赖于样本统计，通常以样本数 ≥ 30 为大样本，即所谓大样本理论。大数据时代产生的海量数据，其样本量之大，甚至可以覆盖全部总体。因此，统计学应充分利用大数据提供的海量数据，加强数据来源的多元化，从而扩大样本规模；同时更新大样本标准，以更大规模的样本数量取代原来的样本数量，以适应大数据时代对数据精确度的要求。

（3）数据选取的多元化。目前大数据采集到的数据 85%以上是非结构化和半结构化数据，传统的关系数据库无法胜任这些非结构化和半结构化数据的处理，但大数据可通过建立非结构数据库对这些海量数据进行标准化处理，将非结构化数据转化为结构化数据。

（4）引起统计方法的变革。传统统计学中数据处理和分析的软件主要有 SAS、SPSS、Stata、Minitab，若大数据能够在统计软件中得到充分运用，则统计分析的数据收集过程可以简化甚至免去。大数据对传统统计学的冲击不仅在于统计样本和统计软件，甚至会产生新的统计方法，如经济统计方法、卫生统计方法、环境科学统计方法、生命科学统计方法等。

2. 大数据对统计学的机遇

（1）发挥统计学的长处。大数据基础上的统计学效率和拟合度预测准确性可以大大提高，并且能够发现很多在样本统计中无法发现的细节。统计学的优势在于“以小见大”，大数据时代，可将统计学的长处和大数据的优点结合起来，实现“以小见大”和“由繁入简”的有效结合。

（2）提高统计的质量。合理利用大数据可以使统计的时效性增强、误差减小和可信度增强。以居民消费价格指数（CPI）的统计数据为例，通常在每个月的9号才能发布上个月的CPI，存在一定的滞后期，而“在线价格指数”能够对市场价格进行实时跟踪和汇总，能够提供及时的统计信息，并且在线价格指数可以将频率从月提高到天、时。

（3）降低统计的成本。无论是普查还是抽样调查，传统的调查方法主要是电话采访、调查问卷、统计报表等，而这几种方法都有其固有缺陷，如果要获得数据量的规模较大，统计成本会大幅增加。而在大数据时代，许多数据可以通过网络、移动通信等方式获得，因此，无论从时间还是从实际耗费的财力、物力来看，统计成本都会大幅降低，而且数据规模会更大。更重要的是，大数据可以被重复利用，平均成本会随着再利用次数的增加而大幅降低。

（4）发挥作用的领域扩大。随着记录和计量手段的发展，许多以前无法量化的事物和现象现在可以转化成可以分析的数据了，这意味着这些以前无法用统计学来分析的问题现在可以运用统计学的方法来处理了。在大数据时代，大量数据从一些以前认为不可数据化的领域提取出来，例如，可以从网络用户的搜索记录中提取用户的健康状况信息、商品偏好信息，从社交网络用户的社交关系网中提取用户的信用记录、财产状况的相关信息。又如，修建地铁时，对其中几条关键路线以及沿途停靠站点的设计，只要掌握了市民通勤信息的数据（可以通过公交系统的乘客刷卡信息来获取），就可以找出通勤密度最大的地点。

能力训练

一、单项选择题

1. 一个统计总体（ ）。

A. 只能有一个标志　　B. 只能有一个指标
C. 可以有多个标志　　D. 可以有多个指标

2. 构成统计总体的个别事物称为（ ）。

A. 调查单位　　B. 标志值　　C. 品质标志　　D. 总体单位

3. 几位学生的某门课成绩分别是67分、78分、88分、89分、96分，考试成绩是（ ）。

A. 品质标志　　B. 数量标志　　C. 标志值　　D. 数量指标

4. 工业企业的职工人数、职工工资是（ ）。

A. 连续型变量
B. 离散型变量

C. 前者是连续型变量，后者是离散型变量

D. 前者是离散型变量，后者是连续型变量

5. 标志是指（　　）。

A. 说明总体单位属性和特征的名称　　B. 总体单位数量特征

C. 标志名称之后所表现的属性或数值　　D. 总体单位所具有的特征

6. 统计指标按所说明的总体现象内容的特征不同，可以分为（　　）。

A. 客观指标和主观指标　　B. 数量指标和质量指标

C. 时期指标和时点指标　　D. 实体指标和行为指标

7. 下列指标中属于质量指标的是（　　）。

A. 社会总产值　　B. 产品总成本　　C. 产品合格率　　D. 人口总数

8. 指标是说明总体特征的，标志是说明总体单位特征的，（　　）。

A. 标志和指标之间的关系是固定不变的

B. 标志和指标之间的关系是可以变化的

C. 标志和指标都是可以用数值表示的

D. 只有指标才可以用数值表示

9. 在统计指标和指标体系中，（　　）。

A. 统计指标与指标体系是毫无关系的

B. 统计指标体系是由若干互相联系的统计指标构成的一整套指标

C. 若干个统计指标组成了统计指标体系

D. 统计指标可以决定统计指标体系的大小

10. 统计研究中的质量指标（　　）计量单位。

A. 均有　　B. 没有

C. 有的有，有的没有　　D. 一般有

11. 下列关于大数据的分析理念的说法中，错误的是（　　）。

A. 在数据基础上倾向于全体数据而不是抽样数据

B. 在分析方法上更注重相关分析而不是因果分析

C. 在分析效果上更追求效率而不是绝对精确

D. 在数据规模上强调相对数据而不是绝对数据

12. 下列不属于人工智能的三要素的是（　　）。

A. 算力　　B. 算法

C. 大数据　　D. 机器人

1-01

二、判断题

1. 总体的同质性是指总体中的各个单位在所有标志上都相同。（　　）

2. 个人的工资水平和全部职工的工资水平，都可以称为统计指标。（　　）

3. 对某市工程技术人员进行普查，该市工程技术人员的工资收入水平是数量标志。（　　）

4. 某一职工的文化程度在标志的分类上属于品质标志，职工的平均工资在指标的分类上属于质量指标。（　　）

5. 总体单位是标志的承担者，标志是依附于总体单位的。（　）

6. 品质标志和质量指标一般都不能用数值表示。（　）

7. 统计总体单位之间存在差异性是普遍存在的，是统计工作存在的前提。（　）

8. 传统营销模式比基于大数据的营销模式针对性更强。（　）

9. 在统计学中，可以把数据的测量尺度由低级到高级依次分为定类尺度、定序尺度、定距尺度、定比尺度四个层次。（　）

10. 统计指标按反映的具体内容和数值表现形式不同，可分为总量指标、相对指标、平均指标。（　）

1-02

三、综合分析题

阅读下列材料，并回答后面的问题。

第七次全国人口普查结果全面详实地反映了当前我国人口的基本情况及10年间人口的发展变化。10年来，我国人口总量持续增长，仍然是世界第一人口大国。人口质量稳步提升，人口受教育程度明显提高。人口结构调整变化，性别结构改善，年龄结构是“两升一降”。人口流动集聚的趋势更加明显，城镇化水平持续提高。具体有以下六个方面的特点：

第一，从人口总量上看，虽然我国人口总量增速是放缓的，但仍然保持了平稳增长。2020年，我国总人口达到14.1亿人，约占全球总人口的18%，仍然是世界第一人口大国。过去10年间，我国人口实现了从13亿人到14亿人的跨越，人口总量增加了7206万人，比2010年增长了5.38%，年均增长0.53%，略低于上一个10年0.57%的平均增长率。

第二，从人口质量上看，我国人口受教育程度明显提高，人口的素质不断提升。15岁及以上人口的平均受教育年限从2010年的9.08年提高至9.91年。16~59岁劳动年龄人口平均受教育年限从2010年9.67年提高至10.75年，文盲率从2010年的4.08%下降为2.67%。

第三，从性别构成上看，出生人口性别比稳步下降，性别结构得到改善。普查结果表明，总人口性别比为105.1，与第六次全国人口普查时的105.2相比基本持平，略有降低。从出生人口看，出生人口性别比2020年为111.3，较2010年降低了6.8，逐渐趋向正常水平。

第四，从年龄构成上看，少儿人口数量增加，比重上升。0~14岁少儿人口的数量比2010年增加了3092万人，比重上升了1.35个百分点。“单独二孩”“全面两孩”等决策部署和政策措施，促进了出生人口出现回升，“二孩”生育率明显提升，出生人口中“二孩”占比由2013年的30%左右上升到2017年的50%左右。

第五，从人口迁徙流动情况看，人口流动依然活跃，人口的集聚效应进一步显现。普查结果表明，居住地与户籍所在地不一致的现象已相当普遍，2020年我国人户分离人口达到4.93亿人，约占总人口的35%。其中，流动人口3.76亿人，10年间增长了将近70%。从流向上看，人口持续向沿江、沿海地区和内地城区集聚，长三角、珠三角、成渝城市群等主要城市群的人口增长迅速，集聚度加大。

第六，从人口的城乡结构看，我国城镇常住人口持续增加，常住人口的城镇化率进一步提高。10年间城镇常住人口增加了2.36亿人，常住人口城镇化率提高了14.21个百分点，比上一个10年的增幅又上升了0.75个百分点。普查结果表明，加快实施以人为核心的新型城镇化战略，推动农业转移人口市民化，取得了明显成效。

10年间，我国人口的主要变化反映了我国经济社会和人口发展的历史进程，反映了推动高质量发展、决胜全面建成小康社会的实践历程，也符合人口自身发展趋势和人口与经济社会相互作用的客观规律。

（资料来源：国家统计局，2021-5-11，http：//www.stats.gov.cn/tjsj/zxfb/202105/t20210511_ 1817274.html）

讨论与思考：

（1）上述材料中用到了哪些统计学的基本概念？

（2）本材料是从哪些统计角度进行介绍的？

（3）思考并预测分析：人口变化的情况与趋势对大学生的未来发展可能产生哪些影响？可以小组讨论或撰写报告。

（答案：略。）

第二章　数据收集与整理

引例

2021 年 5 月 11 日 10 时国务院新闻办公室举行新闻发布会，国家统计局局长宁吉喆向大家通报第七次全国人口普查的相关情况和主要数据。

第七次全国人口普查过程中，地方各级政府精心组织实施、通力协作配合，全国省、市、县、乡、村级共组建 67.9 万个普查机构，选聘 700 多万名普查人员。各级人口普查机构和广大普查人员积极克服新冠肺炎疫情的影响，对全国所有家庭和人口进行了全面普查，圆满完成普查入户登记任务。第七次全国人口普查全面采用电子化数据采集方式，实时直接上报数据，首次实现普查对象通过扫描二维码进行自主填报，强化部门行政记录和手机等大数据应用，提高了普查工作的质量和效率，认真落实了普查方案的各项要求，实行了严格的质量控制制度，建立健全了普查数据追溯和问责机制。随机抽取全国 141 个县的 3.2 万户进行了事后质量抽查，结果显示，漏登率为 0.05%，普查过程严谨、规范，普查结果真实、可靠。

本章学习目标

1. 了解统计数据的来源与误差。
2. 熟悉各种数据收集方法的特性，学会灵活运用各种方法收集整理数据。
3. 掌握调查方案与问卷的设计方法。
4. 掌握统计整理的步骤和方法，并能进行预处理。
5. 熟悉常用统计图表的编制方法。

第一节　统计数据的来源与误差

一、统计数据的来源

从统计数据本身的来源看，最初都是来自于直接的调查或试验。但从使用者的角度看，统计数据的来源主要有两个渠道：一是直接的调查或试验，这是统计数据的直接来源，可称之为第一手或直接的统计数据，简称一手数据或直接数据；二是他人调查或试验的数据，这是统计数据的间接来源，可称之为第二手或间接的统计数据，简称二手数据或间接数据。

（一）统计数据的直接来源

统计数据的直接来源有两种方式：一是专门调查，二是科学试验。专门调查有统计部门进行的统计调查，也有其他部门或机构为特定目的而进行的调查，如新产品投放市场前所做的市场调查、民意调查等。它是取得社会经济数据的重要手段。而科学试验是取得自然科学数据的主要手段。

统计调查是获取统计数据的主要来源，更是取得直接数据的重要手段。常用的统计调查方式主要有普查、抽样调查、统计报表、重点调查、典型调查等。

1. 普查

普查是为某一特定目的而专门组织的一次性全面调查。它有以下几个特点：

（1）普查通常是一次性的或周期性的。

（2）普查一般需要规定统一的标准调查时间，以避免调查数据的重复或遗漏，保证普查结果的准确性。

（3）普查的数据一般比较准确，规范化程度也较高，因此它可以为抽样调查或其他调查提供基本依据。

（4）普查的使用范围比较窄，只能调查一些最基本及特定的现象。

普查有两种组织形式。一种是组织普查机构、配备普查人员，对调查对象进行直接登记，如我国人口普查。另一种是调查机关向被调查单位颁发普查报表，由被调查单位利用其活动记录和核算资料，结合清仓盘点，自行填报普查资料的调查方式，如我国库存物资普查。

重磅！第七次全国人口普查公报

中国在2020年开展第七次全国人口普查，普查标准时点是2020年11月1日零时，彻查人口出生变动情况以及房屋情况。普查对象是普查标准时点在中华人民共和国境内的自然人以及在中华人民共和国境外但未定居的中国公民，不包括在中华人民共和国境内短期停留的境外人员。普查主要调查人口和住户的基本情况，内容包括：姓名、公民身份证号码、性别、年龄、民族、受教育程度、行业、职业、迁移流动、婚姻生育、死亡、住房等情况。

2. 抽样调查

抽样调查是按照随机原则，从总体中抽选一部分单位进行观察，并根据这一部分单位的调查资料，从数量方面推断总体指标的一种非全面调查。抽样调查的主要特点是：

（1）节省人力、物力、财力和时间。由于调查的样本单位通常是总体单位中很小一部分，调查的工作量小，因而可以节省大量的人力、物力、财力和时间。

（2）抽样调查可以迅速、及时地获得所需要的信息。由于抽样调查的工作量小，调查准备、登记资料、数据处理用时较少，因而可以提高数据的时效性。并且抽样调查可以频繁地进行，随着事物的发生和发展及时取得有关信息，以弥补普查等全面调查的不足。我国从20世纪80年代起，国务院决定在每两次人口普查中间，进行一次全国1‰人口抽样调查。人口抽样调查的主要目的是，摸清上次人口普查以来我国的人口数量、构成以及居住等方面的变化情况，研究未来人口状况的发展趋势，为制订经济社会发展规划和有关政策提供客观准确的依据。

（3）适用范围广。抽样调查适用于对各个领域、各种问题的调查。它既适用于全面调查能够调查的对象，又适用于全面调查所不能调查的对象，特别是适合对一些特殊现象的调查，如产品质量状况调查、客户满意度调查、医药临床试验等。

（4）调查结果准确性高。抽样调查由于工作量小，能使各环节的工作做得更细致，误差往往很小，其调查的数据质量往往较高。

（5）可以事先控制误差。抽样调查能够根据调查的目的要求、调查对象的特点及掌握的资料情况，通过选择调查方式和确定样本数目，事先对误差的大小加以控制。基于以上特点，抽样调查被公认为是非全面调查方法中用来推算和代表总体的最完善、最有科学根据的调查方法。抽样调查的内容将在本书的第四章中呈现。

人口大国的“小普查”

我国是世界上人口最多的国家，如此庞大的人口规模，有必要在每10年一次的人口普查之间，开展一次规模较大的人口调查，所以建立了1%人口抽样调查制度，又称为“小普查”。国务院在2010年颁布的《全国人口普查条例》明确规定，人口普查每10年进行一次，尾数逢0的年份为普查年度，在两次人口普查之间进行全国1%人口抽样调查。这项调查既是我国现有人口统计制度的组成部分，也是我国的一项法律规定。我国分别在1987年、1995年、2005年和2015年进行过四次全国1%人口抽样调查。

3. 统计报表

统计报表是按照国家有关法规的规定，自上而下地统一布置、自下而上地逐级提供基本统计数据的一种调查方式。它要以一定的原始数据为基础，按照统一的表式、统一的指标、统一的报送时间和报送程序进行填报。

统计报表主要有以下三个特点：

（1）有利于基层单位对生产、经营活动进行监督和管理。由于其基础是企事业单位的经营活动记录，因此企事业单位必须建立健全原始记录，从而有利于基层单位对其生产、经营活动进行全面监督和管理。

（2）便于管理部门掌握其管辖范围内的基本情况。由于它是逐级汇总上报，各级管理部门能够获得其管辖范围内的报表资料，从而了解本部门、本地区社会经济发展的全面情况和问题。

（3）便于积累历史资料，有利于开展动态分析。因为统计报表一般是经常性调查，且调查项目比较稳定，因而可根据需要积累研究对象较长时期的发展资料，从而形成时间序列，以分析现象发展变化的速度和规律。

统计报表按照实施范围分为国家报表、部门报表和地方报表；按照报送周期分为日报、月报、季报、年报等；按照报送单位分为基层报表和综合报表。

4. 重点调查

重点调查是从调查对象的全部单位中选择少数重点单位进行调查。重点单位是指在所要调查的数量特征上占有较大比重的单位。例如，要了解我国的钢铁生产总量，只要对产量很大的少数几个钢铁企业，如宝钢、鞍钢、首钢等进行调查，就可以对我国的钢铁生产总量有个大致上的认识。这几个产量很大的企业，构成了这次全国钢产量调查的重点单位，因为它们的钢产量在全国的钢铁生产总量中占很大的比重。

我国铁路春运情况调查

每年的春运期间，国家都需要了解全国铁路运输情况，在新闻报道中，我们听到最多的就是北京、上海、广州、武汉、成都等枢纽站进行的调查，因为全国铁路客、货运输量大多集中在这些枢纽站，这里采用的就是重点调查的方式。

5. 典型调查

典型调查是从调查对象的全部单位中选择一个或几个少数有代表性的单位进行全面深入的调查。例如，要研究工业企业的经济效益问题，可以在同行业中选择一个或者几个经济效益良好的单位做深入细致的调查，从中找出经济效益良好的原因和经验。典型调查主要用于定性研究，调查结果一般不能用来推断总体。

典型调查主要有两种形式。一种是对个别典型单位进行研究性调查，即所谓“解剖麻雀”式的调查，主要用于探寻事物发生发展的原因和规律；另一种是先按有关标志将研究对象分类，然后再在各类中选择有代表性的单位进行调查，即所谓划类选典调查。如果典型单位选择适当，不仅能够科学推算总体全面资料，而且能够深入研究事物的发生发展过程。

抽样调查、重点调查和典型调查都是统计数据获取的重要方式，这三种非全面性的调查有着各自不同的目的和意义：抽样调查是以样本量来推断总体的数量特征；重点调查是为了掌握现象总体的基本情况；典型调查是为了研究现象总体出现的新情况、新问题而进行的深入细致的调查。在实际调查中，抽样调查适合不能或很难进行全面调查，而又需要全面数值的场合，在能进行全面调查的场合也有独到的作用。重点调查适用于部分单位能比较集中地反映所研究的项目或指标的场合。典型调查比较灵活，既可侧重质的方面的研究，又可侧重量的方面的研究。三种数据对于总体推断有着不同的把握程度：抽样调查可以计算和控制推断的可靠程度；典型调查在一定条件下可以推断总体总量，但不知道可靠程度；重点调查不能推断总体总量。

（二）统计数据的间接来源

对于大多数使用者来说，如果能通过直接的调查或试验获得所需的一手数据是最好的，但许多情况下亲自去做调查往往不大可能，这时还可以通过其他渠道获得他人调查或试验的二手数据。

对于大多数数据使用者来说，亲自去做调查，收集一手数据往往是不可能或不必要的。

它们往往会利用已经有的，由他人直接调查得到的二手数据。二手数据主要是公开的数据，有些是尚未公开的数据。在我国，公开的商务与社会经济统计数据主要来自政府、行业协会的统计部门以及国际组织。二手数据通过以下渠道获得：

（1）国家。政府公开的一些规划、计划、统计报告、统计年鉴等。

（2）行业协会。行业协会经常公布发表一些行业销售情况、生产经营情况及专题报告。

（3）图书和专业报纸杂志。图书，以及专业杂志、报纸所提供的信息资料。

（4）计算机信息网络。从国际联机数据网络和国内数据库获取有关数据。

（5）国际组织。国际组织定期发布大量市场信息资料。例如，联合国国际贸易中心发行的《世界贸易统计数据》。

引用二手数据之前，有必要先对二手数据进行评价：应注意数据的含义、计算口径和计算方法，以避免误用或滥用；要注意二手数据的时效性，不能用过时的数据。引用二手数据时应充分搞清这些数据所载信息的来源和可靠程度，还应注明数据的出处，以尊重他人的劳动成果。

直接数据和间接数据在实际应用中都是非常重要的。它们的优缺点（见表2-1）可以很好地互补，从而帮助我们在效果和效率间找到比较好的平衡点。

表2-1　直接数据与间接数据的对比

数据类型	优　点	缺　点
直接数据	相关性强 准确度高 理解准确	成本高 耗时长 清洗工作重
间接数据	成本低 时间短 清洗工作轻	相关性弱 准确度难控制 理解存在偏差

二手数据中发现低热量饮食潮流

Minute Maid美汁源创立于美国，是可口可乐公司旗下的第一果汁饮料品牌。但其营销主管托瑞发现，在1999—2004年间，美国人消费的橙汁下降10.8%。其中主力家庭(每年消费超过12.5加仑[㊀]或更多）的消费数量显著下降。自从20世纪20年代橙汁产品问世，它一直是美国主流饮品，作为早餐饮料也和咖啡混搭。那么橙汁到底怎么了？

为确认销量下降的原因，托瑞和他的小组研究了相关二手数据，包括来自营养学类杂志的数据。他们发现，10%的消费者是出于卡路里、碳水化合物和蔗糖的顾虑而减少橙汁饮用量。其中，4%的消费者是因为低热量饮料潮流而减少橙汁饮用量。

通过使用二手数据，托瑞不仅可以更好地了解消费者的食品购买习惯和饮食习惯，还明确了橙汁消费数量减少的原因。同时，他识别出客户的潜在需求——低热量的橙汁饮品——还没有得到满足。于是，为迎合市场机会，美汁源公司开发出低热量产品，该产品热量只有普通橙汁的一半。

㊀ 1加仑（USgal）= 0.0037854立方米（m^3）。——编辑注

二、统计数据的误差

（一）统计数据误差的概念

误差是指一个数据的观测值或计算值与其真值之差。统计误差，即反映客观现象的一个量在测量、计算或观察过程中，由于某些错误或通常由于某些不可控制的因素的影响，而造成的变化偏离标准值或规定值的数量。

我们学习统计数据误差的目的不是如何去定义和测量它，而是分析其产生的原因，进而在统计调查工作中尽量避免或减少误差。

（二）统计数据误差的种类

1. 按产生的性质区分

统计误差按产生的性质来分，有空间误差、时间误差、方法误差和人为误差。

（1）空间误差是指统计调查范围所产生的误差，包括重复、遗漏统计调查单位，跨区域统计等。

（2）时间误差是指统计调查对象因时期或时点界定不准确所产生的误差。例如，企业核算时间不能满足统计部门的报表制度要求而估报所产生的误差，延长或缩短时期所产生的误差，时期错位产生的误差等。

（3）方法误差是指因使用特定的统计调查方法所产生的误差。例如抽样调查中的代表性误差（抽样平均误差），它是指采用抽样调查的随机样本（非全面单位）来推算总体所产生的误差的平均值，不是绝对的统计误差。对代表性误差可以根据组织方法和抽取样本的容量，计算其平均误差，而且可以通过扩大样本量或优化调查的组织方法来缩小误差。又如，统计部门因人力、物力和财力等资源不足，致使报送渠道不畅通，统计调查不到位，推算方法不科学、不规范所产生的误差。

（4）人为误差是指在统计设计、调查、整理汇总和推算等过程中因人为过错产生的误差。人为误差是统计误差中产生因素最多的一类，它又分为度量性误差、知识性误差、态度性误差和干扰性误差。度量性误差是指统计指标因计量或者从生产量到价值量换算所产生的误差；知识性误差是指统计人员因统计知识不够，对统计指标的含义不理解或错误理解所产生的误差；态度性误差是指统计人员因对统计工作不负责而随意填报统计数据而产生的误差，包括乱报、漏填或不按规定的计量单位填报等；干扰性误差是指统计对象或统计部门受某种利益的驱动而虚报、漏报或者捏造统计数据所形成的误差。

2. 按工作环节区分

统计误差按工作环节来分有：源头误差、中间环节误差和最终误差。

源头误差是指申报者所产生的误差；中间环节误差是指统计调查数据在逐级上报过程中所产生的误差，包括加工整理、汇总和推算等环节；最终误差是指下级各基层数据汇总数或规范的方法得到的推算数与最终使用数之间的差异值。按工作环节划分的统计误差类别是相对的，中间环节误差在不同的场合有可能是源头误差，也可能是最终误差。源头误差在有些场合也叫作调查误差，或叫作登记误差。

对统计数据误差的认识与控制

（1）宏观统计的误差是客观存在的，不以人们的意志为转移，统计部门的任务之一是尽可能缩小统计误差。例如计量误差，指不同调查单位因测量工具质量不同、标准不同，而产生的误差。再如空间性误差，在实际统计过程中，由于社会经济现象的复杂性无法涵盖所有的调查单位，也必然产生误差。

（2）统计源头数据或者原始凭证是财务核算或业务核算的数据，在这个环节出现误差，后期统计也必然存在误差。

（3）统计误差与投入的人力、财力密切相关。

（4）统计部门不仅要对统计工作具有求真务实的精神和精品意识，还要善用抽样调查。

第二节　统计调查方案与问卷设计

一、统计调查方案

统计数据的收集是一项复杂、细致而又严密的工作。要准确地完成一项调查任务，需要很多人的参与。为了统一认识、统一内容、统一方法，做到步调一致，顺利完成任务，在调查之前，必须制定一个周密的、完整的调查方案，作为整个调查工作的指导性文件。那么，调查方案应包括哪些内容呢？在实际的应用中我们发现，一份科学的完整的调查方案应包括以下几部分内容。

（一）调查目的

调查目的是指调查所要达到的具体目标，要解决什么样的问题，即“为什么调查”。只有目的明确，才能确定向谁调查、调查什么以及采用什么方法调查。调查目的应简明扼要，例如，我国第六次全国人口普查的目的是：“查清2000年以来我国人口在数量、结构、分布和居住环境等方面的变化情况，为科学制定国民经济和社会发展规划，统筹安排人民的物质和文化生活，实现可持续发展战略，构建社会主义和谐社会，提供科学准确的统计信息支持。”

（二）调查对象和调查单位

确定调查对象和调查单位，是要解决向谁调查、由谁来提供统计资料的问题。

调查对象是指所要调查的社会经济现象的总体。

调查单位是指构成调查对象的每一个个体单位。

例如，在全国人口普查中，调查对象是指具有中华人民共和国国籍并在中华人民共和国境内常住的人，调查单位是每一个人。

又如，若调查一个学校的学生情况，则调查对象是该校所有学生，调查单位是每一个学生。

在调查阶段，有时还需要明确填报单位。所谓填报单位，是指负责向上报告调查内容，提交统计资料的单位。报告单位一般在行政上、经济上具有一定的独立性。在实际中，调查单位和填报单位有时是一致的，有时是不一致的，例如，在工业企业普查中，二者是一致的，每一个工业企业既是调查单位，也是填报单位。再如，对全县医疗卫生设备普查中，二者则不一致，调查单位是每台设备，填报单位则是每家医院。

（三）调查项目

调查项目是指所要调查的内容，即需要向调查单位了解的各项标志。在调查中需要确定哪些项目，要根据调查目的和调查单位特征来决定。在确定调查项目时，应注意以下两点：

（1）调查项目应力求简明扼要，抓住中心，切忌“多多益善、有备无患”的做法。

（2）项目和项目之间尽可能做到相互衔接、相互联系，以便进行对比分析。

调查项目通常以调查表的形式来表现。所谓调查表，是指把确定好的调查项目按照一定的顺序排列起来所形成的表格。

1. 调查表的构成

调查表一般由表头、表身、表脚三部分构成。表头用来说明调查表的名称、调查单位的名称、性质、隶属关系等。表身是调查表的主体部分，包括调查项目、栏号和计量单位等。表脚包括填表人签名、填报日期等。

2. 调查表的种类

调查表可分为单一表和一览表。单一表即在一份表上只登记一个调查单位，它可以容纳较多的调查项目。一览表即在一份表上登记若干个调查单位，它一般适用于调查项目不多的调查。

第七次全国人口普查表

第七次全国人口普查登记的内容包含许多方面，所需要填写的普查表也各不相同，其中有《第七次全国人口普查短表》《第七次全国人口普查长表》《第七次全国人口普查港澳台居民和外籍人员普查表》和《第七次全国人口普查死亡人口调查表》四种形式。

《第七次全国人口普查短表》是全部普查对象（不包括港澳台居民和外籍人员）都需要填写的普查表，共有19个项目，项目内容主要反映了住户及居住人口的基本状况。《第七次全国人口普查长表》需填写的信息则比较多，除了《第七次全国人口普查短表》的项目外，还增加了本户的住房状况和居住人口的经济活动、婚姻生育等情况，共有48个调查项目，其中整体家庭户情况填报的有19项，个人情况填报的有29项。

（四）调查时间和调查工作期限

调查时间是指调查资料所属的时间。如果所要调查的是时期现象，就要明确规定登记从何时起到何时止的资料，若调查的是时点现象，要明确规定统一的标准调查时点。例如，第七次全国人口普查，规定调查2020年11月1日零时的人口资料。

调查工作期限是指调查工作的起讫时间，包括收集资料到报送资料的整个工作过程所需要的时间。在某些专项调查中，它包括从调查方案设计到提交调查报告的整个工作时间。为了提高统计资料的时效性，在可能的情况下，调查期限尽可能缩短。规定调查期限的目的是使调查工作能及时开展、按时完成。例如，某管理局要求所属企业在2020年1月10上报2019年该企业产量情况，调查时间是2019年全年，调查期限是10天。

（五）制订调查组织实施计划

为了保证调查工作顺利进行，在调查方案中还应制订调查组织实施计划。这个计划是对整个统计调查各工作环节的安排，主要包括：

（1）调查工作的组织领导机构和人员组成。

（2）调查方式方法。

（3）调查工作规则和流程。

（4）调查前的准备工作，包括宣传教育、人员培训、印制文件、试点调查等。

（5）其他工作，包括报送资料的办法、经费预算及开支办法、提供或公布调查成果的时间及方式等。

（六）确定统计调查方式与方法

统计调查的方式有普查、重点调查、典型调查、抽样调查、统计报表制度等。具体收集统计资料的调查方法有：直接观察法、报告法、采访法、网上调查法等。

（1）直接观察法：是由调查人员亲自到现场对调查对象进行观察和计量以取得资料的一种调查方法。

（2）报告法：是报告单位以各种原始记录和核算资料为依据，向有关单位提供统计资料的方法，如统计报表。

（3）采访法：就是根据被询问者的答复来收集资料的方法，主要包括面访调查法、座谈调查法、电话调查法等。

（4）网上调查法：是一种利用因特网作为媒介的调查方式。它充分利用了因特网的互动性、实时性、方便性等优点。又可分为电子邮件（E-mail）调查法、WWW调查法（站点法）、主题调查法（视频会议、新闻组、BBS、聊天室等）。

二、问卷设计

在统计调查研究中，问卷法是一种最常用的调查方法，而问卷是收集资料的重要工具。问卷调查是目前调查业中所广泛采用的调查方式，即由调查机构根据调查目的设计各类调查问卷，然后采取抽样的方式（随机抽样或整群抽样）确定调查样本，通过调查员对样本的访问，完成事先设计的调查项目，最后由统计分析得出调查结果的一种方式。调查问卷的优点在于：①严格遵循概率与统计原理，具有较强的科学性；②效率比较高，可以用团体方式进行，统计结果高度数量化、规范化；③费用低，不必费力训练调查人员。这些特点，使问卷法非常适于大规模的调查活动。在有的课题研究中，由于问卷不记名，使得答卷人更加开放，能真实反映自己的观点和态度，同时也便于操作。

（一）问卷设计的原则

（1）有明确的主题。根据调查主题，从实际出发拟题，问题目的明确，重点突出，没有可有可无的问题。

（2）结构合理、逻辑性强。问题的排列应有一定的逻辑顺序，符合应答者的思维程序。一般是先易后难、先简后繁、先具体后抽象。

（3）通俗易懂。问卷应使应答者一目了然，并愿意如实回答。问卷中语气要亲切，符合应答者的理解能力和认识能力，避免使用专业术语。对敏感性问题采取一定的技巧调查，问卷问题具有合理性和可答性，避免主观性和暗示性，以免答案失真。

（4）控制问卷的长度。回答问卷的时间控制在20min左右。

（5）便于资料的校验、整理和统计。

（二）问卷设计的程序

（1）确定主题和资料范围。根据调查目的的要求，研究调查内容、所需收集的资料及资料来源、调查范围等，酝酿问卷的整体构思，将所需要的资料一一列出；分析哪些是主要资料，哪些是次要资料，哪些是可要可不要的资料，淘汰那些不需要的资料；再分析哪些资料需要通过问卷取得、需要向谁调查等；并确定调查地点、时间及对象。

（2）分析样本特征。分析了解各类调查对象的社会阶层、社会环境、行为规范、观念习俗等社会特征，需求动机、潜在欲望等心理特征，理解能力、文化程度、知识水平等学识特征，以便针对其特征来拟题。

（3）拟定并编排问题。首先构想每项资料需要用什么样的句型来提问，尽量详尽地列出问题；然后对问题进行检查、筛选，看它有无多余的问题、有无遗漏的问题、有无不适当的问句，以便进行删、补、换。

（4）进行试问试答。站在调查者的立场上试行提问，看看问题是否清楚明白，是否便于资料的记录、整理；站在应答者的立场上试行回答，看看是否能答和愿答所有的问题，问题的顺序是否符合思维逻辑，估计答题时间是否合乎要求。有必要在小范围进行实地试答，以检查问卷的质量。

（5）修改、付印。根据试答情况，进行修改，再试答，再修改，直到完全合格以后才定稿付印，制成正式问卷。

（三）问卷的结构

一份完整的问卷应该由指导语、问题和结束语三大部分构成。

1. 指导语

指导语是在问卷之首，它在问卷中起的作用是沟通调查者与被调查者之间的联系，使问卷的填写工作能够顺利进行，以达到调查的目的。

（1）内容：指导语的内容包括研究的目的、意义、用途及填写要求、规则。

（2）要求：指导语的表述要简明扼要、准确而肯定。

2. 问题

问题是问卷的核心内容。在问卷中，问题应该包括提出问题和回答问题两个部分。

（1）提出问题是由调查设计者来完成。其呈现方式有以下几种：

1）直接问题和间接问题。调查设计者根据研究的需要，可向被调查者直接提问，也可向被调查者间接提问。前者是明确表明要问什么问题；后者是比较模糊地提出问题，通过被调查者的真实反应，从中获得答案。

2）单一问题和综合问题。设计者还可根据需要，设计单一的问题，让被调查者简明作答。有时为了了解被调查者更深层次的情况时，可设计综合问题，让被调查者逐一解答以逐步深入地“暴露”自己的情况。

3）具体问题和抽象问题。需要了解一些基本事实以及具体情况时，可设计具体问题。当需要了解被调查者对某类事物的态度、看法、观念时，就可设计一些抽象问题。

（2）回答问题是由被调查者来完成。调查者可为被调查者提供选择答案；也可以不提供选择的答案，而是由被调查者自由作答。因而，回答问题的方式有：开放式、封闭式和半封闭式。

问卷调查这一方式对调查结果的影响，除了样本选择、调查员素质、统计手段等因素外，问卷设计水平是其中的一个前提性条件。而问卷设计的好坏很大程度上又与设计原则有关。

3. 结束语

在问卷的末尾可设计结束语，对答卷人表示感谢，或者要求答卷人对问卷加以简短的评价。

（四）问题的形式

1. 开放式问题

开放式问题又称无结构的问答题。在采用开放式问题时，应答者可以用自己的语言自由地发表意见，在问卷上没有已拟定的答案。开放式问题需要解释和说明，同时向应答者表示调查者对他们说的话很感兴趣，还想了解更多的内容。

例如，在进行香烟问卷调查时，可以问以下一些开放式问题：您抽香烟多久了？您喜欢的香烟品牌是什么？

显然，应答者可以自由回答以上问题，并不需要按照问卷上已拟定的答案加以选择，因此应答者可以充分地表达自己的看法和理由，并且比较深入，有时还可获得研究者始料未及的答案。通常而言，问卷上的第一个问题采用自由式问题，让应答者有机会尽量发表意见，这样可制造和谐的调查气氛，缩短调查者与应答者之间的距离。

然而，开放式问题也有其缺点：①调查者的偏见。因记录应答者答案是由调查者来进行的，如果调查者按照自己的理解来记录，就有出现偏差的可能。但这些不足可运用录音机来弥补。②资料整理与分析的困难。由于各种应答者的答案可能不同，所用文字各异，因此在答案分类时难免出现困难，整个过程相当耗费时间。因此，开放性问题在探索性调研中是很有帮助的，但在大规模的抽样调查中弊大于利。

2. 封闭式问题

封闭式问题又称有结构的问答题。封闭式问题与开放式问题相反，它规定了一组可供选择的答案和固定的回答格式。例如：

你购买××咖啡的主要原因是（选择最主要的两种）：

A. 味道不错

B. 价格适中

C. 任何商店都有出售

D. 朋友介绍

封闭式问题的优点包括以下几个方面：

（1）答案是标准化的，对答案进行编码和分析都比较容易。

（2）回答者易于作答，有利于提高问卷的回收率。

（3）问题的含义比较清楚。因为所提供的答案有助于理解题意，这样就可以避免回答者由于不理解题意而拒绝回答。

封闭式问题也存在一些缺点：

（1）回答者对题目有理解不正确的，难以被觉察。

（2）可能产生“顺序偏差”或“位置偏差”，即应答者选择答案可能与该答案的排列位置有关。研究表明，对陈述性答案，应答者趋向于选第一个或最后一个答案，特别是第一个答案；而对一组数字（数量或价格），应答者则趋向于取中间位置的答案。为了减少顺序偏差，可以准备几种形式的问卷，每种形式的问卷中答案排列的顺序都不同。

（五）问题的设计

1. 事实性问题

事实性问题主要要求应答者回答一些有关事实的问题。例如：你有网上购物的经验吗？

事实性问题的主要目的在于求取事实资料，因此问题中的定义必须清晰，让应答者能准确作答。

市场调查中，许多问题均属事实性问题，例如应答者的个人资料，即职业、收入、家庭状况、居住环境、受教育程度等。这些问题又称为分类性问题，因为可根据所获得的资料将应答者分类。在问卷之中，通常将事实性问题放在后边，以免应答者在回答有关个人的问题时有所顾忌，因而影响以后的答题。如果抽样方法是配额抽样，则分类性问题应置于问卷之首，否则无法了解应答者是否符合样本所规定的条件。

2. 意见性问题

在问卷中，往往会询问应答者一些有关意见或态度的问题。例如：你是否喜欢××电视节目？

意见性问题实际上是态度调查问题。应答者是否愿意表达自己真正的态度固然要考虑，而态度强度也有不同，如何从答案中衡量其强弱，显然也是一个需要克服的问题。通常而言，应答者会受到问题所用字眼和问题次序的影响，因而答案也有所不同。对于事实性问题，可将答案与已知资料加以比较。但在意见性问题方面则较难做比较，因为应答者对同样问题所做的反应各不相同。因此意见性问题的设计远较事实性问题困难。这种问题通常有两种处理方法：一种方法是对意见性问题的答案只用百分比表示；另一种方法则旨在衡量应答者的态度，故可将答案转化成分数。

3. 困窘性问题

困窘性问题是指应答者不愿在调查员面前作答的某些问题，如私人问题，或不为一般社会道德所接纳的行为、态度，或属有碍声誉的问题。

例如：平均说来，每个月你打几次麻将？

如果你的汽车是分期购买的，一共分多少期？

你是否向银行抵押贷款购买股票？

除了工作收入外，你还有其他收入吗？

如果一定要想获得困窘性问题的答案，又避免应答者作不真实回答，可采用以下方法：

（1）间接问题法。不直接询问应答者对某事项的观点，而改问其对其他有关事项的看法如何。例如，使用间接问题法，旨在让应答者回答其认为是旁人的观点进行评价的问题。所以在介绍了旁人的观点后，应立即再加上问题："你是否同他的看法一样？"

（2）卡片整理法。将困窘性问题的答案分为"是"与"否"两类，调查员可暂时走开，让应答者自己取卡片投入箱中，以消除困窘气氛。应答者在没有被调查员看见的情况下选取正确答案的可能性会提高不少。

（3）随机反应法。根据随机反应法，可估计出回答困窘问题的人数。

（4）断定性问题。有些问题是先假定应答者已有该种态度或行为。例如：你每天抽多少支香烟？事实上该应答者极有可能根本不抽烟，这种问题则为断定性问题。正确处理这种问题的方法是在断定性问题之前加一条过滤问题。例如：你抽烟吗？只有应答者回答“是”，用断定性问题继续问下去才有意义，否则在过滤问题后就应停止。

4. 假设性问题

有许多问题是先假定一种情况，然后询问应答者在该种情况下会采取什么行动。例如：如果《××晚报》涨价至2元，你是否将改看另一种未涨价的晚报？

如果××牌洗衣粉跌价1元，你是否愿意用它？

你是否愿意加薪？

你是否赞成公交公司改善服务？

以上皆属假设性问题，应答者对这种问题多数会回答“是”。对这种探测应答者未来行为的问题，应答者的答案事实上没有多大意义，因为多数人都愿意尝试一种新东西，或获得一些新经验。

（六）问卷设计应注意的问题

1. 问卷的开场白

问卷的开场白必须慎重对待，要以亲切的口吻询问，措辞应精心切磋，做到言简意赅、亲切诚恳，使被查者自愿合作，认真填写问卷。

2. 问题的字眼（语言）

由于不同的字眼会对被调查者产生不同的影响，因此往往看起来差不多的相同的问题，会因所用字眼不同，而使应答者做出不同的反应，做出不同的回答。故问题所用字眼必须小心对待，以免影响答案的准确性。一般来说，在设计问题时应留意以下几个原则：

（1）避免一般性问题。如果问题的本来目的是在求取某种特定资料，但由于问题过于一般化，会使应答者所提供的答案无多大意义。

例如，某酒店想了解旅客对该酒店房租与服务是否满意，因而做出以下提问：你对本酒店是否感到满意？

这样的问题显然有欠具体。由于所需资料牵涉价格与服务两个问题，故应分别询问，以免混乱。例如：你对本酒店的价格是否满意？你对本酒店的服务是否满意？

（2）问卷的语言要口语化，符合人们交谈的习惯，避免书面化。

3. 问题的选择及顺序

通常问卷的前几个问题可采用开放式问题，旨在使应答者多讲话，多发表意见，不受拘束，充分发挥自己的见解。当应答者话题多，其与调查者之间的心理距离自然就缩短了。不过要留意，最初安排的开放式问题必须较易回答，不可具有高敏感性，如困窘性问题，否则一开始就被拒绝回答的话，以后的问题就难以继续了。因此，最初安排的问题应是容易回答且具有趣味性的，旨在提高应答者的兴趣。核心问题往往置于问卷的中间部分，分类性问题如收入、职业、年龄等通常置于问卷末尾。

问卷中问题的顺序一般按下列规则排列：

（1）容易回答的问题放前面，较难回答的问题放稍后，困窘性问题放后面，个人资料的事实性问题放卷末。

（2）封闭式问题放前面，自由式问题放后面。由于自由式问题往往需要时间来考虑答案和组织语言，放在前面会引起应答者的厌烦。

（3）要注意问题的逻辑顺序，按时间顺序、类别顺序等合理排列。

网络问卷调查

随着科学技术的进步，计算机网络已经成为我们生活中不可缺少的一部分。在网络当中，有来自全世界不同地区、不同文化背景、不同信仰、不同年龄、不同爱好、不同学历的人，这些人往往是社会消费的主导者与决策者，足以影响整个时代潮流，那么网络上的“您”便成了一个极优的、可利用的消费咨询资源，所以网上调查公司就花费一定报酬来聘请网民发表意见。网络问卷调查则是一种最直接有效的网上调查方式。

网络问卷调查即调查公司通过网络邀请参与回答问卷以获取市场信息的一种调查方式，属于在线调查的一种。参与此种调查通常需要几分钟到几十分钟时间。网络问卷调查的方式非常简便，不但用户可以通过计算机，还可以通过手机端来参与问卷的设计和调查，具有高效、客观、广泛性等特点。目前，网络中比较常用的网络问卷调查工具有问卷星、问卷网等。

三、问卷的信度与效度

一份调查问卷设计完成之后，调查者还需要考虑以下问题：

（1）问卷能是有效测量出所要研究的内容？

（2）若使用多份性质相同的问卷时，被调查者的回答是否一致？在访问过后若重新访问一次，被调查是否会做出相同的回答？

（3）在接受调查时，被调查者是否会由于心理或情绪受到其他因素的干扰而做出不真实的回答？

以上这些问题，涉及调查问卷的信度和效度分析两个问题。为了保证问卷具有较高的可靠性和有效性，在形成正式问卷之前，应当对问卷进行试测，并对试测结果进行信度和效度分析，根据分析结果筛选问卷题项、调整问卷架构，从而提升问卷的信度和效度。

（一）信度分析

信度（Reliability）即可靠性，是指使用相同指标或测量工具重复测量相同事物时，得到相同结果的一致性程度。一个好的测量工具，对同一事物反复多次测量，其结果始终保持不变才可信。例如，用一把尺子测量一张桌子的高度，今天测量的高度与明天测量的高度不同，那么我们就会对这把尺子产生怀疑。因此，一张设计合理的调查问卷应该具有它的可靠性和稳定性。

在问卷调查中，问卷的内容、措辞、提问形式、提问顺序等都会影响答案的一致性。若同一群人回答性质相同、题型相同、目的相同的问卷，结果高度正相关，在不同时空下回答相同的问卷，结果差异不大，则该问卷具有较好的信度。

在问卷设计中，信度分析的方法主要有以下三种。

1. 重复检验法

重复检验法又称为重测信度（Test-retest Reliability）法，是指用同样的问卷对同一组被调查者间隔一定时间重复施测，计算两次施测结果的相关系数。重复检验法特别适用于事实式问卷，如性别、出生年月等在两次施测中不应有任何差异，而大多数被调查者的兴趣、爱好、习惯等在短时间内也不会有十分明显的变化。如果没有突发事件导致被调查者的态度、意见突变，这种方法也适用于态度、意见等类型的问卷。由于重复检验法需要对同一样本试测两次，被调查者容易受到各种事件、活动和他人的影响，而且间隔时间长短也有一定限制，因此在实施中有一定困难。

2. 交错法

交错法又称为复本信度（Alternate-form Reliability）法，是指研究者设计两份问卷，每份使用不同的问题，但测量的是同一个属性，让一组被调查者回答两份问卷，根据两份问卷测量结果的相关系数计算问卷的信度。该方法除要求两份问卷的表述模式不同外，在题数、形式、内容、难度和对应题项的提问方向等方面要完全一致。而在实际调查中，很难使调查问卷达到这种要求，因此采用这种方法者较少。

3. 折半法

折半法又称为半信度（Split-half Reliability）法，是将一份问卷中的问题随机分为两组，检验两部分测量结果的相关系数。如果是高度相关，即认为问卷是可信的；否则认为问卷不可信。常用的做法是将奇数题和偶数题分开计算。这种方法一般不适用于事实性问卷（如年龄与性别无法相比），常用于态度、意见等类型问卷的信度分析。相对来说，该方法应用更为普遍。

（二）效度分析

效度（Validity）即有效性，是指问卷正确测量研究者所要测量的变量的程度。效度越高，表示调查结果越能显示其所要测量的特征；反之，若效度较低则问卷调查不能达到预期的测量目的。效度评价的方法主要有以下三种。

1. 表面效度

表面效度（Face Validity）又称为内容效度或逻辑效度，指的是测量的内容与测量目标之间是否适合，也可以说是指测量所选择的项目是否“看起来”符合测量的目的和要求。对内容效度进行评价常采用逻辑分析与统计分析相结合的方法。逻辑分析一般由调查设计人员评判所选题项是否“看上去”符合测量的目的和要求，主要依据调查设计人员的主观判断。统计分析主要采用单项与总和相关分析法获得评价结果，即计算每个题项得分与题项总分的相关系数，根据相关系数是否显著判断是否问卷题项有效。若量表中有反意题项，应将其逆向处理后再计算总分。

2. 准则效度

准则效度（Criterion Validity）又称为效标效度，是根据已经得到确定的某种理论，选择一种指标或测量工具作为准则（效标），分析问卷题项与准则的联系。若二者相关显著，或者问卷题项对准则的不同取值、特性表现出显著差异，则为有效的题项。根据时间跨度的不同，准则效度可分为同时效度和预测效度。评价准则效度的方法是相关分析或差异显著性检验。在调查问卷的效度分析中，选择一个合适的准则往往十分困难，使这种方法的应用受到一定限制。

3. 建构效度

建构效度（Construct Validity）又称结构效度，是指调查结果能够测量其理论特征的程度，即问卷调查结果与理论预期的一致性。结构效度分析所采用的方法是因子分析。因子分析的主要功能是从量表全部变量（题项）中提取一些公因子，各公因子分别与某一群特定变量高度关联，这些公因子即代表了量表的基本结构。通过因子分析可以考察能否通过问卷测量出研究者设计问卷时假设的某种结构。在因子分析的结果中，用于评价结构效度的主要指标有累积贡献率、共同度和因子负荷。累积贡献率反映公因子对量表或问卷的累积有效程度；共同度反映由公因子解释原变量的有效程度；因子负荷反映原变量与某个公因子的相关程度。有的学者认为，效度分析最理想的方法是利用因子分析测量量表或整个问卷的结构效度。

为了提高调查问卷的质量，进而提高整个研究的价值，问卷的信度和效度分析绝非赘疣，而是研究过程中必不可少的重要环节。

信度与效度

信度与效度之间的关系并非对称的，其中信度是效度的前提和基础，效度是信度的目的和归宿。任何测量，只有做到两者的辩证统一才会具有科学性。

信度是效度的基础。测量要有效度必须有信度，没有信度就没有效度。一项测量如果信度低，则效度也低，因为若测量不能稳定地测量所需测量的对象，就不能有效地说明测量对象；如果信度高，效度可能高也可能低。一项测量如果效度高，则信度一定高；但是，如果效度低，信度可能高也可能低。值得注意的是，信度与效度二者缺一则测量无效。

四、问卷的发放与回收

问卷调查的质量不仅取决于问卷的设计，也取决于问卷从发放到回收各个环节的工作。

（一）问卷的发放

问卷发放时必须关注两个问题：一是要有利于提高问卷的填答质量；二是要有利于提高问卷的回收率。

可以由调查者本人亲自到现场发放问卷，也可以委托其他人发放问卷，两者各有优缺点。委托其他人出面发放问卷会比较方便，但是如果调查者能亲自到场发放，则能亲自对问卷做出解释，这对于提高问卷的填写质量和回收率是有好处的。因此，只要调查者有时间，应尽可能亲自到场发放问卷并指导问卷的填写；如果要委托他人发放，则一定要委托负责的组织或个人，决不能草率从事。另外，不管是调查者本人到场发放问卷还是委托他人发放，都必须征得有关部门的同意，取得他们的支持与配合，这是送发问卷调查能否取得成功的一个重要条件。

（二）问卷的回收

问卷回收时要当场粗略地检查填写的质量，主要检查是否有漏填和明显错误，以便能及时纠正，保证问卷有较高的有效性。因为问卷收回去后再发现问题就无法更正了，无效问卷多就会影响调查质量。这项工作最好由调查者本人亲自在场指导，或者必须向委托人提出明确的要求。

影响问卷回收的因素主要有：①组织工作的状况；②课题的吸引力；③问卷填写的难易

度；④对问卷回收的把握。

根据统计，报刊投递问卷的回收率约为10%～20%；邮寄问卷的回收率约为30%～60%；送发问卷的回收率约为80%～90%；访问问卷的回收率可达100%。问卷的回收率是影响问卷质量的一个关键问题，回收率很低会影响调查的结果。根据有关专家测定，成功的问卷回收率应达到70%以上，而50%的回收率是送发调查问卷的最低要求。如果回收率不到50%，那么该问卷调查失败，此调查就应终止。

五、问卷的审核

（一）审核的作用和原则

审核就是对采集到的资料进行检查、核实和修正，以提高资料的质量，为资料整理工作打好基础。初级资料的审核又分为实地审核和集中审核两步。

下面四项原则无论对哪一种审核都是应该遵守的：

（1）真实性。真实性是统计调查的“生命线”，所采集的资料必须要客观反映调查对象的真实情况。

（2）标准性。所采集的资料一定要具备同一操作标准，从而可以相互对比。特别是要注意调查指标的内涵、外延是否一致，计量单位是否统一，时间和空间是否同一。调查规模越大，就越需要注意这些问题。

（3）完整性。调查项目涉及的内容必须涉及全部规定的资料，如发现遗漏，需要及时采取补救措施。

（4）一致性。注意审核所收集的数据是否存在相互矛盾的地方。从宏观上看，各种不同方法、不同途径收集到的数据可能会相互矛盾；从微观上看，某一份问卷的答案可能会出现前后不一致的地方。这些都需要进行复查和修正。

（二）实地审核的具体要求

（1）问卷回答是否完整。既要检查是否有整页或成块的问题没有回答，也要检查是否有单个问题没有回答。出现上述情况无非是三种原因：因马虎漏答、不会答或拒绝回答。要分清楚具体原因，以采取适当的追访措施。

（2）字面是否可识别，字义是否明白。这方面问题主要由以下原因造成：记录字迹潦草，其他人可能不认识；对选择答案的标记含混不明，让人无所适从；使用其他人看不明白的缩略字或速记符号；字面虽然清晰，但所用字眼难懂或易引起歧义等。这些都必须趁当事人印象清晰时加以澄清和订正。

（3）前后是否一致。在审核中，要对照其他问题的答案，对处于矛盾中的两者加以判断。

（4）计量单位是否一致。

第三节　统计整理与统计分组

通过收集数据，我们可以得到大量的原始数据。

例如，在统计学考试后，某班级110名学生成绩（单位：分）如下：

50，62，55，71，86，39，51，90，76，66，92，85，67，73，90，75，90，83，91，72，72，77，77，89，88，97，87，92，88，95，70，69，74，65，70，67，67，50，71，54，70，84，62，73，92，84，54，85，87，80，72，90，56，85，98，90，94，75，37，70，73，74，72，77，71，71，77，79，62，72，75，76，81，68，62，79，78，74，66，80，72，82，82，79，86，64，83，87，65，65，77，55，41，61，68，83，79，82，86，81，65，87，77，79，81，79，86，89，82，80

直接观看这些原始数据，我们很难记住这些具体的数值，也不能了解学生成绩的分布情况，要对所调查研究的总体有深入的了解，就需要对原始数据进行整理。

一、统计整理

（一）统计整理的意义

统计整理是按照统计目的和任务的要求，根据统计对象的特点，对调查的统计资料进行分组、汇总，使其集中化、条理化、系统化的活动或过程。统计整理是统计工作中十分重要的一个中间环节，起着承前启后的作用，因而也是统计学研究的重要内容之一。统计整理工作的正确与否，将直接影响和决定着能否完成整个统计研究的任务。如果采用不科学、不完整的整理方法，即使收集到准确、全面的统计资料，也往往使这些资料失去应用价值，掩盖客观现象的本质，难以得出正确的结论。因此，必须十分重视统计整理工作。统计整理的作用具体表现为以下三个方面。

（1）统计整理是实现从单位到总体、从标志到指标的重要环节和手段。通过整理，把反映各单位特征的标志汇总成为指标，实现对总体的基本认识，在分组整理的基础上，通过计算对比得到分析指标，从而实现对总体特征的更全面、更深刻的认识。

（2）统计整理全面实现了统计的数量化特征。通过统计整理，不仅把调查的数量标志汇总成了指标，而且把调查的非数量化内容，即品质标志和其他意向性选择等问题，通过汇总变成了反映总体数量特征的指标，从而为统计分析的科学化奠定了基础。

（3）统计整理是实现从感性认识到理性认识的重要过渡阶段。人们对社会经济现象的认识，一般都是从个人局部的感性角度来观察和体会，因而不可避免地会带来各种偏见或误差。通过整理及分析而得到的指标，会纠正并提供总体基本特征的真实状况，从而实现人们对事物发展规律的理性认识。

（二）统计整理的步骤和方法

从完整的工作程序来看，统计整理工作可分为以下几个环节。

1．统计整理方案设计

统计研究的目的和任务不是单一的，不同的目的和任务要求从不同的角度来处理和应用统计资料，因此，对同一调查资料应做不同的处理；另外，调查资料中会存在无效表格、项目等问题，而统计整理结果必须科学、规范、高效，因此，必须对整理工作做出统一的安排和布置。这就是设计统计整理方案。

统计资料整理方案是统计设计在统计整理阶段的继续和具体化，统计资料的整理必须严格依据整理方案进行。统计整理方案是根据统计研究的目的和要求，事先对整个工作做出全面的计划和安排。其主要内容包括：确定汇总的指标与综合统计表，确定分组方案，选择资料汇总形式，确定资料审查的内容与方法，确定与历史资料的衔接方法，对整理各工作环节做出时间安排和先后顺序安排等。统计资料整理方案是保证统计整理工作按时、按质、按量完成的指导性文件，方案设计是否合理直接关系到统计整理工作的质量，因此，要做到慎重、周密。

2. 数据的审核

在对统计数据进行整理之前，首先要进行审核，以保证数据的质量，为进一步的整理与分析打下基础。

（1）原始数据的审核。对于通过直接调查取得的原始数据，应主要从完整性和准确性两个方面去审核。

完整性审核主要是检查应调查的单位或个体是否有遗漏，所有的调查项目或指标是否填写齐全等。

准确性审核主要包括两个方面：一是检查数据资料是否真实地反映了客观实际情况，内容是否符合实际；二是检查数据是否有错误，计算是否正确等。审核数据准确性的方法主要有逻辑检查和计算检查。逻辑检查主要是从定性角度审核数据是否符合逻辑，内容是否合理，各项目或数字之间有无相互矛盾的现象。逻辑检查主要用于对定类数据和定序数据的审核。计算检查是检查调查表中的各项数据在计算结果和计算方法上有无错误。例如，各分项数字之和是否等于相应的合计数，各结构比例之和是否等于1或100%，出现在不同表格上的同一指标数值是否相同等。计算检查主要用于对定距数据和定比数据的审核。

（2）二手数据的审核。对于二手数据，除了对其完整性和准确性进行审核外，还应着重审核数据的适用性和时效性。先要应弄清楚数据的来源、数据的口径以及有关的背景材料，以便确定这些数据是否符合分析研究的需要，是否需要重新加工整理等。此外，还要对数据的时效性进行审核，一般来说，应尽可能使用最新的统计数据。

数据审核对普查工作的重要性

数据审核工作是确保普查数据质量的前提，数据审核是普查工作的关键环节，做好数据审核工作是提高普查工作质量的重要手段。通过数据审核工作可以减少经济普查中的原生性误差，即最基层被普查单位上报的数据中存在的误差。同时在我国人口普查中，审核的要求非常广泛与深入，在审核中可以对奇异数据进行辩证分析，力求真实；同时还要特别关注总量数据和结构数据，评估现有人口、常住人口、户籍人口、外来人口、出生人口、死亡人口等是否合理，评估家庭户人口规模、人口性别比、年龄构成、受教育程度、民族构成、人口城市化率、人口自然增长率是否合理等。

（3）数据的订正。对审核过程中发现的迟报、漏报及计算错误，应及时催报、补报、改正，并针对不同的错误做出不同的处理：①对可以肯定的一般错误，代为更正，并向有关单位核对；②对可疑之处或无法代为更正的错误，应通知原报单位复查更正；③对在一个单位发现的有代表性的重大差错，除通知原报单位更正外，还要将差错情况通报尚未报送资料的单位，以防止类似错误的发生；④对违反统计法规的，应查明责任，予以适当处理。

3. 数据的编码

编码是指设计一套规则，并按照规则把文字形式记录的数据，转化成数码符号形式的数据全过程。编码方案应能使转化后的数据完全保持原始数据特征，并为将来的分析和统计工作打下基础。

例如，对某教学班级的学生进行统计学成绩调查，学生的性别、年龄、考试成绩以及成绩所属的级别的数据如表 2-2 所示。如果想用计算机处理这套数据，就必须把表中所载数据转换成数码符号形式的数据。为此，可以规定这样一套规则：学生学号——按原数码形式；性别——“男”以“0”表示，“女”以“1”表示；年龄——原码形式；考试成绩——原码形式；考核成绩——“优”以“1”表示，“良”以“2”表示，“中”以“3”表示，“及格”以“4”表示，“不及格”以“5”表示。再按这套规则将表载数据转换成编码符号，如表 2-3 所示。

表 2-2 某班级统计学成绩考核表

学生学号	性别	年龄/岁	考试成绩/分	考核成绩
2016010901	男	21	92	优
2016010902	女	22	83	良
2016010903	女	21	98	优
2016010904	男	20	84	良
2016010905	男	20	81	良
2016010906	男	21	66	及格
2016010907	女	22	59	不及格
2016010908	男	22	93	优
2016010909	男	23	75	中
2016010910	女	21	77	中

表 2-3 某班级统计学成绩考核编码表

学生学号	性别	年龄/岁	考试成绩/分	考核成绩
2016010901	0	21	92	1
2016010902	1	22	83	2
2016010903	1	21	98	1
2016010904	0	20	84	2
2016010905	0	20	81	2
2016010906	0	21	66	4
2016010907	1	22	59	5
2016010908	0	22	93	1
2016010909	0	23	75	3
2016010910	1	21	77	3

编码与分组有密切的关系。当完成了编码的数据转换工作，并将这些数据输入到计算机内形成数据文件后，计算机的数据处理软件就可以对所输入的数据进行分组和汇总工作。

人口普查中的职业编码

职业编码就是将描述各异的职业名称转化为统一标准的数字。编码质量的好坏直接关系到录入数据的质量。在第七次全国人口普查中，职业编码按照《中华人民共和国职业分类大典（2015版）》进行，职业划分为大类（8个）、中类（75个）、小类（434个）和细类（1481个）四个层次，要求普查中职业编码编到小类5位码。例如普查中工作填报为“货车司机”：“4”为社会生产服务和生活服务人员；“4-02”为交通运输、仓储和邮政业务服务人员；“4-02-02”为道路运输服务人员。

4. 数据的录入

通过上述的编码处理，回收问卷中的具体答案都已经系统地转换成了由0~9这10个阿拉伯数字构成的数码，接下来的任务就是将这些数码输入计算机内，以便进行统计分析。数据录入的方式有直接录入和间接录入两种。

直接录入是指直接从问卷上将编好码的数据输入计算机。这种录入方式避免了转录中可能出现的差错，减少了录入结果的误差。但是由于录入时要不断翻动问卷，录入进度相对要慢一些。

间接录入是指先将问卷上编好数码的数据转录到专门的登录表上，再从登录表上将数据输入计算机。尤其是当问卷内容较多时，直接输入的效率低，而采用间接录入方式则可以大大加快录入速度。但是，在转录过程中，增加差错的风险也随之增大。

两种方式各有利弊，在实际操作中可以视具体情况选择不同的录入方式。

无论是直接输入计算机还是间接录入计算机，都存在数据输入软件的选择问题以及最终建立一个什么样的数据文件以便于统计分析的问题。

5. 对调查资料进行分组、汇总、计算

根据统计整理方案的要求，按已确定的汇总组织形式和具体方法，依照一定标志，对调查资料进行分组；按分组的要求对各项数字进行汇总，计算分组单位数、总体单位数、分组标志总量和总体标志总量。在统计整理过程中，对大量的原始资料进行分组、汇总和计算是一项主要的工作，本章将进行详细的阐述。

6. 对汇总后的调查资料审核

对整理好的资料再一次进行审核，改正汇总过程中所发生的各种差错。汇总后审核可以从以下几方面进行：

（1）复计审核：即对每个指标数值进行复核计算。

（2）表表审核：即审核不同统计表上重复出现的同一指标数值是否一致，对统计表中互有联系的各个指标数值，则审核它们之间是否衔接和符合逻辑性。

（3）表实审核：即对汇总得到的指标数值与了解的实际情况联系起来进行检查。

（4）对照审核：即对某些统计、会计、业务三种核算都进行计算的指标数值，应进行相互对照检查，看数字是否相同，以便从中发现可能出现的错误。在审核过程中发现错误时，应查明原因，及时更正。

7. 编制统计表、绘制统计图

把整理好的统计资料用统计表或统计图的形式表现出来，以简明扼要地表现社会经济现象在数量方面的具体特征和相互关系。以图表的形式把数据整理的结果显示出来是一项主要的工作，本章将在第四节“统计数据的表示”对此进行详细的阐述。

8. 统计资料的积累和保管

整理汇总好的统计资料应妥善保存，系统积累。各种统计资料应根据其性质分门别类地建立档案，便于保管和应用。一般把资料存入数据库，当需要查询或需要进一步加工时便可随时调用，作为制订计划及政策的依据。

《中国统计年鉴》

《中国统计年鉴》是国家统计局编印的一种资料性年刊，全面反映了中华人民共和国经济和社会发展的情况。正常年度每年一刊，刊名为《××××中国统计年鉴》，如《2020中国统计年鉴》等，分为A4纸质版和光盘版。

《中国统计年鉴》收录了全国和各省、自治区、直辖市上一年经济、社会各方面的统计数据，以及多个重要历史年份和近年全国主要统计数据，并且该年鉴所涉及的全国性统计数据，除行政区划、森林资源及特殊注明外，均未包括香港特别行政区、澳门特别行政区和台湾省数据，是我国最全面、最具权威性的综合统计年鉴。它不仅能够及时总结、记载过去，把珍贵史料留给后人，而且后人能够借助该年鉴分析事物发展规律，科学预测未来，指导今后工作。

二、统计分组

（一）统计分组的意义和作用

统计分组是按照统计研究目的和任务的要求，根据统计对象的特点，采用一定的标准，将统计总体按照一定的标志分为若干个组成部分的一种统计方法。例如，将某一班级的全体同学按照性别划分为男、女两个组；对宁波市零售商店按照零售额、职工人数进行分组等。

统计分组具有“分”与“合”的双重意义。对总体而言，统计分组是“分”，即把总体内部具有相对性质差异的各个部分区分开来；对单位而言，统计分组则是“合”，即总体同类单位的集合。这种“分”与“合”的双重意义，对于认识总体特征和结构性分析都是必要的，是保证统计分析全面性的重要依据。

例如，在我国人口普查的过程中，要了解我国人口状况，只知道总人口数量是不够的，而应将人口总体按照年龄、性别、民族、城乡、文化程度等分组，才能进一步深入地了解我国人口总体的年龄结构、性别比例、民族构成等。

同时，统计分组具有层次性。有些分组只有一个层次，即只做一次简单分组，有些分组则要做两个或两个以上层次的分组，即在前一层次分组的基础上再做分组，这也就是下面讲到的复合分组。无论是简单分组或者是复合分组，在统计的目的、任务和内容一定的情况下，总体是唯一的，单位的定义也是唯一的，总体是分组的对象，分组的结果形成大类、中类、小类或组。

作为分析认识问题的一种方法，统计分组还具有普遍的方法论意义。也就是说，在统计学之外的其他学科，也大量地使用分组法，而这些分组方法都符合统计分组方法的基本原则，或者说统计分组方法是最全面的分组方法理论。因为没有任何一门科学像统计学一样，专门研究分组方法。

统计在认识社会经济现象的特征时，必须把总体数量特征与总体的结构、比例性特征结合起来，才能全面、完整地揭示总体的特征，要实现这一目的，就需要进行统计分组。从方法论的角度来讲，统计学系统地研究论述了分组方法，不但为统计学全面、深入地分析问题提供了条件，也为其他学科提供了科学的分析方法。从这一点来讲，统计分组法具有普遍的方法论意义。

统计分组的意义和作用可概括为以下三个方面：

（1）研究总体内部结构问题。通过分组，把总体划分成了若干个类别，在此基础上，通过汇总，可以计算、分析总体在各方面的结构性比重和比例。例如，某省2016—2019年人口城乡结构和性别结构如表2-4所示。

表2-4　某省2016—2019年人口结构表　（单位：万人）

分　类		2016年	2017年	2018年	2019年
城乡结构	城镇	3745.3	3846.8	3952.8	4095
	乡村	1844.7	1810.2	1784.2	1755
性别结构	男	2867.7	2897.4	2939.0	3004.7
	女	2722.3	2759.6	2798.0	2845.3

（2）区分和判断社会经济现象的类型特征。统计分组及分析，显示了总体的结构比重，反映了各个组成部分对总体的影响和决定程度，从而为判断总体的类型特征提供了依据，如表2-5所示。从表中可以看出，某省城市人口的比重逐步增大。

表2-5　某省2016—2019年城乡人口分布比较

人口比重	2016年	2017年	2018年	2019年
城市人口占总人口比重	67%	68%	68.9%	70%
乡村人口占总人口比重	33%	32%	31.1%	30%

（3）揭示变量之间的依存关系。按某一变量进行分组，进而观察与其相关的其他变量取值的变化特点，从而可以揭示出分组变量与其他相关变量之间在方向上和数量上的相互关系，这是进行深入的量化分析的前提和基础，如表2-6所示。从分组结果可以看出，随着劳动生产率的提高，粮食商品化程度也在不断提高。

表2-6　某省各地区粮食生产商品率表

人均粮食产量/kg	粮食生产商品率
300kg以下	26.6%
300~350	30.7%
350~400	40.6%
400~500	47.0%
500~600	51.5%
600kg以上	55.7%

（二）统计分组的原则

统计分组是否科学、合理，直接决定着能否发挥统计分组的作用，从而在很大程度上决定着统计分析结论的正确与否。统计分组是否科学、合理，绝对不是单纯的方法问题，而是要考虑许多因素，如统计的目的、总体的特点、资料的丰富程度、不同现象之间的决定性关系、现象之间的实质性区别界限等。这些因素对不同分组的影响程度不同。就一般分组而言，必须把握以下两个方面的原则性问题。

1. 统计分组的关键问题

就一般的方法而言，认识和分析问题必须抓住事物的本质属性，不同现象之间的根本区别就在于本质属性的不同。因此，统计分组有两个关键问题。

（1）分组标志选择。社会经济的本质特征和发展变化规律取决于多种因素，其中往往存在着决定性的因素。统计分组必须选择对事物本质特征和规律有决定性意义的标志作为分组标志，即选择能够反映和决定事物本质属性的标志作为分组标志。

具体来讲，分组标志的选择可归纳为以下几种情况。①研究影响因素众多的复杂社会经济问题时，应选择最主要的、基础性的因素作为分组标志。例如，在现代社会化大生产条件下，资本主义与社会主义在经济性质上的所有区别都源于所有制的不同，因此，应选择所有制作为分组标志。②研究具有因果关系的现象时，应选择决定性的因素作为分组标志。例如，在研究社会分配关系时，应选择收入水平作为分组标志，来观察消费、社会财富集中状况等问题。③研究具有随机性或偶然性变化特征的现象时，应选择相对稳定或可控制性强的特征作为分组标志。例如，在农业产量调查中，选择施肥量作为分组标志，来观察产量的相应变化规律。④选择客观标准或规定标准作为分组标志。

（2）划分各组界限。统计分组是在总体范围内，通过区分不同单位之间的性质差异，来揭示事物发展的特征和规律。各组之间必须具有性质上的差异。因此，统计分组必须准确地确定各组之间的界限；各组之间的界限应该是质的变化界限。

按变量分组时，会直接涉及各组之间的数量界限问题；按品质分组时，对品质范围的确定也会涉及数量界限问题，只不过这种数量界限不会在分组时直接表现出来。例如，按经济发展水平把国家分为“发达”“发展中”“落后”三种类型，这里就存在各类之间的数量界限问题。

统计分组时，各组之间的界限应该是性质上的变化界限。有些情况采用比较简单明确的规定，或约定俗成，或大家公认，分组界限容易确定。例如，按考试成绩分组，在百分制情况下，60 分以下为不及格，60 分及其以上为及格。但是，在很多情况下，分组界限难以确定，在分组标志上，各组之间的性质差别不明显，具有很大的相对性。因此，各组之间的界限也具有相对性。正是由于这一原因，在确定具体的分组界限时，可以把计算的方便和分组方法的规范、统一等因素考虑进去，在区分性质差别的前提下，尽量按整数或整倍数的形式确定分组界限。

2. 统计分组的原则

统计分组是对总体各单位的分类，是整理统计资料的方法，也是统计分析的基础。除了在内容各方面必须反映各单位、各组之间的性质差异，还要在方法上保证资料的完整性和真实性。这是对统计分组的最基本的要求。为此，统计分组在方法上必须符合两个原则。

（1）穷举原则，或叫不遗漏原则。即统计分组必须保证总体的每一个单位都能归入其中的一个组，各个组的单位数之和等于总体单位总量，总体的指标必须是各个单位相应标志的综合。如果违背了这一原则，就会损害统计资料的完整性，从而也就损害了统计资料的真实性。

按照穷举原则分组，需要重点注意两方面的问题。一是分组的范围必须包括总体各单位在分组标志上的全部表现。按品质标志分组时，组数是品质标志的全部类型；按变量分组时，最大组的上限应大于最大标志值，最小组的下限应小于最小标志值。二是按变量分组时，要根据变量的性质，保持相邻组之间的连续性。

（2）互斥原则，或叫不重复原则。即统计分组必须保证总体的每一个单位只能属于其中的一个组，不能出现重复统计的现象。否则，就必然会影响到统计资料的真实性。

在具体的分组过程中，为了保证各组之间不重复，按品质标志分组要重点注意对各组范围、特征、性质的界定，对于性质上较为复杂的单位要做出明确、统一的处理规定。在按变量分组时，重点要注意相邻组之间重叠组限上的单位归属问题，这就是统计上的一般处理方法：重叠组限的上限归入下限组，或者叫作“上限不在内”原则。同时还要注意，这种处理方法仅就一般问题而言；对于某些特殊问题，则需要做特殊处理。另外，统计学上的这种一般处理与税法等其他学科的一般处理也有所不同。

（三）统计分组的种类和方法

1．统计分组的基本类型

根据统计研究的目的和任务，以及统计对象的特点不同，统计分组的方法也不同。各种统计分组的方法归纳起来，可以划分为以下几个基本类型。

（1）按照分组标志的个数多少不同，统计分组可分为简单分组和复合分组两种类型。简单分组是指按一个标志进行分组，如表2-7所示。

表2-7　某年浙江省各市GDP资料　（单位：亿元）

城　市	GDP	城　市	GDP
杭州	15373.05	金华	4559.91
宁波	11985.12	湖州	3122.43
温州	6606.11	衢州	1573.51
绍兴	5780.74	丽水	1476.61
嘉兴	5370.32	舟山	1371.6
台州	5134.05		

注：资料来自浙江省统计局网站。

复合分组是指对同一个总体在同一张分组表上，把两个或两个以上标志层叠起来进行分组，如表2-8所示。复合分组要成倍地增加组数，因此一般不宜复合层次过多，否则就失去了分组的作用和意义。

表 2-8　某年我国某地工业增加值和职工人数

项　目	规　模	工业增加值/万元	职工人数/人
内资企业	大型	9750	13800
	中型	8600	45000
	小型	4200	10050
外商投资	大型	7300	7500
	中型	5200	10400
	小型	4400	4500

（2）按照分组标志的性质不同，统计分组可分为品质分组和变量分组两类。品质分组即按品质标志进行分组，表 2-7 和表 2-8 都属于品质分组，这种分组方法相对来讲比较简单。但有些现象按品质标志分组是比较复杂的，如工业部门分类、人口职业分类等。对这些复杂问题的分组，统计学上称为分类。统计分类不仅涉及复杂的分组技术，而且涉及国家的政策和科学理论。为保证各种分类的科学性、统一性和完整性，便于各个部门掌握和使用，国家统计局会同有关部门制定了统一的分类目录，在全国范围内实行。例如，商品分类目录、工业产品分类目录、工业部门分类目录等。

国民经济结构的分类方法

反映国民经济结构的基本分类主要有如下几种：①经济形式分类，它是以生产资料所有制形式为基础的重要的经济分类。②国民经济部门（行业）分类，我国采用部门、大类、中类和小类四级分类制。③三次产业分类，它是在部门（行业）分类的基础上进行的。④社会生产的甲乙部门分类。它是根据马克思主义再生产理论，按产品的主要经济用途进行分类的。⑤工业部门分类。它是先把工业分为采掘业和制造业两大部分，然后再分为大类、中类、小类三个层次。⑥隶属关系分类。它是按企业的业务隶属关系和行政领导关系进行的分类。⑦地区分类。它是按我国现行的行政区划进行的分类。⑧在业人口的职业分类。它是以在业人口本人所从事的工作性质的同一性进行的分类。

变量分组即按数量标志分组，按数量标志分组是指选择反映事物数量差异的数量标志，根据其变异范围区分各组界限，将总体划分为若干个性质不同的组成部分。例如，某地区在研究人的成长状况时，按年龄分组，0~6 岁为婴幼儿；6~18 岁为少年儿童；18~60 岁为中青年；60 岁以上为老年。数量标志反映的是事物特定内容的数量特征，其概念是具体明确的，但按数量标志分组并不是单纯地确定各组间的数量差异，而是要通过分组体现的数量变化来确定现象的不同性质和不同类型。因此，根据变量值的大小来准确划分性质不同的各组界限并不容易，这要求在按数量标志分组时，首先分析总体中可能有多少种性质不同的组成部分，然后再研究确定各组成部分之间的数量界限。如表2-9所示的成绩分组后，实际上分成了不及格、及格、中、良、优五个性质不同的类别。

表2-9 某班应用统计学成绩

成绩/分	人数/人
60分以下	18
60~70	19
70~80	25
80~90	24
90分以上	15
合计	101

2. 变量分组的方法

在变量分组情况下，组与组之间的性质划分要具体为数值。能否找出这种数量界限，是决定变量分组作用和意义的关键。同时，变量的性质特点不同，其分组的方法也不同。综合考虑上述因素，变量分组有两种基本方法。

（1）单项式分组。单项式分组是指在变量分组时，一个变量值设为一个组，按顺序排列，在组数不多和组值变化幅度不大时采用。

（2）组距式分组。这是一段变量值设为一组的分组方式。按连续型变量分组时，一般只能做组距式分组；而离散型变量可以采用单项式分组，也可以采用组距式分组。

组距式分组涉及以下几个常用概念：

1）组限：是指划分各组之间界限的变量值。按其在各组中的作用不同，组限可分为上限和下限两种。上限即每组的最大分组变量值；下限是指每组的最小分组变量值。

2）组距：是指每组分组变量值的长度。计算公式为

组距=本组上限-前一组下限或本组下限-前一组下限

3）组中值：是指每组的分组变量中间值。计算公式为

组中值=（上组限+下组限）/2

组距式分组相对于单项式分组来讲更为复杂，它会直接涉及分组原则和关键问题。下面将进一步说明其一般分组方法。

1）按组限的完备程度不同，组距式分组有开口组和闭口组两种方法。闭口组是指在组距式分组中，每一个组都有明确的上限、下限，即每个组都不缺少上限、下限。开口组则是指在组距式分组中，不是每一组的组限都完备，一般是在第一组，即分组变量值最小的组缺少下限，在最后一组，即分组变量值最大的一组缺少上限，也可能只有一组缺少组限。

闭口组适合于在分组变量上有规定的或客观的极限性要求。不符合这一规定要求的，即低于最低限和高于最高限的单位，不属于总体单位。例如，决定产品质量的标志，如果规定有限制范围，那么按这一数量标志对合格产品进行分类时，就可以采用闭口式分组方法。

开口组适合用于对分组变量没有最大、最小两方面的限制性规定，或者在分组变量上存在极端的现象。在社会经济客观现实中，这种现象大量存在，因此，开口组是常用的统计分组方法。

开口组的组距和组中值无法直接计算，统计上一般有两种处理方法：

第一种方法是按最邻近组推算。如表2-9所示，第一组为开口组，离它最近的第二组的组距为10分，则推定第一组的组距也为10分，依次可推定其下限为50分，则组中值为55分。

第二种方法是如果按最邻近组推算结果不合理，则可按客观上限、下限计算，如表2-10所示。

表2-10 某城市2020年基建项目分组表

基建投资额/万元	建设项目/个
100万元以下	5
100~500	10
500~1000	8
1000~1500	3
1500万元以上	1
合计	27

如果按第一种方法，第一组的推算结果为

下限=上限-组距=100万元-400万元=-300万元

组中值=（上限+下限）/2=（100万元-300万元）/2=-100万元

这种结果显然不合理。在这种情况下，开口组的有关变量值按客观或理论计算。如本例中，第一组的投资额最低为0。则该组的有关变量为

组距=100万元-0=100万元

组中值=（0+100万元）/2=50万元

2）按组距的长度不同，又可分为等距数列和异距数列两种。等距数列是指组距全部相等的分组方法。异距数列是指组距不完全相等，即只要有一个组距与其他组距不等，就为异距数列。

等距数列一般适用于分组变量值的变化比较均匀，总体各部分、各单位之间的性质变化与分组变量值的均匀变化基本对应。这种关系从分布上来看，表现为对称性、均匀性的特点。例如，对一批蓄电池的试验结果分析，就可以采用开口式等距分组。

异距数列一般适用于总体各部分之间的性质变化，表现为分组变量值的不均匀分布，往往呈现为几何形的速度变化。它在分布图上表现为各部分曲线长短、高低的不一致。例如，在规模与效益之间，并不是完全的均匀增（减）关系。规模达到一定水平时，无论规模本身所包含的技术、管理等方面，或是与之对应的产出、盈利、费用等效益和效率，都会有质的飞跃。如果对这种现象简单地进行等距分组，就会掩盖其性质上的差别。因此，应该按总体性质变化的客观要求，采用不等距分组，如表2-11所示。

表2-11 某地区工业企业技术水平与劳动生产率分组表

人均固定基金/万元	企业/个	年劳动生产率/（万元/人）
2万元以下	3	2.5
2~5	4	3.2
5~10	11	3.9
10~50	5	5.7
50万元以上	2	12.8

（四）统计分组技术

从具体的工作方法来讲，统计分组客观上存在着一个科学合理的逻辑顺序和方法。我们把这方面的内容总结为统计分组技术。

品质分组和单项式分组相对较为简单，一般按照分组标志表现一一列举即可完成分组。在顺序上，品质分组一般是从主要的、决定性的或研究目的上的标志排起；变量分组一般是从最小变量值开始。

组距分组相对较为复杂。这里我们重点介绍组距式分组的技术性问题。

从工作过程来讲，组距式分组可按以下几个步骤进行。

（1）确定全距。即计算分组变量的最大值与最小值之间的距离。这是组距式分组的基础。其计算公式为

$$全距=最大值-最小值$$

（2）确定组数。即把总体划分为几个组。原则上，组数应是总体中客观存在的类型个数，但是，这种客观类型的多少往往不能完全被认识，因此，开始确定组数带有试验的性质。如果所分的组数少于类型个数，其分组和汇总资料就无法直接再次利用，分组必须重新开始，这可以说是一种浪费。所以，开始确定组数时，可以定得多一点、细一点，如果最终结果不合适，可以直接在前一次分组、汇总的基础上进行合并。这样做可节省人力、物力和时间。

斯特杰斯经验公式

在统计数据分组中，确定分级组数需要考虑的因素很多，其中最根本的原则就是要体现出各组间质的不同，还要考虑总体单位数的多少、全距的大小。在分组时，最常用的一般方法是确定组数时参考美国学者斯特杰斯的经验公式。他认为：当总体单位按某标志分组接近正态分布时，可根据总体单位数 N 确定组数 K 及间距 d，公式为

$$K=1+3.322\lg N$$

$$d=全距/组数$$

（3）确定组距。异距数列的组距应根据客观性质上的分界来确定。这里讨论等距分组的组距问题。

在等距分组时，其计算公式为

$$组数=全距/组距$$

这个计算结果一般不会是整数，尤其不会是2、5、10、100等整数的整倍数。完全按计算结果来确定组距，会给其他方面的计算分析带来许多不便；同时，这个计算结果一般也不是各组的准确范围。所以，确定组距时，可在计算的基础上适当扩大或缩小，使组距尽量取整数，在可能的情况下，把组距定为2、5、10、100等整数的整倍数。

（4）确定组限。组距两端的数值称为组限。在许多社会经济现象方面，这种数量界限有一定的相对过渡性，而不是唯一确定的。因此，在划分不同性质的前提下，组限应尽量取整数，或者取方便计算组中值的变量值。这可以作为确定组限的基本原则。

在异距数列中，组限的确定主要依据社会经济现象的内容决定，需要具体问题具体分析；在等距数列中，组限的确定因变量性质的不同，可分为以下两种情况。

1）连续型变量做等距分组时，相邻组的组限必须重叠。只有这样，才能保证“不重复、不遗漏”。这时，在重叠组限上的单位，一般算作下限组的单位。

对连续型变量做等距分组时，如果是闭口组，只要确定了第一组的下限，也就确定了其他组的组限。按照确定组限的基本原则和不遗漏原则，第一组（变量最小的组）的下限必须小于最小标志值，最后一组（最大组）的上限必须大于最大标志值。

2）离散型变量做等距分组时，相邻组的组限可以断开。这时，会遇到计算的组距与实际的组距不相符的情况。例如，按人数分组，“30人（含）以下”“31~50人”“50~80人”……其中第二组的实际长度为20人，即从第31人到第50人，但按组距公式计算只有19人，即

50 人−31 人=19 人。对于组限不重叠的情况，在计算上可以利用组距计算的通用公式：

本组组距=本组上限−前一组上限

为了解决这个矛盾，离散型变量在组距式分组时，相邻组也可以采用组限重叠的方式。其重叠组限上的单位按“上限不在内”的原则进行汇总。按这种方法，上边的分组可改为“30 人以下”“30~50 人”“50~80 人”……

（五）国民经济统计中的常用分类

1. 经济成分（形式）分类

按经济成分分类是为了反映我国经济中所有制成分的构成情况。现阶段我国经济成分分类与代码如表 2-12 所示。

表 2-12　我国经济成分分类及代码

代　码	分类及构成
1	公有经济
11	国有经济
12	集体经济
2	非公有经济
21	私有经济
22	港澳台经济
23	外商经济

2. 登记注册类型分类

按登记注册类型不同，所有的企业分为内资企业、港澳台商投资企业和外商投资企业三大类。

3. 国民经济行业分类

《国民经济行业分类》（国家标准）于 1984 年首次发布，分别于 1994 年、2002 年、2011 年、2017 年修订。该标准（GB/T 4754—2017）由国家统计局起草，国家质量监督检验检疫总局、国家标准化管理委员会批准发布，于 2017 年 10 月 1 日实施；按基层单位的主要活动的同质性归口，将社会经济活动划分为门类、大类、中类和小类四级；与此同时，采用了层次编码法，如表 2-13 所示。

表 2-13　国民经济行业分类与代码（部分）

国民经济行业分类与代码				
代　码				类别名称
门　类	大　类	中　类	小　类	
A				农、林、牧、渔业
	01			农业
		011		谷物种植
			0111	稻谷种植
			0112	小麦种植
			0113	玉米种植
			0119	其他谷物种植
		012		豆类、油料和薯类种植
			0121	豆类种植
			0122	油料种植
			0123	薯类种植
		013		棉、麻、糖、烟草种植
			0131	棉花种植
			0132	麻类种植

4. 三次产业分类

三次产业分类是根据产业部门的发展顺序和层次进行的分类。目前，我国三次产业的划分为：

第一产业：农、林、牧、渔业。

第二产业：工业和建筑业。工业包括采掘业、制造业、电力煤气及水的生产和供应业。

第三产业：除上述第一、第二产业以外的其他各行业。又可分为两大部分：流通部门和服务部门。

5. 机构部门分类

机构部门又称为制度部门或财务收支部门。机构部门分类是从取得收入和支配收入、筹集资金和运用资金的财务决策权的同一性进行的分类。我国的机构部门包括非金融企业部门、金融机构部门、政府部门和住户部门等四类。

第四节　统计数据的表示

统计整理结果的表示方法，应该选择更能发挥统计职能和作用的形式，同时还要方便统计资料的应用。概括起来，统计整理结果的表示主要有统计分析报告、分布数列、统计图、统计表等几种方法。

一、统计分析报告

统计分析报告主要是用文字来叙述统计整理的结果。

采用统计分析报告的形式来叙述统计整理的结果，主要是由于纯数字、报表的形式难以全面说明情况。为了更加全面、深入地分析说明社会经济现象，就需要用文字来叙述统计数字、统计报表没有或说明不了的问题。特别是在需要口头汇报或发言时，更适合采用这种方式。

统计分析报告的内容和格式并没有严格的限定，从方法来讲，属于应用文写作范畴，这里不再赘述。

统计分析报告的种类

1. 统计公报

统计公报是政府统计机构通过报刊向社会公众公布一个年度国民经济和社会发展情况的统计分析报告。一般是由国家、省级的统计局发布的。

2. 进度统计分析报告

进度统计分析报告主要以定期报表为依据，反映社会经济的发展情况，分析其影响和形成的原因，如月度分析、季度分析和年度分析。从时间上看，它可分为定期的和不定期的统计分析报告、期中的和期末的统计分析报告；从内容上看，它又可分为专题统计分析报告和综合统计分析报告两种。进度统计分析报告必须讲究时效，力求内容短小精悍，结构简单规范，让人一目了然。

3. 综合统计分析报告

综合统计分析报告是从客观的角度，利用大量丰富的统计资料，对国民经济和社会发展的规模、水平、结构和比例关系、经济效益以及发展变化状况，进行综合分析研究所形成的一种统计分析报告。

4. 专题统计分析报告

专题统计分析报告是对社会经济现象的某一方面或某一问题进行专门的、深入研究的一种分析报告。它的目标集中，内容单一，不像综合分析报告那样要反映事物的全貌。正因为如此，专题统计分析报告更要求突破时间和空间的限制，根据管理部门和社会公众的需要灵活选题，做到重点突出，认识深刻。

5. 典型调查报告

典型调查报告是根据调查的目的、要求，有意识地选择少数有代表性的单位进行深入实际调查后所写成的报告。深入实际，进行调查研究，是各级领导、各部门了解情况，指导工作经常采用的一种工作方法。习惯上称为“解剖麻雀”，统计学上叫作典型调查。

二、分布数列

（一）分布数列的含义

经过统计分组和汇总，形成各组所包括的单位个数及相应的标志值，显示出总体各方面在分组标志上的数量分布状况。因此，把统计分组和各组的单位个数及相应的标志值按一定顺序排列的结果，就叫作分布数列。

由于统计分组直接分配的是总体单位，单位标志值在各组的分布要通过其单位归属来确定；而且，对标志值的分析要通过或联系各组单位个数的多少来进行。因此，一般把分布数列定义为：在统计分组基础上所形成的总体各单位在各个组的分配结果。这就是一般意义上的分布数列。

分布数列包括两个要素：一个是按分组标志划分的各个组；另一个是各个组的单位个数。当分组确定之后，要解决的就是总体单位在各组间的归属或分配问题。从最终的整理结果来看，各组的单位个数也可以说是总体单位在各组出现的次数。所以，各个组的单位个数也叫作次数，分布数列也叫作分配数列、次数分布、次数分配等。

分布数列是对总体进行结构、比例等统计分析的直接依据，也是对总体进行其他分析的重要基础。因此，了解和掌握分布数列的有关理论，对于今后学习其他统计分析方法具有重要意义。

（二）次数分布

在一般意义上的分布数列当中，次数是两个基本要素之一，也是认识和分析总体分布规律和特征的主要、直接依据和基础。

为了提高统计分析效果，这里对次数的表示形式进行概括。

1. *次数的表示形式*

各组的次数有两种表示方式：一种是用绝对数的形式直接表示各组的单位个数；另一种是用相对数的形式，即用频率的形式来表示。频率是用各组次数与总体单位总个数相比，对

比结果一般用百分数形式表示。其计算公式为

$$频率=\frac{某组次数}{总体单位总个数}\times 100\%$$

频率在一定程度上反映了各组对总体的决定和影响程度。在变量分组的情况下，频率反映的就是各组变量值对总体的相对作用程度，也可以表明各组标志值出现的频率。

这里要注意，频率不同于密度。密度是在不等距分组时，为了深入研究各组内的分布特征，或者是为了解决在不等距分组情况下，准确认识总体分布重心的需要，而将各组次数与各组组距对比的结果。其计算公式为

$$密度=\frac{某组次数}{该组组距}\times 100\%$$

2. 累计次数分布

将变量数列各组的次数和比率逐组累计相加而成的累计次数分布，表明总体在某一标志值的某一水平上下总共包含的总体次数和比率。累计次数有以下两种方法。

（1）向上累计。它又称为以下累计、较小制累计，是指从变量值低的组开始，将各组频数（频率）逐次向变量值高的组累计，说明某一组上限以下各组的累计频数（频率）。例如，在表2-14中，销售额在1500万元以下的商店数有30个，占到60%。

（2）向下累计。它又称为以上累计、较大制累计，是指从变量值高的组开始，将各组频数（频率）逐次向变量值低的组累计，说明某一组下限以上各组的累计频数（频率）。例如，在表2-14中，销售额在2000万元以上的有7个，占到14%。

表2-14 按销售额分组的商店数分布

销售额/百万元	商店数/个	频　率	累计次数		累计频率	
			向上累计	向下累计	向上累计	向下累计
5百万元以下	4	8%	4	50	8%	100%
5~10	10	20%	14	46	28%	92%
10~15	16	32%	30	36	60%	72%
15~20	13	26%	43	20	86%	40%
20~25	4	8%	47	7	94%	14%
25百万元以上	3	6%	50	3	100%	6%
合计	50	100%	—	—	—	—

累计次数分布是确定各种位置平均数的依据。累计次数分布图还可以用于研究社会财富分配的公平程度等问题。例如，在洛伦兹曲线中就应用到了累计次数的分布。

洛伦兹曲线

洛伦兹（Lorenz）是美国统计学家，他于1907年提出用来衡量社会收入分配不公平程度的洛伦兹曲线。洛伦兹曲线的横轴是累计人口百分比，纵轴是累计收入或财富的百分比。

当一个国家的收入分配完全按人均分配时，同一累计百分比的人口就一定占有相同的累计收入百分比。此时该国的收入分配程度曲线就与对角线重合。

如果绝大多数人口占有很少的财富和收入，而少部分人占有了绝大部分的收入，则该国的曲线就靠近下横轴和右纵轴。

一般来说，国家的收入分配不会是绝对平均的，也不会是绝对不平均的。将任一国家或地区的收入分配情况绘制成洛伦兹曲线，就可以观察分析该国家或地区收入分配的平均程度。

（三）频数（次数）分布的主要类型

客观现象的频数（次数）分布主要有钟形分布、J形分布和U形分布三种类型。

1. 钟形分布

钟形分布是指靠近两端的变量值分配次数较少，中间变量值则分配次数较多，绘制成的曲线图形状宛如一口古钟的次数分布，如图2-1a、b、c所示。钟形分布是客观现象分布中最常见的一种分布，其突出特征是“中间大，两头小”。如果钟形分布的中间变量值次数最多，两侧变量值分布次数随着其与中间变量值距离的增大而渐次减少，并围绕中心变量值两侧呈完全对称分布，则称为对称分布（见图2-1a）。对称分布中的正态分布是最重要的分布，许多客观现象总体都趋近于正态分布。中心变量值两侧的变量值次数分布不对称的称为非对称分布或偏态分布，通常有左偏分布（见图2-1b）和右偏分布（见图2-1c）两种。

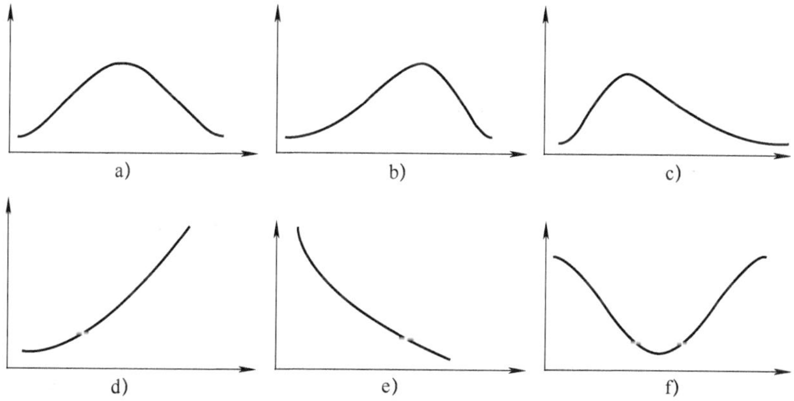

图2-1　次数分布类型

a）对称分布　b）左偏分布　c）右偏分布　d）正J形分布　e）反J形分布　f）U形分布

2. J形分布

J形分布有正、反两种情况：次数随变量值增大而增多时，所绘成的曲线图形如英文字母“J”，称为正J形分布；次数随变量增大而减少时，所绘成的曲线图犹如反写的英文字母“J”，称为反J形分布。例如，商品供给量随着价格的提高而不断增加，使供给曲线呈正J形分布（见图2-1d）；人口总体按年龄大小的分布一般呈反J形分布（见图2-1e）。

3. U形分布

U形分布的特征与钟形分布特征恰恰相反，靠近中间的变量值分布次数少，靠近两端的变量值分布次数多，分布特征是“两头大，中间小”。绘成的曲线图形如英文字母“U”

(见图 2-1f)。例如，人口在不同年龄上的死亡率一般近似地表现为 U 形分布。

三、统计图

统计图就是用各种图形来表示统计整理汇总的结果。按照图形的形象特征及用途的不同，统计图可分为以下几类。

（一）条形图

条形图用于显示离散型变量的次数分布，最主要是显示顺序数据和分类数据的频数分布。它是用宽度相同的条形的高度或长短来表示数据的图形。条形图可以横置或纵置，纵置时也称为柱形图。此外，条形图有单式、复式等形式，单式条形图如图 2-2 所示。

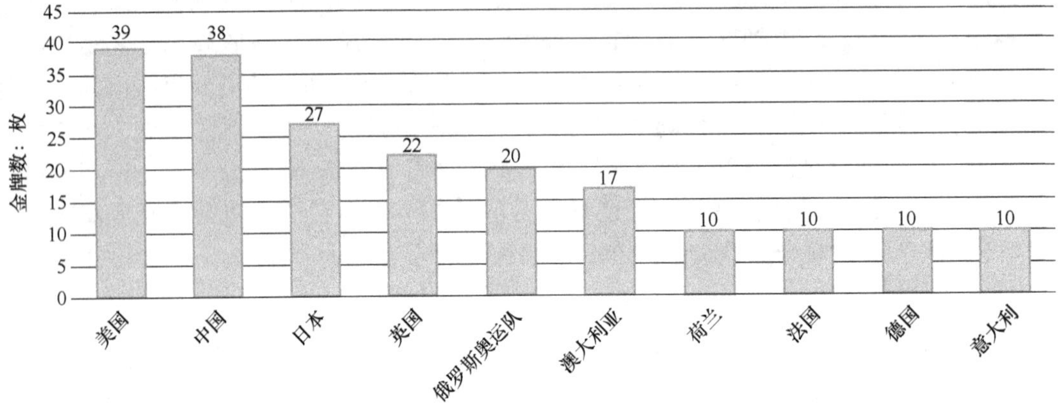

图 2-2　2020 年东京奥运会金牌数分布条形图

单式条形统计图和复式条形统计图的相同点是都能让人清晰地看出数量的多少，不同点就是单式条形统计图用于比较一个数据，而复式条形统计图用于比较多个数据。图 2-3 所示为某省 2016—2019 年城乡人口分布比较的复式条形统计图。

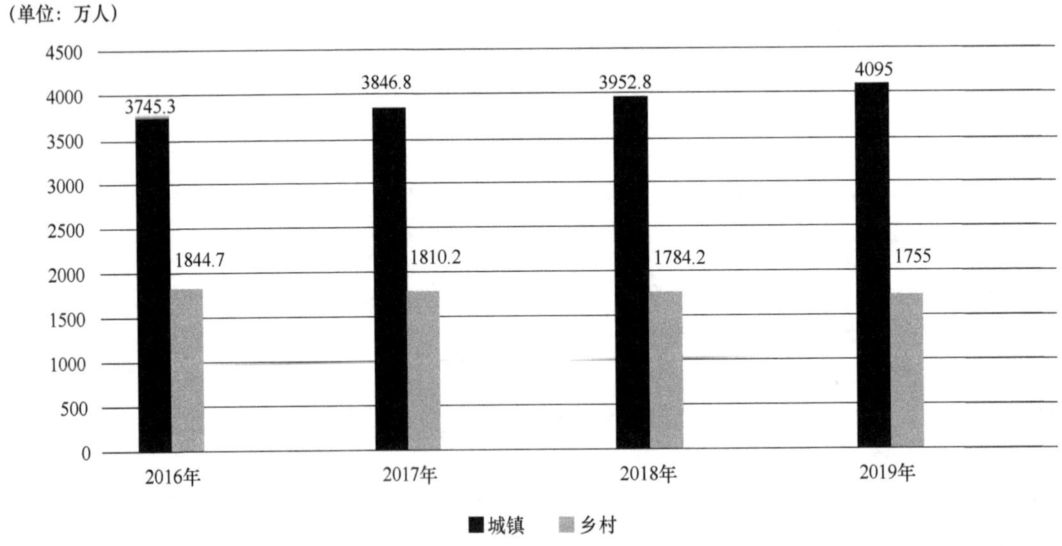

图 2-3　某省 2016—2019 年城乡人口分布条形图

（二）线图

线图主要用于显示连续型变量的次数分布和现象的动态变化，如图 2-4 所示。

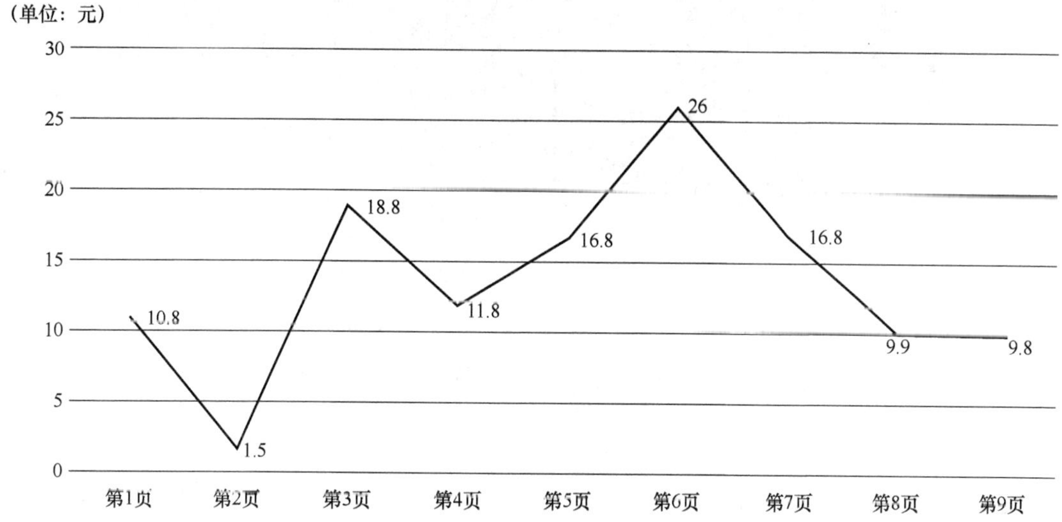

图 2-4　某电商平台前 9 页蛋糕模具最低价格折线图

（三）饼图

饼图用于显示定类变量的次数分布。它是用圆形及圆内扇形的面积来表示数值大小的图形。饼图主要用于表示总体中各组成部分所占的比例，对于研究结构性问题十分有用。在绘制饼图时，总体中各部分所占的百分比用圆内的各个扇形面积表示。同时，饼图的使用有一定的限制，对于显示较少的数据点很有效，但数据量太大时则很难说明问题。

（四）直方图

直方图用于显示连续型变量的次数分布。它是用矩形的宽度和高度（即面积）来表示频数分布的图形。在平面直角坐标中，用横轴表示数据分组，用纵轴表示频数或频率，这样，各组与相应的频数就形成了一个矩形，即直方图。在直方图中，实际上是用矩形的面积来表示各组的频数分布。在直方图基础上添加趋势线，形成折线图。例如根据表 2-15 资料绘制的直方图如图 2-5 所示。

表 2-15　某企业工人完成劳动定额累计分布表

劳动定额完成情况	频数/人	频　率	向上累计		向下累计	
			频数/人	频　率	频数/人	频　率
80%～90%	3	10.0%	3	10.0%	30	100.0%
90%～100%	4	13.3%	7	23.3%	27	90.0%
100%～110%	12	40.0%	19	63.3%	23	76.7%
110%～120%	8	26.7%	27	90.0%	11	36.7%
120%～130%	3	10.0%	30	100.0%	3	10.0%
合计	30	100.0%	—	—	—	—

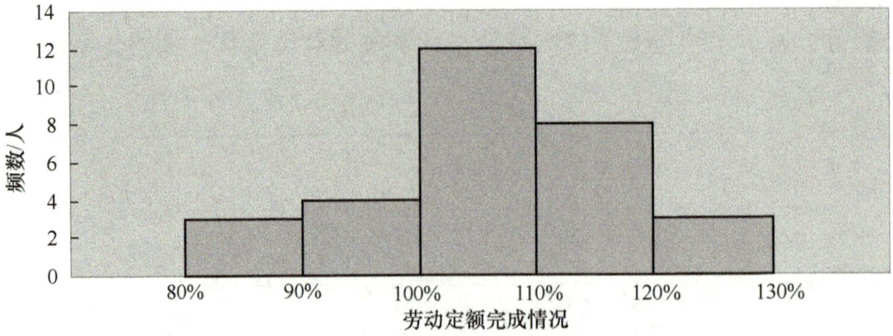

图 2-5　某企业 30 名工人完成劳动定额频数分布直方图

统计资料的表示，除了上述方法，还有其他一些表示形式，具体形式的选择既要考虑统计部门工作的需要，又要考虑现实和其他部门应用统计资料的需要。后一点对于统计表以外的其他统计资料表示方法尤其重要。

（五）茎叶图

通过直方图可以大体上看出一组数据的分布状况，但直方图没有给出具体的数值。而茎叶图既能给出数据的分布状况，又能给出每一个原始数值。茎叶图由“茎”和“叶”两部分构成，其图形是由数字组成的。将茎叶图的茎和叶逆时针方向旋转 90°，实际上就是一个直方图。通过茎叶图，可以看出数据的分布形状及数据的离散状况，如分布是否对称、数据是否集中、是否存在极端值等。

绘制茎叶图的关键是设计好树茎，通常以该组数据的高位数值作为树茎。树茎一经确定，树叶就自然地“长”在相应的树茎上了。下面以表 2-16 的数据作茎叶图。制作茎叶图的方法是：将前两位数字作为“茎”，个位数字作为“叶”，茎相同者共用一个茎，茎按从小到大的顺序从上向下列出，共茎的叶一般按从小到大的顺序同行列出。注意：在制作茎叶图时，重复出现的数据要重复记录，不能遗漏，特别是“叶”部分；同一数据出现几次，就要在图中体现几次，如图 2-6 所示。

表 2-16　某生产车间 50 名工人日加工零件数　　（单位：个）

117	122	124	129	139	107	117	130	122	125
108	131	125	117	122	133	126	122	118	108
110	118	123	126	133	134	127	123	118	112
112	134	127	123	119	113	120	123	127	135
137	114	120	128	124	115	139	128	124	121

树茎	树叶	
10	7 8 8	3
11	0 2 2 3 4 5 7 7 7 8 8 8 9	13
12	0 0 1 2 2 2 2 3 3 3 3 4 4 4 5 5 6 6 7 7 7 8 8 9	24
13	0 1 3 3 4 4 5 7 9 9	10

图 2-6　某生产车间 50 名工人日加工零件数的茎叶图

上面的茎叶图显得过于拥挤，我们可以把它扩展。例如，可以将图扩展一倍，即每一个树茎重复两次，一次用记号“＊”，表示该行叶子上的数为0~4，另一次用记号“·”，表示该行叶子上的数为5~9，于是可得到图2-7。

树茎		树叶
10	*	
10	•	7 8 8
11	*	0 2 2 3 4
11	•	5 7 7 7 8 8 8 9
12	*	0 0 1 2 2 2 2 3 3 3 3 4 4 4
12	•	5 5 6 6 7 7 7 8 8 9
13	*	0 1 3 3 4 4
13	•	5 7 9 9

图2-7　某生产车间50名工人日加工零件数的茎叶图

四、统计表

统计表是统计整理结果最常用的表示方法。

从广义上来讲，统计表包括一切编制和表现统计资料的表格，是最常用、最规范的统计资料表达方式。显然，统计表的这一意义比作为统计整理最后一个环节的意义更为重要。只是由于统计整理结果一般都采用或首先采用规范的统计表来表示，所以在统计学理论体系中，一般都把统计表的有关方法论问题作为统计整理的最后一个环节。

（一）统计表的构成

1. 从结构来讲，统计表由五部分构成

（1）总标题。它是统计表的名称。由于统计表中的汇总内容一般都是横向排列，所以总标题一般位于表的上端正中。总标题是对统计总体和指标内容的高度概括。

（2）横行标题。它是说明横行内容的名称或各个变量组，位于统计表的最左边。

（3）纵栏标题。它是说明纵栏内容的名称，位于统计表的上方。

（4）统计（数字）资料。它是统计表的主要内容，是纵栏标题和横行标题交叉所形成的一个区域。

（5）说明。在规范的统计表中，还包括表头和表尾两部分说明性的内容。表头一般是对统计总体的性质、稳定性特征及统计表体系的程序化规范，一般位于统计表的左、右两肩上方。表尾主要是对统计资料的注释性补充。

2. 从反映的内容来看，统计表由两部分构成

（1）主词。它是统计资料所属的统计总体、总体的各个组或各个单位的名称，一般位于统计表的左面。

（2）宾词。它是说明主词的各个指标名称及指标值。一般在主词的右面按一定顺序横向排列。

统计表通常按上述格式编制，如果与版面不协调时，也可以把主词与宾词的位置互换。图2-8所示是统计表的一般格式。

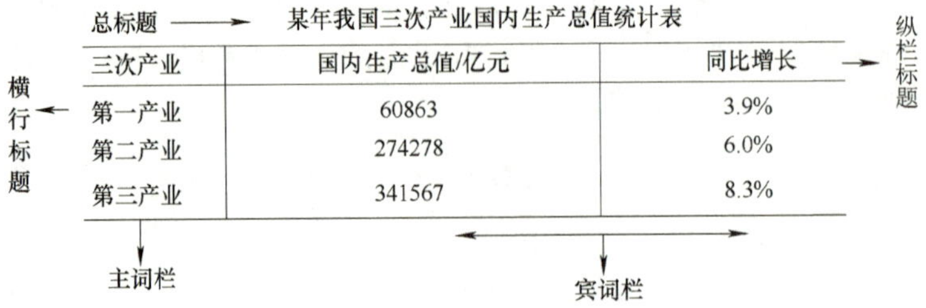

图 2-8　统计表的一般格式

（二）统计表的分类和编制原则

1. 统计表的分类

按统计表的主要用途划分，统计表可分为三类。

（1）调查表。它是指统计调查过程中用于登记、记录原始统计资料的统计表。

（2）汇总表或整理表。它是指在统计整理过程中用来分组、汇总和记录其结果所使用的统计表。

（3）分析表。它是指在统计分析过程中记录计算过程所形成的统计表。这类表格一般是在汇总表后进行添补。

2. 编制统计表的一般规则

统计表是表现、承载统计资料的最广泛形式，其基本要求是科学、合理、清晰、方便。按照这一基本要求，统计表的编制应该遵循以下规则。

（1）统计表的外观设计。在版面允许的情况下，应尽可能照顾到人们的视觉习惯，保持统计表的外观美观。当然，这要根据总体大小、指标多少而定。

（2）统计表一般应是开口式的，即左右两端不画封线，上下封口。

（3）统计表的各种标题应该规范、科学、准确。

（4）在主词分组和复合分组情况下，一般应先部分、后总体，即先排列总体各单位或各组，最后一行是总（小）计。如果不是总体各单位或各组都要列出，而只是列出总体中的若干单位或若干组，则一般是先写总计，后排列出要列出的各部分。

（5）在宾词存在结构性分解的情况下，处理方法与主词的处理方法基本一致。当宾词的数字形式不同时，一般先列绝对数，后排相对数或平均数。

（6）统计表中的数字资料部分不允许空格。当数据太小可以忽略不计时，可写上“0”；当缺乏某项数据资料时，一般用符号“…”表示；当不应有数字时，用符号“—”表示。

（7）表中的数字资料应填写整齐、规范。

（8）统计表必须注明计量单位。当表中数据资料的计量单位完全一样时，计量单位写在表的右上方。如果计量单位不完全一样，横行的计量单位可以专设一个计量单位栏目；纵栏的计量单位一般与纵栏标题（指标）写在一起。

（9）当统计表的栏目较多时，可以添加编号。主词部分一般是总体、各个单位、部分的文字名称。可以用（甲）（乙）（丙）等文字编号排序区分；宾词部分一般是指标名称，对应的数字资料，可以用①②③等数字编号排序区分；各指标之间如果有对应的计算关系，还可以用数字编号把计算关系表示出来，如“④=②×③”。

（10）统计表的内容如有特殊情况，如个别指标的统计口径与整个栏目不一致，个别指标具体计算方法与整个栏目不一致、个别资料不完整等。应在表后分别加以注释、说明。

统计“有数”，而且“好看”

统计是一个对数据进行收集、整理、计算和分析的过程。它的世界里充满了烦琐复杂的数字计算整理的全过程，如果只是以数值形式展现，有时候会显得枯燥与乏味。如何将这些复杂、烦琐的数字呈现给读者，这就离不开可视化的统计图表。

统计图是利用点、线、面、体等绘制成几何图形，以表示各种数量间的关系及其变动情况的工具。统计图标形象具体、简明生动、通俗易懂、一目了然，可以直观地发现现象间的对比关系；揭露总体结构；检查计划的执行情况；揭示现象间的依存关系，反映总体单位的分配情况；说明现象在空间上的分布情况。

能力训练

一、单项选择题

1. 统计调查方案的首要问题是（　　）。

A. 调查组织工作的确定　　B. 调查任务和目的的确定

C. 调查时间和地点的确定　　D. 调查经费的确定

2. 某市规定2020年工业企业年报的呈报时间为2021年1月31日前，则调查时间和调查期限为（　　）。

A. 一个月、一年　　B. 一年、一个月

C. 一年、一天　　D. 一年零一个月、一天

3. 在全面调查中，调查单位和（　　）单位是一致的。

A. 总体　　B. 登记　　C. 填报　　D. 总体和填报

4. 某工业企业系统内欲进行工业企业生产设备状况普查，要求在1月1日至20日全部调查完毕，这一时间规定是（　　）。

A. 调查期限　　B. 调查时间　　C. 登记时间　　D. 标准时间

5. 变量数列中各组频率的总和应该（　　）。

A. 小于1　　B. 等于1　　C. 大于1　　D. 不等于1

6. 重点调查的重点单位是指（　　）。

A. 标志值很大的单位

B. 这些单位的单位总量占总体全部单位总量的绝大比重

C. 这些单位的标志总量占总体标志总量的绝大比重

D. 经济发展战略中的重点部门

7. 要准确地反映异距数列的实际分布情况，必须计算（　　）。

A. 次数　　B. 次数密度　　C. 频率　　D. 累计频率

8. 为了了解某商业企业的期末库存量，调查人员亲自盘点库存，这种方法是（　　）。

A. 大量观察法　　B. 采访法　　C. 直接观察法　　D. 报告法

9. 在组距数列中，向下累计到某组的次数是 100，这表示总体单位中（　　）。

A. 大于该组下限的累计次数是 100　　B. 小于该组下限的累计次数是 100

C. 大于该组上限的累计次数是 100　　D. 小于该组上限的累计次数是 100

10. 某连续型变量数列，其末组为开口组，下限为 200，又知其邻组的组中值为 170，则末组组中值为（　　）。

A. 260　　B. 215　　C. 230　　D. 185

11. 工业企业按资产总额分组（　　）。

A. 只能按单项式分组

B. 可以按单项式分组，也可按组距式分组

C. 只能用组距式分组

D. 既不能按单项式分组，也不能按组距式分组

12. 划分连续型变量的组限时，相邻组的组限（　　）。

A. 重叠　　B. 不等　　C. 相近　　D. 均可

13. 对职工的生活水平状况进行分组研究，应当选择（　　）作为分组标志。

A. 职工月工资总额的多少　　B. 职工人均月收入额的多少

C. 职工的人均月岗位津贴及奖金的多少　　D. 职工家庭成员平均月收入额的多少

14. 下列调查方式中，调查结果不能推断总体数量特征的调查方式有（　　）。

A. 典型调查　　B. 抽样调查　　C. 普查　　D. 统计报表制度

15. 下列不属于统计分组原则的是（　　）。

A. 随机性　　B. 科学性　　C. 完备性　　D. 互斥性

2-01

二、判断题

1. 普查是专门组织的一次性全面调查，所以其调查结果不可能存在误差。（　　）

2. 在工业企业生产设备状况的普查中，调查单位是工业企业的每台生产设备，报告单位是每个工业企业。（　　）

3. 统计调查方案的首要问题是确定调查任务和目的，其核心是调查表。（　　）

4. 抽样调查不可避免地会产生代表性误差，还有可能产生登记性误差，所以它的误差要比全面调查的误差大。（　　）

5. 向上累计次数表示大于该组变量值下限的次数合计有多少。（　　）

6. 所谓"上限不计入本组原则"是对连续型变量分组采用重叠组限时，习惯上规定一般只包括本组下限变量值的单位，而当单位的变量值恰恰为组的上限时，不包括在本组。（　　）

7. 统计分组以后，掩盖了各组内部各单位的差异，而突出了各组之间单位的差异。（　　）

8. 异距数列是各组组距都不相等的组距数列。（　　）

9. 按品质标志分组的结果形成变量数列。（　　）

10. 单一表和一览表的选择主要取决于调查单位调查项目的多少。（　　）

2-02

第三章　数据的度量

引例

某大商场策划了一次“返利给顾客”活动，凡一次购物 100 元以上（含 100 元）均可当场抽奖。中奖情况如表 3-1 所示。

表 3-1　某商场中奖情况表

奖金等级	一 等 奖	二 等 奖	三 等 奖	四 等 奖	幸 运 奖
奖金数额/元	15000	8000	1000	80	20
中奖人次	4	10	70	360	560

商场提醒：平均每份奖金 249 元，莫失良机哦！

但中奖顾客却说：“商场在欺骗我们顾客，我们中只有两人获得 80 元，其他人都是 20 元，可气！”

你认为商场欺骗了顾客吗？说说你的看法。以后我们再遇到中奖问题应该关心什么？

统计作为认识社会的有力“武器”，必须从静态和动态两方面对社会经济现象和过程加以研究分析，需要运用诸如综合指标法、动态分析法、指数分析法等。其中，综合指标法是统计中的基本数量方法，主要是对整理得到的数据进行描述和初步分析，是统计分析的基础。总量指标、相对指标和平均指标这三种指标总称为综合指标。运用综合指标对社会经济现象和过程进行数量分析的方法称为综合指标法，其核心是数据的度量。

本章学习目标

1. 掌握数据比较分析的方法，相对指标的种类、计算方法及应用。
2. 掌握平均指标的种类、计算方法及应用。
3. 掌握标志变异指标的意义、计算方法及应用。

第一节　数据比较分析

某市四家大型电器商场的手机销售情况抽样表明，在一周内总计销售了2000部手机，其中某品牌手机214部，则该品牌手机在该市的市场占有率为多少？

某公司给销售部门下达销售任务，若在本年度计划完成程度达到100%，则奖励10万元，达到110%奖励15万元，达到120%以上奖励20万元。如何计算计划完成程度呢？

国家统计局2021年2月28日发布的《中华人民共和国2020年国民经济和社会发展统计公报》显示，2020年第一产业增加值占国内生产总值比重为7.7%，第二产业增加值比重为37.8%，第三产业增加值比重为54.5%，预计全员劳动生产率为117746元/人，年末全国城镇调查失业率为5.2%，城镇登记失业率为4.2%。

以上数据都属于相对指标。

为了研究现象之间的数量关系，通常需要将两个有联系的统计指标进行比较，以揭示现象在不同时间、不同空间、事物内部以及事物之间的数量关系及其特征。统计比较法按对比的方式不同，可分为差额法和比率法（本书采用比率法）。差额法是用两个有联系的同类指标相减的差额来说明同类现象之间的差异，一般采用总量指标相减。

总量指标是反映社会经济现象在一定的时间、地点、条件下的总规模或总水平的统计指标，表现为绝对数。例如，初步核算，我国2020年国内生产总值（GDP）为1015986亿元，年末国家外汇储备32165亿美元等。这些数据说明了2020年全国在生产建设方面的总规模或总水平，属于总量指标。总量指标可以反映一个国家的基本国情和国力，反映某单位的人、财、物的基本数据，是计算相对指标、平均指标以及各种分析指标的基础。

人类物品消耗如此惊人

Chris Jordan是美国的一位热爱统计学的摄影师，他对统计学的热爱不仅仅是心理上的爱好，更是用实际行动证明了这一点。Chris Jordan以美国一些物品的消耗为题材，结合统计学和Photoshop软件，拍摄了一些让人深思的作品。

（1）美国每天都会有426000部手机被扔掉。

（2）29569支手枪——2004年美国有29569人死于和枪支有关的案件。

（3）2800042加仑[⊖]石油——美国每两分钟的石油消耗。

（4）320000只灯泡——其耗电量相当于美国每分钟浪费的家庭用电（在效率低的电线布局、计算机的睡眠模式等情况下）。

（5）170000块劲量电池——美国每15min生产的劲量电池数量。

（6）11000条飞机轨道——可供美国每8h起飞的商业航班使用。

数据比较分析中最常用的方法是相对指标法。本节主要介绍数据比较分析中各种相对指标的基本计算和分析应用问题。

⊖ 1加仑=3.785411L。——编辑注

一、相对指标的概念和作用

相对指标又称相对数或比率，是两个有联系的统计指标对比得到的比值，基本计算公式如下：

$$相对指标=\frac{比较对象的指标数值}{比较基础的指标数值}$$

相对指标根据对比的指标性质和作用不同，可分为结构相对指标、比例相对指标、比较相对指标、动态相对指标、强度相对指标和计划完成相对指标六种。这六种相对指标可归纳为以下“六比六看”。

（1）部分与总体比，看结构与分布特征——结构相对指标。

（2）部分与部分比，看比例关系及其变化——比例相对指标。

（3）落后与先进比，看差异及其发展潜力——比较相对指标。

（4）报告期与基期比，看增减变化的速度——动态相对指标。

（5）与有关现象比，看强度、密度和普遍程度——强度相对指标。

（6）实际与计划比，看计划完成情况——计划完成相对指标。

相对指标的表现形式分为有名数和无名数两种。

无名数一般是用抽象化的数值，如系数、倍数、成数、百分数（%）或千分数（‰）表示。当分子与分母数值相差较小时，用系数表示如，经济中的恩格尔系数、基尼系数等。如果对比的分子数值与分母数值差别很大，则用倍数表示。例如，我国 1996 年工业总产值为 1952 年工业总产值的 285.4 倍。当对比的分子与分母数值相差不大时，可以将对比的基数抽象为 10，用成数表示。例如，设某地区今年棉花产量比上年增产 1/10，即增产一成。也可以用百分数表示对比的结果。例如，任务完成 95%、发展速度为 20%、学生中男生占 55%等，都是采用百分数表示的。

相对指标分析法的主要作用有：

（1）可以综合地表明有关现象之间的联系程度。反映现象和过程的比率、构成、速度、程度、密度等，有助于深入说明总量指标所不能充分说明的问题。例如，通过结构相对数，计算国民收入使用额中积累基金和消费基金之间的比例，这对于深入认识国家建设和人民生活的相互关系，以及国民经济是否协调地按比例发展，都有十分重要的意义。

（2）将现象在绝对数方面的具体差异加以抽象，使原来不能直接对比的总量指标可以对比。例如，由于企业规模不同，不能直接用工业总产值的多少来比较同类企业工作质量的好坏。如果计算产值计划完成程度、固定资产利用程度、产值资金率、产值盈利率等相对数，就可以在不同规模的同类企业之间进行对比，做出恰当的评价。

二、相对指标的种类及其计算方法

（一）结构相对指标

结构相对指标就是总体中部分数值与总体全部数值的对比得出的比重或比率，是评价总体内部结构及其分布特征的综合指标。结构相对指标一般用百分数、成数或系数表示，可以用公式表述为

$$结构相对指标=\frac{总体某部分数值}{总体全部数值}\times 100\%$$

因为对比的基础是同一总体的数值，所以各部分所占比重之和应当等于100%或1。例如，一个班级里浙江学生占20%，山东学生占15%等。

恩格尔系数

恩格尔系数是指居民的食品类消费支出占消费支出总额的比重。恩格尔定律认为，随着居民收入的增加，恩格尔系数呈下降趋势。联合国粮食与农业组织依据恩格尔系数的高低，提出的划分贫困与富裕的标准是：恩格尔系数在59%以上者为绝对贫困，50%~59%为勉强度日，40%~50%为小康，30%~40%为富裕，30%以下为最富裕。2020年我国全国居民恩格尔系数为30.2%。

【例3-1】 表3-2是2000—2009年我国城镇居民、农村居民恩格尔系数。从长期趋势看，我国的恩格尔系数大致逐年降低，这表明我国居民生活水平不断提高。表中的恩格尔系数变化是符合恩格尔定律的。

表3-2 2000—2009年我国城镇居民、农村居民恩格尔系数

年 份	2000	2001	2002	2003	2004	2005	2006	2007	2008	2009
城镇居民恩格尔系数	39.4%	38.2%	37.7%	37.1%	37.7%	36.7%	35.8%	36.3%	37.9%	37.0%
农村居民恩格尔系数	49.1%	47.7%	46.2%	45.6%	47.2%	45.5%	43.0%	43.1%	43.7%	43.0%

（二）比例相对指标

比例相对指标是指反映总体中各个组成部分之间的比例关系和均衡状况的综合指标。它是同一总体中某一部分数值与另一部分数值静态对比的结果，计算公式为

$$比例相对指标=\frac{总体中某一部分数值}{总体中另一部分数值}$$

比例相对指标一般用 $m:n$ 的形式表示，也可用百分比的形式表示。例如，我国第七次全国人口普查结果表明，男性对女性的比例即总人口性别比（以女性为100，男性对女性的比例）为105.07。又如，某学校教学人员为900人，非教学人员为100人，则教学人员与非教学人员的比例可表示为9：1。统计分析中，有时还要求用连比形式表示总体中若干个组的比例关系。例如，在我国的GNP中，第一、二、三产业的比例为1：1.73：1.02等。

比例相对指标属于一种结构性比例，也具有反映总体结构的作用，它与结构相对指标有密切的联系，二者的作用相同，只是对比的方法不同，侧重点有所差别，两者之间可以相互转换。

霍夫曼系数及劳动者负担系数

霍夫曼系数是指工业净产值中消费资料净产值与资本工业净产值之比，用以说明一个国家或地区工业水平的高低。随着工业化水平的不断深入，霍夫曼系数呈下降趋势。

劳动者负担系数是指总人口中非劳动年龄人口（14 岁及以下人口和 65 岁及以上人口）与劳动年龄人口（15~64 岁）的比例值，即每个劳动者负担的人口数，随着就业率的提高，劳动者负担系数呈下降趋势。

（三）比较相对指标

比较相对指标是指同一时间、不同空间的同类统计指标对比求得的相对数，表明同类事物在不同空间条件下的数量对比关系及其差异程度的综合指标。比较相对指标可以用百分数、倍数和系数表示。其计算公式可以概括为

$$比较相对指标=\frac{甲地(单位)某指标数值}{乙地(单位)同期同类指标数值}$$

式中，分子与分母所属指标的含义、口径、计算方法和计量单位等必须一致。

例如，两个类型相同的工业企业，甲企业全员劳动生产率为 18542 元/（人·年），乙企业全员劳动生产率为 21560 元/（人·年），则

$$两企业劳动生产率比较相对指标=\frac{18542元/(人\cdot年)}{21560元/(人\cdot年)}\times 100\%=86\%$$

比较相对指标的分子和分母可以互换，即可从不同的出发点说明问题。利用比较相对指标，主要是对事物发展在不同地区、不同部门、不同单位或不同个人之间进行比较分析，以反映现象之间的差别程度或比例关系。另外，计算比较相对指标，还可以找出工作中的差距，从而为提高企业的生产水平和管理水平提供依据。

（四）强度相对指标

强度相对指标是指两个性质不同、但有一定联系的统计指标对比的结果，用来表明现象的强度、密度和普遍程度及依存关系的综合指标。其计算公式为

$$强度相对指标=\frac{某现象的统计指标}{另一有联系而性质不同的统计指标}$$

例如，我国国土面积为 960 万 km^2，2020 年年底人口总数为 141178 万人，则

$$我国2020年年末人口密度=\frac{141178万}{960万}人/km^2\approx 147.06人/km^2$$

又如，以铁路（公路）长度与土地面积对比，可以得出铁路（公路）密度。另外，还有人均 GDP 或人均 GNP、资产周转率等，都是强度相对指标。这些强度相对指标都是用来反映现象的密集程度或普遍程度的。

强度相对指标具有以下特点：

（1）强度相对指标有无名数和有名数两种。例如，人口密度用“人/km^2”表示，人均产品产量用“kg/人”表示，资产周转次数用“次/年”表示。也有少数强度相对指标采用无名数。例如，人口自然增长率用千分数来表示。

（2）有少数反映社会服务行业的负担情况或保证程度的强度相对指标，其分子和分母可以互换，即采用正算法计算正指标，用倒算法计算逆指标。例如，

$$商业网密度(正指标)=\frac{零售商业机构数}{地区人口数}$$

$$\text{商业网密度(逆指标)} = \frac{\text{地区人口数}}{\text{零售商业机构数}}$$

上述正指标数值表示可以为每千人服务的商业网点数，逆指标数值则表示每个零售商店服务的按千人计算的人口数。由此可见，凡是强度相对指标数值的大小与所研究现象的发展程度或密度成正比例，称为正指标；反之，凡是强度相对指标数值的大小与所研究现象的发展程度或密度成反比例，则称为逆指标。究竟采用正指标还是逆指标，要看哪一个指标更能清楚地说明问题。

（3）强度相对指标说明的是现象之间的依存关系或相关性比例关系，而不是结构性关系。它具有“平均”的含义，有时也往往使用如“人均”之类的字眼。例如，按人口计算的主要产品产量指标用“kg/人”表示；按全国人口分摊的每人平均国民收入用“元/人”表示。但它不是平均指 标，与平均指标在含义上有严格区别。平均数是同一总体中的标志总量与单位总量之比，是将总体的某一数量标志的各个变量值加以平均。如前所述，强度相对数是两个性质不同而有联系的总量指标数值之比，它表明两个不同总体之间的数量对比关系。

（五）动态相对指标

动态相对指标就是指将同一现象在不同时期的两个数值进行动态对比而得出的相对数，借以表明现象在时间上发展变动的程度。它一般用百分数或倍数表示，也称为发展速度。其计算公式为

$$\text{动态相对指标} = \frac{\text{某一现象报告期水平}}{\text{同一现象基期水平}}$$

通常，作为比较标准的时期称为基期，与基期对比的时期称为报告期。例如，2020年社会消费品零售总额391980.6亿元，2019社会消费品零售总额408017.2亿元，如果将2019年选作基期，则2020年的社会消费品零售总额与2019年的社会消费品零售总额对比，得出动态相对数为96.07%，它说明在2019年基础上2020年社会消费品零售总额的发展速度。

根据统计研究的任务以及需要说明的问题，可以选择不同的基期。例如，可选择相邻的上一期作为基期，也可以选择去年同期或者具有历史意义的时期作为基期。

动态相对数在统计分析中应用很广，第六章“时间序列”中将详细论述。

（六）计划完成相对指标

计划完成相对指标是指将某一时期的实际完成数与同期计划数进行对比，反映计划完成程度或计划执行进度的相对指标，有计划完成程度和计划执行进度两种。

1. 计划完成程度

计划完成程度是本期的实际完成数与计划任务数对比而求得的相对数，用以评价计划期终计划目标是否实现。其计算公式为

$$\text{计划完成程度} = \frac{\text{实际完成数}}{\text{计划任务数}} \times 100\%$$

（1）计划数为绝对数，则

$$\text{计划完成相对指标} = \frac{\text{实际完成总量}}{\text{计划总量}} \times 100\%$$

检查中长期计划任务的完成情况时，根据计划指标的性质不同，检查方法分为水平法和累计法。

1）水平法适用于反映生产能力的经济指标，如钢产量、煤产量、发电量等指标的计划完成情况的检查。它是以计划期期末水平为对象考核的。其计算公式为

$$计划完成相对指标 = \frac{计划期期末实际达到的水平}{计划期规定的期末水平} \times 100\%$$

2）累计法适用于检查计划期内构成国民财产存量的经济指标，如固定资产投资、住宅建设等计划的完成情况。它是以计划期内各年计划数量的累计总和为对象考核的。其计算公式为

$$计划完成相对指标 = \frac{计划期内实际完成累计数}{计划期规定的累计数} \times 100\%$$

（2）计划数为相对数，则

$$计划完成相对指标 = \frac{实际完成的百分数}{计划规定的百分数} \times 100\%$$

【例 3-2】 某企业某产品的产值计划要求增长 10%，单位成本计划要求下降 5%，而实际产值增长了 15%，单位成本下降了 3%，则计划完成程度指标为

$$产值计划完成相对指标 = \frac{100\% + 15\%}{100\% + 10\%} \times 100\% \approx 104.55\%$$

$$单位成本计划完成相对指标 = \frac{100\% - 3\%}{100\% - 5\%} \times 100\% \approx 102.11\%$$

上述两种计划相对数的经济意义是不同的。产值计划完成程度若大于 100%，则说明超额完成计划；若小于 100%，则说明没有完成计划。比值越大，表明完成计划越好，这种指标称为正指标。单位成本计划完成程度若大于 100%，则说明成本比计划提高，没有完成计划；若小于 100%，则说明成本比计划降低，超额完成计划。比值越小，表明完成计划越好，这种指标称为逆指标。

（3）计划数为平均数，则

$$计划完成相对指标 = \frac{实际完成的平均数}{计划规定的平均数} \times 100\%$$

计算和应用计划完成程度指标，应注意当计划目标是按最低限额规定的，如增加值、产量、劳动生产率、利润等，则计划完成程度大于 100%为好；当计划目标是按最高限额规定时，如原材料消耗、产品成本、费用等，则计划完成程度小于或等于 100%为好。

2. 计划执行进度

在计划执行过程中，要经常对计划进度情况进行检查，以了解进度的快慢，保证计划的实现。计划执行进度的计算公式为

$$计划执行进度 = \frac{某段时间的实际完成数}{全时期的计划数} \times 100\%$$

例如，某商业企业某年商品销售额计划为 1000 万元，至 6 月末实际完成 600 万元，则

$$上半年计划执行进度 = \frac{600\ 万元}{1000\ 万元} \times 100\% = 60\%$$

计算结果表明，该企业某年用半年时间，完成了计划任务的60%，说明计划进度执行较好。

3. 长期计划完成情况的检查

长期计划（一般大于或等于五年）指标数值的规定有累计法和水平法两种方法，由于性质的不同，对于计划完成情况的检查分为累计法和水平法两种。下面以五年计划为例，分别介绍这两种方法。

（1）累计法。累计法是指计划指标按计划期内各年的总和规定任务，如累计总产量、基本建设投资额、固定资产增加额等。其计算公式为

$$计划完成程度 = \frac{计划期内实际完成累计数}{计划任务总数} \times 100\%$$

提前完成五年计划的时间：在五年中，从期初往后连续考察，只要连续的实际累计完成数达到计划规定的累计任务数，即为完成五年计划，剩余时间即为提前期。提前完成计划时间的计算公式为

$$\begin{matrix}提前完成\\计划时间\end{matrix} = \begin{matrix}计划全\\部时间\end{matrix} - \begin{matrix}自计划执行日起至累计实际数量\\已达到计划任务数所需要的时间\end{matrix}$$

【例3-3】 某市计划“十三五”期间要完成社会固定资产投资总额60亿元，计划任务的实际完成情况如表3-3所示，2020年各月份实际完成情况如表3-4所示。

表3-3 某市“十三五”期间计划任务的实际完成情况

年份	2016	2017	2018	2019	2020	合计
投资额/亿元	11.4	11.9	12.5	12.8	13.1	61.7

表3-4 2020年各月份实际完成情况

月份	1	2	3	4	5	6	7	8	9	10	11	12
投资额/亿元	1.1	1.0	1.2	1.1	1.1	1.1	1.2	1.2	1.3	1.1	0.9	0.8

要求计算：

1）该市“十三五”期间固定资产投资计划的完成程度。

2）提前完成计划的时间。

解：

1）

$$计划完成程度 = \frac{61.7亿元}{60亿元} \times 100\% \approx 102.8\%$$

2）提前完成计划时间：因为到2020年10月底已完成固定资产累计投资额60（61.7-0.8-0.9=60）亿元，即已完成计划任务，提前两个月完成计划。

（2）水平法。水平法是指计划指标以计划末期应达到的水平规定任务，五年计划中只规定最后一年应达到的水平，如钢产量、粮食产量、社会商品零售额等。计划完成程度的计算公式为

$$计划完成程度 = \frac{计划末期实际达到的水平}{计划规定末期应达到的水平} \times 100\%$$

提前完成五年计划的时间：在五年中，从前往后考察，只要有连续一年时间（不论是否在一个日历年度，只要连续12个月即可），实际完成的水平达到了计划规定的最后一年的水平，就算完成了五年计划，所余时间即为提前完成计划的时间。其计算公式为

$$\frac{提前完成}{计划时间}=\frac{计划全}{部时间}-\frac{出现连续12个月的实际完成数}{达到计划任务数所需要的时间}$$

【例 3-4】 某自行车厂计划“十三五”末期达到年产自行车120万辆的产量，实际完成情况如表3-5所示，最后两年各月份实际产量如表3-6所示。

表3-5 实际完成情况

年份	2016	2017	2018	2019	2020
产量/万辆	108	114	117	119	123

表3-6 最后两年各月份实际产量

月份		1	2	3	4	5	6	7	8	9	10	11	12
产量/万辆	2019年	9.6	9.6	9.8	9.8	9.9	9.9	10.0	10.0	10.1	10.1	10.1	10.1
	2020年	10.1	10.1	10.2	10.2	10.2	10.2	10.2	10.3	10.3	10.4	10.4	10.4

要求计算：

1）该厂“十三五”期间产量计划的完成程度。

2）提前完成计划的时间。

解：

1）

$$计划完成程度=\frac{123\ 万辆}{120\ 万辆}\times 100\% = 102.5\%$$

2）提前完成计划时间：因为自2019年3月起至2020年2月底连续12个月的时间内该厂自行车的实际产量已达到120[119+(10.1−9.6)+(10.1−9.6)=120]万辆，即已完成计划任务，提前10个月完成计划。

若连续12个月达到计划数120万辆的时间不是正好在某个月结束，比如上例中2020年1月和2月改为10万辆，11月和12月改为10.5万辆。从2019年3月到2020年2月，产量合计为119.8万辆，而从2019年4月到2020年3月产量合计为120.2万辆，因此当产值达到计划规定的120万辆时，时间一定出现在2020年3月的某一天。现设提前x天（指从2020年3月中从后往前数的前x天），又假定用月资料计算平均数代替每日资料，因要满足连续12个月的要求，故列方程为

$$9.8\times\frac{x}{31}+110+\frac{10.2\times(31-x)}{31}=120$$

$$x=15.5\approx 15$$

即提前9个月零15天完成任务。

第二节 集中趋势的度量

集中趋势是统计数据描述的重要内容。所谓集中是指数据向中心靠拢的意思，所以集中趋势也称为中心位置。统计数据的集中趋势是指数据向其中心值靠拢的程度。集中趋势的度量就是寻找数据水平的代表值或中心值。

在企业的日常运营中，应收账款的收回是保证资金正常活动的关键因素。某公司在总结最近的应收账款中发现，未付款发票的期限的平均数为40天，中位数为35天，众数为31天，表明一张未付款发票的平均期限是40天，有一半的发票已经超过35天没有付款，一张未付款发票的最普通时间长度是31天，说明应收款情况还比较令人满意。

以上案例中涉及的平均数、中位数、众数都是度量总体集中趋势的平均指标。平均指标也称平均数，它表明同类现象在一定时间、地点、条件下所达到的一般水平，是总体内各单位参差不齐的标志值的代表值。其特点是把总体单位某一数量标志的差异抽象化。

统计中采用的平均数有五种，即算术平均数、调和平均数、几何平均数、中位数和众数。前三种是根据总体全部单位标志值计算的，又称数值平均数；后两种是根据标志值在总体的各个单位中所处的位置来计算的，又称位置平均数。

一、算术平均数

在唱歌比赛中，歌手的得分是怎么得到的呢？通常的做法是去掉一个最高分，去掉一个最低分，然后对剩余的分数进行平均，得到的平均分即为选手的最后得分。为什么要平均？用的什么平均数？下面将介绍这些知识。

算术平均数是指在一组数据中所有数据之和除以数据的个数。它是反映数据集中趋势的一项指标。在日常生活工作中，算术平均数的用途是最广泛的，用以表明事物的平均状态。一般所说的平均数大多数是算术平均数，如引例中的歌手得分就是算术平均数。

算术平均数的基本计算公式为

$$\text{算数平均数}=\frac{\text{总体标志总量}}{\text{总体单位总数}}$$

利用上式计算算术平均数时，标志总量和总体单位数必须同属于一个总体，两者所包含的内容在口径上应严格一致，要具有可比性。否则，计算的平均数就会失去意义。

算术平均数的具体计算方法分为简单算术平均数和加权算术平均数两种。

1. 简单算术平均数

根据未分组的原始统计资料，将总体各单位的标志值简单加总形成总体标志总量，而后除以总体单位数，这种方法为简单算术平均数。其计算公式为

$$\bar{x}=\frac{x_1+x_2+\cdots+x_n}{n}=\frac{\sum_{i=1}^{n}x_i}{n}$$

式中，$\bar{x}$ 为算术平均数；n 为总体单位总数；x_i 为第 i 个单位的标志值。

【例3-5】 某小组有六位同学，统计学考试的成绩分别为60分、65分、70分、80分、

85 分、90 分，则该组同学统计学考试的平均成绩为

$$\bar{x}=\frac{\sum x}{n}=\frac{60+65+70+80+85+90}{6}\text{分}=75\text{分}$$

在 Excel 操作中，可以用自动求和Σ/单位数或函数 AVERAGE 求得。

2. 加权算术平均数

统计资料经过分组，编制变量数列后要采用加权算术平均数计算。其计算公式为

$$\bar{x}=\frac{x_1f_1+x_2f_2+\cdots+x_nf_n}{f_1+f_2+\cdots+f_n}=\frac{\sum_{i=1}^{n}x_if_i}{\sum_{i=1}^{n}f_i}$$

式中，f_i 为权数，即变量值出现的次数。

从上式可以看出，$\bar{x}$ 不仅受 x 大小的影响，而且受各组单位数（更确切地说是各组单位数在总单位数中所占的比重，即频率）大小的影响。由于各组单位数或频率对水平高低起着权衡轻重的作用，所以把 f 或频率称为权数。

例如，计算一个学生考试成绩的平均成绩要求考虑每门课的学分，可以以每门课的成绩为 x，以该课程的学分为权数 f，计算得到的就是平均分。

【例 3-6】 某同学期末考试各门课程的成绩分别为：统计学，60 分，学分 3 分；英语，65 分，学分 5 分；运筹学，70 分，学分 3 分；计算机，80 分，学分 2 分；马克思主义哲学原理，85 分，学分 1 分；会计学，90 分，学分 2 分。则该同学平均成绩为

$$\bar{x}=\frac{\sum xf}{\sum f}=\frac{60\times3+65\times5+70\times3+80\times2+85\times1+90\times2}{3+5+3+2+1+2}\text{分}=71.25\text{分}$$

在组距数列中，要用各组的组中值来代替各组的变量值。这种代替是假定各组的变量值是均匀分布的，由这种假定所产生的误差影响较小。由组距数列计算的加权算术平均数只是平均数的近似值。组距越小，越接近于实际的平均数。如遇开口组，如第一组缺下限，最后一组缺上限，一般假定它们的组距与相邻的组距相同。下面举例说明根据组距数列计算平均数。

【例 3-7】 计算表 3-7 中某企业职工平均月工资。

表 3-7　某企业职工的月工资情况

月工资/元	组中值 x/元	职工人数 f/人
3000 元以下	2500	208
3000~4000	3500	314
4000~5000	4500	382
5000~6000	5500	456
6000~7000	6500	305
7000~8000	7500	237
8000~9000	8500	78

（续）

月工资/元	组中值 x/元	职工人数 f/人
9000元以上	9500	20
合计	—	2000

解：

$$\bar{x} = \frac{2500 \times 208 + 3500 \times 314 + \cdots + 9500 \times 20}{2000}\text{元} = \frac{10459000}{2000}\text{元} = 5229.5\text{元}$$

计算加权算术平均数时，必须慎重选择权数，一定要使各组的标志值（或组中值）和权数的乘积等于各组的标志总量，并具有实际的经济意义。也即标志总量必须是全部总体单位标志值的总和，从而标志总量除以总体单位数才能表明总体各单位标志值的一般水平。同时，采用的权数可以是具体的总体单位数，也可以是百分数。在同一变量数列中，不论用绝对数加权或用相对数加权，计算结果完全相同。因为

$$\bar{x} = \frac{\sum xf}{\sum f} = \sum x \frac{f}{\sum f}$$

当变量数列中各组的单位数相等时，权数就不再起权衡轻重的作用，可以用简单算术平均数的计算方法计算平均数，所以简单算术平均数是加权算术平均数的特例。

算术平均数受到极值的影响很大，所以当变量值相差很大时，采用算术平均数计算将导致代表性较差。

你的工资被平均了吗？

国际劳工组织在日内瓦于2010年12月18日发布的涵盖全球16亿名工薪阶层的《2010/11全球工资报告》显示，金融危机后全球工资增速几近折半。而中国增速“引涨”全球工资，超欧美国家达5倍之多。无论是金融危机前还是金融危机后，中国职工工资增速都在两位数以上，但问题在于，大多数职工却没有感觉，特别是在全球性金融危机爆发给国内的制造业造成很大冲击的情况下。存在这种现象可能有两种情况。第一，统计数据本身的真实性值得怀疑，统计取样不准，基础数据失真。第二，统计数据没有问题，不过只是少数人员的工资有所增长，通过“平均”以后拉高了工资水平，使得大多数职工“被平均”“被增长”。

算术平均数与强度相对数的计算方法在形式上很相似，但实质上有根本的区别。前者是同一总体的标志总量与总体单位数之比，标志总量是随着总体单位数的变动而相应变动的。例如，一个班级统计学课程的平均成绩为班级总成绩和班级总人数之比，当班级人数减少时，总成绩肯定要降低。后者则是两个性质不同而有联系的总量指标之比，作为分子的总量指标数值并不随着作为分母的总量指标数值的变动而变动。例如，计算学校的人均计算机占有量时，当学校有学生退学时，计算机总数并不会相应减少。

“青歌赛”首次引进公证员公证机制

1986年中央电视台第二届青年歌手大奖赛上，首次引用了公证员公证机制，同时引

进了电视直播，采取了评委现场亮分的方法。后在公证员的建议下，比赛采取了“去掉一个最高分，去掉一个最低分”来计算选手的得分。这句话后来成了最初七届专属主持人刘璐的标志性语言。“去掉一个最高分，去掉一个最低分”，是用平均数来表示一个数据的集中趋势。如果数据中出现一两个极端数据，那么平均数对于这组数据所起的代表作用就会削弱，为了消除这种现象，可将少数极端数据去掉，只计算余下数据的平均数，并把所得的结果作为全部数据的平均数。所以，在评定某些赛事时，常常采用在评分数据中分别去掉一个（或两个）最高分和一个（或两个）最低分后再计算其平均分的办法，以避免极端数据造成的不良影响。

二、调和平均数

小明以 5km/h 的速度从家出发，走了 1km 到了三江超市，又以 4km/h 的速度从三江超市出发，走了 1km 到了万达广场。请问小明从家里出发到万达广场的平均速度是多少？

此处用算术平均数（4km/h+5km/h）/2=4.5km/h 来计算显然不妥。正确的计算方法是

$$\frac{\text{总路程}}{\text{总时间}}=\frac{1+1}{\frac{1}{5}+\frac{1}{4}}\text{km/h}=\frac{2}{\frac{1}{5}+\frac{1}{4}}\approx 4.44\text{km/h}$$

以上算法就是调和平均数的计算方法。

调和平均数记作 $\bar{x}_h$。算术平均数的计算需要知道观察值和频数，但在有些场合不能直接得到频数，却知道各组观察值及各组观察值的总和，就要用到调和平均数。由于所掌握的资料不同，可分为简单调和平均数和加权调和平均数。

1. 简单调和平均数

简单调和平均数往往是根据未分组资料计算的，计算公式如下：

$$\bar{x}_h=\frac{m}{\frac{1}{x_1}+\frac{1}{x_2}+\cdots+\frac{1}{x_n}}=\frac{m}{\sum_{i=1}^{n}\frac{1}{x_i}}$$

式中，$\bar{x}_h$ 表示调和平均数；x_i 为第 i 个单位的标志值。

【例 3-8】 某集贸市场西红柿的价格为：早市 5 元/kg，午市 4 元/kg，晚市 2.5 元/kg。若早、中、晚各买 10 元钱的西红柿，其平均价格为

$$\bar{x}_h=\frac{m}{\sum\frac{10}{x}}=\frac{30}{\frac{10}{5}+\frac{10}{4}+\frac{10}{2.5}}\text{元/kg}=\frac{30}{8.5}\text{元/kg}\approx 3.53\text{元/kg}$$

2. 加权调和平均数

简单调和平均数是在各变量值对平均数起相同作用的条件下应用的。如果权数不等，如例 3-8 早、中、晚不是各买 10 元的西红柿，而是各买不同金额的西红柿，那么每种价格所起的作用就不同了，此时应计算加权调和平均数，公式如下：

$$\bar{x}_h=\frac{m_1+m_2+\cdots+m_n}{\frac{m_1}{x_1}+\frac{m_2}{x_2}+\cdots+\frac{m_n}{x_n}}=\frac{\sum_{i=1}^{n}m_i}{\sum_{i=1}^{n}\frac{m_i}{x_i}}$$

式中，m_i 为调和平均数的权数。

如例3-8，若早、中、晚分别买30元、20元、10元的西红柿，则其平均价格为

$$\bar{x}_h=\frac{\sum m}{\sum\frac{m}{x}}=\frac{30+20+10}{\frac{30}{5}+\frac{20}{4}+\frac{10}{2.5}}\text{元/kg}=\frac{60}{15}\text{元/kg}=4\text{元/kg}$$

在社会经济统计中，很少直接计算调和平均数，只是在由于掌握的资料不能直接采用算术平均数时，才利用调和平均数形式计算平均指标，所以实际上调和平均数是作为算术平均数的变形来使用的。

因为

$$\bar{x}_h=\frac{m_1+m_2+\cdots+m_n}{\frac{m_1}{x_1}+\frac{m_2}{x_2}+\cdots+\frac{m_n}{x_n}}=\frac{\sum m}{\sum\frac{m}{x}}$$

此时令 $m=xf$，代入上式，得

$$\bar{x}_h=\frac{\sum m}{\sum\frac{m}{x}}=\frac{\sum xf}{\sum\frac{xf}{x}}=\frac{\sum xf}{\sum f}=\bar{x}$$

综上所述，若已知条件为分组资料的各组变量值 x 及各组的标志值总量 m 时，可采用加权调和平均数计算平均指标；若已知条件为分组资料的各组变量值 x 及各组的次数 f 时，可直接用加权算术平均数计算平均指标。

三、几何平均数

【例3-9】 周先生把10万元存到了银行，存了5年，银行年利率分别为3.25%、3.3%、3.4%、3.5%、3.6%，请问5年利息是多少？平均年利率是多少？

解：

若按单利计算，则周先生的利息是10万元×（3.25%+3.3%+3.4%+3.5%+3.6%）=17050万元，平均年利率为（3.25%+3.3%+3.4%+3.5%+3.6%）/5=3.41%。

而现阶段银行采用的是复利，即利滚利。因此上面算法是错误的。此处每年的利息也作为下一年的木金，此时，平均年利率可采用几何平均数。

几何平均数又称“对数平均数”，是 n 项变量值的连乘积开 n 次方根，是计算现象的平均比率或平均速度最适用的一种方法，记作 $\bar{x}_G$。当所掌握的变量值本身是比率的形式，而且各比率的乘积等于总的比率，这时就应采用几何平均数计算平均比率。

1. 简单几何平均数

简单几何平均数适用于总体资料未经分组整理尚为原始资料的情况，其计算公式为

$$\bar{x}_G = \sqrt[n]{x_1x_2\cdots x_n} = \sqrt[n]{\prod x}$$

式中，$\prod$ 为连乘符号；x_i 为各变量值；n 为变量值个数。

【例 3-10】 某流水生产线有前后衔接的五道工序。某日各工序产品的合格率分别为 95%、92%、90%、85%、80%，求整个流水生产线产品的平均合格率。

解：

$$\bar{x}_G = \sqrt[n]{x_1x_2\cdots x_n} = \sqrt[n]{\prod x} = \sqrt[5]{95\% \times 92\% \times 90\% \times 85\% \times 80\%} \approx 88.24\%$$

即整个流水生产线产品的平均合格率为 88.24%。

2. 加权几何平均数

当各个变量值的次数不相同时，应采用加权几何平均数，其计算公式为

$$\bar{x}_G = \sqrt[f_1+f_2+\cdots+f_n]{x_1^{f_1}x_2^{f_2}\cdots x_n^{f_n}} = \sqrt[\sum f]{\prod x^f}$$

式中，f 为各变量值的权数。

【例 3-11】 某金融机构以复利计息。近 12 年来的年利率有 4 年为 3%，2 年为 5%，2 年为 8%，3 年为 10%，1 年为 15%。求平均年利率。

解：

$$\bar{x}_G = \sqrt[4+2+2+3+1]{(1+3\%)^4(1+5\%)^2(1+8\%)^2(1+10\%)^3(1+15\%)}$$

$$= \sqrt[12]{2.2154} = 106.85\%$$

$$平均年利率 = \bar{x}_G - 1 = 106.85\% - 1 = 6.85\%$$

几何平均数跟算术平均数相比，应用范围较窄，但受极端值的影响较小，故较稳健。几何平均数适用于反映特定现象的平均水平，即现象的总标志值不是各单位标志值的总和，而是各单位标志值的连乘积，如计算平均发展速度、流水生产线产品的平均合格率等。

另外，相乘的各个比率或速度若为零或负值，就无法计算几何平均数。

GEOMEAN

利用 Excel 中的 GEOMEAN 函数可以计算一组数值型数据的几何平均数。其语法为 GEOMEAN（number1，number2，...）。number1，number2，... 可用于计算平均数的 1~30 个参数。

四、中位数

《2020 年国民经济和社会发展统计公报》显示 2020 年全国居民人均可支配收入中位数 27540 元。

【例 3-12】 某年对某城镇居民的月收入的调查中，测得 50 名居民的月收入如表 3-8 所示。

表 3-8　某城镇居民某年的月收入

月收入/元	2400	2500	2600	2640	2760	2860	3000	3700
人数/人	5	10	10	12	7	3	2	1

能够算出，这 50 名居民月收入的平均数是 2645.6 元，即 50 名居民每月平均收入是

2645.6元；但这50名居民中有收入高的，有收入低的，那么中等收入是多少呢？

这需要中位数来说明。

中位数是将所有数据按从小到大排列时，处于中间位置的那个数值，记作 M_e。它把全部标志值分成两部分，一半比它小，另一半比它大。

当单位数是奇数时，中位数就是位于中间位置的那个数值；当单位数是偶数时，中间两个观察值的平均数为中位数。

中位数的计算一般分两步。首先确定中位数位次，然后找出中位数位次对应的标志值。

首先按下面公式确定中位数位次：

$$中位数位次=(n+1)/2$$

式中，n 为数值项数。若 n 为奇数，则对应于中位数位次的那个变量值即为中位数。设5个工人 的日产量（单位：件）依次排列为10、11、12、13、14，则

$$中位数位次=(n+1)/2=(5+1)/2=3$$

即排在第3位的工人产量为中位数，中位数为12件。

若 n 为偶数，则对应于中位数位次左、右相邻两个变量值的简单算术平均数即为中位数。

【例3-13】 经调查得到商学院毕业生的起薪数据（单位：元）排列如下：

2710，2755，2850，2880，2880，2890，2920，2940，2950，3050，3130，3325 求中位数。

解：

$$中位数位次=(n+1)/2=(12+1)/2=6.5$$

中位数位次为6.5，说明中位数的位置在第6位与第7位的中间，取相邻两个变量值的简单算术平均数为中位数，即

$$中位数\ M_e=(2890元+2920元)/2=2905元$$

在例3-12中，中位数位次 $=(n+1)/2=(50+1)/2=25.5$，即第三组和第四组之间，所以中位数 $M_e=(2600元+2640元)/2=2620元$。

在衡量数据的集中趋势时，较常使用算数平均数，但算数平均数往往会受到异常大或异常小的数值影响。而中位数是位置平均数，它不受极端值的影响，在具有个别最大或最小标志值的分布数列中，中位数比算术平均数更具有代表性。例3-13把商学院毕业生最高起薪从3325元改为10000元，此时算术平均数从2940元变为3496元，从而掩盖了事实，而中位数仍是2905元，代表了大部分的起薪。在缺乏计量手段时，也可用中位数近似地代替算术平均数。例如，估计一群人的平均身高，而无测量身高的仪器，则可对人群依高低排队，排在队伍中间的人的身高就是平均身高的近似值。中位数的优点是计算量小，能排除个别极大或极小的数据的影响；缺点是可靠性差、局限性大。

四分位数也是衡量数列中数据位置的量度。四分位数是将一群由小到大排列的数值或数列分为四等份，可得到三个分割点 Q_1、Q_2、Q_3，分别称为下四分位数、中位数、上四分位数。自 Q_1 到 Q_3 的距离为数列中间的一段，占据全部数据的50%。

Q_1 = 下四分位数，即第25%百分位数。

Q_2 = 中位数，即第50%百分位数。

Q_3 = 上四分位数，即第 75%百分位数。

五、众数

学校要召开运动会，决定从各班中抽调男生 64 人组成彩旗方队，如果从某班的体检表中抽出了 10 份男生的体检表，得到这 10 名男生的身高（单位：m）如下：

1. 63，1. 60，1. 68，1. 66，1. 66，1. 70，1. 75，1. 66，1. 58，1. 65

根据这 10 个身高值提供的信息，试确定参加方队的学生的最佳身高值。

从体检表中可以看出 1. 66m 身高的男生最多，则组成方队时若选用 1. 66m 为标准将最为整齐。这里采用的就是众数，用 M_0 表示。

众数是指总体中出现次数最多的标志值，它能够鲜明地反映数据分布的集中趋势。众数也是一种位置平均数，不受极端数值的影响，在实际工作中应用较为普遍。例如，集市贸易上某种商品大多数的成交价格、大多数消费者所需要的服装和鞋帽尺寸、大多数家庭人口数等，都是众数。众数具有一般水平或代表值的意义。在总体单位数多且有明显集中趋势时，计算众数既方便又意义明确。如果总体单位数少，或虽多但无明显集中趋势，就不存在众数。当变量数列中有两个或几个数据值的次数都比较集中时，就可能有两个或几个众数。

众数是品质型数据位置的重要量度。例如，调查了 100 个使用移动电话的人，其中使用全球通的有 50 人，使用神州行的有 25 人，使用动感地带的有 10 人，使用联通的有 15 人。对这种类型的数据，算术平均数和中位数显然毫无意义，而众数为调查方提供了其感兴趣的信息，即使用移动电话类型的最大频数。

众数有以下两个特点：①众数是一个位置平均数，它只考虑总体分布中最频繁出现的标志值，而不受极端值和开口组数列的影响，从而增强了对数列一般水平的代表性。②当分布数列没有明显的集中趋势而趋向均匀分布时，则无众数可言；当分布数列是异距分组时，众数的位置也不好确定。

六、平均指标之间的关系

1. 算术平均数、调和平均数、几何平均数的关系

如有变量值 4、8、10、12，对其计算三种平均数，得 $\bar{x}=8.5$，$\bar{x}_h\approx7.16$，$\bar{x}_G\approx7.87$。

对于同一变量数列而言，若分别计算几何平均数、算术平均数、调和平均数，则有算术平均数最大、调和平均数最小、几何平均数居中，$\bar{x}\geqslant\bar{x}_G\geqslant\bar{x}_h$。只有当所有变量值都相等时，这三种平均数才相等。

三种平均数的适用场合也不同。算术平均数和调和平均数适用于对静态的总量指标、相对指标、平均指标来计算平均数，几何平均数则主要用于计算时间上互相衔接的比率或速度的平均数。因此，若适合用算术平均数的场合而用了其他平均数，则结果偏小；若适合用几何平均数的场合而用了其他平均数，则结果不是偏大就是偏小。

2. 算术平均数、众数、中位数的关系

（1）当总体分布呈对称状态时，$\bar{x}=M_0=M_e$，如图 3-1 所示。

（2）当总体分布呈右偏态时，$M_0<M_e<\bar{x}$，如图 3-2 所示。

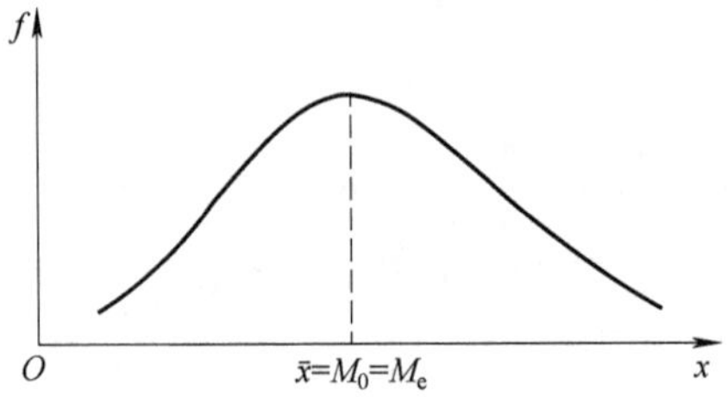

图 3-1　$\bar{x}=M_0=M_e$

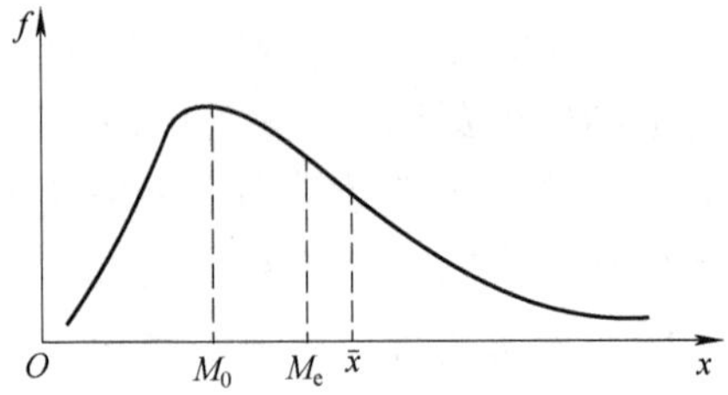

图 3-2　$M_0<M_e<\bar{x}$

（3）当总体分布呈左偏态时，$\bar{x}<M_e<M_0$，如图 3-3 所示。

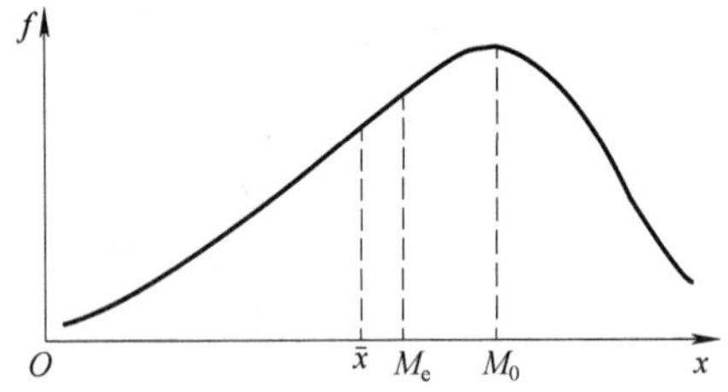

图 3-3　$\bar{x}<M_e<M_0$

皮尔逊（Pearson）认为当总体分布只是适当偏态时，中位数 M_e 与算术平均数 $\bar{x}$ 的距离是众数 M_0 与算术平均数 $\bar{x}$ 的距离的 1/3，即

$$3|M_e-\bar{x}|=|\bar{x}-M_0|\Rightarrow 3\bar{x}-3M_e=\bar{x}-M_0\Rightarrow\bar{x}=(3M_e-M_0)/2$$

或

$$M_e-M_0=2(\bar{x}-M_e)$$

例如，年收入众数为 800 元，算术平均数为 1100 元，则中位数为

$$M_e=\frac{1}{3}(2\bar{x}+M_0)=\frac{1}{3}(2\times1100+800)\text{元}=1000\text{元}$$

因为 $M_0<M_e<\bar{x}$，所以总体分布呈右偏态。

偏度

表征概率分布密度曲线相对于平均值不对称程度的特征数，可用函数 Skew（变量值）计算。

偏度（Skewness）以 bs 表示，正态分布的偏度为 0。如果 bs<0，则称分布具有负偏离，也称左偏态，此时数据有极小值；如果 bs>0，则称分布具有正偏离，也称右偏态，情况相反；而如果 bs 接近 0，则可认为分布是对称的。若知道分布有可能在偏度上偏离正态分布时，可用偏离来检验分布的正态性。右偏时，一般算术平均数>中位数>众数；左偏时相反，即众数>中位数>算术平均数；正态分布时，三者相等。

平均数的妙用：男人比女人更容易有飙车倾向吗？

图 3-4 所示是男女驾车行驶速度的样本打点图，从中可以看出，男性驾车时的速度普遍是快于女性的。

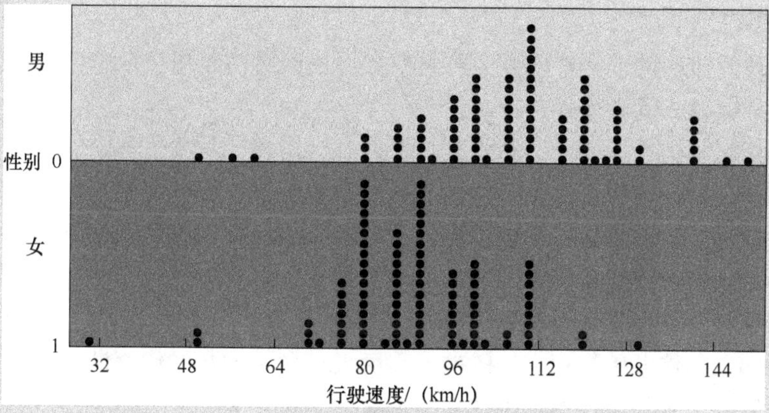

图 3-4　男女驾车行驶速度的样本打点图

第三节　离中趋势的度量

假设某企业欲以 100 万元资金进行对外投资，现有两种方案可供选择，其报酬率如表 3-9 所示。

表 3-9　某企业投资方案

经济情况	概　　率	报　酬　率	
		方案 A	方案 B
Ⅰ	0.2	12%	25%
Ⅱ	0.5	15%	17%
Ⅲ	0.3	17%	8%

应该选择哪种方案？

从计算结果看，方案 B 期望报酬率比方案 A 期望报酬率大，投资者是否就应选择方案 B 呢？这还需要比较方案的风险大小。比较风险大小就需要用标志变异指标来测定。

在财务上，一般都是以标准差作为衡量风险的指标。标准差越大，说明其风险越大；反之风险越小。

由前面的知识可以了解到，平均指标反映了社会经济现象集中的趋势，代表了现象的共性和一般水平，但总体各单位之间的差异却是客观存在的。假定你是某工厂的采购员，某种原材料可由两家供应商提供，根据以往数据，甲供应商完成订单的日期分别为8天、9天、8天、7天，而乙供应商完成订单的日期分别为7天、4天、8天、13天。两家的平均日期都是8天，你会选择哪家作为长期供应商？显然，为了保障工厂的顺利生产，一定会选甲供应商。因为乙供应商虽然有时提早完成，但也有时拖延交货，这可能将给生产厂家带来致命的打击。这就是两家供应商的差异，称为变异。因此，描述社会经济现象不能仅用平均指标，还要利用变异指标。

一、标志变异指标的概念和作用

总体各单位标志值的差异在统计上称为变异，反映总体各单位标志值的离散状况或变异程度的综合指标，称为标志变异指标。

标志变异指标和平均指标是一对相互联系的对应指标，从两个不同的侧面反映同质总体的共同特征。平均指标表明总体各单位标志值的一般水平，说明变量数列中变量值的集中趋势；标志变异指标则表明总体各单位标志值差别的大小程度，说明变量值的离中趋势。

标志变异指标的主要作用可以归纳如下。

1. 可以衡量平均数的代表性大小

很明显，如果总体各单位标志值的差异程度大，则平均数的代表性小；反之，标志值的变动范围或程度小，则平均数的代表性大。现有两名同学的三门课程期末考试成绩分别为：甲同学75分、74分、76分，乙同学55分、75分、95分。显然，甲、乙两人的平均成绩都是75分，但甲同学的成绩离75分都比较近，其平均数的代表性就大，乙同学的成绩差异较大，其平均数的代表性也就较小。

2. 可以反映经济活动过程的均衡性、节奏性或稳定性

例如，检查生产计划执行情况时，除了计算平均完成计划程度外，还要用变异指标分析计划执行过程中的均衡性和节奏性，看是否存在前松后紧和突击的现象。两家工厂的生产进度如表3-10所示。

表3-10　两家工厂的生产进度

工　厂	一　月	二　月	三　月
甲	32%	34%	34%
乙	20%	30%	50%

从中可以看到，甲工厂较均衡，计划执行较平稳；而乙工厂前松后紧，有“临时抱佛脚”之嫌。

进行产品质量统计检验，经常采用标志变异指标。如果指标变动度较小，说明产品质量比较稳定；反之，指标变动程度越大，则产品质量的稳定性越差。例如，对灯泡等的测定，若差异很大，则质量很不稳定，这样的产品是没有市场的。

二、标志变异程度的测定

测定标志变异程度的指标分为绝对指标和相对指标。

常用的绝对指标有全距、四分位差、平均差和标准差，用绝对数表示，一般不能用于不同总体之间离散程度大小的直接比较。

（一）全距

全距又称极差，即标志值中的最大值与最小值的差距，借以表明总体标志值的差异范围的大小。其计算公式为

$$R = X_{\max} - X_{\min}$$

例如，两个学习小组的统计学成绩（单位：分）分别为

第一组：60，70，80，90，100

第二组：78，79，80，81，82

两个小组的平均分都是 80 分，但哪一组的成绩比较集中均衡呢？若用全距指标来衡量，则有

$$R（甲）= 100 分-60 分=40 分$$

$$R（乙）= 82 分-78 分=4 分$$

说明第一组成绩的变动远大于第二组成绩的变动。

在组距数列中，全距的近似值就是最大组的上限与最小组的下限之差。

全距是测定标志变动程度最简单的方法，计算简便，而且容易理解。因此，很多场合都采用全距来粗略地说明某些现象的标志变动程度，如农作物收获率的差距、某一商品价格的差距等。特别是在现代化高速生产的工艺过程中，常用全距检查产品质量的稳定性和进行质量控制。

但由于全距不是根据全部标志值计算的，很容易受极端数值的影响，其结果不能充分反映现象的实际离散程度，因而在应用方面有一定的局限性，一般应用于生产过程的质量控制中。

（二）四分位差

四分位差等于上四分位数与下四分位数之差，表示仅用一个变量数列的中间那部分的距离来充分反映集中于数列中间 50%数值的差异程度，一般用 Q. D. 表示。四分位差数值越大，表明下四分位数和上四分位数之间变量值分布越远离数列的中点 M_e；反之，四分位差数值越小，说明中位数的代表性越好。

例如，某个兴趣班学生的年龄分别为 16 岁、17 岁、19 岁、22 岁、24 岁、25 岁、28 岁、34 岁、35 岁、36 岁、37 岁、38 岁，用函数 quartile 得到下四分位数 Q_1 = 21. 25，上四分位数 Q_3 = 35. 25，所以四分位差 Q. D. = $Q_3 - Q_1$ = （35. 25-21. 25）岁=14 岁。计算结果表明，该班有一半学生的年龄集中在 21. 25～35. 25 岁之间，且他们之间的年龄最大差异是 14 岁。

（三）平均差

平均差就是总体各单位标志值对其算术平均数的离差绝对值的算术平均数，它能综合反映总体各单位标志值的变动程度。平均差越大，表示标志变动程度越大；反之，平均差越

小，表示标志变动程度越小。

在资料未经分组的情况下，平均差（用 A. D. 代表）可按下述公式计算：

$$\text{A. D.} = \frac{\sum |x-\bar{x}|}{n}$$

由于各个标志值与其算术平均数的离差的代数和恒等于零，所以要用离差的绝对值计算平均差。

【例 3-14】 某售货小组 5 个人，某天的销售额分别为 440 元、480 元、520 元、600 元、750 元，求该售货小组销售额的平均差。

解：

$$\bar{x} = \frac{440+480+520+600+750}{5}\text{元} = 558\text{ 元}$$

$$\text{A. D.} = \frac{\sum |x-\bar{x}|}{n} = \frac{|440-558|+\cdots+|750-558|}{5}\text{元} = \frac{468}{5}\text{元} = 93.6\text{ 元}$$

即该售货小组 5 个人销售额的平均差为 93.6 元。

在资料已分组的情况下，要计算加权平均差，其计算公式为

$$\text{A. D.} = \frac{\sum |x-\bar{x}| f}{\sum xf}$$

上式中的 x 在组距数列中则用各组的组中值代表。

平均差的优点是不易受极端数值的影响，能综合反映全部单位标志值的实际差异程度；缺点是用绝对值的形式消除各标志值与算术平均数离差的正负值问题，不便于做数学处理和参与统计分析运算。因此，需要采用一种数学性能更优越的标志变异指标，即标准差。

（四）标准差

为了克服平均差采用离差绝对值计算的缺点，可以先求出各个标志值对其算术平均数的离差，将各项离差加以平方，以消除离差的正负号；然后再计算这些离差平方的算术平均数。所得结果称为总体方差，方差开方后的结果称为标准差。

未分组资料计算所得的标准差称为简单标准差：

$$\sigma = \sqrt{\frac{\sum (x-\bar{x})^2}{n}}$$

依此公式，计算标准差的一般步骤是：①计算各变量值的算术平均值；②计算每个变量值对平均值的离差；③将每个离差平方；④计算离差平方的算术平均数并开方。

【例 3-15】 某售货小组 5 个人，某天的销售额分别为 440 元、480 元、520 元、600 元、750 元，求该售货小组销售额的标准差。

解：

$$\bar{x} = \frac{440 + 480 + 520 + 600 + 750}{5}\text{元} = 558\text{ 元}$$

$$\sigma = \sqrt{\frac{\sum (x-\bar{x})^2}{n}} = \sqrt{\frac{(440-558)^2+\cdots+(750-558)^2}{5}}\text{元} = \sqrt{\frac{60080}{5}}\text{元} \approx 109.62\text{ 元}$$

即该售货小组销售额的标准差为 109.62 元。

分组资料计算所得的标准差称为加权标准差，计算公式为

$$\sigma=\sqrt{\frac{\sum(x-\bar{x})^2f}{\sum f}}$$

【例 3-16】　计算表 3-11 中某公司职工月工资的标准差。

表 3-11　某公司职工月工资表

月工资/元	组中值/元	职工人数/人
3000 元以下	2500	208
3000~4000	3500	314
4000~5000	4500	382
5000~6000	5500	456
6000~7000	6500	305
7000~8000	7500	237
8000~9000	8500	78
9000 元以上	9500	20
合计	—	2000

解：

$$\bar{x}=\frac{2500\times208+\cdots+9500\times20}{2000}\text{元}=\frac{10459000}{2000}\text{元}=5229.5\text{元}$$

$$\sigma=\sqrt{\frac{(2500-5229.5)^2\times208+\cdots+(9500-5229.5)^2\times20}{2000}}\text{元}$$

$$=\sqrt{\frac{5638659501}{2000}}\text{元}\approx1679\text{元}$$

即该公司职工月工资的标准差为 1679 元。

在实际计算中，有时可以将上述标准差公式进行变形，使得计算简便些。

对于未分组资料：

$$\sigma=\sqrt{\frac{\sum(x-\bar{x})^2}{n}}=\sqrt{\frac{\sum x^2}{n}-\left(\frac{\sum x}{n}\right)^2}=\sqrt{\overline{x^2}-(\bar{x})^2}$$

对于分组资料：

$$\sigma=\sqrt{\frac{\sum(x-\bar{x})^2f}{\sum f}}=\sqrt{\frac{\sum x^2f}{\sum f}-\left(\frac{\sum xf}{\sum f}\right)^2}=\sqrt{\overline{x^2}-(\bar{x})^2}$$

依此公式，计算标准差的一般步骤是：①计算每个变量值的平方的平均值；②计算各变量值的算术平均值的平方；③计算前两者差的开方。

标准差的特点是不易受极端数值的影响，能综合反映全部单位标志值的实际差异程度；用平方的方法消除各标志值与算术平均数离差的正负值问题，可方便地用于数学处理和统计分析运算。标准差是实际中应用最广泛的离散程度测度值。

对同一资料，所计算的标准差的结果一般要略大于平均差，即 $\sigma \geqslant$ A. D.。

证明：设 $y=|x-\bar{x}|$，则

$$\sigma_y=\sqrt{\overline{y^2}-(\bar{y})^2}=\sqrt{\frac{\sum|x-\bar{x}|^2}{n}-\left(\frac{\sum|x-\bar{x}|}{n}\right)^2}=\sqrt{\sigma^2-(\text{A. D.})^2}$$

即 $$\sigma^2-(\text{A. D.})^2\geqslant 0$$

所以 $$\sigma^2\geqslant(\text{A. D.})^2，即\ \sigma\geqslant \text{A. D.}$$

（五）标志变异相对指标

一个班学生身高的差异用标准差表示为10cm，他们之间体重的差异用标准差表示为5kg，这个班学生是身高的差异大还是体重的差异大？

此处由于两者的单位不同，因此标准差没有可比性。在很多场合，标准差、平均差、全距由于条件的限制，无法用来比较差异的大小，此时需要使用标志变异相对指标。

上述讨论的各种标志变异的绝对指标，如平均差、标准差等，是有计量单位的有名数，其数值的大小不仅受标志值变动程度的影响，而且受平均水平高低的影响。但在有的场合却不适用，如上例中由于这两个标准差的单位不同，所以没有可比性；即使是同一单位的也不一定可比。例如，一群大象的平均体重是3500kg，它们的标准差是200kg，也就是内部的平均差异是200kg；现有一群老鼠的平均体重只有0.5kg，它们的标准差是0.2kg。是大象的体重差异大还是老鼠的体重差异大？按绝对数当然是大象的差异大，但200kg对于几吨重的大象而言微不足道，而对于小老鼠来说，虽然只有0.2kg的差异，但已经不得了了。

因此，为了对比分析不同平均水平的变量数列的标志变动程度，不宜直接用平均差或标准差，而应消除计量单位不同以及平均水平高低不一的影响，计算能反映标志变动的相对指标，即标志变动系数，又称离散系数或变异系数。常用的标志变动系数有平均差系数和标准差系数，而以标准差系数的应用最为普遍。

1. 平均差系数

平均差系数即平均差除以相应的算术平均数，反映标志值离差的相对水平，记作 $V_{\text{A. D.}}$，其公式为

$$V_{\text{A. D.}}=\frac{\text{A. D.}}{\bar{x}}$$

2. 标准差系数

标准差系数即标准差除以相应的算术平均数，反映标志值离差的相对水平，记作 V_σ，其公式为

$$V_\sigma=\frac{\sigma}{\bar{x}}$$

标准差系数小的总体，其平均数的代表性大；反之亦然。

【例3-17】 某年级一、二两班某门课的平均成绩分别为82分和76分，其成绩的标准差分别为15.6分和14.8分，比较两班平均成绩代表性的大小。

解：

一班成绩的标准差系数为

$$V_{\sigma 1}=\frac{\sigma_1}{\bar{x}_1}\times 100\%=\frac{15.6}{82}\times 100\%\approx 19.02\%$$

二班成绩的标准差系数为

$$V_{\sigma 2}=\frac{\sigma_2}{\bar{x}_2}\times 100\%=\frac{14.8}{76}\times 100\%\approx 19.47\%$$

因为 $V_{\sigma 1}<V_{\sigma 2}$，所以一班平均成绩的代表性比二班大。

（六）偏度与峰度

1. 偏度

偏度（Skewness）是表征概率分布密度曲线相对于平均值不对称程度的特征数，可用函数 Skew（变量值）计算。

偏度以 bs 表示，正态分布的偏度为 0。bs<0 称分布具有负偏离，也称左偏态，此时数据有极小值；bs>0 称分布具有正偏离，也称右偏态，情况相反；而 bs 接近 0 则可认为分布是对称的。若知道分布有可能在偏度上偏离正态分布时，可用偏离来检验分布的正态性。右偏时一般有平均数>中位数>众数，左偏时则相反，即众数>中位数>平均数。正态分布时三者相等。

2. 峰度

峰度（Kurtosis）又称峰态系数，可用函数 Kurtosis 计算得到。表征概率密度分布曲线在平均值处峰值高低的特征数。

标准正态分布的峰度为 0。简单来讲，峰度是描述分布形态的陡缓程度。峰度为 0 表示与标准正态分布相同，峰度大于 0 表示比正态分布陡峭，峰度小于 0 表示比正态分布平坦。

标准分的定义与转换方法

考生在接受测验后，按照评分标准对其作答反应直接评出来的分数，叫作原始分。原始分反映了考生答对题目的个数，或作答正确的程度。但是，原始分一般不能直接反映出考生间差异状况，不能刻画出考生相互比较后所处的地位，也不能说明考生在其他等值测试上应获得什么样的分值。

导出分是在原始分的基础上，按一定的规则推导出来的，其目的就是进一步解决原始分所没有解决的问题，或者说，就是为了更好、更科学地解释分数的含义，进行分数的组合，实现分数的等值化。这种把原始分转化为导出分的过程，称作分数转换。导出分的种类有很多，最常用的是百分等级和标准分。

标准分是一种由原始分推导出来的相对地位量数，它是用来说明原始分在所属的那批分数中的相对位置的。求法如下：

$$Z=\frac{x-\bar{x}}{s}$$

式中，x 为原始分；$\bar{x}$ 为原始分的平均分；s 为原始分的标准差。

Z 分数是以一批分数的平均数作为参考点，以标准差作为单位表示距离的。它由正负号和绝对数值两部分组成，正负号说明原始分是大于还是小于平均数，绝对数值说明原始分距离平均分数的远近程度。一批分数全部转换成 Z 分数后，它们的整个分布形态并没有发生改变。Z 分数准确地刻画了一个分数在一批分数中的相对位置，但是，由于 Z 分数有负值，常带有小数，不易被人理解和应用。因此，人们在 Z 分数的基础上进一步转换，从而发展起了一系列其他形式的标准分。转换通式为

$$Z' = \alpha Z + \beta$$

式中，Z' 为其他形式的标准分；α 是转换方程的斜率；β 是转换方程的截距。

我国普通高校全国招生统一考试所使用的标准分，就是用刚才介绍的方法进行转换的。即

$$T = 500+100Z$$

公式中取500分为平均分，100分为标准差。

标准分的理解和使用

常模转换分数是根据高考的目的，按照正态分布的原理，把原始分转换成标准分。这种标准分的平均分为500分，标准差为100分，每一常模转换分数都与该分数以下的考生数与考生总数的比例有确定的对应关系。

如某考生物理高考成绩为690分，我们就可以查高考标准分与百分等级对照表，得出该考生以下的考生占考生总数的比例。查表690分对应的比例为0.97127998（即97.127998%），若该考生为去年某省理工类考生，去年理工类考生数为9724人，则他超过9445人，比他分数高的考生约有279人［算法：9724×（1−0.97127998）］，这样我们很容易看出该考生在全体考生中的位置，较精确地刻画了该考生在团体中的水平。

另外，再次强调考生的各科成绩和综合分都是用常模量表分数来表示的，各科成绩相加不等于综合分。综合分是根据各科标准分进行合成，然后按常模量表分数转换方法得到的。请大家不要与原始总分混淆，也不要误认为综合分是各科标准分的平均分。

在使用原始分的省份，考生得知自己的各科分数和总分后，就要用各类学校录取分数线来衡量自己的成绩是上何类分数线，进而估计自己大概能上哪一类学校。但是在估计中，由于不能知道自己在全体考生中的位置，所以往往盲目性很大。

使用标准分以后，考生很容易得知自己的总成绩和各科成绩所处的位置，然后根据各类学校录取分数线在常模分数量表的位置，进而可以比较准确地估计和预测自己能上哪一类学校，把握有多大。

标准分转换以后，考试机构在高考后送到考生手上的和在档案中存放的是这样的成绩单：

考号	姓名	语文	数学	外语	物理	理综	综合分
10050516	张华	592	598	642	581	619	636
百分等级		821	837	922	791	883	913

成绩通知单的含义是：

张华的综合分为636分，百分等级为913，则可知张华在全省理工类考生中的位置，即有91.3%的考生成绩比张华成绩低。

学科成绩的含义与之相同。因为各学科成绩具有同样的参考点，所以我们还可以对各学科之间进行比较。这样不难看出，张华的外语成绩排名较好，物理成绩排名较差。

能力训练

一、单项选择题

1. 宁波水果批发市场5月份一等鸭梨1.8元/kg，二等鸭梨1.5元/kg，10月份鸭梨销售价格没变，但一等鸭梨销售量增加8%，二等鸭梨销售量增加10%，10月份鸭梨的平均销售价格是（　　）。

A. 不变　　B. 提高　　C. 下降　　D. 无法确定

2. 某商店在制订男式衬衫进货计划时，需了解已售衬衫的平均尺寸，则应计算（　　）。

A. 算术平均数　　B. 调和平均数　　C. 几何平均数　　D. 众数

3. 加权算术平均数的大小（　　）。

A. 主要受各组标志值大小的影响，而与各组次数的多少无关

B. 主要受各组次数大小的影响，而与各组标志值的多少无关

C. 既受各组标志值大小的影响，又受各组次数多少的影响

D. 既与各组标志值的大小无关，也与各组次数的多少无关

4. 第一批产品废品率为1%，第二批废品率为1.5%，第三批废品率为2%。第一批产品数量占总数的35%，第二批占40%，则平均废品率为（　　）。

A. 1.5%　　B. 1.45%　　C. 4.5%　　D. 0.94%

5. 当计算一个时期到另一个时期的销售额的年平均发展速度时，应采用哪种平均数？（　　）

A. 众数　　B. 中位数　　C. 算术平均数　　D. 几何平均数

6. 某地区有10万人，共有80个医院。平均每个医院要服务1250人，这个指标是（　　）。

A. 平均指标　　B. 强度相对指标　　C. 总量指标　　D. 发展水平指标

7. 在变量数列中，若标志值较小的组权数较大时，计算出来的平均数（　　）。

A. 接近于标志值小的一方　　B. 接近于标志值大的一方

C. 接近于平均水平的标志值　　D. 不受权数的影响

8. 标志变异指标中最易受极端值影响的是（　　）。

A. 全距　　B. 标准差　　C. 平均差　　D. 离散系数

9. 用标准差比较分析两个同类总体平均指标的代表性，其基本的前提条件是（　　）。

A. 两个总体的标准差应相等　　B. 两个总体的平均数应相等

C. 两个总体的单位数应相等　　D. 两个总体的离差之和应相等

10. 今有两组大学生按年龄分配的资料如表3-12所示。

表 3-12 大学生资料

年龄/周岁	各组大学生数/人	
	第 一 组	第 二 组
18 周岁以下	2	—
18~20	17	8
20~22	9	12
22~24	—	6
24 周岁以上	—	2
合计	28	28

哪一组大学生平均年龄高？（甲）第一组；（乙）第二组。哪一组年龄众数高？（丙）第一组；（丁）第二组。（　　）

A. 甲、丙　　B. 甲、丁　　C. 乙、丙　　D. 乙、丁

11. 由表 3-13 中的数列可知（　　）。

表 3-13 工人完成生产定额情况

完成生产定额数/件	工人数/人	完成生产定额数/件	工人数/人
10~20	35	40~50	10
20~30	20	50~60	15
30~40	25		

A. $M_0 > M_e$　　B. $M_e > M_0$　　C. $M_0 > 30$　　D. $M_e > 30$

12. 在甲、乙两个变量数列中，若 $\sigma_{甲} < \sigma_{乙}$，则两个变量数列平均水平的代表性程度相比较（　　）。

A. 两个数列的平均数的代表性相同　　B. 甲数列平均数的代表性大于乙数列

C. 甲数列平均数的代表性小于乙数列　　D. 不能确定哪个数列的平均数代表性好

13. 各标志值与平均数离差之和（　　）。

A. 等于各变量平均数离差之和　　B. 等于各变量离差之和的平均数

C. 等于零　　D. 为最大值

14. 某企业 2006 年职工平均工资为 5200 元，标准差为 110 元，2009 年职工平均工资增长了 40%，标准差增大为 150 元。职工平均工资的相对变异（　　）。

A. 增大　　B. 减小　　C. 不变　　D. 不能比较

15. 在某公司进行的计算机水平测试中，新员工的平均得分是 80 分，标准差是 5 分，中位数是 86 分，则新员工得分的分布形状是（　　）。

A. 对称的　　B. 右偏的　　C. 左偏的　　D. 无法确定

3-01

二、判断题

1. 当各组的单位数相等时，各组单位数与总体单位数的比重也相等，所以权数的作用也就没用了。（　　）

2. 某企业计划规定，2019 年第一季度的单位产品成本比去年同期降低 10%，实际执行

结果降低 5%，仅完成单位产品成本计划的一半。（　）

3. 甲洗衣机厂 2019 年第一季度洗衣机产量对乙洗衣机厂同期产量的比率是比例相对指标。（　）

4. 甲、乙两组工人生产同一种产品，甲组工人平均日产量为 60 件，标准差为 7.2 件，乙组工人平均日产量为 55 件，标准差为 6.6 件，故工人平均日产量的代表性乙组比甲组大。（　）

5. 当中位数组相邻两组的次数相等时，中位数就是中位数组的组中值。（　）

6. 标志变异指标反映了总体各单位标志值之间的差异性。（　）

7. 全距不受中间标志值的影响。（　）

8. 对于同一数列，同时计算平均差和标准差，二者一定相等。（　）

9. 利用组中值计算算术平均数是假定各组内的标志值是均匀分布的，计算结果是正确的。（　）

10. 对任何两个性质相同的变量数列，比较其平均数的代表性，都可以采用标准差指标。（　）

3-02

三、计算题

1. 某企业按计划规定，第一季度的单位产品成本比去年同期降低 10%，实际执行结果是：单位产品成本较去年同期降低 8%，问：该企业第一季度产品单位成本计划的完成程度如何？

3-03

2. 现有甲、乙两国钢产量和人口资料如表 3-14 所示。

表 3-14　甲、乙两国钢产量和人口资料

项　目	甲　国		乙　国	
	2013 年	2014 年	2013 年	2014 年
钢产量/万 t	3000	3300	5000	5250
年平均人口数/万人	6000	6000	7143	7192

试通过计算动态相对指标、强度相对指标和比较相对指标来简单分析甲、乙两国钢产量的发展情况。

3. 某笔投资的年利率如表 3-15 所示。

3-04

表 3-15　某笔投资的年利率

年　利　率	年数/年
2%	1
4%	3
5%	6
7%	4
8%	2

要求：

（1）若年利率按复利计算，则该笔投资的平均年利率为多少？

（2）若年利率按单利计算，即利息不转为本金，则该笔投资的平均年利率为多少？

3-05

4. 某镇甲、乙两个村的粮食生产情况如表3-16所示。

表3-16 某镇甲、乙两个村的粮食生产情况

按耕地自然条件分组	甲村		乙村	
	平均亩产/（kg/亩）	粮食产量/kg	平均亩产/（kg/亩）	播种面积/亩
山地	100	25000	150	1250
丘陵地	150	150000	200	500
平原地	400	500000	450	750

试分别计算甲、乙两个村的平均亩产。根据表列资料及计算结果，比较分析哪一个村的生产经营管理工作做得好，并简述做出这一结论的理由。（1亩=666.67m^2）

3-06

5. 甲、乙两单位工人的生产资料如表3-17所示。

表3-17 甲、乙两单位工人的生产资料

日产量/（件/人）	甲单位工人数/人	乙单位总产量/件
1	120	30
2	60	120
3	20	30
合计	200	180

试分析：

（1）哪个单位工人的生产水平高？

（2）哪个单位工人的生产水平整齐？

3-07

案例与思考

亚太地区25所知名商学院有关情况

寻求工商管理专业较高的学历已是一种世界趋势。有调查表明，越来越多的亚洲人选择就读工商管理硕士（MBA）学位，将它当作通往成功的道路。近一年来，在亚太地区的学院里申请MBA的人数增长了30%。根据亚太地区的74所商学院的报道，1997年共有17万名申请者竞争1999年的1.1万个全日制MBA学位。

在整个亚太地区，成千上万的人对于暂时搁置自己的工作并花两年的时间来接受工商管理系统教育显示了日益增长的热情。这些工商管理课程显然十分繁重，包括经济学、金融学、市场营销学、行为科学、劳工关系学、决策论、运筹学、经济法等。表3-18是Asia公司提供的数据，显示了亚太地区25所知名商学院的情况。

表 3-18 亚太地区 25 所知名商学院的情况

商学院	录取名额/人	每系人数/人	本国学生学费/美元	外国学生学费/美元	平均年龄/岁	国外学生比例	是否要求GMAT①	是否要求英语测试	是否要求工作经验	起薪/美元
墨尔本商学院	200	5	24420	29600	28	47%	是	否	是	71400
新南威尔士大学（悉尼）	228	4	19993	32582	29	28%	是	否	是	65200
印度管理学院（阿默达巴得）	392	5	4300	4300	22	0	否	否	否	7100
香港大学	90	5	11140	11140	29	10%	是	否	否	31000
日本国际大学	126	4	33060	33060	28	60%	是	是	否	87000
亚洲管理学院（马尼拉）	389	5	7562	9000	25	50%	是	否	是	22800
印度管理学院（班加罗尔）	380	5	3935	16000	23	1%	是	否	否	7500
新加坡国立大学	147	6	6146	7170	29	51%	是	是	是	43300
印度管理学院（加尔各答）	463	8	2880	16000	23	0	否	否	否	7400
澳大利亚国立大学（堪培拉）	42	2	20300	20300	30	80%	是	是	是	46600
南洋理工大学（新加坡）	50	5	8500	8500	32	20%	是	否	是	49300
昆士兰大学（布里斯班）	138	17	16000	22800	32	26%	否	否	是	49600
香港理工大学	60	2	11513	11513	26	37%	是	否	是	34000
麦考瑞大学商学院（悉尼）	12	8	17172	19778	34	27%	否	否	是	60100
朱拉隆功（Chulalongkorn）大学（曼谷）	200	7	17355	17355	25	6%	是	否	是	17600
莫纳什大学商学院（墨尔本）	350	13	16200	22500	30	30%	是	是	是	52500
亚洲管理学院（曼谷）	300	10	18200	18200	29	90%	否	是	是	25000
阿德莱德大学	20	19	16426	23100	30	10%	否	否	是	66000
梅西大学（新西兰，北帕默斯顿）	30	15	13106	21625	37	35%	否	是	是	41400
墨尔本皇家工商学院	30	7	13880	17765	32	30%	否	是	是	48900
贾那拉·巴杰吉（Jamnalal Bajaj）管理学院（孟买）	240	9	1000	1000	24	0	否	否	是	7000
柯廷理工学院（珀思）	98	15	9475	19097	29	43%	是	否	是	55000
拉合尔管理科学院	70	14	11250	26300	23	2.5%	否	否	否	7500
马来西亚理科大学（槟城）	30	5	2260	2260	32	15%	否	是	是	16000
德拉沙大学（马尼拉）	44	17	3300	3600	28	3.5%	是	否	是	13100

① GMAT 是 Graduate Managerment Admission Test 的缩写，研究生管理科学入学考试。

（资料来源：百度文库）

讨论与思考：

对该表数据做出分析并写出分析报告，分析报告应包括：

(1) 用描述统计的方法概括表中数据，并讨论你的结论。

(2) 对变量数据的最大值、最小值、平均数以及适当的分位数进行评价和解释；通过这些描述统计量，你对亚太地区的商学院有何看法或发现？

(3) 对本国学生学费和外国学生学费进行比较。

(4) 对要求或不要求工作经验的学校学生的起薪进行比较。

(5) 对要求或不要求英语测试的学校学生的起薪进行比较。

(6) 分析报告中如果有必要的图表，将更便于反映你希望反映的问题。

(答案：略。)

第四章 统计推断

引例

在实践中，我们经常采用抽样调查的方式来收集和统计数据，并把收集到的原始数据经过整理及计算后，除了得到一些描述性的结果，还可以对一些相关问题进行统计推断。但在以上调查中为什么样本量是1007个，而非500个或2000个呢？抽样误差是如何计算的？抽样调查的方法有哪些？如何依据所获得的样本资料对研究现象的总体进行估计？为了弄清楚上述问题，我们需要学习本章内容。

本章学习目标

1. 了解抽样调查的概念和特点。
2. 理解抽样调查中的几个基本概念。
3. 了解抽样的基本方法和抽样方式、抽样分布。
4. 理解并掌握抽样误差的含义和计算方法。
5. 了解参数估计方法，重点掌握区间估计方法。
6. 掌握必要抽样数目的确定。
7. 理解假设检验的方法，并掌握其在实际中的应用。

第一节 抽样调查概述

张先生是某集团的企划部经理，在今年的规划中，集团准备在某地新建一家新的零售商店。张先生目前正在做这方面的准备工作，其中有一项工作便是进行市场调查。在众多信息中，经过该地的行人数量是要考虑的一个很重要的方面。张先生委托他人进行了两个星期的观察，得到每天经过该地的人数（单位：人）如下：

544，468，399，759，526，212，256，456，553，259，469，366，197，178

将此数据作为样本，在95%的置信水平下，能否预测商店开张后每天经过此地的人数？

在许多情况下，调查研究者希望对某一社会现象的整体或某一类人的总体进行描述和研究。如果对这些总体中的每一个元素（或个体）都进行研究，当然是最为理想的了，但它却往往是不现实的，例如，某个国家每年都进行人口普查就是不现实的。比较理想的情形是：只研究总体中的一部分个体，但所得到的，却不仅仅是这一部分个体的情况，而是通过它们反映出了总体的情况。因此，选择能够代表总体的一部分个体，成为调查研究者必须解决的主要问题之一。我们将在本节中详细学习如何进行样本选择、确定合适的样本及样本数量，以及如何进行区间估计。

一、为什么要进行抽样调查

在日常生活中人们经常自觉或不自觉地在应用抽样方法，例如，到市场上去买花生、瓜子时，要先抓几粒看看是否饱满、干燥；在厨房做菜时，在炒菜过程中，往往要取一小汤匙菜先尝尝菜的咸淡如何；工厂在生产过程中以及商家在进货验收过程中也常抽取一定数量的产品，检验其质量并以此判定整批产品质量的优劣等。因为有了抽样技术，人们对事物的了解更加容易方便，有些时候抽样比普查更可取，其优点主要有：

第一，抽样可以大大地减少调查的人力、财力、物力成本，且能准确地反映出总体情况。

第二，在某些情况下，普查是不可行的。例如，市场研究人员想要测试一家公司生产的电灯泡的寿命时，就不能采用普查的方法，不可能把所有的灯泡都试验一遍。

总之，抽样调查是一种科学实用的调查方法，抽样调查在社会经济统计中的应用已经非常广泛。

二、抽样调查的特点

抽样调查是按随机原则从总体中抽取一部分单位进行调查，并以调查结果对总体数量特征做出具有一定可靠程度的估计与推断，从而认识总体的一种统计方法，又称抽样估计、抽样推断。

例如，某企业生产了一批彩色显像管，根据设计要求其平均使用寿命不得低于5000h，需要了解该批产品是否达到了设计要求。为了达到目的，只能随机地抽取其中一小部分做试验，而想对该产品做全面试验是不行的，因为对每个显像管进行试验具有破坏性。假定我们随机抽取了30只显像管做试验，测得平均使用时间为4950h。在下结论认为这些产品未达到设计标准时，要冒一定的风险。因为这既可能是这批产品质量普遍达不到标准的反映，也可能是由于抽样时抽到了其中质量较差等产品原因所致。然而，若能根据试验的结果掌握这些产品平均使用时间的概率分布，则可以推断出如果这批产品平均使用寿命达到5000h，而抽到的样本平均使用时间在4950h及以下的概率有多大。如果这概率很小，如1%，那么如果这种可能性很小的事件竟在一次试验中发生了，据此可以推断这批产品平均使用时间不到5000h。这样可以通过这一随机变量的概率分布来确定所下结论的可靠程度。

上例说明了抽样调查的三个特点。

（1）遵循随机原则。抽样调查抽取部分单位时，必须非常客观，毫无偏见，每个单位有同等被抽中的机会，不受调查人员任何主观意图的影响。只有遵循随机原则，才能使抽取的部分单位具有充分的代表性。

（2）用样本指标数值去推断总体指标数值。抽样调查的最终目的不是只为了得到调查单位的数据，而是根据样本数据推断被调查现象的总体特征。

（3）抽样误差可计算并控制在一定范围内。抽样调查是在对一部分单位进行统计调查掌握其观察标志值的基础上推断总体的综合特征。例如，根据全国1%的职工家庭收支来推算全国上亿个职工家庭的消费水平。显然这种推断肯定会存在一定的误差，而且是无法避免的，但是抽样误差的范围是可以事先加以计算的，并通过各种方法控制这个误差范围，以保证抽样推断的结果达到一定的可靠程度。

新车碰撞测试（NCAP）

NCAP（New Car Assessment Program）即新车碰撞测试。这是最能考验汽车安全性的测试。美国、欧洲和日本都有成熟的相关法规，定期对生产及进口的新车进行正面碰撞、侧面碰撞的安全性试验，以检查汽车内驾驶员及乘客在碰撞时所受伤害的程度。现在许多汽车巨头在品牌和产品战中不约而同地首先打出了“安全牌”，并且“安全战”才是真正全方位的智力与功夫的比拼。

NCAP的碰撞测试成绩用星级“★”表示，共有五个星级，星级越高表示该车的碰撞安全性能越好。★★★★★称为五星级，表示乘员受严重伤害的概率小于或等于10%；★★★★称为四星级，表示乘员受严重伤害的概率为11%~20%；★★★称为三星级，表示乘员受严重伤害的概率为21%~35%；★★称为二星级，表示乘员受严重伤害的概率为36%~45%；★称为一星级，表示乘员受严重伤害的概率等于或大于46%。

经过NCAP的汽车都面目全非，基本报废，因此无人知晓自己所驾驶的爱车到底其碰撞测试成绩是多少。那汽车公司每年推出新车时打出的各种安全系数是如何得到的，又能否代表我们买到的同款汽车的安全性呢？丰田说，他们每年要这样撞掉1500辆新车，以这1500辆车的测试成绩来推断同款新车的安全性能。

三、抽样调查的几个基本概念

（一）全及总体和样本

全及总体又称总体，是指所要研究的对象的全体，由所研究范围内具有某种共同性质的全体单位组成的。其单位数用N表示，一般很大，大到几千、几万、几十万甚至更多。样本是指从总体中随机抽取出来的部分单位所组成的整体。其单位数用n表示，n可以是N的几十分之一、几百分之一、几千分之一甚至几万分之一或更小。一般地，样本单位数n达到或超过30个称为大样本，而30个以下的称为小样本。

要想了解某个地区的观众（如上海观众）对2021年央视春节晚会的评价，需要调查的对象是所有上海观众，调查目的是希望掌握上海观众对央视春节晚会的不同评价各自所占的比例。我们知道，显然不可能也不需要去调查所有的上海观众，可以抽取一部分观众进行调查，并且根据这部分观众的评价来推算所有上海观众的总体评价。

在这个例子中，每个上海观众称为（这个调查问题中的）个体，而所有上海观众称为总体。被调查的那部分上海观众称为该总体的一个样本，它是从总体中选出的一部分。

应当注意的是，作为抽样推断对象的全及总体是唯一确定的，但作为观察对象的样本就不是唯一的。从一个全及总体中可以抽取很多个样本，全部样本的可能数目和每一样本的容量有关，也和随机抽样的方法有关，而且每次抽到哪个样本是不确定的。

（二）全及指标和抽样指标

1. 全及指标

根据全及总体各个单位的标志值或标志特征计算的、反映总体某种属性的综合指标，称为全及指标。由于全及总体是唯一确定的，因此全及指标也是唯一确定的。

不同性质的总体，需要计算不同的全及指标。全及指标主要有四个：全及平均数、全及成数、总体数量标志的标准差及方差、总体是非标志的标准差及方差，一般用大写字母表示。

2. 抽样指标

由样本总体各个标志值或标志特征计算的综合指标，称为抽样指标，是用来估计总体参数的。由于一个全及总体可以抽取许多个样本，样本不同，抽样指标的数值也就不同，所以抽样指标的数值不是唯一确定的。抽样指标主要有四个对应指标：抽样平均数、抽样成数、样本标准差及方差，一般用小写字母表示。

全及指标和抽样指标的计算公式如表4-1所示。

表4-1 全及指标和抽样指标的计算公式

总体参数	样本统计量及其计算公式
总体平均数 $\bar{X}$	样本平均数 $\bar{x}$
总体成数 $P=\dfrac{N_1}{N}$	样本成数 $p=\dfrac{n_1}{n}$
总体方差 $\sigma^2=\dfrac{\sum(X-\bar{X})^2}{N}$	样本方差 $s^2=\dfrac{\sum(x-\bar{x})^2}{n}$ （公式中，若分母换为 $n-1$，则称之为样本修正方差）
总体标准差 $\sigma=\sqrt{\dfrac{\sum(X-\bar{X})^2}{N}}$	样本标准差 $s=\sqrt{\dfrac{\sum(x-\bar{x})^2}{n}}$ （公式中，若分母换为 $n-1$，则称之为样本修正标准差）

（三）重复抽样和不重复抽样

根据取样的方式不同，抽样方式可分为重复抽样和不重复抽样两种。

1. 重复抽样

重复抽样是从全及总体中抽取样本时，随机抽取一个样本单位，记录该单位有关标志表现后，把它放回到全及总体中去，再从全及总体中随机抽取第二个单位，记录有关标志表现后，也把它放回到全及总体中去，依此下去，直到抽选 n 个样本单位。

【例4-1】 用重复抽样从总体 A、B、C、D 四个单位中随机抽取两个单位构成一个样本。先从总体四个单位中抽取一个单位，记录后再放回去，然后再从同样的四个单位中抽取一个单位。显然，全部可能的样本共有 $C_4^1\times C_4^1=16$ 个。它们是：AA、AB、AC、AD；BA、BB、BC、BD；CA、CB、CC、CD；DA、DB、DC、DD。

一般地，从总体 N 个单位中，随机重复抽取 n 个单位构成样本，则共有样本个数为 $N \times N \times N \times \cdots \times N = N^n$ 个。

可见，重复抽样时，全及总体单位数在抽选过程中始终没有减少。

2. 不重复抽样

不重复抽样是从全及总体中抽取第一个样本单位，记录该单位有关标志表现后，不再把它放回全及总体中参加下一次抽选。然后从总体 $N-1$ 个单位中随机抽取第二个样本单位，记录有关标志属性。再从全及总体 $N-2$ 个单位中抽取第三个样本单位。依此下去，直到抽取出 n 个样本单位。

【例 4-2】 用不重复抽样从总体 A、B、C、D 四个单位中随机抽取两个单位构成一个样本。则样本可能数目为 $C_4^1 \times C_3^1 = 12$ 个。它们是：AB、AC、AD；BA、BC、BD；CA、CB、CD；DA、DB、DC。

一般地，从总体 N 个单位中，随机不重复抽取 n 个单位构成样本，则共有样本个数为 $N \times (N-1) \times (N-2) \times \cdots \times (N-n+1) = N!/(N-n)!$ 个。

可见，不重复抽样时全及总体单位数在抽选过程中是逐渐减少的，而且各单位没有重复被抽中的可能。

因此，在相同的样本容量要求下，不重复抽样的样本总是比重复抽样的样本个数少。

美国民意调查创始人——乔治·盖洛普

盖洛普民意调查以其准确性和权威性在世界各地享有极高的声誉。在美国大选年，各大新闻机构每天都要对民主党和共和党两党候选人进行报道，而谁在选举中领先了几个百分点则是其中很重要的一部分。领先的根据是什么呢？就是几大民意调查，盖洛普民意调查是非常重要的一个。

乔治·盖洛普（George Gallup）1901 年出生于美国爱荷华州，1983 年以 82 岁的高龄去世。他的一生是在向人们提问题的过程中度过的。盖洛普是现代民意调查研究的创始人之一，他创立的许多民意调查方法和方式至今仍被人们应用。他对民意调查的兴趣始于 20 世纪 20 年代，读书期间他就通过杂志和报纸调查读者对不同问题的兴趣，盖洛普的博士论文的题目就是《确定读者对报纸内容兴趣的客观方法》。1930 年，盖洛普发表了一篇重要的文章，题为《用科学方法而不是猜测来确定读者的兴趣》。

盖洛普民意调查一般随机调查的人数是 1000 人左右。盖洛普认为，随机性是民意调查的基础，只有真正随机地选择被提问的人，才能确保每一个人都有机会被提问，也就确保了提问结果能真正反映公众的民意。从 20 世纪 30 年代到 80 年代中期，盖洛普民意调查研究所的调查员主要是在美国各地按照随机抽样的名单去每个人家里面对面地提问。在这 50 年的时间里，盖洛普民意测验所对 12 次美国总统选举的调查显示，盖洛普民意调查的准确率非常高。

四、几种常用的抽样调查方式

一般来说，存在两种类型的抽样方法：概率抽样和非概率抽样。概率抽样也称随机抽样，是指遵循随机原则进行的抽样，总体中每个单位都有一定的机会被选入样本。

在进行随机抽样中，由于所研究对象的特点和工作条件的不同，可以设计各种不同的抽样方式。不同的抽样方式，对于抽样的结果有很大的影响，所以在研究问题时，应根据研究目的和要求以及其他具体情况来选择抽样方式。调查的实践中经常采用的抽样调查方式有以下几种：简单随机抽样、分层抽样、整群抽样、系统抽样、多阶段抽样。

（一）简单随机抽样

简单随机抽样是一种最基本的抽样方法，是最完全的随机抽样，是对总体的所有单位不做任何的分类和排队，完全按随机原则逐个抽取样本的方式。在简单随机抽样条件下，抽样概率=样本单位数/总体单位数。

例如，如果总体单位数为10000，样本单位数为400，那么抽样概率为4%。

简单随机抽样的优点是简单易懂，并且满足随机抽样的一切必要的要求，保证每个总体单位在抽选时都有相等的被抽中的机会。简单随机抽样可以通过电话随机拨号功能完成这个步骤，可以从计算机档案中挑选调查对象。

简单随机抽样在抽取时可采用直接抽选法、抽签法和随机数码表法。

1. 直接抽选法

直接抽选法是对总体单位不编号、不编制抽样框，直接随机抽选调查单位的方法。例如，从仓库中存放的所有同类产品中随机指定若干个产品进行质量检验。

2. 抽签法

抽签法是将总体中每个单位的编号写在外形完全一致的签上，将其搅拌均匀，从中任意抽选，签上的号码所对应的单位就是样本单位。这种方法简单易行，总体单位数不多时可以使用。

3. 随机数码表法

将总体中每个单位编上号码，根据编号的位数确定选用随机数表中若干栏数字。然后从任意一栏、任意一行的数字开始数，可以向任何方向数过去，碰上属于编号范围内的数字号码就定下来作为样本单位。使用随机数表的目的是为了消除抽取样本时的人为偏差。

随机数码表法举例

表4-2是随机数码表的一部分。

表4-2　部分随机数码表

03	47	43	73	86	36	96	47	36	61	46	98	63	71	62
97	74	24	67	62	42	81	14	57	20	42	53	32	37	32
16	76	02	27	66	56	50	26	71	07	32	90	79	78	53
12	56	85	99	26	96	96	68	27	31	05	03	72	93	15
55	59	56	35	64	38	54	82	46	22	31	62	43	09	90

例：某企业要调查消费者对某产品的需求量，要从95户居民家庭中抽选10户居民，试采用随机数码表法抽选样本。

具体步骤如下：

第一步：将95户居民家庭编号，每一户家庭一个编号，即01~95。

第二步：在上面的表中，随机确定抽样的起点和抽样的顺序。假定从第 1 行第 5 列开始抽，抽样顺序从左往右抽。（横的数列称为“行”，纵的数列称为“列”。）

第三步：依次抽出号码分别是：86、36、96、47、36、61、46、98、63、71，共 10 个号码。由于 96、98 两个号码不在总体编号范围内，应排除在外。再补充两个号码：62、74。

由此产生 10 个样本单位号码，为：86、36、47、36、61、46、63、71、62、74。

简单随机抽样适用于总体单位数不多、总体单位标志值的差异不是很大、对调查对象的情况了解很少、总体单位的排列没有秩序等情况。但简单随机抽样会遇到“样本可能分布不均匀”以及“没有好的抽样框”等问题。

（二）分层抽样

定量调查中的分层抽样是一种卓越的概率抽样方式，又称分类抽样、类型抽样。

分层抽样先对总体各单位按主要标志加以分组，然后再从各组中按随机原则抽选一定单位构成样本。

分组的标志与我们关心的总体特征相关。例如，我们正在进行有关啤酒品牌知名度方面的调查，初步判断，在啤酒方面男性的知识与和女性不相同，那么性别应是划分层次的适当标志。如果不以这种方式进行分层抽样，分层抽样就得不到什么效果，花再多时间、精力和资金也是白费。

分层抽样时由于各单位之间的差异因分组而缩小，比较容易在一组中选出有代表性的样本，因而与简单随机抽样相比，人们一般优先选择分层抽样，因为它有显著的潜在统计效果。如果我们从相同的总体中抽取两个样本，一个是分层样本，另一个是简单随机抽样样本，那么相对来说，分层样本的误差更小些。

对总体划分各个类型组后，如何确定各组的抽样单位数，一般有三种方法。

1. 等数分配分层抽样法

它是指不管各组单位数的多少，平均分配样本容量。例如，总体划分成了 5 组，有的组单位数多，有的组单位数少。样本容量为 100，则每组都要抽取 20 个单位。这种方法简单，但不考虑各组单位数的多少，不够客观。一般只用于各组单位数差不多的情况。

2. 等比例分层抽样法

通常各分层的单位数是不等的，有时相差很大，若采用等数分配法，将产生不合理的抽样偏差。此时可按统一的比例来确定各分层组应抽选的样本单位数。即按照总体单位数在各组之间的比例分配各组的抽样单位数，也就是各层中抽取的样本单位数 n_i 占该组所有单位数 N_i 的比例是相同的，等同于样本容量 n 占总体单位数 N 的比例，即

$$\frac{n_1}{N_1}=\frac{n_2}{N_2}=\frac{n_3}{N_3}=\cdots=\frac{n_k}{N_k}=\frac{n}{N}$$

例如，$N=8000$，$n=120$，总体分成三组：$N_1=4000$，$N_2=2400$，$N_3=1600$，则按等比例分层抽样法各组需要抽取的样本单位数为

$$n_1=4000\times\frac{120}{8000}=60,\ n_2=2400\times\frac{120}{8000}=36,\ n_3=1600\times\frac{120}{8000}=24$$

3. 分层适宜抽样法

在分层适宜抽样条件下，对于标志变动度大的组，要多抽样本单位数；反之，对于标志变动度小的组，可以少抽样本单位数。确定各组抽样单位数的公式如下：

$$n_i = \frac{N_i \sigma_i}{\sum N_i \sigma_i} \cdot n$$

式中，N_i 为各组的单位数；σ_i 为各组的组内标准差；n 为样本容量；n_i 为各组抽取的样本单位数。

这种方法兼顾了各分层组单位数的多少和各组内部标志变动度的差异，比较全面。但这种方法比较烦琐，所以大多数情况下还是选用等比例分层抽样法。

（三）整群抽样

整群抽样是将总体中各单位归并成若干个互不交叉、互不重复的集合，称之为群；然后以群为抽样单位抽取样本的一种抽样方式。

应用整群抽样时，要求抽取的群有较好的代表性，即群内各单位的差异要大，群间差异要小。整群抽样的优点是实施方便、节省经费；整群抽样的缺点是往往由于不同群之间的差异较大，由此而引起的抽样误差往往大于简单随机抽样。

整群抽样的实施步骤是先将总体分为 i 个群，然后从 i 个群中随机抽取若干个群，对这些群内所有个体或单元均进行调查。

抽样过程可分为以下几个步骤：

（1）确定分群的标志。

（2）将总体（N）分成若干个互不重叠的部分，每个部分为一群。

（3）根据所需样本量，确定应该抽取的群数。

（4）采用简单随机抽样或下面将要介绍的系统抽样方法，从所有群中抽取确定个数的群。

例如，调查中学生患近视眼的情况，抽取某一个班做统计；进行产品检验，每隔 8h 抽 1h 生产的全部产品进行检验等。

（四）系统抽样

将总体中的所有单位（抽样单位）按一定顺序排列，在规定的范围内随机地抽取一个单位作为初始单位，然后按事先规定好的规则确定其他样本单位。

系统抽样的主要优点是操作简便，如果有辅助信息，对总体内的单位进行有组织的排列，可以有效地提高估计的精度。系统抽样的缺点是对统计量方差的估计比较困难。

（五）多阶段抽样

采用类似整群抽样的方法，首先抽取群，但并不是调查群内的所有单位，而是再进一步抽样，从选中的群中抽取出若干个单位进行调查，这种抽样方式称为二阶段抽样。将这种方法推广，使抽样的段数增多，就称为多阶段抽样。

多阶段抽样具有整群抽样的优点，它保证了样本相对集中，从而节约了调查费用；不需要包含所有低阶段抽样单位的抽样框；同时由于实行了再抽样，使调查单位在更广泛的范围内展开。在较大规模的抽样调查中，多阶段抽样是经常被采用的方法。

非概率抽样

抽取样本时不是依据随机原则，而是根据研究目的对数据的要求，采用某种方式从总体中抽出部分单位对其实施调查，这种方法称为非概率抽样。非概率抽样的方式主要有以下几种：方便抽样、判断抽样、自愿抽样、滚雪球抽样和配额抽样。

（1）方便抽样。方便抽样是指调查过程中由调查员依据方便的原则，自行确定入抽样本的单位。其优点是：容易实施，调查成本低。其缺点是：样本单位的确定带有随意性，无法对总体参数进行推断。

（2）判断抽样。判断抽样是指调查员根据经验、判断和对研究对象的了解，有目的地选择一些单位作为样本。实施时根据不同的目的，有重点抽样、典型抽样、代表抽样等方式。判断抽样是主观的，样本选择的好坏取决于调查者的判断、经验、专业程度和创造性。这种方式的抽样成本比较低，也容易操作，但由于样本是人为确定的，没有依据随机原则，因而调查结果不能用于总体参数估计。

（3）自愿抽样。自愿抽样是指被调查者自愿参加，成为样本中的一分子，向调查员提供有关信息。由于自愿样本是有偏的，不能依据样本的信息对总体的状况进行估计。

（4）滚雪球抽样。滚雪球抽样是指选择一组调查单位，对其实施调查之后，再请他们提供另外一些属于研究总体的调查对象，调查员根据所提供的线索，进行此后的调查，这个过程持续下去，就会形成滚雪球效应。滚雪球抽样的主要优点是容易找到那些属于特定群体的被调查者，调查的成本也比较低。它适合对特定群体进行研究的资料收集。

（5）配额抽样。配额抽样是指将总体中的所有单位按一定的标志（变量）分为若干类，然后在每个类中采用方便抽样或判断抽样的方式选取样本单位。这种抽样方式操作比较简单，而且可以保证总体中不同类别的单位都能包括在所抽的样本之中，使得样本的结构和总体的结构类似。但因为在抽取具体样本单位时并不是依据随机原则，所以它属于非概率抽样。

五、抽样分布

在第一章中，我们介绍过参数和统计量的概念。参数是用来描述总体特征的概括性度量，如总体的均值μ、成数P、方差δ^2等。而统计量则是用来描述样本特征的概括性度量，如样本均值$\bar{x}$、成数p、方差s^2等。通常情况下，总体的参数是根据样本统计量来推断的，例如用样本均值$\bar{x}$、成数p、方差s^2来推断总体的均值μ、成数P、方差δ^2等，而进行这种推断的理论依据就是样本统计量的抽样分布。

从一般意义上说，抽样分布是指样本统计量的概率分布，如样本均值的分布、样本成数的分布、样本方差的分布等都称为抽样分布。常用的抽样分布有正态分布、χ^2分布、t分布、F分布，其中χ^2分布、t分布、F分布为小样本精确分布，详细可查看相关数理统计的教材。

在实际抽样中，我们不仅关心样本均值$\bar{x}$的抽样分布，还需要知道$\bar{x}$抽样分布的性质，包括$\bar{x}$的均值、标准差、$\bar{x}$抽样分布的形式等。事实上，$\bar{x}$抽样分布的形式与原有总体的分布和样本量n的大小有关，如果原有总体服从正态分布，那么，无论样本量大或小，样本均值的抽样分布都服从正态分布。如果原有总体的分布服从非正态分布，就要看样本量的大小了。当 n 为小样本时（通常 $n < 30$），样本均值的分布不服从正态分布。但随着样本量 n 的增大（通常要求 $n \geqslant 30$），样本均值的抽样分布则将趋于正态分布，其分布的数学期望为总体均值 μ，方差为总体方差的 $1/n$，这就是统计上著名的中心极限定理。这一定理可以表述为：从均值为 μ、方差为 δ^2 的总体中，抽取样本量为 n 的随机样本，当 n 充分大时（通常要求 $n \geqslant 30$），样本均值 $\bar{x}$ 的抽样分布近似均值为 μ、方差为 δ^2/n 的正态分布。

正态分布是最常见的一种分布，自然界和人类社会的大部分统计结果，如一个地区的男性成年人的身高、某地区居民的家庭收入、测量某零件长度的误差等，都会服从正态分布，也就是必然出现中间高、两边低的分布，而且几乎对称，如图 4-1 所示。

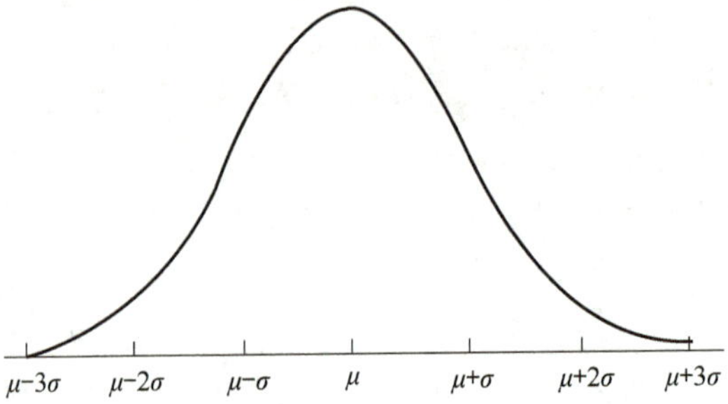

图 4-1　标准正态分布的分布曲线示意图

正态分布曲线下方的面积集中在中心部分，向两边逐渐减少。曲线下所围成的面积表示变量落在该区域的概率。任何正态分布曲线下，正态随机变量存在以下三个重要数据：

$$P\{\mu - \sigma < X < \mu + \sigma\} = \Phi(1) - \Phi(-1) = 0.6827$$
$$P\{\mu - 2\sigma < X < \mu + 2\sigma\} = \Phi(2) - \Phi(-2) = 0.9545$$
$$P\{\mu - 3\sigma < X < \mu + 3\sigma\} = \Phi(3) - \Phi(-3) = 0.9973$$

从上式中可以看出，对于正态随机变量来说，它的值落在区间（$\mu - 3\sigma < X < \mu + 3\sigma$）外的概率仅为 0.27%，这是一个小概率事件，这就是所谓的“3σ 原则”。

当今风靡全球的 6σ 质量管理标准也是在正态分布原理基础上建立的。即 $P\{\mu - 6\sigma < X < \mu + 6\sigma\} = \Phi(6) - \Phi(-6) = 0.999999998$，其特性值落在区间（$\mu - 6\sigma < X < \mu + 6\sigma$）外的概率仅为十亿分之二。

第二节　抽样误差

一、抽样误差概述

（一）抽样误差的概念

抽样误差是指由于随机抽样的偶然因素使样本各单位的结构不足以代表总体各单位的结构，从而引起抽样指标和全及指标之间的绝对离差。

（二）抽样调查中误差的来源

1. 登记性误差

登记性误差是指在调查和汇总过程中由于观察、测量、登记、计算等方面的差错或被调查者提供虚假资料而造成的误差。任何一种统计调查都可能产生登记性误差。

2. 代表性误差

代表性误差是指用样本指标推断总体指标时，由于样本结构与总体结构不一致、样本不能完全代表总体而产生的误差，可分为系统误差和随机误差两种。系统误差是指由于非随机因素引起的样本代表性不足而产生的误差。随机误差又称偶然性误差，是由于随机因素引起的代表性误差。

（三）抽样误差的影响因素

影响抽样误差的因素有总体被研究标志的变异程度、抽样单位数、抽样方法、抽样方式。

1. 总体被研究标志的变异程度

在其他条件不变的情况下，总体标志的变异程度越小，抽样误差越小；总体标志的变异程度越大，抽样误差越大。抽样误差和总体标志的变异程度成正比变化。这是因为总体的变异程度小，表示总体各单位标志值之间的差异小，则样本指标与总体指标之间的差异应该也较小。如果总体各单位标志值相等，则标志变动度为零，样本指标等于总体指标，此时不存在抽样误差。

2. 抽样单位数

在其他条件不变的情况下，抽样的单位数越多，抽样误差越小；抽样的单位数越少，抽样误差越大。这是因为随着抽样单位数的增多，样本结构越接近总体，抽样调查也就越接近全面调查。当样本扩大到总体时，则为全面调查，也就不存在抽样误差了。

3. 抽样方法

重复抽样和不重复抽样的抽样误差大小不同。采用不重复抽样比采用重复抽样的抽样误差小。

4. 抽样方式

采用不同的抽样组织方式，会有不同的抽样误差，这是因为不同的抽样组织方式所抽中的样本对于总体的代表性也不同。

二、抽样平均误差

抽样平均误差是抽样平均数（或抽样成数）的标准差，它反映抽样平均数（或抽样成数）与总体平均数（或总体成数）的平均差异程度。抽样平均误差的作用，首先表现在它能够说明样本指标代表性的大小。平均误差大，说明样本指标对总体指标的代表性小；反之，说明样本指标对总体指标的代表性大。其次平均误差还说明样本指标与总体指标差别的一般范围。

抽样平均误差与抽样方法有关。下面分别介绍重复抽样和不重复抽样的抽样平均误差公式。

（一）重复抽样的抽样平均误差

1. 抽样平均数的抽样平均误差

抽样平均数的抽样平均误差的计算公式为

$$\mu_{\bar{x}}=\sqrt{\frac{\sigma^2}{n}}=\frac{\sigma}{\sqrt{n}}$$

式中，$\mu_{\bar{x}}$ 表示抽样平均数的抽样平均误差；$\sigma(\sigma^2)$ 表示总体数量标志的标准差（方差）；n 表示样本容量。

可以看出，在重复抽样的情况下，抽样平均数的抽样平均误差仅为总体标准差的 $1/\sqrt{n}$，即样本平均数的标准差比总体的标准差大大缩小。例如，当样本的单位数为 100 时，则样本平均数的标准差仅为总体标准差的 1/10。这说明一个总体的某一标志的变动度可能很大，但抽取若干单位加以平均之后，抽样平均数的标准差比总体的标准差大大地缩小了。

从上式中还可以看出，抽样平均误差与总体标准差成正比，与样本容量的算术平方根成反比。例如，抽样平均误差要减少 1/2，则样本容量必须扩大到原来的 4 倍；抽样平均误差要减少为原来的 1/3，则样本容量就要扩大到原来的 9 倍。

【例 4-3】 随机重复抽选某校学生 100 人调查他们的体重，得到平均体重为 58kg，标准差为 10kg。抽样推断的平均误差是多少？

解：

已知 $n=100$ 人，$\bar{x}=58\text{kg}$，$\sigma=10\text{kg}$，则

$$\mu_{\bar{x}}=\frac{\sigma}{\sqrt{n}}=\frac{10}{\sqrt{100}}\text{kg}=1\text{kg}$$

即当根据样本学生的平均体重估计全部学生的平均体重时，抽样平均误差为 1kg。

【例 4-4】 某施工班组 5 个工人的小时工资分别为：34 元、38 元、42 元、46 元、50 元，则该班组总体工人小时工资平均数和方差分别为

$$\bar{X}=\frac{\sum X}{N}=\frac{34+38+42+46+50}{5}\text{元}=42\text{元}$$

$$\begin{aligned}\sigma^2&=\frac{\sum(X-\bar{X})^2}{N}\\&=\frac{(34-42)^2+(38-42)^2+(42-42)^2+(46-42)^2+(50-42)^2}{5}\text{元}^2\\&=32\text{元}^2\end{aligned}$$

$$\sigma=\sqrt{32}\text{ 元}\approx 5.66\text{ 元}$$

2. 抽样成数的平均误差

抽样成数的抽样平均误差的计算公式为

$$\mu_P=\sqrt{\frac{P(1-P)}{n}}=\frac{\sqrt{P(1-P)}}{\sqrt{n}}$$

式中，μ_P 表示抽样成数的抽样平均误差；P 表示总体成数，$\sqrt{P(1-P)}$ 表示总体的标准差，当总体成数 P 未知时，用样本成数 p 代替；n 表示样本容量。

【例 4-5】 某校随机抽选 400 名学生，发现戴眼镜的学生有 80 人。根据样本资料推断全部学生中戴眼镜的学生所占比重时，抽样误差为多大？

解：

已知 $n=400$ 人，$n_1=80$ 人，则

$$p=\frac{n_1}{n}=\frac{80\text{人}}{400\text{人}}=0.2$$

$$\mu_P = \sqrt{\frac{p(1-p)}{n}} = \sqrt{\frac{0.2 \times 0.8}{400}} = 0.02 = 2\%$$

即根据样本资料推断全部学生中戴眼镜的学生所占的比重时，推断的平均误差为2%。

（二）不重复抽样的抽样平均误差

抽样平均数的平均误差为

$$\mu_{\bar{x}} = \sqrt{\frac{\sigma^2}{n}\left(\frac{N-n}{N-1}\right)} \approx \sqrt{\frac{\sigma^2}{n}\left(1-\frac{n}{N}\right)}$$

抽样成数的平均误差为

$$\mu_P = \sqrt{\frac{P(1-P)}{n}\left(\frac{N-n}{N-1}\right)} \approx \sqrt{\frac{P(1-P)}{n}\left(1-\frac{n}{N}\right)}$$

式中，N为总体单位数；n为样本单位数。

【例4-6】 某电子元件厂对某天生产的2000件电子元件的耐用时间进行全面检测，又抽取5%进行抽样复测，资料如表4-3所示。

表4-3　电子元件的耐用时间统计表

耐用时间/h	数量（全面检测）/件	数量（抽样复测）/件
3000h以下	50	2
3000~4000	600	30
4000~5000	990	50
5000h以上	360	18
合计	2000	100

按规定，耐用时间在3000h以下为不合格。根据以上资料，按重复抽样和不重复抽样方法计算该电子元件平均耐用时间的抽样平均误差和合格率的抽样平均误差。

解：

全部零件的平均耐用时间为

$$\bar{X} = \frac{2500 \times 50 + 3500 \times 600 + 4500 \times 990 + 5500 \times 360}{2000}\text{h} = 4330\text{h}$$

全部零件耐用时间的方差为

$$\sigma^2 = \frac{(2500-4330)^2 \times 50 + (3500-4330)^2 \times 600 + (4500-4330)^2 \times 990 + (5500-4330)^2 \times 360}{2000}\text{h}^2$$

$$= 551100\ \text{h}^2$$

样本容量　　$n = 2000件 \times 5\% = 100件$

则平均耐用时间的抽样平均误差为

重复抽样　　$\mu_{\bar{x}} = \sqrt{\frac{551100}{100}}\text{h} \approx 74.24\text{h}$

不重复抽样　　$\mu_{\bar{x}} = \sqrt{\frac{551100}{100}\left(1-\frac{100}{2000}\right)}\text{h} \approx 72.36\text{h}$

全部零件的合格率　　$P = \frac{2000件 - 50件}{2000件} = 97.5\%$

合格率的抽样平均误差为

重复抽样
$$\mu_p = \sqrt{\frac{0.975 \times 0.025}{100}} \times 100\% \approx 1.56\%$$

不重复抽样
$$\mu_p = \sqrt{\frac{0.975 \times 0.025}{100}\left(1 - \frac{100}{2000}\right)} \times 100\% \approx 1.52\%$$

三、抽样极限误差

抽样极限误差是指在进行抽样估计时，根据研究对象的变异程度和分析任务的要求所确定的样本指标与总体指标之间可允许的最大误差范围。它等于样本指标可允许变动的上限或下限与总体指标之差的绝对值。

抽样极限误差的计算公式为

$$\Delta = t\mu$$

设$\Delta_{\bar{x}}$、Δ_p分别表示抽样平均数极限误差和抽样成数极限误差，即有

$$\Delta_{\bar{x}} = t\mu_{\bar{x}} \text{和} \Delta_p = t\mu_p$$

式中，t表示极限误差与抽样平均误差的比值，称为概率度。它的大小是根据对推断结果要求的把握程度（置信度）来确定的。推断的把握程度在理论上又称为概率保证度，它是通过相应的概率$F(t)$来表示的。

$F(t)$是分布函数，是概率密度函数从负无穷到t的积分，下一节置信水平的$z_{\alpha/2}$值就是这里的t值。例如，$F(t)=0.95=1-\alpha$，则$\alpha=0.05$，$\alpha/2=0.025$，$1-\alpha/2=0.975$，在标准正态分布函数中查0.975对应的t值为1.95。类似地，$F(t)=0.6827$，可得$t=1$；$F(t)=0.8664$，可得$t=1.5$；$F(t)=0.9011$，可得$t=1.65$；$F(t)=0.95$，可得$t=1.96$；$F(t)=0.9545$，可得$t=2$；$F(t)=0.9973$，可得$t=3$。

因此，有

$$\Delta_{\bar{x}} \leqslant |\bar{x}-\bar{X}|,\quad \Delta_p \leqslant |p-P|$$

上面的不等式可变形为

$$\bar{X}-\Delta_{\bar{x}} \leqslant \bar{x} \leqslant \bar{X}+\Delta_{\bar{x}}$$
$$P-\Delta_p \leqslant p \leqslant P+\Delta_p$$

抽样平均数$\bar{x}$在以总体平均数$\bar{X}$为中心的区间$[\bar{X}-\Delta_{\bar{x}}, \bar{X}+\Delta_{\bar{x}}]$上变动，区间$[\bar{X}-\Delta_{\bar{x}}, \bar{X}+\Delta_{\bar{x}}]$称为平均数的估计区间，区间总长度为$2\Delta_{\bar{x}}$，在这个区间内的抽样平均数与总体平均数的绝对离差不超过$\Delta_{\bar{x}}$。

同样地，抽样成数p在以总体成数P为中心的区间$[P-\Delta_p, P+\Delta_p]$内变动。

允许误差范围（极限误差）表明了估计的准确度（或精度）。允许误差范围越小，表明估计的准确度（或精度）越高；允许误差范围越大，表明估计的准确度（或精度）越低。

例如，估计粮食平均亩产500kg，允许误差范围为10kg，这就意味着亩产在490～510kg都是有效的。

第三节 参数估计

在社会经济问题中，直接计算总体参数往往是有难度的，甚至是不可行的。这就要根据样本数据所提供的信息，对未知总体参数进行估计和推断。统计推断的主要任务就是根据样本指标对总体指标进行估计。例如，生产灯泡的企业希望在产品出厂前检查一下某一批次产品的平均使用寿命和合格率，则可以通过参数估计的方法来解决。参数估计的方法主要有点估计和区间估计两种。

一、点估计

点估计又称定值估计，它是用样本指标数值去估计总体指标数值。例如，用样本均值 $\bar{x}$ 估计总体均值 μ，用样本方差 s^2 估计总体方差 σ^2，用样本成数 p 估计总体成数 P 等。即总体平均数的点估计就是样本平均数，总体成数的点估计就是样本成数。

假设例 4-6 中没有对 2000 件电子元件进行全面检查，只抽取 5%进行抽样检查。可以计算样本的平均耐用时间 $\bar{x}=4340\text{h}$，样本合格率 $p=98\%$。那么，全部电子元件的耐用时间 $\bar{X}$ 的点估计值是 4340h；合格率 P 的点估计值是 98%。

点估计的方法简单，一般不考虑抽样误差和可靠程度，它适用于对推断准确程度与可靠程度要求不高的情况。

二、区间估计

区间估计是指由样本统计量的值来估计总体未知参数的值时，其误差的区间范围有多大，并给出可靠程度的估计概率。

区间估计要完成两方面的估计：第一，根据样本统计量和抽样平均误差估计总体指标的可能范围；第二，估计推断总体指标的真实值在这个区间的可靠程度。

根据样本统计量和抽样极限误差，可以确定总体参数所在的范围，即

$$\bar{x}-\Delta_{\bar{x}}\leqslant\bar{X}\leqslant\bar{x}+\Delta_{\bar{x}}$$

$$p-\Delta_p\leqslant P\leqslant p+\Delta_p$$

总体参数的可能范围叫作置信区间，总体平均数的置信区间记作 $[\bar{x}-\Delta_{\bar{x}},\ \bar{x}+\Delta_{\bar{x}}]$；总体成数的置信区间记作 $[p-\Delta_p,\ p+\Delta_p]$。

区间估计表明的是一个可能范围，不是一个绝对可靠的范围。

（一）总体平均数的区间估计

总体平均数的区间估计一般由以下几步骤组成：

（1）样本抽取后，用简单算术平均数或加权算术平均数计算样本平均数。

（2）收集总体数量标志方差的经验数据 σ^2 或计算样本数量方差 s^2。

（3）计算抽样平均数的平均误差

$$\mu_{\bar{x}}=\sqrt{\frac{\sigma^2}{n}}\text{或}\mu_{\bar{x}}=\sqrt{\frac{s^2}{n}}=\frac{s}{\sqrt{n}}\text{（重复抽样）}$$

$$\mu_{\bar{x}} = \sqrt{\frac{\sigma^2}{n}\left(1 - \frac{n}{N}\right)} \text{ 或 } \mu_{\bar{x}} = \sqrt{\frac{s^2}{n}\left(1 - \frac{n}{N}\right)} \text{（不重复抽样）}$$

（4）根据概率保证程度 $F(t)$ 确定 t，计算平均数的极限误差 $\Delta_{\bar{x}} = t\mu_{\bar{x}}$。

（5）确定总体平均数 $\bar{X}$ 的置信区间 $[\bar{x}-\Delta_x, \bar{x}+\Delta_x]$。

【例4-7】 某高校有5000名学生，随机抽取250名调查每周收看电视的时间，分组资料见表4-4。

表4-4 学生每周收看电视时间与学生人数

每周看电视时间/h	学生人数/人	每周看电视时间/h	学生人数/人
2h以下	22	6~8	60
2~4	56	8~10	20
4~6	92	合计	250

按不重复抽样方法，以0.9545的概率推断该校全部学生每周看电视时间的可能范围。$[F(t) = 0.9545, t = 2]$

解：

已知 $N = 5000, n = 250, t = 2$，则

$$\bar{x} = \frac{1 \times 22 + 3 \times 56 + 5 \times 92 + 7 \times 60 + 9 \times 20}{250}\text{h} = \frac{1250}{250}\text{h} = 5\text{ h}$$

$$s^2 = \frac{(1-5)^2 \times 22 + (3-5)^2 \times 56 + (5-5)^2 \times 92 + (7-5)^2 \times 60 + (9-5)^2 \times 20}{250}\text{h}^2$$

$$= \frac{1136}{250}\text{h}^2 = 4.544\text{h}^2$$

$$\mu_{\bar{x}} = \sqrt{\frac{4.544}{200}\left(1 - \frac{250}{5000}\right)}\text{ h} \approx 0.13\text{ h}$$

$$\Delta_{\bar{x}} = 2 \times 0.13\text{h} = 0.26\text{ h}$$

所以，置信区间为［5−0.26，5+0.26］，即全部学生每周平均看电视时间在4.74~5.26h。

（二）总体成数的区间估计

总体成数区间估计的步骤为：

（1）样本抽取以后，计算样本成数 p。

（2）计算样本是非标志方差 $p(1-p)$，或用经验数据代替总体是非标志方差 $P(1-P)$。

（3）计算抽样成数的平均误差：

$$\mu_p = \sqrt{\frac{p(1-p)}{n}} \text{（重复抽样）}$$

$$\mu_p = \sqrt{\frac{p(1-p)}{n}\left(1 - \frac{n}{N}\right)} \text{（不重复抽样）}$$

（4）根据概率 $F(t)$ 确定 t，计算成数的极限误差 $\Delta_p = t\mu_p$。

（5）确定总体成数 P 的置信区间 $(p-\Delta_p,\ p+\Delta_p)$。

【例 4-8】 对一批成品按不重复抽样方法抽选 200 件，其中废品 8 件，又知道样本容量为成品总量的 1/20。当概率保证度为 95%时，试估计废品率的范围。[$F(t)=0.95$, $t=1.96$]

解：

已知 $p=8/20=0.04=4\%$，$n/N=1/20$，$t=1.96$，则

$$\mu_p=\sqrt{\frac{0.04\times0.96}{200}\left(1-\frac{1}{20}\right)}\times100\%\approx1.35\%$$

$$\Delta_p=1.96\times1.35\%\approx2.65\%$$

$$4\%-2.65\%\leqslant P\leqslant4\%+2.65\%$$

所以，当概率保证度为 95%时，这批产品的废品率在 1.35%~6.65%之间。

三、必要抽样数目的确定

必要抽样数目是指为了完成抽样调查任务、满足抽样调查的各项要求而科学计算的需要抽取的样本单位数 n，也称作样本容量。

（一）确定抽样数目的必要性

抽样调查的目的是用样本资料推断总体。抽样推断的基础是样本，而样本的取得是按随机原则从全及总体中抽取一部分单位来组成的集合体。在遵从随机原则的条件下，样本容量究竟应为多大才合适呢？这是抽样调查中一个至关重要的问题。抽样单位数目太多会增加抽样组织的困难，造成人力、物力的浪费；抽样单位数目太少又会使误差增大，不能有效地反映总体情况，直接影响到抽样推断结果的准确性。另外抽样推断的一个重要方面则是要求推断的结果能满足在一定可靠性的条件下，保证抽样误差不超过事先规定的范围。而推断的可靠性要求主要是根据研究问题的性质和对抽样结果的用途不同而定。当可靠性要求已确定时，抽样误差的控制尤为重要。而抽样单位数目是影响抽样误差大小的重要因素，在其他条件相同时，就可以用增加或减少抽样单位数目的方法来控制抽样误差的大小，以达到用最合适的抽样单位数满足抽样调查任务的要求。

（二）影响抽样数目的因素

影响抽样数目的因素主要有以下四个：

（1）总体中各单位的标志变异程度的大小。

（2）抽样推断的可靠性程度大小。

（3）允许误差的大小。

（4）抽样方法和抽样组织形式。

（三）必要抽样数目的计算

确定必要抽样数目的基本原则是在概率保证程度一定的前提下，为了把抽样误差控制在某个范围以内，而至少需要抽取一定的样本单位数。因此可以通过抽样极限误差公式进行计算。

1. 重复抽样的必要抽样数目

（1）抽样平均数的必要抽样数目。

对 $\Delta_{\bar{x}}=t\mu_{\bar{x}}=t\sqrt{\frac{\sigma^2}{n}}$ 进行恒等变换，得必要抽样数目为

$$n_{\bar{x}}=\frac{t^2\sigma^2}{\Delta_{\bar{x}}^2}$$

（2）抽样成数的必要抽样数目。

对 $\Delta_p=t\mu_p=t\sqrt{\frac{p(1-p)}{n}}$ 进行恒等变换，得必要抽样数目为

$$n_p=\frac{t^2p(1-p)}{\Delta_p^2}$$

【例 4-9】 某市开展职工家计调查，根据历史资料该市职工家庭平均每人年收入的标准差为 2400 元，家庭消费总支出中食品消费支出比重（恩格尔系数）为 54%。现用重复抽样方法，要求在 0.9545 的概率保证度下，平均收入的抽样极限误差不超过 200 元，恩格尔系数的抽样极限误差不超过 4%，请确定必要抽样数目。

解：

根据前述公式，在重复抽样条件下，

平均收入的必要抽样数目：

$$n_{\bar{x}}=\frac{t^2\sigma^2}{\Delta_{\bar{x}}^2}=\frac{2^2\times 2400^2}{200^2}\text{户}=576\text{ 户}$$

恩格尔系数的必要抽样数目：

$$n_p=\frac{t^2p(1-p)}{\Delta_p^2}=\frac{2^2\times 0.54\times 0.46}{0.04^2}\text{户}=621\text{ 户}$$

2. 不重复抽样的必要抽样数目

（1）平均数的必要抽样数目。

对 $\Delta_{\bar{x}}=t\sqrt{\frac{\sigma^2}{n}\left(1-\frac{n}{N}\right)}$ 进行恒等变换，得必要抽样数目为

$$n_{\bar{x}}=\frac{Nt^2\sigma^2}{N\Delta_{\bar{x}}^2+t^2\sigma^2}$$

（2）成数的必要抽样数目。

对 $\Delta_p=t\sqrt{\frac{p(1-p)}{n}\left(1-\frac{n}{N}\right)}$ 进行恒等变换，得必要抽样数目为

$$n_p=\frac{Nt^2p(1-p)}{N\Delta_p^2+t^2p(1-p)}$$

【例 4-10】 某批发站欲估算零售商贩的平均每次进货额，根据历史资料进货额的标准差为 1000 元，假定到批发站进货的商贩有 2000 人，若要求置信水平为 0.9973，抽样极限误差不超过 250 元，应该抽取多大的样本？[$F(t)=0.9973$，$t=3$]

解：

这里没有说明采用的抽样方法，故可按上述两种方法分别计算其必要抽样数目：

$$F(t)=0.9973,\ t=3$$

重复抽样条件下的必要抽样数目：

$$n=\frac{t^2\sigma^2}{\Delta_{\bar{x}}^2}=\frac{3^2\times1000^2}{250^2}\text{人}=144\text{ 人}$$

不重复抽样条件下的必要抽样数目：

$$n=\frac{Nt^2\sigma^2}{N\Delta_{\bar{x}}^2+t^2\sigma^2}=\frac{2000\times3^2\times1000^2}{2000\times250^2+3^2\times1000^2}\text{人}\approx134.33\text{ 人}\approx135\text{ 人}$$

（四）确定抽样数目应注意的问题

（1）以上四个计算公式只适用于简单随机抽样。

（2）在同样条件下，不重复抽样比重复抽样要求的抽样数目少。

（3）同一总体往往同时需要计算抽样平均数和抽样成数，由于它们的方差和允许误差要求不同，因此，对抽样数目多少的要求也不一样，为了防止抽样数目的不足而扩大抽样误差，在实际工作中，往往根据抽样数目比较大的一个数目进行抽样，以满足共同要求。

（五）其他确定样本容量的方法

（1）如果以前有人做过类似的研究，初学者可以参照前人的样本。

（2）如果是大型城市、省市一级的地区性研究，样本量在 500 ~ 1000 可能比较适合；而对于中小城市，样本量在 200 ~ 300 可能比较合适；如果是多省市或者全国性的研究，则样本量可能在 1000 ~ 3000 比较适合。

（3）作为一个常识（主要是为了显著性检验），要进行分组研究的每组样本量应该不少于 30 个。

为什么抽样调查人数总是 1000 人

在很多抽样调查中，为什么抽样调查人数不是 500 人，也不是 1500 人，偏偏是 1000 人左右呢？

（1）省钱又准确。调查公司在进行国内调查的时候，都喜欢访问至少 1000 人，这个数字的采样足够让调查的误差幅度保持在 3%左右；而如果只访问 500 人的话，误差幅度会达到 5%，结果的可信度也就没有那么高了。当然，误差幅度是与访问人数成反比的，访问人数越多，误差幅度就越小，但在实际操作中，很多时候并不值得这样做。在 1000 人的基础上再访问 500 人，误差幅度不会减少 1 个百分点，但花费却会高出很多。所以，调查公司都认为 1000 人的抽样调查是准确性和支出费用之间的合理折中方案。

（2）数据宁多勿少。但为什么他们最后却以访问 1007 人告终呢？因为调查员并不是在同一时间对 1000 人进行访问调查的。以盖洛普公司为例，他们通常都会利用隶属五个不同呼叫中心的 50 名接受过训练的调查员进行调查。中央计算机系统会告诉这些调查员打电话给谁，什么时候打过去。一名主管会跟踪他们的工作，清楚地了解他们完成了多少访问，甚至知道被访者的男女比例是否正确、是否来自全国不同的地方。

当主管知道 1000 人的访问任务即将完成时，他就会向调查员发出“停止”的信号。而正在进行的访问会继续下去，数据也会归入到整个调查中去。如果主管判断正确的话，那么他们最终得到的采访人数应该起码有 1000 人。其实无论是 998 人还是 1002 人，对结果的影响都不会太大，但“宁多勿少”已是调查中的一条不成文的规定，因为在后来的计算中他们还会筛选掉一些数据。

第四节 假设检验

2013年4月，复旦大学医学院研究生黄某遭其室友林某某投毒后死亡。2014年2月18日上海市第二中级人民法院一审宣判，林某某犯故意杀人罪被判死刑，剥夺政治权利终身。该判决引起网民的广泛关注。假定调查网民对该判决结果的满意度，发现育有子女的网民的平均得分为2.8分，而无子女的网民的平均得分为3.0分，两组人群相差0.2分。现在面临这样的问题：两组网民的得分差异是什么原因造成的？是调查中的一些偶然因素造成的随机误差，还是某种因素造成的系统性影响？也就是有子女与无子女网民在有关一审结果的满意度上是否具有显著性差异呢？这就需要采用假设检验的方法。

一、假设检验的概念和思想

假设检验是指利用样本提供的数据资料来检验事先对总体某些数量特征所做的假设是否可信的一种统计方法。当对总体参数的真实性感到怀疑、需要通过样本来考察其正确与否时，往往借助假设检验做判断，从而决定接受或拒绝这一假设。

假设检验基于“证伪”的思想，即通常所称的反证法。通常情况下，人们很难证明一个假设是正确的，如“所有乌鸦是黑色的”。若从正面证明，必须穷尽所有乌鸦，而这是不可能的；但换一个角度，若能找到一只白色或者红色等不是黑色的乌鸦，那么“所有乌鸦是黑色的”这一假设就是不正确的。这就是证伪。

而假设检验中的证伪是基于小概率原理的。所谓小概率原理，就是认为小概率事件在一次试验中是几乎不可能发生的。也就是说，若总体的某个假设是真实的，那么不利于或不能支持这一假设的事件A在一次试验中是几乎不可能发生的；要是在一次试验中事件A竟然发生了，就有理由怀疑这一假设的真实性，拒绝这一假设。

二、假设的提出

在检验的过程中，需要从对立的两个方面给出假设，即原假设 H_0 和备择假设 H_1；然后根据样本资料的统计分析结果对两个假设做出选择：拒绝原假设而接受备择假设，或是肯定原假设而放弃备择假设。两者只能选其一，而且也只有一个正确。

原假设又称为零假设，是研究者想收集证据予以反对的假设，一般用 H_0 表示。其式中总有符号“=”“≥”或“≤”。

备择假设又称为研究假设，是研究者想收集证据予以支持的假设，一般用 H_1 表示。其式中总有符号“≠”“>”或“<”。

至于在两个假设中用哪一个作为原假设，哪一个作为备择假设，要看具体的目的和要求而定。假如目的是希望从样本观察值对某一陈述取得强有力的支持，就把这一陈述的否定作为原假设，而陈述本身作为备择假设。很多实际例子都是这样的。

【例 4-11】 某车间用一台包装机包装葡萄糖，包得的袋装葡萄糖重量是一个随机变量，它服从正态分布。当机器正常时，其均值是 0.5kg，标准差为 0.015kg。某日开工后为检验包装机是否正常，随机抽取它所包装的 9 袋，称得净重为（单位：kg）0.497、0.506、0.518、0.524、0.498、0.511、0.520、0.515、0.512，测得平均值为 0.511kg。问今日机器是否正常？

可设原假设和备择假设为 H_0：$\mu = 0.5$，H_1：$\mu \neq 0.5$。

就上例而言，应该如何做出判断呢？假定样本测定的结果不是 0.511kg，而是 0.2kg 或者更低，那人们从直观上就会感到原假设的真实性可疑而否定它。现在的问题是样本和原假设虽有差距，但差距不大，根据这个差距，难以从直观上判断机器是否正常。因为样本本身具有随机性，0.5kg 和 0.511kg 这个差距很可能是由样本的随机性造成的。在这种情况下，必须对样本值与原假设的差异进行分析。若有充分理由认为这种差异并非完全由偶然的随机因素造成的，即认为差异是显著的，则拒绝原假设，否则不能拒绝原假设。

需要注意的是，假设检验并不是根据样本结果简单地判断原假设和备择假设哪个更有可能正确，两个假设不能同等看待。如前所述，假设检验实质上是对原假设是否正确进行检验，因此，检验过程中要使原假设不会轻易被否定，否定原假设必须要有充分的理由；同时，当原假设被接受时，也只能认为否定它的根据还不充分，而不是认为它绝对正确。

假设可以是双向的，也可以是单向的，如下文步骤中所示，根据实际情况而定。

三、假设检验的步骤

假设检验的基本步骤如下。

（1）设立假设。根据题意提出原假设 H_0 和备择假设 H_1。原假设的提出一般有三种方式，以总体平均数的检验为例：

1）H_0：$\mu = \mu_0$，H_1：$\mu \neq \mu_0$。

2）H_0：$\mu \leqslant \mu_0$，H_1：$\mu > \mu_0$。

3）H_0：$\mu \geqslant \mu_0$，H_1：$\mu < \mu_0$。

具体采用哪种方式需要根据具体情况而定。

（2）假定在原假设正确的前提下，确定检验统计量并计算统计量的估计值。

（3）规定显著性水平 α。检验统计量确定后，就要利用该统计量的分布以及根据实际问题所确定的显著性水平，来进一步确定检验统计量拒绝原假设的取值问题。由于假设检验是根据样本信息对总体情况进行判断，因此存在误判的可能。若原假设正确却被当成错误而拒绝，统计上把犯这种错误的概率 α 称为假设检验中的显著性水平。α 一般由人为确定，通常取 $\alpha = 0.05$ 或 $\alpha = 0.01$ 等。

（4）确定临界值。按照规定的显著性水平和样本统计量的分布性质，确定接受域和拒绝域的临界值。

（5）计算检验统计量的值并与临界值比较，做出判断。

在给定的显著性水平 α 下，检验统计量的可能取值范围被分为拒绝原假设的区域与不能拒绝原假设的区域。拒绝区域就是在原假设成立的前提下，其发生概率不超过显著性水平 α

的区域，如果检验统计量的取值落在这一区域，表明发生了小概率事件（小概率事件在一次试验中被认为是几乎不可能发生的），即这种情况下原假设成立的概率很小，所以应当拒绝原假设，接受备择假设；不能拒绝区域就是在原假设成立的前提下，其发生概率在 $1-\alpha$ 的区域。如果检验统计量的取值落在这一区域，表明在原假设成立的前提下，认为没有充分证据证明备择假设为真，所以不能拒绝原假设。

四、假设检验的两类错误

一般地，进行统计推断的样本为总体的一个或数个随机样本，由于抽样时的抽样误差，利用样本对总体的统计推断有时会产生关于总体的错误结论。

因为 H_0 和 H_1 是互斥的，而且包含所有的可能，因此，它们只能有一个正确。如果 H_0 正确，则 H_1 是错误的；如果这时的假设检验结果为接受 H_0，则结论正确；相反，如果假设检验结果为拒绝 H_0，结论就是错误的，这类错误称为第一类错误，它的概率就是显著性水平 α。

第二类错误就是当原假设 H_0 是不真实的，却做出了接受 H_0 的选择，用 β 表示。

检验 H_0 的可能结果如表 4-5 所示。

表 4-5 检验 H_0 的可能结果

检验结果	未知的真正情况	
	H_0 正确	H_0 错误
接受 H_0	正确结论 $1-\alpha$	第二类错误 β
拒绝 H_0	第一类错误 α	正确结论 $1-\beta$

我们希望犯这两类错误的概率都尽可能小，但是在一定样本容量下，减小 α 会引起 β 增大，减小 β 会引起 α 增大。例如，某工厂准备购买一批较便宜的原材料，厂家决定，倘若这批原材料的次品率达到5%以上，就拒绝购买。然后逐批检验，当检验结果是拒绝购买，就有可能犯第一类错误，即工厂可能拒绝购买一批便宜的合格材料，而另出高价购买原材料，就会增加产品成本；反之，如果厂方接受这批原材料，就有可能犯第二类错误，即工厂可能购进一批不合格的原材料，产品的次品率就要上升。显然，工厂决策者有必要搞清楚哪类错误造成的损失较小，并可能减少成本。

一般检验的原则是：事先规定允许犯第一类错误的概率 α，然后尽量减小犯第二类错误的概率 β。

五、总体均值的检验

1. 当总体方差已知时，检验统计量为 $Z=\dfrac{\bar{X}-\mu_0}{\sigma/\sqrt{n}}$

（1）双侧检验 H_0：$\mu=\mu_0$，H_1：$\mu\neq\mu_0$。

当 $|z|=\dfrac{|\bar{x}-\mu_0|}{\sigma/\sqrt{n}}\geqslant z_{\alpha/2}$ 时，拒绝 H_0；

当 $|z| = \dfrac{|\bar{x} - \mu_0|}{\sigma/\sqrt{n}} < z_{\alpha/2}$ 时，接受 H_0。

（2）左侧检验H_0：$\mu \geqslant \mu_0$，H_1：$\mu < \mu_0$。

当 $z = \dfrac{\bar{x} - \mu_0}{\sigma/\sqrt{n}} < -z_\alpha$ 时，拒绝 H_0；

当 $z = \dfrac{\bar{x} - \mu_0}{\sigma/\sqrt{n}} \geqslant -z_\alpha$ 时，接受 H_0。

（3）右侧检验 H_0：$\mu \leqslant \mu_0$，H_1：$\mu > \mu_0$。

当 $z = \dfrac{\bar{x} - \mu_0}{\sigma/\sqrt{n}} > z_\alpha$ 时，拒绝 H_0；

当 $z = \dfrac{\bar{x} - \mu_0}{\sigma/\sqrt{n}} \leqslant z_\alpha$ 时，接受 H_0。

【例 4-12】 已知同年龄、同性别学生的 100m 短跑成绩服从正态分布。某校某年级男生 100m 短跑平均成绩 $\mu = 14.51\text{s}$，$\sigma = 0.71\text{s}$。现从该校该年级男生中随机抽测 15 人的 100m 短跑成绩，得 $\bar{x} = 14.13\text{s}$，如果 σ 无变化，问现在的该校该年级男生 100m 短跑平均成绩是否仍为 14.51s？（$\alpha = 0.05$）

解：

已知总体服从正态分布，已知总体标准差。

建立原假设：

$$H_0 : \mu = \mu_0 = 14.51\text{s}$$

备择假设：

$$H_1 : \mu \neq \mu_0 = 14.51\text{s}$$

计算检验统计量：

$$z = \frac{\bar{x} - \mu_0}{\frac{\sigma}{\sqrt{n}}} = \frac{14.13\text{s} - 14.51\text{s}}{\frac{0.71\text{s}}{\sqrt{15}}} \approx -2.07$$

取 $\alpha = 0.05$，$z_{0.05/2} = z_{0.025} = 1.96$

统计判断：$|z| > z_{0.025}$，差异具有显著意义，拒绝原假设。可以认为现在该校该年级男生的 100m 短跑成绩有变化（即不是 14.51s）。

【例 4-13】 已知我国健康成年男子安静时的脉搏服从正态分布，平均数为 72 次/min，标准差为 6.4 次/min。为了探讨安静时脉搏与体育锻炼的关系，现从经常参加体育锻炼的成年男子中随机抽测 40 人，测得其平均脉搏为 69.5 次/min。能否认为成年男子经过长期的体育锻炼会使安静时心率减慢？（$\alpha = 0.01$）

解：

已知总体服从正态分布，已知总体标准差。

建立原假设：

$$H_0 : \mu = \mu_0 = 72\ 次/\text{min}$$

备择假设：

$$H_1: \mu \neq \mu_0 = 72 \text{次/min}$$

计算检验统计量：

$$z = \frac{\bar{x} - \mu_0}{\frac{\sigma}{\sqrt{n}}} = \frac{69.5 \text{次/min} - 72 \text{次/min}}{\frac{6.4 \text{次/min}}{\sqrt{40}}} \approx -2.47$$

取 $\alpha = 0.01$，$z_{0.01} = 2.33$

因为 $|z| > z_{0.01}$，差异具有显著意义，拒绝原假设。因此，可以认为成年男子经过长期的体育锻炼会使安静时心率减慢。

2\. 当总体方差未知时，检验统计量为 $t = \dfrac{\bar{X} - \mu_0}{S/\sqrt{n}}$

当 $\mu = \mu_0$ 时，统计量 t 服从自由度为 $n-1$ 的 t 分布。给定显著性水平 α，对于上面的三种假设情况，检验规则分别为：

（1）当 $|t| \geqslant t_{\alpha/2}(n-1)$ 时，拒绝 H_0；当 $|t| < t_{\alpha/2}(n-1)$ 时，接受 H_0。

（2）当 $t \geqslant t_{\alpha}(n-1)$ 时，拒绝 H_0；当 $t < t_{\alpha}(n-1)$ 时，接受 H_0。

（3）当 $t \leqslant -t_{\alpha}(n-1)$ 时，拒绝 H_0；当 $t > -t_{\alpha}(n-1)$ 时，接受 H_0。

【例 4-14】 已知某县 14 岁女生短跑 50m 成绩服从正态分布，且 $\mu_0 = 8.8\text{s}$。现从某中学随机抽取 29 名同龄女生测验短跑 50m，其平均成绩 $\bar{x} = 8.5\text{s}$，标准差 $s = 0.74\text{s}$。试检验该中学女生短跑 50m 水平是否低于该县同龄女生。（$\alpha = 0.05$）

解：

已知总体服从正态分布，总体方差未知，且 $n < 30$，可用 t 分布。

建立原假设：

$$H_0: \mu \leqslant \mu_0 = 8.8\text{s}$$

备择假设：

$$H_1: \mu > \mu_0 = 8.8\text{s}$$

计算检验统计量：

$$t = \frac{\bar{x} - \mu_0}{\frac{s}{\sqrt{n}}} = \frac{8.5\text{s} - 8.8\text{s}}{\frac{0.74\text{s}}{\sqrt{29}}} \approx -2.183$$

取 $\alpha = 0.05$，$n - 1 = 29 - 1 = 28$，$t_{0.05}(28) = 1.701$

统计判断：$t = -2.183 < -t_{0.05}(28) = -1.701$，差异具有显著意义，拒绝原假设。因此，该中学女生短跑 50m 水平确实低于该县同龄女生。

六、总体成数的检验

总体成数是指总体中具有某种特征的个体所占的比例，这些特征可以是数值型的（如一定的重量、一定的厚度或一定的规格等），也可以是品质型的（如男女性别、学历层次等），通常用字母 π 表示总体成数，用 π_0 表示对总体成数的某一假设值，用 p 表示样本成数，总体成数的检验与总体均值的检验基本上是相同的，区别在于参数和检验统计量的形式

不同。在大样本情形下，样本成数统计量 p 近似服从正态分布，因而，总体成数的检验统计量可构造为

$$z=\frac{p-\pi_0}{\sqrt{\frac{\pi_0(1-\pi_0)}{n}}}$$

（1）双侧检验 H_0：$\mu=\mu_0$，H_1：$\mu\neq\mu_0$。

当 $|z|=\frac{|p-\pi_0|}{\sqrt{\frac{\pi_0(1-\pi_0)}{n}}}>z_{\alpha/2}$ 时，拒绝 H_0；

当 $|z|=\frac{|p-\pi_0|}{\sqrt{\frac{\pi_0(1-\pi_0)}{n}}}\leqslant z_{\alpha/2}$ 时，接受 H_0。

（2）左侧检验 H_0：$\mu\geqslant\mu_0$，H_1：$\mu<\mu_0$。

当 $z=\frac{p-\pi_0}{\sqrt{\frac{\pi_0(1-\pi_0)}{n}}}<-z_\alpha$ 时，拒绝 H_0；

当 $z=\frac{p-\pi_0}{\sqrt{\frac{\pi_0(1-\pi_0)}{n}}}\geqslant -z_\alpha$ 时，接受 H_0。

（3）右侧检验 H_0：$\mu\leqslant\mu_0$，H_1：$\mu>\mu_0$。

当 $z=\frac{p-\pi_0}{\sqrt{\frac{\pi_0(1-\pi_0)}{n}}}>z_\alpha$ 时，拒绝 H_0；

当 $z=\frac{p-\pi_0}{\sqrt{\frac{\pi_0(1-\pi_0)}{n}}}\leqslant z_\alpha$ 时，接受 H_0。

【例 4-15】 一种以休闲和娱乐为主题的杂志，声称其读者群中有 80% 为女性，为验证这一说法是否属实，某研究部门抽取了由 200 人组成的一个随机样本，发现有 146 个女性经常阅读该杂志，分别取显著性水平 $\alpha=0.05$ 和 $\alpha=0.01$，检验该杂志读者群中女性的比例是否为 80%。它们的 p 值各是多少？

解：

已知总体近似服从正态分布，因此：

建立原假设：

$$H_0:\ \pi=\pi_0=80\%$$

备择假设：

$$H_1:\ \pi\neq\pi_0=80\%$$

根据抽样结果得 $p=146/200=0.73=73\%$，检验统计量为

$$z=\frac{0.73-0.8}{\sqrt{\frac{0.8(1-0.8)}{200}}}=-2.475$$

取 $\alpha=0.05$，$z_{0.05/2}=z_{0.025}=1.96$

统计判断：$|z|>z_{0.05/2}$，拒绝原假设。在显著性水平为0.05的条件下，样本提供的证据表明该杂志的说法并不属实。

取 $\alpha=0.01$，$z_{0.01/2}=z_{0.005}=2.58$

因为 $|z|<z_{0.01/2}$，所以不拒绝原假设。在显著性水平为0.01的条件下，样本提供的证据表明尚不能推翻原假设。

从上面的例子可以看出，对于同一个检验，不同的显著性水平也会得出不同的结论。

能力训练

一、单项选择题

1. 在抽样方法中，最简单和最基本的一种抽样方法是（　　）。

A. 分层抽样　　B. 等距抽样　　C. 简单随机抽样　　D. 整群抽样

2. 抽样调查所必须遵循的基本原则是（　　）。

A. 随意原则　　B. 可比性原则　　C. 准确性原则　　D. 随机原则

3. 样本容量是指（　　）。

A. 样本可能数目　　B. 调查单位数

C. 总体单位数　　D. 调查单位数和总体单位数

4. 抽样调查的主要目的在于（　　）。

A. 计算和控制误差　　B. 了解总体单位情况

C. 用样本来推断总体　　D. 对调查单位做深入的研究

5. 抽样平均误差反映样本指标与总体指标之间的（　　）。

A. 实际误差　　B. 实际误差的绝对值

C. 平均误差程度　　D. 可能误差范围

6. 在其他条件不变的情况下，如果提高抽样估计的程度，则区间估计的区间长度（　　）。

A. 扩大　　B. 缩小　　C. 不变　　D. 变化方向不确定

7. 根据某城市电话网400次通话调查得知每次通话持续时间为5min，标准差为2min，请以95%的概率保证程度估计该城市每次通话的平均持续时间为（　　）。

A. 4.5~5.5min　　B. 4.836~5.164min　　C. 4.804~5.196min　　D. 0~11min

8. 在同样情况下，不重复抽样的抽样平均误差与重复抽样的抽样平均误差相比，是（　　）。

A. 两者相等　　B. 两者不等　　C. 前者小于后者　　D. 前者大于后者

9. 若总体的标准差为 σ，按重复抽样的方法从总体中抽出容量为 n 的样本，则样本均值的抽样平均误差是（　　）。

A. $\frac{\sigma}{\sqrt{n}}$　　B. $\frac{\sigma}{n}$　　C. $\frac{\sigma^2}{n}$　　D. $\sqrt{\frac{\sigma^2(N-n)}{n(N-1)}}$

10. 假设总体比例 P 为 0.5，从此总体中采取重复抽样的方法抽取容量为 100 的样本，则样本成数的抽样平均误差为（　　）。

A. 0.01　　B. 0.05　　C. 0.55　　D. 0.65

11. 反映抽样指标与总体指标之间抽样的可能范围的指标是（　　）。

A. 抽样平均误差　　B. 抽样误差系数　　C. 概率度　　D. 抽样极限误差

12. 重复抽样时，在其他条件不变的情况下，如果允许误差缩小为原来的 1/2，则样本容量（　　）。

A. 扩大为原来的 4 倍　　B. 扩大为原来的 2 倍

C. 缩小为原来的 1/2　　D. 缩小为原来的 1/4

13. 在进行抽样估计时，常用的概率度 t 的取值为 1 时，对应的概率保证程度是（　　）%。

A. 67.27　　B. 67.28　　C. 68.27　　D. 68.28

14. 某地区的写字楼月租金的标准差为 80 元，要求置信度为 0.95，抽样极限误差不超过 25 元应抽取的样本量为（　　）。

A. 20　　B. 30　　C. 40　　D. 50

15. 对 400 名大学生抽取 19%进行不重复抽样调查，优等生比重为 20%，概率保证度为 0.9545，优等生比重的抽样极限误差为（　　）。

A. 4.0%　　B. 4.13%　　C. 3.6%　　D. 8.26%

4-01

二、判断题

1. 样本个数与样本容量是同一概念。（　　）

2. 不重复抽样的抽样平均数的平均误差比重复抽样的抽样平均数的平均误差要大。（　　）

3. 影响抽样误差的因素有总体被研究标志的变异程度、抽样单位数、抽样方法、抽样方式。（　　）

4. 在保证概率度和总体方差一定的条件下，允许误差大小与抽样数目多少成正比。（　　）

5. 在抽样推断中，如果其他条件不变，提高估计的把握程度，则抽样估计的准确越高。（　　）

6. 抽样调查的最终目的不是只得到调查单位的数据，而是根据样本数据推断被调查现象的总体特征。（　　）

7. 在抽样调查中，登记性误差和代表性误差都是存在的。（　　）

8. 抽样误差与全及总体内部差异程度成正比关系。（　　）

9. 抽样误差产生大小取决于抽样调查时违反了随机原则的程度。（　　）

10. 极限误差就是最大的抽样误差，因此，总体指标必然落在样本指标和极限误差共同构成的区间之内。（　　）

4-02

三、计算题

1. 从麦当劳餐厅连续三个星期抽查49位顾客，以调查顾客的平均消费额，得样本平均消费额为25.5元。假如总体的标准差为10.5元，求在95%的概率保证程度下顾客平均消费额的置信区间。[$F(t)=0.95$, $t=1.96$]

4-03

2. 采用简单随机重置抽样，从2000件产品中抽查200件，其中合格品190件，要求：

（1）以95.45%的概率保证程度，对合格品率和合格品数量进行区间估计。[$F(t)=0.9545$，$t=2$]

（2）在其他条件不变的情况下，如果抽样极限误差不超过3%，应抽取多少个样本？

4-04

3. 假定总体为5000个单位，被研究标志的方差不小于400，抽样极限误差不超过3，当概率保证程度为95%时 [$F(t)=0.95$, $t=1.96$]，要求：

（1）采用重复抽样时需要抽取多少样本单位数？

（2）若要求抽样允许误差减少50%，又需抽多少单位？

4-05

4. 对某厂日产1万个灯泡的使用寿命进行抽样调查，抽取100个灯泡，测得其平均寿命为1800h，标准差为6h。按重复抽样要求计算：

（1）按68.27%概率保证程度计算抽样平均数的极限误差。

（2）按以上条件，若极限误差不超过0.4h，应抽取多少只灯泡进行测试？

（3）按以上条件，若概率保证程度提高到95.45%，应抽取多少只灯泡进行测试？

4-06

5. 某食品厂用自动装袋机包装食品，每袋标准质量为50g，每隔一定时间抽取包装袋进行检查。现抽取10袋，测得其质量为（单位：g）：

49.8，51，50.5，49.5，49.2，50.2，51.2，50.3，49.7，50.6

若每袋质量服从正态分布，则每袋质量是否合乎要求？（$\alpha=0.10$）

4-07

6. 一般来说，如果能够证明某部电视连续剧在播出的头13周中收视率超过了25%，则可认为它获得了成功。现针对一部关于农村生活题材的电视剧，抽选了400个家庭组成一个样本，发现头13周里有112个家庭看过这部电视剧。

（1）建立适当的原假设和备择假设。

（2）在显著性水平$\alpha=0.01$时，能否断定这部电视剧是成功的？

4-08

案例与思考

抽样调查会被大数据的全样本分析所取代吗？

随着互联网技术的不断发展，大数据成功应用的案例越来越多，而之前抽样调查一直是洞察原因和预测结果的手段。下面是关于美国大选的例子：

1936年，盖洛普公司和罗珀公司成功地预测了罗斯福总统的成功连任。另外，内特·西尔弗（Nate Silver）利用大数据准确预测了2012年50个州的结果；2012年，奥巴马团队运用数据挖掘技术帮助其成功连任。

那么问题来了：抽样调查是否会被大数据的全样本分析取代？

答案是：不会。

第一，抽样调查的随机性使得样本可以反映总体的情况；而大数据样本没有这样的随机性，不能很好地代表总体。

第二，能否把大数据样本当作“总体”来使用？答案依旧是不行。大数据技术本身远远没有达到“普查”的水平，存在统计偏差。

总结：大数据的确很厉害，但它不能代替抽样调查。如果错误地使用大数据，得到的结果只能是自欺欺人。

从统计分析到数据挖掘，再到大数据，扎实的统计知识都是必不可少的。统计知识的意义在于告诉人们，什么样的结果是错误的以及如何不被结果所欺骗，关于“全样本分析取代抽样”，如果说“在一些过去依靠抽样的研究领域，普查正在替代抽样”，那么是对的；如果说“在数据分析的整个领域里，一种方法正在取代另一种方法”，则是不对的。

（资料来源：高济禾，等，《中国大数据整理》，有改动。）

讨论与思考：

（1）你觉得抽样调查会被大数据的全样本分析所取代吗？为什么？

（2）请上百度查阅抽样调查与大数据方法在 2016 年美国总统选举中的深入应用有哪些。

（答案：略。）

第五章　相关分析与回归分析

引例

在第一章中谈到裙边理论与子女身高时，裙边和经济景气间存在的相关关系以及子女身高与父母身高存在的回归关系，使大家迫切想知道它们之间的实际关系。实际上社会经济生活中存在着大量的相互依存、相互制约、相互影响的例子，如企业规模和经营费用之间、工资增长和劳动生产率之间、家庭收入水平和消费支出之间、施肥量与稻谷收获量之间、广告费支出与商品销售额之间。如何研究这些现象之间数量上的相互依存关系，分析它们变动的影响因素和作用强度呢？本章将从相关分析与回归分析来解答这些问题。

本章学习目标

1. 了解相关关系的概念与分类。
2. 理解相关系数的计算，掌握相关系数的密切程度和显著性检验。
3. 理解回归分析的特点，掌握一元线性回归方程的建立。
4. 理解回归分析判定系数和估计标准误差的计算，掌握线性回归方程的显著性检验。
5. 了解非线性回归的直接代换法和间接代换法。

第一节　相关分析的基本概念

一、相关关系的概念

世界是相互联系的，所有各种现象之间的相互联系可区分为下列两种不同的类型。

（一）函数关系

函数关系反映着现象之间存在着严密的确定的依存关系。例如，$S=\pi r^2$ 中，这里圆的面

积 S 与半径 r 是函数关系，r 值发生变化，则有确定的 S 值与之对应。

（二）相关关系

相关关系是指现象之间确实存在一定的联系，但数量关系表现为不严格相互依存关系。即对一个变量或几个变量确定为某一定值时，另一变量值表现为在一定范围内随机波动，具有非确定性。例如，产品销售收入与广告费用之间的关系。

（三）函数关系与相关关系的区别

函数关系是变量之间的一种严格、完全确定性的关系，即一个变量的数值完全由另一个（或一组）变量的数值所决定、控制。例如，商品销售额 = 商品销售量 × 商品单价。在商品价格不变的条件下，商品销售量发生变化，就有一个确定的商品销售额与之相对应。

相关关系一般不是完全确定的。它们既存在着密切的关系，但又不能由一个或几个变量的数值精确地求出另一个变量的值（这个变量实际上就是随机变量）。因此，相关关系难以像函数关系那样，用数学等式去准确表达。

二、相关关系的分类

变量之间的相关关系是很复杂的，它们以不同的方式和程度相互作用，表现出不同的类型和形态。

（一）按相关的密切程度可分为完全相关、不完全相关和不相关

当一个变量的变化完全由另一个变量所决定时，即称为完全相关，这种严格的依存关系实际上就是函数关系，如 $S=\pi r^2$。当两个变量的变化相互独立、互不影响时，称为不相关。介于这二者之间，称为不完全相关，通常相关分析是指对不完全相关的分析。

（二）按相关方向的不同可分为正相关和负相关

当一个变量随着另一个变量的增加（减少）而增加（减少），称为正相关，例如家庭收入与家庭支出之间的关系，一般随着家庭收入的增加，家庭支出也会随之增加。当一个变量随着另一个变量的增加（减少）而减少（增加），称为负相关，如商品价格上升，商品的需求量下降。

（三）按表现形态不同可分为线性相关和非线性相关

当变量之间的依存关系大致呈现为线性形式，即当一个变量变动一个单位时，另一个变量也按一个大致固定的增（减）量变动，就称为线性相关。当变量间的关系不按固定比例变化时，就称之为非线性相关，具体可分为：抛物线、指数曲线、双曲线等。

（四）按所涉及的变量多少可分为单相关、复相关和偏相关

一个变量对另一个变量的相关关系，称为单相关。一个变量与两个或两个以上其他变量的相关关系，称为复相关。在复相关的研究中，固定或控制其他变量不变，专门研究其中两个变量之间的相关关系时，称为偏相关。

在实际应用中，变量之间究竟采取哪种形态，要根据具体情况进行理论分析，并根据实际经验，才能得到较好的解决。上述相关关系可以用图 5-1 来示意。

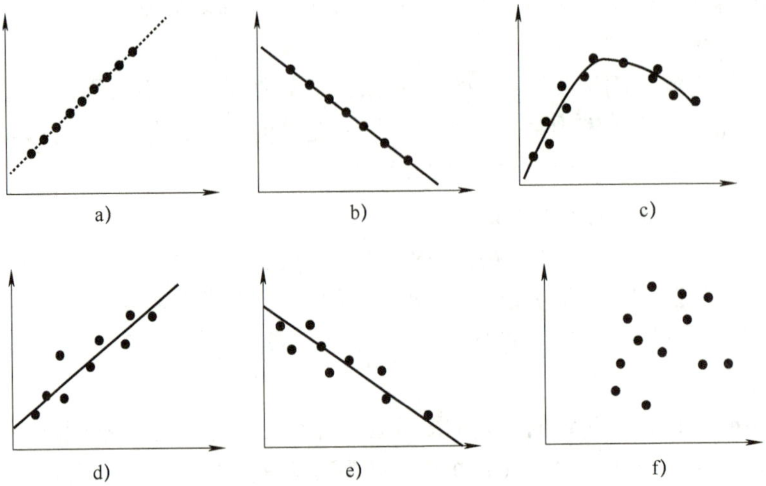

图 5-1　相关关系分类示意图

a）完全正线性相关　b）完全负线性相关　c）非线性相关　d）正线性相关　e）负线性相关　f）不相关

三、相关分析的主要步骤

相关分析是指研究一个变量与另一个变量或另一组变量之间相关关系（相关方向和相关密切程度）的统计分析方法。相关分析在经济分析中被广泛地应用，如经济学家分析国内生产总值与资本、劳动力、出口增长之间的相互关系，储蓄与收入之间的关系，通货膨胀率与失业率之间的关系等。相关分析的主要步骤如下。

（一）确定变量之间有无相关关系，以及相关关系的表现形式

进行相关分析，首先要确定变量间是否有相关关系。有相互依存关系才能用相关方法去分析。相关关系表现为何种形式就用什么样的方法分析。

（二）计算相关系数

相关分析的目的之一就是要从变量间不确定的数量关系中，判断相关关系的方向和密切程度。直线相关用相关系数表示。

（三）选择合适的数学模型

确定了变量之间确实有相关关系，就可以选择合适的数学模型来对变量之间的关系进行近似描述，并用自变量的数值去推测因变量的数值，称之为回归分析。如果变量之间为线性相关，则采用直线方程，称为线性回归；如果变量之间为非线性相关，则采用曲线方程，称为非线性回归。

（四）测定变量估计值的可靠程度

在相关与回归分析中，第三步建立了数学模型和回归方程，并可以依据回归方程对因变量进行估值。把估计值和实际值进行对比，如果它们的差别小，说明估计得较准确；反之，就不够准确；统计中，可以用估计标准误差来衡量因变量估计值的准确程度。

（五）对计算出的相关系数、回归方程、回归系数，进行显著性检验

对前几步变量之间建立的回归方程与系数要进行显著性检验，检验变量之间是否真的具备这样的关系。

第二节　简单线性相关分析

一、散点图和相关表

相关分析可以从相关表、散点图和相关系数三个角度进行。相关分析采用定性和定量相结合的方法，即先做定性分析，再做定量分析。所谓定性分析，是根据有关专业知识和实际经验，来判断变量之间是否存在一定的相关性。如股票价格和气温之间一般是不相关的，就不要做进一步的相关分析与回归分析。如果确实存在关系，则再通过编制散点图和相关表对变量之间的相关关系的类型做出大致判断。上述工作完成后，再进行定量分析，即可以计算相关系数，以精确反映相关关系的方向和程度。

（一）绘制散点图

利用SPSS软件，可以绘制简单散点图、矩阵散点图和三维散点图等。

【例5-1】 在某个地区抽取了9家生产同类产品的企业，其月产量和单位成本的资料如表5-1所示，试分析月产量和单位成本之间的关系。

表5-1　9家企业的月产量和单位成本数据

企业编号	1	2	3	4	5	6	7	8	9
月产量x/千件	4.1	6.3	5.4	7.6	3.2	8.5	9.7	6.8	2.1
单位成本y/元	80	72	71	58	86	50	42	63	91

根据专业知识，可以判断产品产量和单位成本之间存在着相关关系。接着通过绘制散点图，可以比较直观地看出这两个变量间关系的表现形式，如图5-2所示。

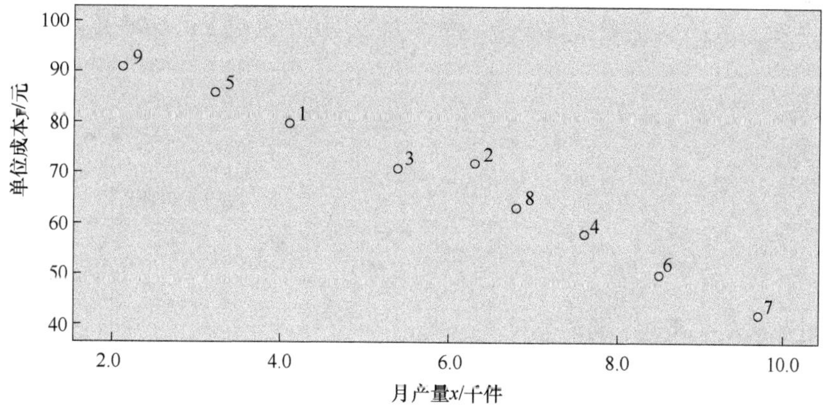

图5-2　月产量与单位成本的散点图（SPSS制作）

从图5-2可以看出，单位成本随着月产量的增加而减少，单位成本与月产量间存在负相关关系，而且有形成一条直线的倾向，为后续进行线性回归分析指明了方向。

（二）相关表

根据总体单位的原始数据还可以编制相关表，例5-1中的月产量按照升序排列，即得相关表，如表5-2所示。

表5-2　9家企业的月产量和单位成本相关表

企业编号	月产量 x/千件	单位成本 y/元
9	2.1	91
5	3.2	86
1	4.1	80
3	5.4	71
2	6.3	72
8	6.8	63
4	7.6	58
6	8.5	50
7	9.7	42
合计	53.7	613

从相关表中可以看出，月产量和单位成本之间存在着明显的负相关关系。

二、相关系数的计算

（一）皮尔逊相关系数：对定距连续变量的数据进行计算

相关系数是度量两个变量之间有无线性相关关系及相关关系的密切程度的统计量。1890年，英国统计学家卡尔·皮尔逊（Karl Pearson）提出了相关系数的公式：

$$r=\frac{\sigma_{xy}^{2}}{\sigma_{x}\sigma_{y}}$$

式中，r 为相关系数；σ_{xy}^{2} 为变量 x 与变量 y 的协方差；σ_x 为变量 x 的标准差；σ_y 为变量 y 的标准差。

或者

$$r=\frac{\sigma_{xy}^{2}}{\sigma_{x}\sigma_{y}}=\frac{\frac{1}{n}\sum(x-\bar{x})(y-\bar{y})}{\sqrt{\frac{1}{n}\sum(x-\bar{x})^{2}}\sqrt{\frac{1}{n}\sum(y-\bar{y})^{2}}}=\frac{\sum(x-\bar{x})(y-\bar{y})}{\sqrt{\sum(x-\bar{x})}\sqrt{\sum(y-\bar{y})}}$$

经化简，还可形成相关系数 r 的简便计算公式

$$r=\frac{n\sum xy-\sum x\sum y}{\sqrt{n\sum x^{2}-\left(\sum x\right)^{2}}\cdot\sqrt{n\sum y^{2}-\left(\sum y\right)^{2}}}$$

或者

$$r=\frac{\sum xy-n\bar{x}\bar{y}}{\sqrt{\sum x^{2}-n\bar{x}^{2}}\sqrt{\sum y^{2}-n\bar{y}^{2}}}$$

现用表5-1的数据来说明相关系数的计算过程。计算表如表5-3所示。

表 5-3 相关系数计算表

序号	月产量 x/千件	单位成本 y/元	x^2	y^2	xy
1	4.1	80	16.81	6400	328
2	6.3	72	39.69	5184	453.6
3	5.4	71	29.16	5041	383.4
4	7.6	58	57.76	3364	440.8
5	3.2	86	10.24	7396	275.2
6	8.5	50	72.25	2500	425
7	9.7	42	94.09	1764	407.4
8	6.8	63	46.24	3969	428.4
9	2.1	91	4.41	8281	191.1
合计	53.7	613	370.65	43899	3332.9

$$r=\frac{n\sum xy-\sum x\sum y}{\sqrt{n\sum x^2-\left(\sum x\right)^2}\sqrt{n\sum y^2-\left(\sum y\right)^2}}=\frac{9\times 3332.9-53.7\times 613}{\sqrt{9\times 370.65-(53.7)^2}\sqrt{9\times 43899-613^2}}\approx -0.9886$$

在已有平均值的情况下，即 $\bar{x}\approx 5.97$，$\bar{y}\approx 68.11$，还可以如下计算：

$$r=\frac{\sum xy-n\bar{x}\bar{y}}{\sqrt{\sum x^2-n\bar{x}^2}\sqrt{\sum y^2-n\bar{y}^2}}=\frac{3332.9-9\times 53.7\times 613}{\sqrt{370.65-9\times(5.97)^2}\sqrt{43899-9\times 68.11^2}}\approx -0.9886$$

（二）Spearman 秩相关系数

最常用的非参数相关分析（秩相关），当两变量不符合双变量正态分布的假设时，需用 Spearman 秩相关系数来描述变量间的相互变化关系。此时，散点图上散点的分布形态不能完全描述两变量间的相关关系，故此时一般不需再绘制散点图。

（三）Kendall 秩相关系数

Kendall 秩相关系数用于反映分类变量一致性的指标，只能在两个变量均属于有序分类时使用。

等级相关系数也称为“秩相关系数”，是反映等级相关程度的统计分析指标。常用的等级相关分析方法有 Spearman 等级相关和 Kendall 等级相关等。

在实际应用中，有时获得的原始资料没有具体的数据表现，只能用等级来描述某种现象，要分析现象之间的相关关系，就只能用等级相关系数。

一般的相关是指线性相关，相关系数为 0，说明没有线性关系，但并不能说明没有曲线关系，曲线相关可以通过将变量进行转换后再算线性相关，也可以直接进行曲线拟合。

三、相关系数的密切程度

相关系数 r 的取值范围在 -1 和 $+1$ 之间，即 $-1\leqslant r\leqslant 1$。当 $r>0$ 时，为正线性相关；当 $r<0$ 时，为负线性相关。当 $|r|=1$ 时，为完全线性相关关系；当 $|r|=0$ 时，为不存在线性相关关系，但要注意，有可能是非线性关系，如指数曲线关系。当 $0<|r|<1$ 时，描述变量之间相关关系密切程度的常用标准如下：

$0<|r|\leqslant 0.3$，为弱相关。

$0.3<|r|\leqslant 0.5$ 为低度相关。

$0.5<|r|\leqslant 0.8$，为显著相关。

$0.8<|r|\leqslant 1$，为高度相关。

按以上标准来判断，计算相关系数的样本量 n 要比较多，这样关系程度是可以相信的，否则相信的程度会降低。

四、相关系数的显著性检验

测算了两个变量样本的相关系数后，用样本相关系数去推断总体相关系数时，因为推断误差的存在，不可能保证100%可靠。也就是说，因为样本是随机抽取的，根据其计算出的相关系数虽然很大，但总体却可能并不具备相关性。因此，在用样本相关系数推断总体相关系数并得出结论前，就必须要做假设检验。

检验样本（相关系数为 r）是否会来自于一个无线性关系的总体（总体的相关系数为 ρ），可以采用 t 检验法，步骤如下。

（1）提出假设 $H_0:\rho=0, H_1:\rho\neq 0$。

（2）检验统计量为 $t=|r|\sqrt{\dfrac{n-2}{1-r^2}}$，其中 $n-2$ 为自由度。

（3）若显著性水平为 α，查 t 表的临界值 $t_{\alpha/2}(n-2)$。

（4）若 $|t|\geqslant t_{\alpha/2}(n-2)$，则拒绝原假设，接受备择假设，即认为样本的相关系数显著，可以说明总体两个变量间存在着线性相关，检验通过；若 $|t|<t_{\alpha/2}(n-2)$，则结论相反。

【例5-2】 用上述方法，对例5-1中9家企业的月产量和单位成本的样本相关系数做显著性检验。

解：

已知 $r\approx -0.9886, n=9$，提出假设

$$H_0:\rho=0, H_1:\rho\neq 0$$

$$t=|r|\sqrt{\frac{n-2}{1-r^2}}\approx 0.9886\times\sqrt{\frac{9-2}{1-0.9886^2}}\approx 17.37$$

设显著性水平 $\alpha=0.05$。查 t 表得 $t_{\alpha/2}(n-2)=t_{0.025}(7)=2.3646$，$|t|>t_{\alpha/2}(n-2)$，表明总体相关系数 $\rho=0$ 的可能性小于 $\alpha=0.05$。所以拒绝原假设 $H_0:\rho=0$，认为样本的相关关系具有显著性，即不能否认总体（全部的同类企业）的两变量存在线性相关。

第三节　线性回归分析

一、回归分析的概念

对具有相关关系的两个或两个以上变量之间的数量变化的一般关系进行测定，确立一个相应的数学方程，描述变量间平均变化关系，以便从一个已知量来预测另一个未知量的方法，称为回归分析法。

根据回归分析建立的数学方程称为回归方程，相关分析是回归分析的基础，而回归分析则是认识变量之间相关程度的具体形式。

关于“回归”的起源，要追溯到英国著名遗传学家弗朗西斯·高尔顿和他的学生卡尔·皮尔逊在子女与父母相像程度遗传学方面的研究，他们测量了1078对父亲及其成年儿子的身高。他们之间的数量关系如图5-3所示。

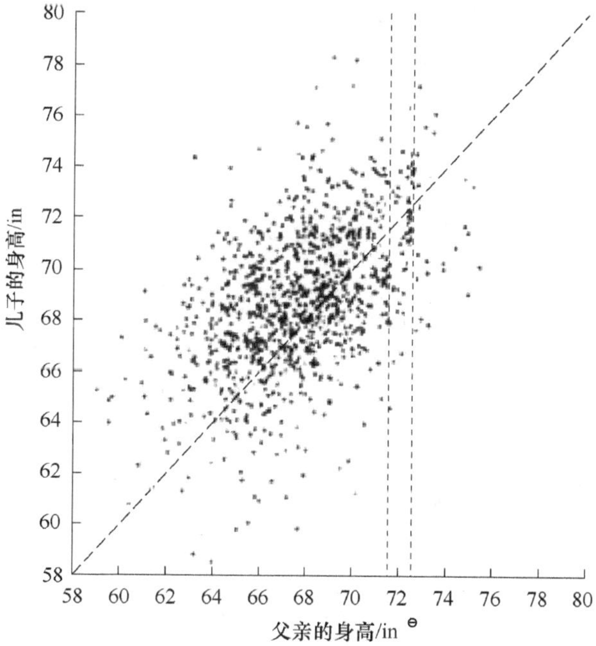

图5-3　1078对父子身高的散点图

从图5-3看到，多数点位于角平分线的两侧椭圆形面积之内，落在斜线上的点极少，即儿子与父亲身高完全相同的极少。由点落在斜线周围还说明，高个子的父亲有着较高身材的儿子，而矮个子父亲的儿子身高也比较矮。同时，也看到一些远离斜线的点，这些点反映的是父亲的身高与儿子的身高相差甚远的情况。例如，高个子的父亲有矮个子的儿子的情况，或者矮个子的父亲有高个子的儿子的情况。父子身高之间有什么规律呢？进一步研究发现，

㊀ 1in（英寸）= 0.0254m（米）。——编辑注

如图5-4所示，身高较矮父亲的儿子们多数比父亲的身高要高，身高较高父亲的儿子们多数比父亲的身高要矮。高尔顿和皮尔逊把这种现象称为“回归效应”，即回归到一般高度的效应。

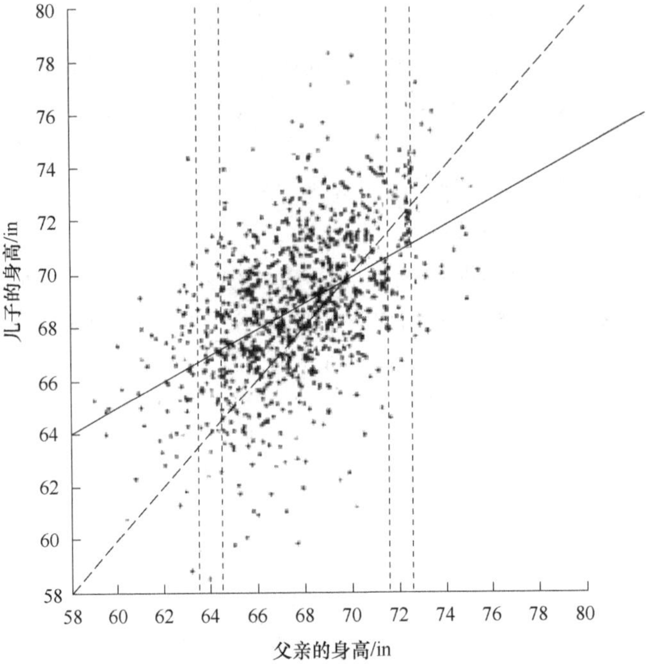

图5-4 父子身高回归效应的图示

父子身高的回归方程为 $\hat{Y}_i = 34.22 + 0.51X_i$，该回归方程就是图5-4中的回归线（实线）。当 $X_1 = 58$in时，$Y_1 = 63.8$in；当 $X_2 = 64$in时，$Y_2 = 66.86$in。当 $X_3 = 72$in时，$Y_3 = 70.94$in。这些回归方程上的 $\hat{Y}_i$ 值实际上是当 X_i 确定后，若干 Y_i 的值。这一回归直线和回归方程表明，矮个子父亲的儿子们平均身高会比父辈高一些，高个子父亲的儿子们平均身高会比父辈矮一些，即儿子们的身高会向平均值回归。

回归的前世今生——从高尔顿到尤勒

回归（Regression）这个词最早是由高尔顿提出的，高尔顿这个人是谁呢？他是达尔文的表兄。他非常痴迷他兄长的进化论说，所以一直希望把进化论的理论应用到实证中，来证明不同人为什么会具有不同的特性。

他在当时研究了人的各种特征，并且从人的指纹到颜值都进行了各种打分。受到达尔文进化论的影响，作为学者的他在当时也是人种优生论的支持者之一（类似于现在支持基因改造人）。然而瑕不掩瑜，**他将统计学基础引入人文社科类中，提出了定量研究的理念，很大程度上引领了整个人文社科的发展。**

高尔顿

高尔顿最著名的发现之一是他发现了父亲的身高和儿子的身高之间存在着某种给定的关系，他通过进一步的研究发现了：**事实上子辈的平均身高是其父辈平均身高以及他们所处族群平均身高的加权平均和。**

他把这种趋势平均化的现象写到了自己1886年的论文中。论文的全名叫：*Regression towards Mediocrity in Hereditary Stature*。这篇论文当年发表在大不列颠以及爱尔兰人类研究学院的期刊上。我们现今把论文中的这种"回归"现象称为：均值回归或者平庸回归（Reversion to the Mean/Reversion to Mediocrity）。背后的意义是说：单看一组父亲和孩子的身高，两个人的身高可能差异很大，但是从整个人群上来看，父亲和孩子的身高分布应该是很相近的。

然而高尔顿对于回归的阐述和使用毕竟年代太过久远了，在当时还没有引入"控制变量"的概念，所以从结果上来说，回归模型更像是显示了两个变量的统计关联度，而非因果关系。

在这样的背景下，尤勒（Yule）横空出世了，尤勒可以说是一个很了不起的人，他的老师皮尔逊就很厉害。皮尔逊可以说是从数学上对生物学进行统计研究的第一人，著名的卡方检验就是他发现的，皮尔逊本人和高尔顿关系也非常好，他和高尔顿一起创办了《生物统计学》（*BIOMETRIKA*）杂志。

正所谓"名师出高徒"，尤勒本身也很崇拜高尔顿，可以称得上是高尔顿坚定的"护道者"，他在高尔顿的基础上提出了回归模型中应当加入尽可能多的控制变量的理念。在他1899年发表在英国皇家统计协会期刊上的论文"*An Investigation into the Causes of Changes in Pauperism in England, Chiefly during the Last Two Intercensal Decades*"中，他研究了英国《济贫法》在不同的地区对于当地贫困率起到的影响。在论文中，尤勒把地区的人口以及年龄的分布加入到了控制变量当中去，研究的结果在当时起到了非常深远的影响。

《济贫法》可以说是世界上第一部有关社会救济的法律，当时英国"圈地运动"之后，偷盗者、乞讨者增多，社会不安定因素急剧增加，为了稳定社会情绪、维持统治，英国王室在1601年颁布了《济贫法》。这部法律规定：凡年老者可在家中接受救济；贫困儿童可在他人家中寄养，成年后可去做学徒；流浪者被关进监狱或送去教养院。

尤勒在论文中着重研究了户外救济（Outdoor Relief）政策（给穷人补助，不强求他们去工作）是不是会因为让穷人觉得更安逸了，反向增加了社会的贫困率。这样的研究可以说是当今社会科学学者们关注的政策效应因果识别的"老祖宗"了。（作者：颢卿，来源：知乎）

二、回归分析的特点与分类

相关系数能确定两个变量之间相关方向和相关的密切程度，但不能指出两个变量相互关系的具体形式，也无法从一个变量的变化来推测另一个变量的变化情况。回归分析是在相关关系的基础上，具体描述因变量对自变量的线性依赖关系的形式。与相关分析对比，回归分析的特点为：

（1）在变量之间，必须根据研究目的具体确定哪些是自变量，哪个是因变量。

（2）回归方程的作用是在给定自变量的数值情况下来估计因变量的可能值。一个回归方程只能做一种推算。推算的结果表明变量之间具体的变动关系。

（3）直线回归方程中，自变量的系数为回归系数。回归系数的符号为正时，表示正相关；回归系数的符号为负时，表示负相关。

（4）确定回归方程时，只要求因变量是随机的，而自变量是给定的数值。

回归有不同的分类，按回归变量的个数分，有一元回归和多元回归。只有一个变量的称为一元回归，又称简单回归。有两个或两个以上自变量的称为多元回归，或称复回归。按照回归的形式分，有线性回归（直线回归）和非线性回归（曲线回归）。其中，线性回归是最基本的，故本节主要以简单线性回归为主介绍回归分析法。

三、一元线性回归分析

由于现象数量之间的变化常常是按比例的变化，而且许多现象之间非线性的变化在较短的时间内也近乎于直线变化，因而利用线性分析方法是可取的，而且在数学运算上很方便。显然，通过一元线性回归方程所进行的分析有特别重要的意义。

（一）基本原理

一元线性回归方程只有一个因变量和一个自变量。它是线性方程中变量最少最简单的一种，在平面坐标图上表现为一条直线。它的主要任务是在唯一的自变量 x 和因变量 y 之间建立一个线性函数，其表现形式为

$$\hat{y} = a + bx$$

式中，x 是自变量；$\hat{y}$ 是因变量 y 的估计值，又称理论值（实际观测值 y 和理论值 $\hat{y}$ 的关系是 $y = \hat{y} + \varepsilon$，式中，$\varepsilon$ 称为离差，反映了因各种偶然因素、观察误差以及被忽略的其他影响因素带来的随机误差）；参数 a 是回归直线的起点值，表现为当 $x = 0$ 时，回归直线的 y 坐标，即 y 轴上的一个点，数学上叫作截距；参数 b 是回归直线的斜率，即回归系数，它代表自变量 x 每增加一个单位时，因变量 y 的平均增加值。

确定 a 和 b 的数值可用最小二乘法。最小二乘法是由伟大的数学家高斯最早提出和使用的，其原理在于使残差平方和最小。即要使所选直线能够真正反映 x、y 的变化趋势，必须满足以下条件：

（1）根据方程 $\hat{y} = a + bx$，求出理论值 $\hat{y}$ 与实际值 y 的离差平方和为最小。

（2）实际值 y 与理论值 $\hat{y}$ 的离差总和为0。即满足：$\sum (y - \hat{y}) = 0$ 和 $\sum (y - \hat{y})^2 =$ 最小值。

（二）参数 a、b 的确定

经过数据推导与计算，参数 a、b 可通过下述公式求得：

$$\begin{cases} b = \dfrac{n\sum xy - \sum x \sum y}{n\sum x^2 - \left(\sum x\right)^2} \\ a = \bar{y} - b\bar{x} \end{cases}$$

式中，$\bar{y}$、$\bar{x}$分别为变量 y 和 x 的实测平均值；n 为变量 x 或 y 的数据的个数。

则可得一元线性回归方程 $\hat{y} = a + bx$ 。

【例 5-3】 根据例 5-1 中的数据，建立月产量 x 和单位成本 y 之间的一元线性方程（见表 5-4）。并估计当月产量 $x = 10$ 千件时，单位成本的数值。

表 5-4　直线回归方程计算表

序　号	月产量 x/千件	单位成本 y/元	x^2	y^2	xy
1	4.1	80	16.81	6400	328
2	6.3	72	39.69	5184	453.6
3	5.4	71	29.16	5041	383.4
4	7.6	58	57.76	3364	440.8
5	3.2	86	10.24	7396	275.2
6	8.5	50	72.25	2500	425
7	9.7	42	94.09	1764	407.4
8	6.8	63	46.24	3969	428.4
9	2.1	91	4.41	8281	191.1
合计	53.7	613	370.65	43899	3332.9

解：

$$b = \frac{n\sum xy - \sum x \sum y}{n\sum x^2 - \left(\sum x\right)^2} = \frac{9 \times 3332.9 - 53.7 \times 613}{9 \times 370.65 - 53.7^2} \approx -6.46$$

$\bar{x} = 5.97$，$\bar{y} = 68.11$，$a = \bar{y} - b\bar{x} \approx 68.11 - (-6.46) \times 5.97 \approx 106.68$

所以一元线性回归方程为

$$\hat{y} - 106.68 - 6.46x$$

当 $x = 10$ 千件时，$\hat{y} = (106.68 - 6.46x)$ 元 $= 42.08$ 元。它们之间的一元线性关系图如图 5-5 所示。

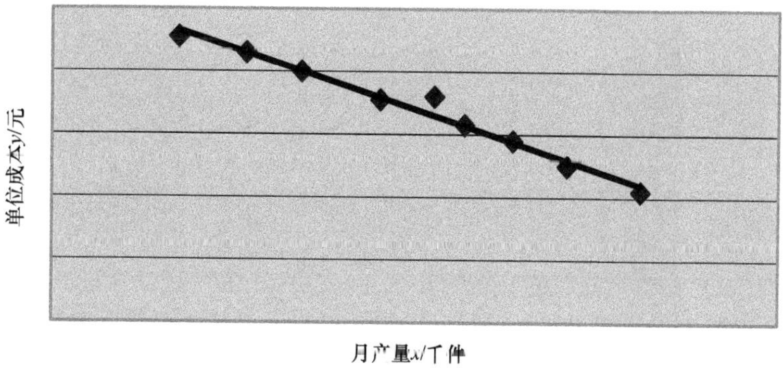

图 5-5　月产量 x 和单位成本 y 之间的一元线性关系图

四、多元线性回归分析

一元线性回归反映的是一个自变量和一个因变量之间的关系，但是许多现象的变动牵扯到多个影响因素。例如，一个企业的利润受产值、成本、价格等多个因素的影响；再如，粮食产量受施肥量的影响，同时也受温度、播种量、土壤的酸碱性、降雨量的影响。

多元线性回归分析是用于两个或两个以上自变量与一个因变量之间的线性相关分析，反映一个因变量受多个自变量影响的变动规律性。多元线性回归分析应用也很广泛。使用两个自变量二元回归与使用多个自变量的多元回归，在原理上没有差别，只是后者计算上更复杂些。多元线性回归模型的一般形式为

$$\hat{y} = b_0 + b_1x_1 + b_2x_2 + \cdots + b_nx_n$$

随着回归分析中变量的增多，回归分析的计算量将成倍增加，因此，多元线性回归分析多借助于计算机。我们可以利用计算机软件如 Excel、SPSS、SAS 等来进行多元回归分析。

下面以二元线性回归为例。即一个因变量 y 与两个自变量 x_1 和 x_2 的线性回归，其方程为

$$\hat{y} = b_0 + b_1x_1 + b_2x_2$$

式中，$\hat{y}$ 为因变量 y 的估计值；b_0，b_1，b_2 为三个参数，即回归系数。

为了确定 b_0，b_1，b_2 的数值，也要利用最小二乘原理，使得 $\sum(y-\hat{y})^2$ 为最小值。因为式中有三个参数，从而确定如下的方程组：

$$\begin{cases} \sum y = nb_0 + b_1\sum x_1 + b_2\sum x_2 \\ \sum x_1y = b_0\sum x_1 + b_1\sum x_1^2 + b_2\sum x_1x_2 \\ \sum x_2y = b_0\sum x_2 + b_1\sum x_1x_2 + b_2\sum x_2^2 \end{cases}$$

解该方程组可得 b_0、b_1、b_2。

【例 5-4】 某地区玻璃销售额与该地区汽车制造业和建筑业的生产关系相当密切，现有表 5-5 所示的资料，预测第 18 年玻璃的销售额。

表 5-5 某地区玻璃销售额与汽车制造业、建筑业产值关系的资料

年份	玻璃销售额 y/万元	汽车产量 x_1/万辆	建筑业产值 x_2/千万元
1	280	3.909	9.43
2	281.5	5.119	10.36
3	337.5	6.666	14.50
4	404.5	5.338	15.75
5	402.1	4.321	16.78
6	452	6.117	17.44
7	431.7	5.559	19.77
8	582.3	7.920	23.76
9	596.6	5.816	31.61

（续）

年份	玻璃销售额 y/万元	汽车产量 x_1/万辆	建筑业产值 x_2/千万元
10	620.8	6.113	32.17
11	513.6	4.258	35.09
12	606.9	5.591	36.42
13	629	6.675	36.58
14	602.7	5.543	37.14
15	656.7	6.933	41.30
16	778.5	7.638	45.62
17	877.6	7.752	47.38
合计	9054	101.268	471.10

多元线性回归方程也可以按照上述的最小二乘法通过求解方程组得出，但在实际操作中不要求手算，可用 SPSS “数据分析” 中的 “回归” 求解。可得方程如下：

$$\hat{y} = 19.174 + 35.676x_1 + 10.858x_2$$

如第 18 年汽车产量 x_1 为 7.42 万辆，建筑业产值 x_2 为 50.28 千万元，则代入回归方程可预测该年的玻璃销售额为

$$\hat{y} = (19.174 + 35.676 \times 7.42 + 10.858 \times 50.28)\text{ 万元} \approx 829.83\text{ 万元}$$

上面的方法还可以推广到 n 个自变量，设因变量 y 受 n 个自变量 x_1，x_2，x_3，…，x_n 的影响，其回归方程为

$$\hat{y} = b_0 + b_1x_1 + b_2x_2 + b_3x_3 + \cdots + b_nx_n$$

其中，$b_i(i = 0,1,2,\cdots,n)$ 为参数，同样可用最小二乘法，使得 $\sum(y - \hat{y})^2$ 为最小值。

第四节　线性回归模型的评价和检验

在获得回归方程 $\hat{y} = a + bx$ 后，还不能用它去做分析和预测，因为这个回归方程是变量之间根据随机抽取的样本而计算来的一个“经验公式”，而 $\hat{y} = a + bx$ 是否真正描述了 y 与 x 之间的统计规律，还需通过统计检验。由于线性回归分析是各类回归分析的基础，所以本节以线性回归分析为例来进行说明。线性回归模型的评价和检验分为拟合优度检验和方程的显著性检验，它们都是利用抽样理论来检验回归方程的可靠性。

一、判定系数 r^2 和估计标准误差

所谓拟合优度（Goodness of Fit），是指样本观测值聚集在样本回归线周围的紧密程度。判断回归模型拟合程度好坏的最常用的指标是可决系数 r^2，又称判定系数，它是建立在对总离差平方和进行分解的基础之上的。要评价回归模型的精确性，主要是用判定系数 r^2 和估计标准误差这两个统计量。

（一）判定系数 r^2

1. 判定系数的概念

（1）总离差平方和：把 y 的 n 个观察值之间的差异用观察值 y_i 与其平均值 $\bar{y}$ 的偏差平方和 $\sum_{i=1}^{n}(y_i-\bar{y})^2$ 来表示，又称总偏差，记作 SST。

（2）回归平方和：$\sum_{i=1}^{n}(\hat{y}_i-\bar{y})^2$，又称回归偏差，记作 SSR。

（3）残差平方和：$\sum_{i=1}^{n}(y_i-\hat{y})^2$，又称剩余偏差，记作 SSE。

这里：总偏差=回归偏差+剩余偏差，简记为 $SST=SSR+SSE$，若两边同除以 SST 得

$$\frac{SSR}{SST}+\frac{SSE}{SST}=1$$

显然，在总的离差平方和中回归平方和所占的比重越大，则回归效果越好，说明回归直线与样本观察值拟合得好；如果残差平方和所占的比重大，则回归直线与样本观察值拟合得不理想。把回归平方和与总离差平方和之比定义为可决系数（Coefficient of Determination），又称判定系数，即

$$r^2=\frac{SSR}{SST}=\frac{\sum(\hat{y}_i-\bar{y})^2}{\sum(y_i-\bar{y})^2}$$

判定系数 r^2 在数值上就等于相关系数 r 的平方，具有非负性，取值范围为 $0\leqslant r^2\leqslant 1$。如相关系数 $r=0.9$，则判定系数为0.81。

判定系数的用途是对回归模型拟合程度的度量，判定系数越大，回归模型拟合程度越高。

r^2 表示全部偏差中有百分之多少的偏差可由 x 与 y 的回归关系来解释。

2. 一元线性回归方程的 r^2

对例5-2中的数据来计算其判定系数 r^2，其相关系数 $r=-0.9886$，所以 $r^2=(-0.9886)^2\approx 0.9773$。

计算结果表明，单位成本的总偏差 $\sum_{i=1}^{n}(y_i-\bar{y})^2$ 中，有97.73%可以由回归偏差 $\sum_{i=1}^{n}(\hat{y}_i-\bar{y})^2$ 来解释，这说明月产量和单位成本的回归方程 $\hat{y}=106.68-6.46x$ 对真实的 y 值有很好的拟合效果。

3. 多元线性回归方程的 r^2

在多元线性回归分析中，总离差平方和的分解公式依然成立：总偏差（SST）= 回归偏差（SSR）+剩余偏差（SSE），我们可以用判定系数来评价多元线性回归模型的拟合程度。即

$$r^2=\frac{SSR}{SST}=\frac{\sum(\hat{y}_i-\bar{y})^2}{\sum(y_i-\bar{y})^2}$$

在一元线性回归方程中，判定系数 r^2 可以直接作为评价一元线性回归方程拟合程度的尺度，而在多元线性回归分析中，通常采用修正自由度判定系数即“调整的 r^2”来判定多元线性回归方程的拟合优度。

判定系数 r^2 的值一般不需要手算，在 Excel 或 SPSS 的回归结果中可以给出。

（二）估计标准误差

回归方程的一个重要作用在于根据自变量的已知值去推算因变量的可能值，这个可能值或称估计值、理论值、平均值，它和真正的实际值可能一致，也可能不一致。因而就产生了估计值的代表性问题。当 $\hat{y}$ 值与 y 值一致时，表明推断准确；当 $\hat{y}$ 值与 y 值不一致时，表明推断不够准确。回归方程的代表性如何，一般是通过计算估计标准误差数值的大小来加以检验的。估计标准误差数值小，则说明平均误差小，相关点与回归直线的离散程度小，回归方程的代表性大；反之则说明回归方程代表性小。

估计标准误差的值一般不需要手算，在 Excel 或 SPSS 的回归结果中可以给出。

二、线性回归方程的显著性检验

（一）一元线性回归方程的显著性检验

对于一元线性回归方程进行显著性检验基于以下两点：

第一，在根据样本数据拟合回归方程时，我们首先假设变量 x 与 y 之间存在着线性关系，但这种假设是否成立就必须通过检验才能证实。

第二，样本回归方程 $\hat{y}=a+bx$ 中的 a 、b 是对总体回归方程 $y=\alpha+\beta x$ 中参数 α 和 β 的最小二乘估计值，样本回归系数 b 能否作为总体回归系数 β 的估计值，还需要对总体回归系数 β 的显著性进行检验。

回归方程的检验一般包括两个方面的内容：一是线性关系的检验；二是回归系数的检验。

1. 线性关系的检验

具体方法是将回归离差平方和（SSR）同剩余离差平方和（SSE）加以比较，应用 F 检验来分析二者之间的差别是否显著。检验的具体步骤如下：

（1）提出假设

$$H_0: \beta=0$$
$$H_1: \beta\neq 0$$

（2）计算检验统计量

$$F=\frac{SSR/1}{SSE/(n-2)}=\frac{\sum(\hat{y}-\bar{y})^2/1}{\sum(y-\hat{y})^2/(n-2)}$$

（3）确定显著性水平以及临界值 F 。确定显著性水平 α（通常 $\alpha=0.05$ 或 0.01）。依据 α 和两个自由度 f_1、f_2 查 F 分布表可得相应的临界值 $F_\alpha(1, n-2)$ 。

（4）做出判断。如果 $F>F_\alpha$ ，拒绝原假设 H_0，表明回归效果显著；反之，则接受原假设，表明线性回归方程的回归效果不显著。

需要指出的是，在一元线性回归中，F 检验和 t 检验是等价的。

2. 回归系数的检验

回归系数的检验就是检验自变量对因变量的影响程度是否显著的问题。即总体回归系数 β 是否等于零。回归系数 b 的显著性检验可以用 t 检验来完成，其检验步骤如下：

（1）提出假设。假设样本是从一个没有线性关系的总体中选出，即

$$H_0: \beta = 0$$
$$H_1: \beta \neq 0$$

（2）计算回归系数 b 的检验统计量 t 值：

$$t_b = \frac{b - \beta}{S_b}$$

（3）确定显著性水平 α（通常 $\alpha = 0.05$），并根据自由度 $f = n - 2$ 查 t 分布表得相应的临界值 $t_{\alpha/2}$。

（4）做出判断。若 $|t| > t_{\alpha/2}$，则拒绝 H_0，回归系数 $b = 0$ 的可能性小于5%，表明两个变量之间存在线性关系；反之，表明两个变量之间不存在线性关系。

【例5-5】 在例5-3中的一元线性回归方程 $\hat{y} = 106.68 - 6.46x$ 的回归系数为 $b = -6.46$，对其进行显著性检验。（$\alpha = 0.05$）

解：

$\bar{x} = 53.7/9 \approx 5.97$，又知 $S_{yx} = 2.640$，则

$$S_b = \frac{S_{yx}}{\sqrt{\sum x^2 - n(\bar{x})^2}} = \frac{2.640}{\sqrt{370.65 - 9 \times 5.97^2}} \approx 0.3723$$

于是

$$t_b = \frac{b - \beta}{S_b} = \frac{-6.46 - 0}{0.3723} \approx -17.35$$

若取 $\alpha = 0.05$, $n - 2 = 9 - 2 = 7$，查 t 分布表得

$$t_{\alpha/2}(n - 2) = t_{0.025}(7) = 2.365$$

可见 $|t_b| > t_{\alpha/2}(n - 2)$，即总体回归系数 $b = 0$ 的可能性小于5%，因而拒绝 $H_0: \beta = 0$，认为根据样本计算的回归系数 b 是显著的，这进一步说明了月产量和单位产品成本间确实存在线性关系，产量是影响单位成本的显著因素。

（二）二元线性回归方程的显著性检验

y 和变量 x_1、x_2 的关于二元线性回归模型 $\hat{y} = a + b_1x_1 + b_2x_2$ 是否显著，要看总体中是否有 $y = \alpha + \beta_1x_1 + \beta_2x_2$ 这样的关系。若这种关系不成立，则 $\hat{y} = a + b_1x_1 + b_2x_2$ 不显著。

1. 线性关系的检验

同一元线性回归一样，检验回归方程的显著性可以用 F 检验。

（1）提出假设

$$H_0: \beta_1 = \beta_2 = 0 \text{（即方程不显著）}$$
$$H_1: \beta_1, \beta_2 \text{ 不全为零（即方程显著）}$$

（2）构造 F 统计量

$$F = \frac{SSR/k}{SSE/(n - k - 1)} = \frac{\sum (\hat{y} - \bar{y})^2/2}{\sum (y - \hat{y})^2/(n - 3)}$$

式中，k 为自变量的个数，在二元线性回归方程中 $k=2$。

（3）根据给定的显著性水平 α，在 t 表中查找临界值 $F_{\alpha}(2, n-3)$。若 $F>F_{\alpha}$，则拒绝原假设“H_0：方程不显著”，检验通过；若 $F<F_{\alpha}$，则接受原假设“H_0：方程不显著”，即认为线性方程不显著。

2. 回归系数的检验

其检验的方法基本与一元线性回归相同，只是对每一个偏回归系数 b_1，b_2 都要分别做显著性检验，回归系数的检验可以用 t 检验。

（1）提出假设

$$H_0: \beta_i = 0 \ (i=1, 2)$$
$$H_1: \beta_i \neq 0 \ (i=1, 2)$$

（2）构造 t 统计量

$$t_i = \frac{b_i - \beta_i}{\sigma_{bi}}$$

式中，σ_{bi} 为回归系数 b_i 的标准差。

（3）根据给定的显著性水平 α，在 t 表中查找临界值 $t_{\alpha/2}(n-2)$。

（4）做出判断。若 $|t|<t_{\alpha/2}(n-2)$，则拒绝 $H_0: \beta_i=0$，得出 $\beta_i \neq 0$ 的结论，即线性方程 $\hat{y}=a+b_1x_1+b_2x_2$ 显著，检验通过。若 $|t|>t_{\alpha/2}(n-2)$，则结论相反。

在实际的统计研究中，对于二元线性回归方程的 t 检验一般不用人工计算，有多种软件（如：Excel、SPSS 等）可以替代人工进行烦琐的计算，从而直接得出所需要的结果。

第五节　非线性回归分析

在社会经济现象中，有时变量之间的关系不是线性关系，根据实际分析建立的模型往往不符合上述线性特点，这类模型称为非线性模型。这时就要建立非线性回归方程进行非线性回归分析。柯布–道格拉斯（Cobb-Douglas）生产函数（即 C-D 函数）$Y=AL^{\alpha}K^{\beta}$ 就是典型的非线性模型。

处理非线性模型的基本思想是把非线性关系转化为线性关系，然后再运用线性回归的分析方法进行估计。非线性模型转换成线性模型的常用方法有：直接代换法和间接代换法。

一、直接代换法

直接代换法适用于变量之间关系虽然是非线性的，但因变量与参数之间关系却是线性的非线性模型。这时可以利用变量的直接代换的方法将模型线性化。

1. 多项式模型

$$y=\beta_0+\beta_1x+\beta_2x^2+\cdots+\beta_px^p$$

令 $Z_i=x^i$，即上述模型可化为线性模型

$$y=\beta_0+\beta_1Z_1+\beta_2Z_2+\cdots+\beta_pZ_p$$

2. 双曲线模型

$$\frac{1}{y}=\beta_0+\frac{\beta_1}{x}$$

令 $U=\frac{1}{y}$，$V=\frac{1}{x}$，即上述模型可化为线性模型

$$U=\beta_0+\beta_1 V$$

3. 对数模型

$$y=\beta_0+\beta_1\ln x$$

$$\ln y=\beta_0+\beta_1\ln x$$

对于上述两式，令 $U=\ln y$，$V=\ln x$，即可化为线性模型

$$y=\beta_0+\beta_1 V$$

$$U=\beta_0+\beta_1 V$$

4. S 形曲线

$$y=\frac{1}{\alpha+\beta e^{-x}}$$

对于上式先求倒数：$\frac{1}{y}=\alpha+\beta e^{-x}$，然后令 $U=\frac{1}{y}$，$V=e^{-x}$，即可化为线性模型

$$U=\alpha+\beta V$$

二、间接代换法

间接代换法是指先通过方程两边取对数后再进行变量代换，转化为线性形式的方法。

1. 指数函数

$$y=\alpha e^{\beta x}$$

对上式两边取自然对数，得 $\ln y=\ln\alpha+\beta x$，令 $y'=\ln y$，则得

$$y'=\ln\alpha+\beta x$$

2. 幂函数

$$y=\alpha x^{\beta}$$

对上式两边取对数，得 $\log y=\log\alpha+\beta\log x$，令 $y'=\log y$，$x'=\log x$，则得

$$y'=\log\alpha+\beta x'$$

C-D 函数 $Y=AL^{\alpha}K^{\beta}$ 也是用这种方法转化的，可以试试如何将其代换为线性模型。

值得注意的是，如果对非线性模型做了变换，而影响到了误差项时，往往并不把非线性模型转化为线性回归模型来处理，而是直接按非线性回归模型的方法做，因此非线性回归模型及其直接的处理方法有独立存在的必要。

【例 5-6】 两个变量的数据如表 5-6 所示，建立这两个变量的回归方程。

表 5-6 两个变量的数据

x	9.3	10.4	12.6	15.4	17.5	19.6	21.7	23.4	25.3	27.5
y	17.1	24.2	31.3	37.9	43.3	46.2	47.5	50.1	51.1	51.3

从散点图5-6中可以看出，这两个变量之间的变动关系基本上是一个递增的双曲线，则用双曲线模型去分析两个变量的关系，计算表如表5-7所示。

设双曲线的模型形式为

$$\frac{1}{y}=a+\frac{b}{x}$$

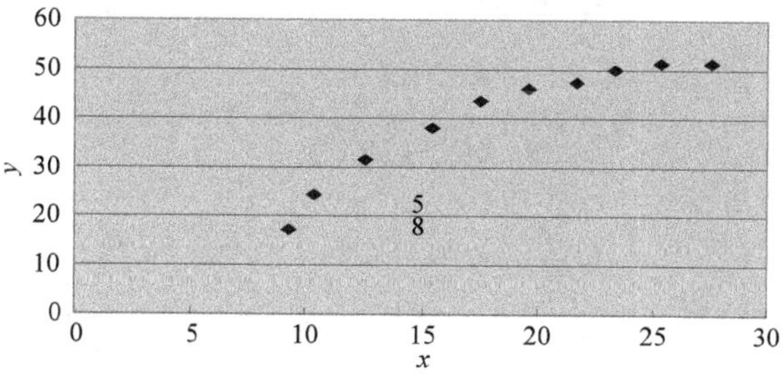

图5-6　两个变量间的散点图

令 $y'=\frac{1}{y}$，$x'=\frac{1}{x}$，即上述模型可化为线性模型

$$y'=a+bx'$$

表5-7　x 和 y 双曲线回归方程计算表

序号	x	y	$x'=1/x$	$y'=1/y$	$(x')^2$	$x'y'$
1	9.3	17.1	0.108	0.058	0.012	0.006288
2	10.4	24.2	0.096	0.041	0.009	0.003973
3	12.6	31.3	0.079	0.032	0.006	0.002536
4	15.4	37.9	0.065	0.026	0.004	0.001713
5	17.5	43.3	0.057	0.023	0.003	0.00132
6	19.6	46.2	0.051	0.022	0.003	0.001104
7	21.7	47.5	0.046	0.021	0.002	0.00097
8	23.4	50.1	0.043	0.02	0.002	0.000853
9	25.3	51.1	0.04	0.02	0.002	0.000773
10	27.5	51.3	0.036	0.019	0.001	0.000709
合计	182.7	400	0.621	0.283	0.044	0.02024

将表中数据代入以下公式：

$$\begin{cases} b=\dfrac{n\sum x'y'-\sum x'\sum y'}{n\sum (x')^2-\left(\sum x'\right)^2} \\ a=\bar{y}'-b\bar{x}' \end{cases}$$

代入具体数据可得

$$\begin{cases} b=\dfrac{10\times 0.02024-0.621\times 0.283}{10\times 0.044-0.621^2}=0.0267 \\ a=0.0283-0.0267\times 0.0621=0.0266 \end{cases}$$

于是有

$$\hat{y}' = 0.0266 + 0.0267x'$$

令 $\hat{y}' = \frac{1}{\hat{y}}$，$x' = \frac{1}{x}$，代入后，得

$$\frac{1}{\hat{y}} = 0.0266 + 0.0267\frac{1}{x}$$

能力训练

一、单项选择题

1. 以图形显示两变量 X 和 Y 的关系，最好创建（　　）。

A. 直方图　　B. 圆形图　　C. 柱形图　　D. 散点图

2. 相关关系是指变量之间（　　）。

A. 严格的关系　　B. 不严格的关系

C. 任意两个变量之间的关系　　D. 有内在关系的但不严格的数量依存关系

3. 相关关系的取值范围是（　　）。

A. $r=0$　　B. $-1 \leqslant r \leqslant 0$　　C. $0 \leqslant r \leqslant 1$　　D. $-1 \leqslant r \leqslant 1$

4. 下面的假定中，哪个属于相关分析中的假定？（　　）

A. 两个变量之间是非线性关系

B. 两个变量都是随机变量

C. 自变量是随机变量，因变量不是随机变量

D. 一个变量的数值增大，另一个变量的数值也应增大

5. 如果一个变量的取值完全依赖于另一个变量，各观测点落在一条直线上，则称两个变量之间为（　　）。

A. 完全相关关系　　B. 正线性相关关系

C. 非线性相关关系　　D. 负线性相关关系

6. 如果相关系数 $r=0$，则表明两个变量之间（　　）。

A. 相关程度很低　　B. 不存在任何关系

C. 不存在线性相关关系　　D. 存在非线性相关关系

7. 下列变量中属于负相关的是（　　）。

A. 收入增加，储蓄额增加　　B. 产量增加，生产费用也增加

C. 收入增加，支出增加　　D. 价格下降，消费增加

8. 一个由100名年龄在30~60岁的男子组成的样本，测得其身高与体重的相关系数 $r=0.45$，则下列陈述中正确的是（　　）。

A. 较高的男子趋于较重

B. 身高与体重存在低度正相关

C. 体重较重的男子趋于较矮

D. 45%的较高的男子趋于较重

9. 下列现象的相关密切程度高的是（　　）。

A. 某商店的职工人数与商品销售额之间的相关系数为 0.87

B. 流通费用率与商业利润率之间的相关系数为-0.94

C. 商品销售额与商业利润率之间的相关系数为 0.51

D. 商品销售额与流通费用率之间的相关系数为-0.81

10. 下列直线回归方程中，（　　）是错误的。

A. $y=35+0.3x$，$r=0.8$　　B. $y=-124+1.4x$，$r=0.89$

C. $y=18-2.2x$，$r=0.74$　　D. $y=-87-0.9x$，$r=-0.9$

11. 已知某工厂甲产品产量和生产成本有直接关系，在这条直线上，当产量为 1000 元时，其生产成本为 30000 元，其中不随产量变化的成本为 6000 元，则成本总额对产量的回归直线方程是（　　）。

A. $y=6000+24x$　　B. $y=6+0.24x$

C. $y=24+6000x$　　D. $y=24000+6x$

12. 两变量 x 与 y 的相关系数为 0.8，则其回归直线的判定系数为（　　）。

A. 0.50　　B. 0.80　　C. 0.64　　D. 0.90

13. 根据最小平方法拟合直线回归方程是使（　　）。

A. $\sum\left(y-\hat{y}\right)^2$ 最小　　B. $\sum(y-\hat{y})$ 最小

C. $\sum\left(y-\bar{y}\right)^2$ 最小　　D. $\sum(y-\bar{y})$ 最小

14. 在一元线性回归方程中，回归系数 b 的实际意义是（　　）。

A. 当 $x=0$ 时，y 的期望值

B. 当 x 变动 1 个单位时，y 的平均变动数量

C. 当 x 变动 1 个单位时，y 增加的总数量

D. 当 y 变动 1 个单位时，x 的平均变动数量

15. 估计标准误差是反映（　　）。

A. 平均数代表性的指标　　B. 相关关系的指标

C. 回归直线的代表性指标　　D. 序时平均数的代表性指标

5-01

二、判断题

1. 正相关指的就是两个变量之间的变动方向都是上升的。（　　）

2. 一项对 92 个女孩子做的研究表明，女孩子的 BMI（身体质量指数）和母亲的 BMI 之间的相关系数高达 0.506。因此可以认为，肥胖的妈妈一定会生肥胖的女儿。（　　）

3. 甲产品产量与单位成本的相关系数是-0.9，乙产品的产量与单位成本的相关系数是 0.8，因此乙比甲的相关程度高。（　　）

4. 由直线回归方程 $y=-450+2.5x$，可知变量 x 与变量 y 之间存在正相关关系。（　　）

5. 当回归系数大于零时，则正相关；当回归系数小于零时，则负相关。（　　）

6. 计算回归方程时，要求因变量是随机的，而自变量不是随机的，是给定的数值。（　　）

7. 估计标准误差是以回归直线为中心反映各观察值与估计值平均数之间离差程度的大小。 （　）

8. 判定系数的用途是对回归模型拟合程度的度量，判定系数越大，回归模型拟合程度越高。 （　）

9. 判定系数 r^2 表示全部偏差中有百分之多少的偏差可由 x 与 y 的回归关系来解释。 （　）

10. 在用样本相关系数推断总体的相关系数，或使用样本回归方程推断总体指标与预测时，没必要进行假设检验。 （　）

5-02

三、计算题

1. 根据50个学生的语文成绩和英语成绩进行计算，语文成绩的标准差为9.75分，英语成绩的标准差为7.9分，两种成绩的协方差为72分，由上述资料计算相关系数，并对语文成绩和英语成绩的相关方向和相关程度做出说明。

5-03

2. 为研究产品的销售额和销售利润之间的关系，某公司对所属15家企业进行了调查，设产品销售额为 X（单位：万元）、销售利润为 Y（单位：万元），调查资料经整理如下：$\sum x = 225$，$\sum x^2 = 4000$，$\sum y = 25$，$\sum y^2 = 600$，$\sum xy = 800$。要求：

（1）计算相关系数。

（2）写出配合销售利润对销售额（自变量）的直线回归方程，并对方程中回归系数的经济意义做出解释。

（3）预测当销售额为360万元时，销售利润可能达到多少？

5-04

3. 某市对发动机制造行业进行了抽样调查，在抽样的10个厂家中，其产量和总成本的对应关系如表5-8所示。

表5-8　某市发动机制造行业资料

厂家	产量/台	总成本/万元
1	14	14
2	9	8
3	23	22
4	17	16
5	10	16
6	5	6
7	22	20
8	13	14
9	16	20
10	6	10

（1）计算总成本与产量的相关系数，并说明相关程度。

（2）求总成本与产量的回归方程。

4. 某企业某种产品产量与单位成本资料如表5-9所示。

5-05

表 5-9 某企业某种产品产量与单位成本资料

月份	产量/千件	单位成本/（元/件）
1	2	73
2	3	72
3	4	71
4	3	73
5	4	69
6	5	68

要求：

（1）计算相关系数，并说明相关程度。

（2）确定单位成本对产量的直线回归方程，指出产量每增加 1000 件时，单位成本平均下降多少元？

（3）如果单位成本为 70 元时，产量应为多少？

5-06

5. 有 10 个同类企业的生产性固定资产价值和工业总产值资料如表 5-10 所示。

表 5-10 10 个同类企业的生产性固定资产价值和工业总产值资料

企业编号	生产性固定资产价值/万元	工业总产值/万元
1	318	524
2	910	1019
3	200	638
4	409	815
5	415	913
6	502	928
7	314	605
8	1210	1516
9	1022	1219
10	1225	1624

试根据上述资料，

（1）计算相关系数。

（2）求出直线回归方程。

（3）估计生产性固定资产为 1100 万元的企业的总产值。

5-07

案例与思考

银行如何控制不良贷款

一家大型商业银行在多个地区设有分行，其业务主要是进行基础设施建设、国家重点项目建设、固定资产投资等项目的贷款。近年来，该银行的贷款额平稳增长，但不良贷款额也有较大比例的提高，这给银行业务的发展带来较大压力。为了弄清楚不良贷款形成的原因，希望利用银行业务的有关数据做些定量分析，以便找出控制不良贷款的办法。2015 年该银行所属的 25 家分行的有关业务数据如表 5-11 所示。

表 5-11　某商业银行 2015 年的主要业务数据表

分行编号	不良贷款 Y/亿元	各项贷款余额 X_1/亿元	本年累计应收贷款 X_2/亿元	贷款项目个数 X_3/个	本年固定资产投资额 X_4/亿元
1	1.2	70.6	7.7	6	54.7
2	1.4	114.6	20.7	17	93.8
3	5.1	176.3	8.6	18	76.6
4	3.5	83.9	8.1	11	18.5
5	8.2	202.8	17.5	20	66.3
6	2.9	19.5	3.4	2	4.9
7	1.9	110.7	11.7	17	23.6
8	12.7	188.9	27.9	18	46.9
9	1.3	99.6	2.6	11	56.1
10	2.9	76.1	10.1	16	67.6
11	0.6	67.8	3.1	12	45.9
12	4.3	135.6	12.1	25	79.8
13	1.1	67.7	6.9	16	25.9
14	3.8	177.9	13.6	27	120.1
15	10.5	266.6	16.5	35	149.9
16	3.3	82.6	9.8	16	32.7
17	0.5	17.9	1.5	4	45.6
18	0.7	76.7	6.8	13	28.6
19	1.3	27.8	5.9	6	16.8
20	7.1	143.1	8.1	29	67.8
21	11.9	371.6	17.7	34	167.2
22	1.9	99.2	4.7	12	47.8
23	1.5	112.9	11.2	16	70.2
24	7.5	199.8	16.7	18	43.1
25	3.6	105.7	12.9	12	100.2

（资料来源：刘思峰、吴和成、菅利荣，《应用统计学》第二版，2017 年，有改动。）

讨论与思考：

（1）分别绘制不良贷款与贷款余额、应收贷款、贷款项目数、固定资产投资额之间的散点图，并分析其升降关系。若有关系，它们之间是一种什么样的关系？关系强度如何？

（2）建立不良贷款与贷款余额、累计应收贷款、贷款项目数、固定资产投资额等因素的多元线性回归方程，并解释各回归系数的实际意义。

（3）在不良贷款的总偏差中，被估计的回归方程所解释的比例是多少？

（4）根据建立的回归方程，对回归方程线性关系的显著性及各回归系数的显著性进行检验。（$\alpha = 0.05$）

（5）当回归模型中两个或两个以上的自变量彼此相关时，我们就说存在多重共线性。在回归分析中存在多重共线性将会产生某些问题，如可能会给回归的结果造成混乱，甚至会把分析引入歧途；可能对参数估计值的正负号产生影响，特别是$\hat{\beta}_i$的正负号有可能与我们预期的正负号相反。试分析建立的回归方程是否存在多重共线性？你认为哪些因素应该从模型中剔除？

（6）若贷款余额$X_1 = 100$亿元、累计应收贷款$X_2 = 10$亿元、贷款项目个数$X_3 = 15$个和固定资产投资额$X_4 = 60$亿元，根据建立的回归方程，求不良贷款（Y）的95%置信区间和预测区间。

（答案：略。）

第六章　时间序列

引例

北京某诊所是一家私人医疗诊所，专攻工业医疗，并且在该地区经营已经超过 15 年。2018 年年初，该诊所进入了稳步增长的阶段，每个月的账单收入从 57 万元增长到超过 280 万元。直至 2021 年 4 月 6 日，当诊所的主建筑物被烧毁时，诊所的账单收入一直经历着持续性的增长。诊所的保险单包括实物财产和设备，也包括由于正常商业经营的中断而引起的收入损失。确定实物财产和设备在火灾中的损失额、受理财产的保险索赔要求是一个相对简单的事情。但是，确定在进行重建诊所的七个月中的收入损失额是很复杂的。根据火灾前账单收入的实际历史资料，采取长期趋势和季节成分的预测模型进行预测，得到损失收入的一个准确的估计值，这个估计值最终被保险公司所接受。想一想，如果让你看到此诊所的账单收入，你能否看出其销售收入的发展水平以及发展速度？你应当采用何种方法、何种模型预测诊所未来七个月的收入？

本章学习目标

1. 了解时间序列的概念、分类和编制原则。
2. 掌握时间序列的发展水平、平均发展水平、增减量和平均增减量。
3. 掌握时间序列的发展速度、平均发展速度、增长速度和平均增长速度。
4. 掌握时间序列的长期发展趋势、季节变动趋势，了解时间序列循环变动趋势与不规则变动。

第一节　时间序列概述

一、时间序列的概念

任何事物的发展、变化都可以从三个方面来反映：过去、现在和未来。通过前面所学章节，我们基本掌握了用不同指标反映现象不同状态的方法。例如，用总量指标反映总规模、总水平，用平均指标反映一般水平，用相对指标反映内部结构、比例、增长状况等。如果想了解这些事物发展的历史或者运行轨迹，可以把指标数值按时间变化排列起来（见表6-1）。

表6-1　某跨国公司2016—2020年的生产数据

年　份	年销售额/亿元	年末职工数/万人	职工月平均工资/元	年计划完成程度
2016	8000	920	6365	110%
2017	8100	923	6900	116.3%
2018	8200	950	7300	139.5%
2019	8800	970	8000	180%
2020	9000	990	8800	223.2%

从这张表上可以看出，该跨国公司在年销售额、年末职工数、职工月平均工资、年计划完成程度四方面的变化方向大致都是逐年递增的。通过把指标数值按时间顺序排列起来的方式来研究事物的发展变化，能够更深入地认识事物的发展规律。通常人们就把它叫作时间序列。将不同时间上的某一现象的统计指标数值按时间先后顺序排列就形成了时间序列，又称为动态数列或时间数列。

时间序列一般由两个基本要素构成：一是现象所属的时间；二是与时间对应的统计指标数值。进行时间序列分析的主要目的在于：了解某一现象过去的变动过程；评价当前的经营状况；探索现象发展、变化的规律性，为制定未来的决策方案提供依据。

国内生产总值（GDP）

国内生产总值（GDP）是指按市场价格计算的一个国家（或地区）所有常住单位在一定时期内生产活动的最终成果。国内生产总值有三种表现形态，即价值形态、收入形态和产品形态。从价值形态看，它是所有常住单位在一定时期内生产的全部货物和服务价值与同期投入的全部非固定资产货物和服务价值的差额，即所有常住单位的增加值之和；从收入形态看，它是所有常住单位在一定时期内创造并分配给常住单位和非常住单位的初次收入之和；从产品形态看，它是所有常住单位在一定时期内最终使用的货物和服务价值与货物和服务净出口价值之和。在实际核算中，国内生产总值有三种计算方法，即生产法、收入法和支出法。三种方法分别从不同的方面反映国内生产总值及其构成。按三种方法计算的国内生产总值反映的是同一经济总体在同一时期的生产活动成果，从理论上讲，三种计算方法所得到的结果应该是一致的。

二、时间序列的分类

由于时间序列是由统计指标和时间两个要素构成的，因此，时间序列的分类实际上和统计指标的分类是一致的。统计指标分为绝对指标、相对指标和平均指标，相应的时间序列也可分为绝对数时间序列、相对数时间序列和平均数时间序列。其中，绝对数时间序列是基本序列，相对数和平均数时间序列可看作是绝对数时间序列的派生序列。

（一）绝对数时间序列

如果时间序列中的统计指标是绝对指标，这样的序列就称为绝对数时间序列。在绝对数时间序列中，由于指标所反映的时间状况不同，又可分为时期序列和时点序列。

（1）时期序列。在绝对数时间序列中，若序列指标反映的是现象在一段时间内发展过程的总量，就是时期序列。表6-1所列2016—2020年的年销售额序列就是时期序列。时期序列有如下三个特点：①序列中的每个指标数值一般通过经常性的调查（或登记）取得；②序列中各期指标数值可以连续相加，其和数表示社会经济现象在更长时间内的发展总量；③序列中指标数值的大小与其对应时期的长短有直接关系。

（2）时点序列。在绝对数时间序列中，若序列指标反映的是现象在某一时点上所处的水平，就是时点序列。表6-1所列的2016—2020年的年末职工数序列就是时点序列。时点序列也有三个特点：①序列中的每个指标数值一般通过一次性调查（或登记）取得；②序列中各个时点的指标数值连续累加没有实际的经济意义；③序列中各个指标数值的大小与其对应时点的间隔长短没有直接关系。

思考与练习：表6-2为某股票在一段时间内的股价及交易情况，请指出哪些是时期序列？哪些是时点序列？

表6-2　某股票在一段时间内的股价及交易情况

时间	3月1日	3月2日	3月3日	3月4日	3月7日	3月8日	3月9日
开盘价/元	8.16	8.24	8.2	8.24	8.39	8.45	8.55
成交量/万手	153	67	90	99	112	170	91
收盘价/元	8.3	8.2	8.19	8.34	8.38	8.53	8.53
成交金额/亿元	12.7	5.5	7.4	8.2	9.5	14.6	7.8

（二）相对数时间序列

如果时间序列中的统计指标是相对指标，这样的序列就称为相对数时间序列。它可以反映社会经济现象数量对比关系的发展过程。表6-1所列的2016—2020年的年计划完成程度序列就是相对数时间序列。

（三）平均数时间序列

时间序列中的统计指标若为平均指标，这样的序列称为平均数时间序列。它可以揭示研究对象一般水平的发展趋势和发展规律。表6-1所列的2016—2020年的职工月平均工资序列就是平均数时间序列。

由于相对指标和平均指标的计算基数不同，所以，这两种序列中的各个指标值都不能直接相加起来说明问题。但为了对社会经济现象发展过程进行全面的分析研究，上述三种时间序列可以结合起来运用。

三、时间序列的编制原则

编制时间序列的目的在于通过序列中各项指标值的对比，说明社会经济现象的发展过程和规律性。因此，为了保证同一时间序列中指标值的可比性，即序列中前后各项指标值可以相互比较，应遵守以下几个基本编制原则。

（一）时期长短最好一致

时期序列中各指标数值与时期长短直接相关，在同一个时期序列中，各个指标所属时期长短应该相等，这样才能比较。但这个原则也不能绝对化，有时为了特殊的研究目的，也可以编制时期长短不等的时间序列。

时点序列的各指标数值都是表明在一定时点上的数量，与时期长短无关，所以不存在时期长短问题。在时间序列中，不论时期指标还是时点指标，都有“间隔”长短的问题，为了便于分析，最好编制间隔相等的时间序列，但也可视情况和所研究的特定问题，编制间隔不等的时间序列。

（二）总体范围应该一致

时间序列中各项指标的总体范围包括地区范围、隶属关系范围、分组范围等，应保持前后一致。若总体范围有所变动，前后指标就不能直接比较，须加以调整，再做动态分析，才能正确说明所研究的问题。例如，由于 1997 年 6 月 18 日重庆直辖市成立，在编制 1990—2020 年四川省 GDP 时间序列时，就需要对总体进行调整。

（三）指标的经济内容应该统一

指标口径是统计实践中的一种说法，它是指指标所包括的经济内容的多少。一般来说，只有同质的现象才能进行动态对比，才能表明现象发展变化的过程及趋势。在经济分析中，经常存在这样一种情况，即有些指标从指标名称上看，在不同时间上它并没有什么变化，但随着时间的推移，其经济内容却发生了很大的变化。例如，个人所得税缴税额的时间序列，名称上没有变化，但经济内容可能由于某些原因已发生变化，例如，不同时期所得税的起征点发生调整；不同时期所得税的税率发生调整；或者现在以个人收入计算个人所得税，未来可能以家庭收入计算个人所得税。

（四）计算方法应该统一

在指标名称及其经济内容一致的前提下，序列中各个指标数值的计算口径、计算单位、计算价格和计算方法都要保持前后一致。如果各个指标的计算方法不一致，如有的用实物单位，有的用价值单位，有的用现价，有的用不变价格计算，则各个指标就不具有可比性，这样放在一起编制的时间序列就不能准确反映实际情况。

第二节　时间序列的水平指标

时间序列分析最基本的目的，就是从时间的角度对事物发展、变化的基本状态进行描述。这种描述包括两个方面的基本内容：一个是回答“多少”的问题，另一个是回答“快慢”的问题。在统计学的时间序列分析中，一般将描述前者的动态分析指标称为“水平指标”，将描述后者的动态分析指标称为“速度指标”；时间序列分析的第二个目的，是对事物未来的发展进行预测。本节探讨的是时间序列的水平指标。

时间序列的水平指标共有四个：发展水平、平均发展水平、增减量与平均增减量。

一、发展水平

发展水平是指时间序列中指标的每个数值，用来反映现象发展变化实际达到的规模、相对水平和一般水平。发展水平是时间序列中最基本的分析指标，是进行增量分析、平均分析和速度分析的基础。

按在时间序列中所处的位置不同，发展水平可分为最初水平、中间水平和最末水平。最初水平是时间序列中的第一个指标数值，是时间序列中事物发展的起点；最末水平是时间序列中的最后一个指标数值；处于最初水平和最末水平中间的各发展水平是中间水平。

按在时间序列分析中所起的作用不同，发展水平可分为基期水平和报告期水平。报告期水平是所要研究或考察的那个时间的发展水平；基期水平是作为比较基础时间的发展水平。

设时间序列各项为 $a_0, a_1, a_2, \cdots, a_{n-1}, a_n$。其中，$a_0$ 是最初水平，a_n 是最末水平，$a_1, a_2, \cdots, a_{n-1}$ 是中间水平。若将 a_n 与 a_{n-1} 进行对比，a_n 为报告期水平，a_{n-1} 为基期水平。即与哪一期对比，哪一期就是基期水平；哪一期与基期水平对比，哪一期就是报告期水平。

在文字叙述上，常用术语“增加到”或“增加为”“降低到”或“降低为”表示从基期水平到报告期水平的变化值。

如表6-3中的数字，职工总数的最初水平是123人，最末水平是213人。如果研究5月份相对3月份职工人数的增长情况，则5月份为报告期，189人为报告期水平，3月份为基期，176人为基期水平。

表6-3　2021年上半年各月末某公司职工人数　　（单位：人）

月份	1	2	3	4	5	6
职工总数	123	156	176	166	189	213
生产工人数	78	89	98	94	102	111
生产工人占职工总数比例	63%	57%	56%	57%	54%	52%

二、平均发展水平

将时间序列中不同时间的发展水平加以平均而得到的平均数就是平均发展水平，又称序时平均数或动态平均数。它将研究对象在不同时间上的数量差异抽象化，从动态上说明现象在一段时间内发展的一般水平。

序时平均数和一般平均数（静态平均数）的共同点是：两者都是将现象的各个数值之间的差异抽象化，概括地反映现象的一般水平。两者的不同点是：序时平均数所平均的是现象在不同时间上的数量差异，从动态上说明在某一段时间内发展的一般水平，它是根据时间序列计算的。而一般平均数平均的是同一时间总体各单位某一数量标志值的差异，从静态上说明其在具体历史条件下的一般水平，它是根据变量序列来计算的。

在动态分析中，序时平均数可以把时间长短不等的总量指标由不可比变为可比，还可以通过计算序时平均数消除现象在短时间波动的影响，以便于在各段时间进行比较，来观察现象的发展趋势。

动态平均数可以由绝对数时间序列来计算，也可以由相对数时间序列或平均数时间序列来计算。由于时间序列的种类不同、特性不同，其动态平均数的计算方法也不相同。但根据绝对数时间序列计算序时平均数是最基本的。

（一）绝对数时间序列的序时平均数

1. 时期序列的序时平均数

由于时期序列中各期的指标数值相加具有实际经济含义，对时期序列进行平均分析时，计算动态平均数可采用简单算术平均法，即以各期指标数值之和除以时期项数求得。计算公式为

$$\bar{a}=\frac{a_1+a_2+\cdots+a_n}{n}=\frac{\sum_{i=1}^{n}a_i}{n}$$

式中，$\bar{a}$ 为序时平均数；a_i 为各时期发展水平；n 为时期项数。

【例 6-1】 某公司 2013—2020 年各年的工业总值资料如表 6-4 所示，求 2013—2020 年间的年均工业总值。

表 6-4　某公司 2013—2020 年各年的工业总值　　（单位：万元）

年　份	2013	2014	2015	2016	2017	2018	2019	2020
工业总产值	172	159	141	138	130	130	129	131

解：

$$\bar{a}=\frac{\sum_{i=1}^{n}a_i}{n}=\frac{172+159+141+138+130+130+129+131}{8}\text{万元}=141.25\text{万元}$$

2. 时点序列的序时平均数

对时点序列进行平均分析，要比时期序列复杂。要正确计算时点序列的序时平均数，需要知道现象在每一瞬间上的数值，这几乎是办不到的，只能间隔一段时间后统计其存量。所以时点数列的序时平均数是假定在某一时间间隔内现象的增减变动比较均匀或波动不大的前提下推算出来的近似值。

（1）连续时点序列的序时平均数。由于不可能每时每刻记录时点数据的数值，实际操作中习惯上以天作为“瞬间”单位，将一天中某一时间点的指标数值看成一天的水平。对于逐日记录的时点数据形成的时间序列，称为连续时点序列。如果每日的指标数值都有变动，称为连续变动的连续时点序列；如果指标数值并非每天都有变动，隔几天才变动一次，只有在变动时才将指标数值记录下来，称为非连续变动的连续时点序列。另外，根据相邻两次记录的时间间隔是否相等，也可以将连续时点序列分为间隔相等的连续时点序列和间隔不等的连续时点序列。

1）间隔相等的连续时点序列的序时平均数。由于连续时点序列是将一天中某一时间点的指标数值看成一天（一段时期）的水平，因此可以采用简单算术平均数计算间隔相等的连续时点序列的序时平均数，即

$$\bar{a}=\frac{a_1+a_2+\cdots+a_N}{N}=\frac{\sum_{i=1}^{N}a_i}{N}$$

【例 6-2】 某班一周到课人数资料如表 6-5 所示，计算该班一周的平均到课人数。

表 6-5 某班一周到课人数 （单位：人）

时间	6月1日	6月2日	6月3日	6月4日	6月5日
到课人数	30	28	29	30	28

解：

$$\bar{a}=\frac{\sum_{i=1}^{N}a_i}{N}=\frac{30+28+29+30+28}{5}\text{人}=29\text{人}$$

2）间隔不等的连续时点序列的序时平均数。指标数值只有在变动时才被记录下来，意味着没做记录日期的数值与前一次记录的数值相等，因此可以采用加权算术平均数计算间隔不等的连续时点序列的序时平均数，即

$$\bar{a}=\frac{a_1f_1+a_2f_2+\cdots+a_mf_m}{f_1+f_2+\cdots+f_m}=\frac{\sum_{i=1}^{m}a_if_i}{\sum_{i=1}^{m}f_i}$$

【例 6-3】 某企业 9 月 1 日职工人数为 300 人，9 月 11 日新入职 9 人，9 月 16 日 4 人离职，则该企业 9 月份平均职工人数为

$$\bar{a}=\frac{300\times10+309\times5+305\times15}{10+5+15}\text{人}=304\text{人}$$

（2）间断时点序列的序时平均数。以天为时点计算年均人口数，就应有 365 天每天的人口数资料，但是人口的出生和死亡每时每刻都在发生，实践中要登记每天的人口数也是办不到的。因此，一般情况下，只能是每隔一段时间登记一次，时点可定在月末、季末或年末，这种时间序列称为间断时点序列。相邻两次登记的时间间隔可以相等，也可以不等，从而就形成了间隔相等的间断时点序列和间隔不等的间断时点序列。

1）间隔相等的间断时点序列的序时平均数。计算间隔相等的间断时点序列的序时平均数，是假定现象在两个相邻时点之间的变动是均匀的，因而，可将相邻两个时点指标数值之和除以 2，作为这两个时点之间所有时点上指标数值的代表值，然后再用简单算术平均法将这些数值平均，就可得到该时点序列的序时平均数，即

$$\bar{a}=\frac{\frac{a_0+a_1}{2}+\frac{a_1+a_2}{2}+\cdots+\frac{a_{n-1}+a_n}{2}}{n}$$

整理可得

$$\bar{a}=\frac{\frac{a_0}{2}+a_1+\cdots+a_{n-1}+\frac{a_n}{2}}{n}$$

这种计算方法称为首末折半法。

【例 6-4】　根据表 6-6 的资料，计算 2012—2020 年某电器公司的平均职工人数。

表 6-6　某电器公司的年末职工人数　　（单位：人）

年份	2012	2013	2014	2015	2016	2017	2018	2019	2020
年末职工人数	521	544	573	599	604	718	640	603	485

$$\text{解：}\bar{a}=\frac{\frac{521}{2}+544+573+599+604+718+640+603+\frac{485}{2}}{8}\text{人}=\frac{4784}{8}\text{人}=598\text{人}$$

即该电器公司 2012—2020 年的平均职工人数为 598 人。

2）间隔不等的间断时点序列的序时平均数。对于间隔不等的间断时点序列，可采用各相邻时点的间隔长度 f 为权数，对各相邻时点指标数值的平均数进行加权平均计算序时平均数。其计算公式为

$$\bar{a}=\frac{\frac{a_0+a_1}{2}f_1+\frac{a_1+a_2}{2}f_2+\cdots+\frac{a_{n-1}+a_n}{2}f_n}{f_1+f_2+\cdots+f_n}$$

【例 6-5】　表 6-7 为某地区 2020 年社会劳动者人数资料，求该地区该年的平均社会劳动者人数。

表 6-7　某地区 2020 年社会劳动者人数资料　　（单位：万人）

时间	1 月 1 日	5 月 31 日	8 月 31 日	12 月 31 日
社会劳动者人数	362	390	416	420

解：该地区该年的平均社会劳动者人数为

$$\bar{a}=\frac{\frac{362+390}{2}\times5+\frac{390+416}{2}\times3+\frac{416+420}{2}\times4}{5+3+4}\text{万人}=396.75\text{ 万人}$$

结果表明，该地区该年的平均社会劳动者人数为 396.75 万人。

需要注意的是，根据时点序列计算的序时平均数，实际上是按照一定条件推算出来的近似数，这个条件就是假定现象在相邻两个时点之间的变动是均匀的。时间间隔越长，其假定性就越大，准确程度也就越差。为此，间断时点序列的间隔不宜过长。

（二）相对数或平均数时间序列的序时平均数

相对数或平均数时间序列的序时平均数，是由两个绝对数时间序列对比形成的。由于各相对数和平均数的分母不同，不能直接将不同时间的相对数或平均数相加来计算序时平均数，而应根据时期序列和时点序列序时平均数的求法，分别求出构成相对数和平均数时间序

列的分子项和分母项时间序列的序时平均数，然后将它们对比求出相对数和平均数时间序列的序时平均数。其基本计算公式为

$$\bar{c}=\frac{\bar{a}}{\bar{b}}$$

式中，$\bar{a}$ 为分子序列的序时平均数；$\bar{b}$ 为分母序列的序时平均数；$\bar{c}$ 为相对数或平均数时间序列的序时平均数。

相对数或平均数时间序列可由两个时期序列对比形成，也可由两个时点序列对比形成，或由一个时期序列和一个时点序列对比形成。

1. 由两个时期序列对比形成的相对数时间序列

$$\bar{c}=\frac{\bar{a}}{\bar{b}}=\frac{\sum a/n}{\sum b/n}=\frac{\sum a}{\sum b}$$

【例 6-6】 根据表 6-8 所示的资料，计算某商店 2021 年第二季度计划完成程度时间序列的序时平均数。

表 6-8　某商店 2021 年第二季度计划完成情况

月份	4	5	6
(a) 实际销售额/万元	480	500	624
(b) 计划销售额/万元	400	500	600
(c) 计划完成程度	120%	100%	104%

解：

$$\bar{c}=\frac{\bar{a}}{\bar{b}}=\frac{\sum a/n}{\sum b/n}=\frac{\sum a}{\sum b}=\frac{480+500+624}{400+500+600}\times 100\%=\frac{1604}{1500}\times 100\%=107\%$$

2. 分子序列和分母序列都是时点序列的相对数时间序列

如前所述，由时点序列求序时平均数，有间隔相等和间隔不等两种情况，实际计算应根据资料所给的情况而定。

【例 6-7】 根据表 6-9 所示的资料，计算 2021 年第二季度生产工人占全部职工平均比重。

表 6-9　某工业企业 2021 年第二季度生产工人比重

时　间	3月末	4月末	5月末	6月末
(a) 生产工人数/人	420	540	650	680
(b) 全部职工人数/人	500	600	700	760
(c) 生产工人比重	84%	90%	93%	89%

解：

$$\bar{c}=\frac{\bar{a}}{\bar{b}}=\frac{\dfrac{\dfrac{a_1}{2}+a_2+\cdots+\dfrac{a_n}{2}}{n-1}}{\dfrac{\dfrac{b_1}{2}+b_2+\cdots+\dfrac{b_n}{2}}{n-1}}=\frac{\dfrac{a_1}{2}+a_2+\cdots+\dfrac{a_n}{2}}{\dfrac{b_1}{2}+b_2+\cdots+\dfrac{b_n}{2}}=\frac{\dfrac{420}{2}+540+650+\dfrac{680}{2}}{\dfrac{500}{2}+600+700+\dfrac{760}{2}}\times 100\%$$

$$=\frac{1740}{1930}\times 100\% = 90.2\%$$

3. 由两个不同性质的绝对数序列对比而形成的相对数时间序列

【例 6-8】 根据表 6-10 所示的资料，计算某商店第三季度平均商品流转次数。

表 6-10　某商店某年第三季度商品流转次数

月份	6	7	8	9
(a) 商品销售额/(万元/月)	108	143	200	300
(b) 月末商品库存额/万元	58	65	100	120
($c=a/b$) 商品流转次数/ (次/月)	—	2.33	2.42	2.73

解：

商品流转次数是商品销售额与商品库存额之比，它是一个反映商品流转快慢程度的相对指标。商品销售额是时期序列，月末商品库存额是时点序列。因此，该商店第三季度的平均商品流转次数为

$$\bar{c}=\frac{\bar{a}}{\bar{b}}=\frac{(143+200+300)/3}{\left(\dfrac{58}{2}+65+100+\dfrac{120}{2}\right)/(4-1)}\text{次/月}=2.53\text{次/月}$$

三、增减量

增减量是报告期水平与基期水平之差，用来说明某种现象在一定时期内增加或减少的绝对数量。这个差数若为正值，就是增长量；若为负值，就是减少量或降低量。其计算公式为

增减量=报告期水平-基期水平

由于采用的基期不同，增减量可分为逐期增减量和累计增减量。逐期增减量是报告期水平与前一期水平之差，说明现象报告期比前一期增加或减少的绝对数量；累计增减量是报告期水平与某一固定时期水平（通常为最初水平）之差，说明现象报告期比某一固定时期增加或减少的绝对数量，也可以说是现象在某一段较长时期内总的增减量。逐期增减量和累计增减量用符号表示为

逐期增减量：a_1-a_0，a_2-a_1，…，a_n-a_{n-1}

累计增减量：a_1-a_0，a_2-a_0，…，a_n-a_0

不难发现：

$$a_n-a_0=(a_1-a_0)+(a_2-a_1)+\cdots+(a_n-a_{n-1})$$

即逐期增减量之和等于对应的累计增减量。

【例 6-9】 计算表 6-11 中某地区 2016—2021 年钢产量的累计增减量和逐期增减量。

表 6-11 某地区 2016—2021 年钢产量发展情况 （单位：kt）

年份	2016	2017	2018	2019	2020	2021
钢产量	4679	5220	5628	5943	6159	6635
逐期增减量	—	541	408	315	216	476
累计增减量	—	541	949	1264	1480	1956

解：

计算表明，各年的逐期增减量之和等于最后一年的累计增减量，即

（541+408+315+216+476）kt＝1956kt

年距增减量

在实际工作中，为了消除季节变动的影响，便于对比分析，常计算"年距增减量"指标，表明本期发展水平比上年同期发展水平的增减数量，通常也称为同比增减量。

年距增减量＝本期发展水平－上年同期发展水平

例如：据国家统计局公布数据显示，2021 年 1~7 月份全国规模以上工业企业每百元资产实现的营业收入为 91.5 元，同比增加 11.8 元；人均营业收入为 162.6 万元，同比增加 32.7 万元；产成品存货周转天数为 17.5 天，同比减少 2.1 天；应收账款平均回收期为 51.6 天，同比减少 4.8 天。

（资料来源：http：//www.stats.gov.cn/tjsj/zxfb/202108/t20210827_1821180.html）

四、平均增减量

一般当发展水平增长时，增减量为正值，表明增长的绝对数量；反之，当发展水平下降时，增减量为负值，表示减少的绝对数量。平均增减量是指时间序列中各逐期增减量的序时平均数，说明某社会经济现象在一段时期内平均每期增加或减少的数量，一般用简单算术平均法计算。其公式为

$$\text{平均增减量} = \frac{\sum_{i=1}^{n}(a_i - a_{i-1})}{n} = \frac{a_n - a_0}{n}$$

公式中第一步可以认为是平均增减量的定义公式，而第二步是根据累计增减量和逐期增减量的关系所得到的。还需要说明的一个问题是，增减量虽然有两类：累计增减量和逐期增减量，但由于累计增减量在不同时间上不具有可加性，即将累计增减量再累计没有什么经济意义，因此，所谓平均增减量就是指逐期增减量的序时平均数。

例如，根据表 6-11 得

$$\text{平均增减量} = \frac{\sum_{i=1}^{n}(a_i - a_{i-1})}{n} = \frac{a_n - a_0}{n} = \frac{6635 - 4679}{6 - 1}\text{kt} = 391.2\text{kt}$$

思考与练习：(1) 若只掌握相对数（或平均数）动态数列中各自的比值和分母资料，如何计算序时平均数，写出计算公式。

(2) 若只掌握相对数（或平均数）动态数列中各自的比值和分子资料，如何计算序时平均数，写出计算公式。

(3) 如果已知某企业各月的平均库存额的资料如表 6-12 所示。

表 6-12　某企业各月的平均库存额

月份	1	2	3	4	5	6	7
月平均库存额/万元	25	32	13	47	33	19	30

那么，该企业第一季度月平均库存额采用首尾折半法计算是否正确？为什么？

(4) 表 6-12 中各月的累计增减量、逐期增减量和平均增减量如何计算？

第三节　时间序列的速度指标

速度指标也是对时间序列进行分析的另一类指标，它反映社会经济现象变化的速度，有发展速度、增长速度、平均发展速度和平均增长速度四种。它们之间有着密切的联系，其中发展速度是最基本的速度指标。

一、发展速度

发展速度是用相对数形式表示的动态指标，是时间序列中两个不同时期发展水平对比的结果，说明报告期水平已发展到基期水平的多少倍或百分之几。其计算公式为

$$发展速度 = \frac{报告期水平}{基期水平}$$

由于采用的基期不同，发展速度可分为定基发展速度和环比发展速度。

定基发展速度是报告期水平与某一固定时期水平（一般为最初水平）之比，表明现象在一个较长时期内总的变动程度，因此，有时也称作总速度；环比发展速度是报告期水平同前一期水平之比，说明现象逐期发展变化的程度。将各期的定基发展速度和环比发展速度按时间顺序排列，就形成动态相对数时间序列，用字母表示为

$$定基发展速度：\frac{a_1}{a_0},\ \frac{a_2}{a_0},\ \frac{a_3}{a_0},\ \cdots,\ \frac{a_n}{a_0}$$

$$环比发展速度：\frac{a_1}{a_0},\ \frac{a_2}{a_1},\ \frac{a_3}{a_2},\ \cdots,\ \frac{a_n}{a_{n-1}}$$

不难发现，定基发展速度和环比发展速度之间的关系如下：

(1) 各环比发展速度的连乘积等于相应时期的定基发展速度，即

$$\frac{a_1}{a_0} \times \frac{a_2}{a_1} \times \frac{a_3}{a_2} \times \cdots \times \frac{a_n}{a_{n-1}} = \frac{a_n}{a_0}$$

（2）相邻两期的定基发展速度之比等于相应的环比发展速度，即

$$\frac{a_n/a_0}{a_{n-1}/a_0}=\frac{a_n}{a_{n-1}}$$

根据上述关系，可以进行指标之间的相互推算。

【例 6-10】 计算表 6-11 的时间序列的环比发展速度与定基发展速度。

结果如表 6-13 所示。

表 6-13　某地区 2016—2021 年钢产量发展速度

年份	2016	2017	2018	2019	2020	2021
钢产量/kt	4679	5220	5628	5943	6159	6635
环比发展速度	—	111.56%	107.82%	105.6%	103.63%	107.73%
定基发展速度	100.00%	111.56%	102.28%	127.01%	131.63%	141.80%

二、增长速度

增长速度，又称增长率，也是用相对数形式表示的，和前面讲的增减量实际上是从两个不同的角度说明同一个问题，即分别从相对数和绝对数方面说明经济现象的增长程度。增长速度是各期增减量与基期水平对比的结果，说明报告期水平比基期水平增长了若干倍或百分之几。其计算公式为

$$增长速度=\frac{增减量}{基期水平}$$

由于增减量是报告期水平与基期水平之差，故有

$$增长速度=\frac{报告期水平-基期水平}{基期水平}$$

$$=发展速度-1\ （或\ 100\%）$$

当发展速度大于 1 时，增长速度为正值，表明现象的增长程度；当发展速度小于 1 时，增长速度为负值，表明现象的降低程度。

与发展速度相对应，增长速度也可分为定基增长速度和环比增长速度。

定基增长速度是累计增减量与固定基期水平之比，或是定基发展速度减 1，表明社会经济现象在一段较长时期内总的增减程度。环比增长速度是逐期增减量与前一期水平之比，或是环比发展速度减 1，表明社会经济现象相邻两期逐期增减的程度。

定基增长速度和环比增长速度都是发展速度的派生指标，只反映增长部分的相对程度，两者之间不存在直接的数量转换关系。

年距发展速度和年距增长速度

为了避免季节变动的影响，实际工作中还可以计算年距发展速度，或称同比发展速度，用以说明现象本期发展水平与上年同期发展水平对比达到的相对发展程度。它可以消除季节变动的影响，用公式表示为

$$年距发展速度=\frac{报告期水平}{上年同期水平}$$

同样，也可以计算年距增长速度（或称同比增长速度）。年距增长速度是年距增减量与上年同期水平对比的结果。即

$$年距增长速度=\frac{年距增长量}{上年同期水平}=\frac{报告期水平-上年同期水平}{上年同期水平}$$
$$=年距发展速度-1$$

例如，据国家统计局公布数据显示，2021 年上半年全国居民人均可支配收入 17642 元，同比名义增长 12.6%，名义增速比一季度放慢 1.1 个百分点；扣除价格因素影响，实际增长 12.0%，实际增速比一季度放慢 1.7 个百分点，受上年同期居民收入低基数影响，增速较快。

（资料来源：http：//www.stats.gov.cn/tjsj/sjjd/202107/t20210716_1819563.html）

【例 6-11】 某机械厂 2012—2020 年销售额时间序列各期的发展速度和增长速度如表 6-14 所示，请验算环比发展速度和定基发展速度之间的关系。

表 6-14　某机械厂 2012—2020 年销售额

年　份	销售额/万元	发展速度		增长速度	
		环　比	定　基	环　比	定　基
2012	935.0	—	100.0%	—	—
2013	999.5	106.9%	106.9%	6.9%	6.9%
2014	1136.4	113.7%	121.5%	13.7%	21.5%
2015	1316.0	115.8%	140.7%	15.8%	40.7%
2016	1497.6	113.8%	160.2%	13.8%	60.2%
2017	1719.2	114.8%	183.9%	14.8%	83.9%
2018	1958.2	113.9%	209.4%	13.9%	109.4%
2019	2161.9	110.4%	231.2%	10.4%	131.2%
2020	2350.0	108.7%	251.3%	8.7%	151.3%

由上述相对数时间序列可以看出：2012—2020 年该机械厂经历了 2012—2013 年的恢复性发展阶段、2014—2018 年的快速发展阶段和 2019—2020 年的缓速发展阶段。

增长 1%的绝对值

发展速度与增长速度说明的是现象发展和增长的相对数，是对现象发展和增长情况的抽象，有时会出现高速度后面掩盖着低指标或低速度后面掩盖着高指标的情况。为了对现象的发展有一个完整的认识，在运用发展速度和增长速度时，还要根据相对数与绝对数结合运用的原则，把它们和发展与增长的绝对量相结合加以研究，每增长 1%的绝对值，就是考虑了增长速度的实际效果。增长 1%的绝对值为现象每增长 1%所代表的实际数量，是增减量与增长速度的比值再乘以 1%，而增长速度=增减量/基期水平，即

$$增长1\%的绝对值=增减量/增长速度\times 1\%$$
$$=基期水平/100$$

因此，定基和环比情况下，增长1%的绝对值计算公式为

定基增长速度： $增长1\%的绝对值=\frac{a_0}{100}$

环比增长速度： $增长1\%的绝对值=\frac{a_{n-1}}{100}$

例如，根据表6-14，2020年环比每增长1%的绝对值为

$$\frac{2161.9}{100}万元=21.619万元$$

三、平均发展速度与平均增长速度

平均速度就是速度指标的动态平均数。因为速度指标有发展速度和增长速度两种，所以，平均速度指标也有两种：平均发展速度与平均增长速度。

从理论上讲，所谓平均发展速度，是指时间序列中各期环比发展速度的序时平均数，它表明社会经济现象在一个较长时期内逐期发展变化的平均程度；而所谓平均增长速度，是指时间序列中各期环比增长速度的序时平均数，它表明社会经济现象在一个较长时期内逐期增长的平均程度。

但是，从计算平均速度的方法看，平均增长速度并不能根据各期环比增长速度直接计算，而是先计算平均发展速度，然后根据平均发展速度与平均增长速度的关系来计算平均增长速度，即

$$平均增长速度=平均发展速度-1$$

平均发展速度常用水平法或累计法进行计算。

（一）水平法

水平法又称几何平均法，它是从时间序列的最初发展水平 a_0 开始，以序列的平均速度去代替各期的环比发展速度，由此推算出期末理论发展水平与期末实际发展水平相一致，即在最初水平 a_0 的基础上，平均每期以多快的发展速度 $\bar{x}$，经过若干期后才能达到报告期的发展水平 a_n。其计算公式为

$$\bar{x}=\sqrt[n]{x_1x_2\cdots x_n}=\sqrt[n]{\prod_{i=1}^{n}x_i} \tag{6-1}$$

式中，$\bar{x}$ 为平均发展速度；x_i 为各期环比发展速度；Π 为连乘积的符号。

由于 $x_i=\frac{a_i}{a_{i-1}}(i=1, 2, \cdots, n)$，所以式（6-1）又可表示为

$$\bar{x}=\sqrt[n]{\frac{a_1}{a_0}\times\frac{a_2}{a_1}\times\cdots\times\frac{a_n}{a_{n-1}}}=\sqrt[n]{\frac{a_n}{a_0}} \tag{6-2}$$

根据掌握资料的不同情况，可有选择地使用上面两个公式。如果只有各期的环比发展速度资料，可用式（6-1）计算。如果掌握最末水平和最初水平资料，则用式（6-2）计算。

按水平法计算的平均发展速度，可以保证用这一平均速度推算的最末一期的理论水平和其实际水平相等，由此推算的最末一期定基发展速度也与其实际定基发展速度相等。但是，由于这种方法计算的平均发展速度仅取决于最初水平和最末水平，而与中间各期的发展水平无关，因此，用这一平均发展速度推算的各期发展水平可能与各期的实际水平相差悬殊，不能准确地反映各期发展的实际水平。

【例 6-12】 根据表 6-13，应用水平法计算 2015—2020 年钢产量的年平均发展速度和平均增长速度。

解：

$$\bar{x}=\sqrt[5]{1.1156\times1.0782\times1.056\times1.0363\times1.0773}\times100\%\approx107.24\%$$

用公式 $\bar{x}=\sqrt[5]{\dfrac{a_n}{a_0}}$ 计算，得

$$\bar{x}=\sqrt[5]{\frac{6635}{4679}}\approx107.24\%$$

以上两种方法的计算结果完全相同。在实际应用时，可根据掌握资料的具体情况选择适当的公式。

根据平均发展速度可计算平均增长速度：

$$平均增长速度=107.24\%-1=7.24\%$$

（二）累计法

累计法又称方程式法，它是从时间序列的最初发展水平 a_0 开始，以序列的平均速度去代替各期的环比发展速度，由此推算出各期理论发展水平之和与各期实际发展水平之和相一致。

各期推算水平分别为

$$a_1'=a_0\bar{X}$$

$$a_2'=a_1'\bar{X}=a_0\bar{X}^2$$

$$\vdots$$

$$a_n'=a_{n-1}'\bar{X}=a_0\bar{X}^n$$

实际水平之和等于推算水平之和，即

$$\sum_{i=1}^{n}a_i=\sum_{i-1}^{n}a_i'=a_0\sum_{i=1}^{n}\bar{X}^i$$

由此可得累计法求解平均发展速度的方程为

$$\bar{x}+\bar{x}^2+\bar{x}^3+\cdots+\bar{x}^n=\frac{\sum_{i=1}^{n}a_i}{a_0}=\sum_{i=1}^{n}\frac{a_i}{a_0}$$

解这个高次方程，其正根即为平均发展速度。但是，解这个高次方程非常麻烦，因此，在实际工作中，往往利用已经编好的平均增长速度查对表来计算。

查表的方法如下：

（1）计算累计定基发展速度 $\sum_{i=1}^{n}a_i/a_0$，作为查表根据。

（2）确定是递增速度还是递减速度。若 $\sum_{i=1}^{n} a_i/a_0 > n$，即 $\sum_{i=1}^{n} a_i/n > a_0$ 时，则所求结果为递增速度。查表时，要在递增速度部分查找 $\sum_{i=1}^{n} a_i/a_0$ 的数值，与这个数值相对应的左边栏内的百分比，为所求的平均递增速度。若 $\sum_{i=1}^{n} a_i/a_0 < n$，即 $\sum_{i=1}^{n} a_i/n < a_0$ 时，则所求结果为递减速度，应在递减部分查找，方法相同。

（3）查表。按累计法计算的5年的年平均增长速度查对简表，如表6-15所示。

表6-15 年平均增长速度查对简表（间隔期为5年）

年平均增长速度	5年发展水平总和为基期的百分比	年平均增长速度	5年发展水平总和为基期的百分比	年平均增长速度	5年发展水平总和为基期的百分比
1%	515.2%	11%	691.3%	21%	918.3%
2%	530.8%	12%	711.5%	22%	944.2%
3%	546.8%	13%	732.3%	23%	970.8%
4%	563.3%	14%	753.5%	24%	998.0%
5%	580.2%	15%	775.4%	25%	1025.9%
6%	597.5%	16%	797.7%	26%	1054.4%
7%	615.3%	17%	820.7%	27%	1083.7%
8%	633.6%	18%	844.2%	28%	1113.6%
9%	652.3%	19%	868.3%	29%	1144.2%
10%	671.6%	20%	893.0%	30%	1175.6%

【例6 13】 设某企业5年内销售总额为355万元，为基期水平50万元的710%。求年平均发展速度。

查表6-15，710%这个数字介于691.3%～711.5%，其年平均增长速度介于11%～12%。可用插补法确定平均增长速度的位置。首先，用711.5%－691.3%＝20.2%，12%－11%＝1%，即每1%平均增长速度相当于全期总水平对基期水平之比的增量20.2%，而710%减691.3%所得的增量为18.7%，所以

$$20.2\% : 1\% = 18.7\% : x$$

$$x \approx 0.9\%$$

则该企业5年期间的年平均增长速度＝11%＋0.9%＝11.9%，年平均发展速度为111.9%。

按照累计法计算的平均发展所推算出的5年发展水平的总和与实际的各年水平总和是一致的。当基年水平为50万元时，按每年平均111.9%的发展速度，5年的销售总额为 $50 \times (1.119^5 + 1.119^4 + 1.119^3 + 1.119^2 + 1.119)$ 万元 ≈ 355万元。

水平法与累计法的区别

以上介绍的两种平均速度的计算方法各有特点和侧重：水平法侧重于考察最末水平，累计法侧重于考察整个时期中各期发展水平的总和。两种方法的数理依据不同，影响因素也不同。水平法只受最初水平与最末水平的影响，不反映中间水平的变动，累计法则受各期发展水平的影响。应该根据研究对象的不同特点，分别采用这两种不同的方法。水平法适用于水平计划的编制与检查，如人口、产量、产值、国民收入、工资总额、劳动生产率、单位成本、商品流通费等的增长，通常考察长期计划的最末一年应达到的数值水平。累计法适用于总额计划的编制，如基本建设投资总额、造林总面积等，侧重考察长期计划（5 年以上）的累计完成量。

公务员考试中的时间序列问题

2020 年国家公务员考试行测真题（副省级）

第五部分 资料分析

所给出的图、表、文字或综合性资料均有若干个问题要你回答。你应根据资料提供的信息进行分析、比较、计算和判断处理。

（一）根据表 6-16 所示的资料，回答第 116~120 题。

表 6-16 2013—2018 年中国在线旅游收入状况

年份	旅游业总收入/万亿元	在线旅游收入/亿元		
		交通预订	住宿预订	度假旅游预订
2013	2.95	1519.67	412.10	244.20
2014	3.38	2271.57	547.45	347.58
2015	4.13	3325.15	862.57	549.97
2016	4.69	5385.42	1251.42	757.40
2017	5.40	6389.65	1586.19	947.47
2018	5.97	6820.95	1881.49	1051.81

116. 2018 年中国在线旅游收入约占旅游业总收入的（ ）。

A. 20%　　B. 25%　　C. 12%　　D. 16%

117. 2017 年中国在线旅游收入同比约增长多少万亿元？（ ）

A. 0.15　　B. 0.20　　C. 0.25　　D. 0.30

118. 中国在线旅游收入中，2014 年占中国旅游业总收入比重高于上年水平的包括（ ）。

A. 仅在线交通预订

B. 在线交通预订、在线住宿预订、在线度假旅游预订

C. 仅在线交通预订、在线住宿预订

D. 仅在线交通预订、在线度假旅游预订

119. 折线图6-1反映了2014—2018年间哪项收入同比增量的变化趋势？

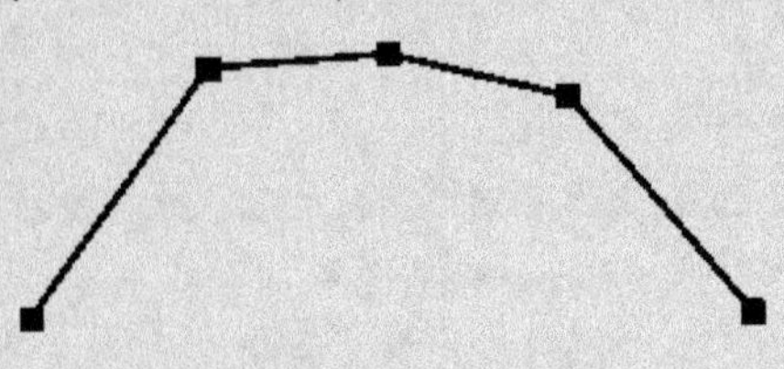

图6-1 第119题图

A. 在线住宿预订　　　　B. 旅游业总体

C. 在线度假旅游预订　　　　D. 在线交通预订

120. 能够从上述资料中推出的是（　　）。

A. 2014—2018年，中国旅游业总收入超过25万亿元

B. 2014—2016年，中国旅游业总收入同比增速逐年递增

C. 2016年中国在线交通预订收入同比增速快于上一年水平

D. 如保持2018年同比增量，中国在线住宿预订收入将在2023年首超3000亿元

（二）根据表6-17所示的资料，回答第121~125题。

表6-17　2018年全国主要产茶省份茶园面积及茶叶产量

省　份	面积/万公顷	产量/万t	省　份	面积/万公顷	产量/万t
江苏	3.37	1.46	广东	6.20	9.65
浙江	19.92	18.60	广西	7.71	7.30
安徽	16.97	13.49	海南	0.24	0.06
福建	20.72	40.16	重庆	4.49	3.96
江西	11.42	7.09	四川	36.34	29.50
山东	2.20	2.88	贵州	45.62	19.93
河南	11.63	7.40	云南	44.45	39.81
湖北	29.93	31.45	陕西	13.80	7.35
湖南	16.89	21.36	甘肃	1.15	0.14

121. 2016—2018年，全国茶叶产量之和比2013—2015年产量之和增加了（　　）。

A. 100万~150万t之间　　　　B. 不到100万t

C. 超过200万t　　　　D. 150万~200万t之间

122. 2007—2018年间，全国茶园面积首次超过200万公顷的年份，当年茶园单位面积茶叶产量比上年（　　）。

A. 下降了10%以上　　　　B. 下降了不到10%

C. 增加了10%以上　　　　D. 增加了不到10%

123. 2018年全国产茶省份中，有几个省份的茶园单位面积茶叶产量高于1t/公顷？（　　）

A. 5　　B. 4　　C. 7　　D. 6

124. 2018 年茶园面积最大的 4 个省份中，茶叶产量也是全国前 4 名的省份有几个？(　　)

A. 3　　B. 4　　C. 1　　D. 2

125. 能够从上述资料中推出的是（　　）。

A. 2018 年全国茶叶产量比 9 年前翻了一番

B. 2018 年全国茶园面积最小的产茶省份，单位面积产量也最低

C. 2008—2010 年，全国茶园面积同比增速逐年持续下降

D. 2018 年湖南、湖北的茶园面积占全国茶园总面积的两成以上

（三）根据表 6-18 和图 6-2 所示的资料，回答第 126~130 题。

表 6-18　2013—2018 年中国集成电路进出口状况

年　份	进　口		出　口	
	数量/亿块	金额/亿美元	数量/亿块	金额/亿美元
2013	2663.1	2313.4	1426.7	877.0
2014	2856.5	2176.2	1535.2	608.6
2015	3140.0	2300.0	1827.7	693.2
2016	3425.5	2270.7	1810.1	613.8
2017	3770.1	2601.4	2043.5	668.8
2018	4175.7	3120.6	2171.0	846.4

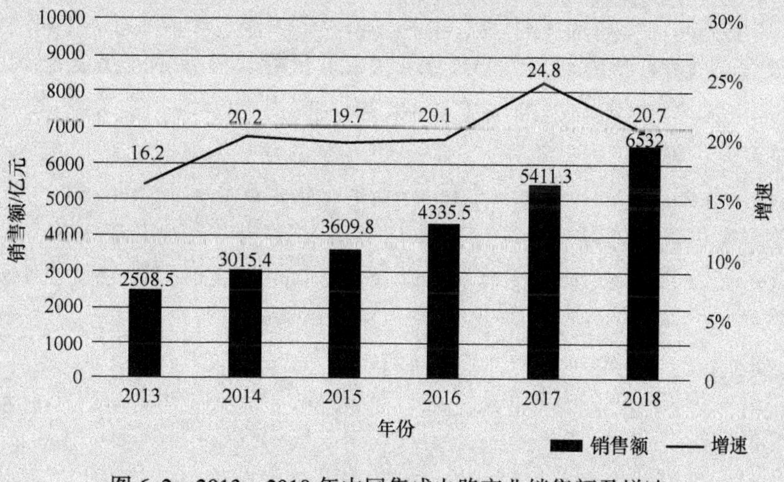

图 6-2　2013—2018 年中国集成电路产业销售额及增速

126. 2018 年中国进出口贸易总额为 4.62 万亿美元，其中集成电路进出口贸易额占比（　　）。

A. 超过 10 个百分点　　B. 在 5~10 个百分点之间

C. 在 1~5 个百分点之间　　D. 不到 1 个百分点

127. 2012—2015 年，中国集成电路产业累计销售额在以下哪个范围内？(　　)

A. 不到 1 万亿元　　B. 在 1 万亿~1.1 万亿元之间

C. 在1.1万亿~1.2万亿元之间　　　　D. 超过1.2万亿元

128. 2013—2018年间中国集成电路产业销售额增速最高的年份，当年集成电路进口金额同比约增加（　　）。

A. 5%　　　B. 10%　　　C. 15%　　　D. 20%

129. 2018年中国平均每块集成电路出口单价比上年（　　）。

A. 下降了30%以上　　　　B. 上升了30%以上

C. 下降了30%以内　　　　D. 上升了30%以内

130. 关于中国集成电路产业销售及进出口状况，能够从上述资料中推出的是（　　）。

A. 2016—2017年，月均进出口总量超过450亿块

B. 2016年销售额同比增量低于上年水平

C. 2015—2018年，进口量和进口额均逐年上升

D. 2014—2018年，出口总量超过1万亿块

（四）2018年前三季度，S省社会物流总额35357.26亿元，同比增长6.4%，增速比上半年放缓0.7个百分点。其中，工业品物流总额16636.15亿元，同比增长0.2%，增速比上半年放缓2.1个百分点；外部流入（含进口）货物物流总额17357.31亿元，同比增长12.1%，增速比上半年加快0.8个百分点；农产品物流总额875.06亿元，同比增长11.6%，增速比上半年加快0.5个百分点；单位与居民物品物流总额457.86亿元，同比增长40.7%，增速比上半年放缓3个百分点；再生资源物流总额30.88亿元，同比下降7.0%，降幅比上半年扩大4.3个百分点。

2018年前三季度，S省物流相关行业实现总收入1912.8亿元，同比增长6.6%。其中：运输环节收入1321.9亿元，同比增长6.0%；保管环节收入226.2亿元，同比增长6.4%；邮政业收入82.8亿元，同比增长16.7%；配送、加工、包装业收入98.8亿元，同比增长6.4%。

2018年前三季度，S省社会物流总费用2682.1亿元，同比增长6.3%，比上半年放缓0.9个百分点。其中：物流运输环节总费用1854.6亿元，同比增长6.3%；保管环节总费用612.4亿元，同比增长6.4%；管理环节总费用214.9亿元，同比增长6.4%。

131. 2018年前三季度，S省工业品物流总额同比增量约为同期社会物流总额同比增量的（　　）。

A. 超过30%　　　B. 10%~30%之间　　　C. 5%~10%之间　　　D. 不到5%

132. 在工业品物流、外部流入（含进口）货物物流、农产品物流、单位与居民物品物流和再生资源物流中，2018年前三季度物流总额占社会物流总额的比重高于上年水平的有几类？（　　）

A. 4　　　B. 3　　　C. 2　　　D. 1

133. 2018年前三季度，平均每万元社会物流总额产生的物流费用比上年同期（　　）。

A. 上升了不到1%　B. 上升了1%以上　　C. 下降了不到1%　　D. 下降了1%以上

134. 将2018年前三季度S省物流相关行业不同类型的收入按照同比增量从高到低排列，以下正确的是（　　）。

A. 运输收入>保管收入>邮政业收入>配送、加工、包装业收入
B. 运输收入>配送、加工、包装业收入>邮政业收入>保管收入
C. 运输收入>保管收入>配送、加工、包装业收入>邮政业收入
D. 运输收入>邮政业收入>配送、加工、包装业收入>保管收入

135. 关于2018年前三季度S省物流情况，能够从上述资料中推出的是（　　）。
A. 农产品物流总额同比增长了100多亿元
B. 物流运输环节收入同比增量高于该环节费用同比增量
C. 外部流入（含进口）货物物流总额占社会物流总额的一半以上
D. 配送、加工、包装业收入占物流相关行业总收入的比重超过5%

第四节　时间序列的长期发展趋势

时间序列中各期发展水平的变化是众多因素共同作用的结果。影响因素不同，所起的作用就不同，引起变化的形式也不同，其综合结果就是现实的时间序列。通过对时间序列进行深入的分析，研究社会经济现象发展变化的趋势或规律，并以此为依据来预测事物发展的前景，为决策层制定政策与计划、实行科学管理提供有效的咨询服务，就需要将影响时间序列的各种因素的变动形态测定出来。这就是时间序列分析的第二个目的——对事物未来的发展进行预测。

时间序列的变动因素按其性质不同有：长期趋势变动（Secular Trend，T）、季节变动（Seasonal Fluctuation，S）、循环变动（Cyclical Movement，C）、不规则变动（Irregular Variations，I）。时间序列总变动（Y）和上述四种变动因素的结合有两种假定，即乘法模式和加法模式。

当现象变动的因素是相互影响的关系时，时间序列总变动是各因素变动的乘积，即

$$Y = TSCI$$

这种结构称为乘法模式。

当现象变动的因素是互相独立的关系时，时间序列总变动是各种因素变动的总和，即

$$Y = T + S + C + I$$

这种结构称为加法模式。

在实际工作中，一般采用乘法模式对现象进行分析和计算。本节先介绍长期趋势及其测定方法。

长期趋势是指客观社会经济现象在一个相当长的时期内，由于受某种基本因素的影响所呈现出来的一种基本走势，如持续增长或不断下降的趋势。例如，各国经济的发展多半具有向上增长的趋势，这主要是人口增加、技术进步以及财富积累等因素共同作用的结果。尽管在这个时期内，事物的发展仍有波动，但基本趋势不变。

测定长期趋势就是采用适当的方法对时间序列进行修匀，使修匀后的序列排除季节变动、循环变动和不规则变动的影响，显示出现象变动的基本趋势。测定长期趋势的意义是：第一，研究现象在过去一段时间内的发展方向和趋势，以便认识和掌握现象发展变化的规律

性；第二，利用现象发展的长期趋势，可以对未来的情况做出预测；第三，测定长期趋势，还可以将长期趋势从时间序列中分离出来，更好地研究季节变动和循环变动等。

测定现象变动的长期趋势要对原有的时间序列进行修匀。修匀的方法主要有时距扩大法、移动平均法、最小平方法等。

一、时距扩大法

时距扩大法是测定长期趋势最简便的方法，它是将原来的时间序列中较小时距单位的若干个数值加以合并，得出扩大了的较大时距单位的数据。其作用在于消除较小时距单位所受到的非基本因素影响，以显示出现象变动的总趋势。

【例 6-14】 某企业某商品销售量资料如表 6-19 所示，用时距扩大法测定其长期趋势。

表 6-19　某服饰有限公司某商品销售量的分季资料　（单位：千件）

年　份	商品销售量			
	第一季度	第二季度	第三季度	第四季度
2016	2	3	13	18
2017	5	8	14	18
2018	6	10	16	22
2019	8	12	19	25
2020	15	17	21	24

从给出的资料看，该商品销售量存在着明显的、有规则的、以四个季度为周期的、重复变动，并且有逐年持续增长的趋势。为了显示现象发展变化的长期趋势，必须将其他因素对时间序列的影响剔除掉。采用时距扩大法，将以季为单位的商品销售量合并成以年为单位的商品销售量后，就可满足上述要求，这可以从修匀后形成的新的时间序列（表 6-20）中反映出来。

表 6-20　修匀后的商品销售量时间序列　（单位：千件）

年　份	年商品销售量	季平均商品销售量
2016	36	9.00
2017	45	11.25
2018	54	13.50
2019	64	16.00
2020	77	19.25

用时距扩大法测定长期趋势简单明了，但其缺点也非常明显：扩大时距之后形成的新的时间序列数据大量减少，不便于做进一步的趋势分析；也不能满足季节变动分析的需要。为此，人们对时距扩大法进行改良，出现了移动平均法。

二、移动平均法

移动平均法就是将原时间序列按一定的时距扩大，采用逐期递推移动的方法计算出一系列扩大了时距的动态平均数（或叫作移动平均数），并以这一系列动态平均数作为对应时期的趋势值。通过移动平均，消除了偶然因素对时间序列的影响，反映出现象发展的长期趋势。

【例 6-15】 用移动平均法对某品牌液晶电视的销售额（见表 6-21）进行修匀。三项移动平均和四项移动平均的计算结果见表 6-21 后三列。

表 6-21 某品牌液晶电视的销售额 （单位：百万元）

年份	销售额	三项移动平均	四项移动平均	
			第一次移动平均	第二次移动平均
2003	47.25	—		—
2004	53.52	54.06	62.28	—
2005	61.40	67.28	82.20	72.24
2006	86.93	91.76	105.06	93.63
2007	126.95	119.61	129.81	117.44
2008	144.94	144.10	159.09	144.45
2009	160.42	169.80	174.27	166.68
2010	204.05	184.05	189.57	181.92
2011	187.68	199.28	213.58	201.58
2012	206.12	216.75	242.27	227.93
2013	256.46	260.74	307.96	275.12
2014	318.83	341.91	413.44	360.70
2015	450.43	465.76	550.58	482.01
2016	628.03	627.83	721.78	636.18
2017	805.03	812.22	900.47	811.13
2018	1003.61	991.28	1076.10	988.29
2019	1165.19	1166.45		—
2020	1330.56	—		—

尽管该品牌液晶电视的销售额在某些年份有所减少，但总趋势是逐步上升的，三项移动平均和四项移动平均之后所得的两个新序列明显地反映出来该趋势。

移动平均法测定长期趋势注意事项

（1）凡是奇数项移动平均求得的平均值，应对准所平均时期的中间时期，一次即得长期趋势值。偶数项移动平均求得的平均值，应置于所平均时期的中间两个时期之间，为了反映移动长期趋势值，还需要再进行一次两项移动平均（见表 6-21 最后一列）。

（2）在移动平均法中，时距扩大的程度应视时间序列的具体情况而定。如果现象的变动有一定的周期，扩大时距时应注意与现象周期变动的时距一致。如在分月（或季）的时间序列中，必须消除季节因素变动的影响，就需要采用12项（或4项）移动平均；在以年为单位的时间序列中，不存在季节变动因素，需要消除的是循环变动和不规则变动的影响，通过对时间序列中指标数值的观察：循环周期大体上几年，就相应采用几年移动平均。一般说来，移动平均的项数用得越多，对原序列修匀的作用就越大，长期趋势表现得越明显，但得出的移动平均数项目就越少；反之，移动平均的项数越少，修匀的作用就越小，所得出的移动平均数项目就越多。

（3）不宜根据修匀后的新时间序列进行直接预测。按移动平均法修匀后的新序列较原序列项数减少，首尾损失了部分信息量，所以，利用这一方法虽然可以观察出现象发展变化的总趋势，但不宜据此序列进行直接预测，若要进行预测，需要对修匀后的新序列做进一步的加工。这表明移动平均法并不是测定长期趋势的理想方法。

三、最小平方法

最小平方法是测定长期趋势最常用的方法。它是通过建立数学方程，对原时间序列配合一条较为理想的趋势线，使得原序列中的各实际值与趋势值的离差平方和为最小，即 $\sum(y-\hat{y})^2$ 为最小值。其中，y 为时间序列中各期实际值；$\hat{y}$ 为通过趋势线求出的趋势值。

采用这一方法可以配合趋势直线，也可以配合趋势曲线，这要根据原序列反映出来的现象变动的特点来确定。

（一）直线趋势测定

若时间序列的逐期增减量大体相等，则其趋势线近似于一条直线，直线趋势方程的一般形式为

$$\hat{y} = a + bx$$

式中，x 为时间；a 为趋势直线的截距，表示最初发展水平的趋势值；b 为趋势直线的斜率，表示 x 每变动1个单位时，y 平均变动的数量，实际上是时间序列的平均增减量。

根据最小平方法“$\sum(y-\hat{y})^2$ 为最小值”的要求，通过对参数 a 和 b 求偏导可得到

$$b = \frac{n\sum xy - \sum x \sum y}{n\sum x^2 - (\sum x)^2}$$

$$a = \frac{\sum y}{n} - b \times \frac{\sum x}{n}$$

由于时间是没有绝对零点的定距数据，为了计算方便，我们在设定时间 x 的取值时，可以使 $\sum x = 0$，即当时间项数为奇数时，可假设 x 的中间项为0，这时时间项依次排列为…，-3，-2，-1，0，1，2，3，…；当时间项数为偶数时，可假设 x 的中间两项分别为-1和1，这时时间项依次排列为…，-5，-3，-1，1，3，5，…。则求解参数 a 和 b 的公式可简化为

$$b = \frac{\sum xy}{\sum x^2}$$

$$a = \frac{\sum y}{n}$$

（二）二次曲线趋势测定

若时间序列的二次增减量大体相等（即逐期增减量大体上呈等量递增或递减态势），则其趋势线近似于一条抛物线，二次曲线方程的一般形式为

$$\hat{y} = a + bx + cx^2$$

方程中有 a 、b 、c 三个待定参数，根据最小平方法可得出下列三个标准方程

$$\sum y = na + b\sum x + c\sum x^2$$

$$\sum xy = a\sum x + b\sum x^2 + c\sum x^3$$

$$\sum x^2y = a\sum x^2 + b\sum x^3 + c\sum x^4$$

为方便手工计算，可将原序列中点移至坐标原点，使 $\sum x = 0$，标准 方程组可简化为

$$\sum y = na + c\sum x^2$$

$$\sum xy = b\sum x^2$$

$$\sum x^2y = a\sum x^2 + c\sum x^4$$

【例 6-16】 2015—2021 年某公司某分厂职工人数资料如表 6-22 所示，试据此配合一适当的趋势方程。

表 6-22　某公司某分厂职工人数及计算表

年　份	职工人数 y	x	xy	x^2	x^2y	x^4	$\hat{y}$
2015	544	−3	−1632	9	4896	81	541.59
2016	571	−2	−1142	4	2284	16	573.08
2017	599	−1	−599	1	599	1	596.73
2018	604	0	0	0	0	0	612.54
2019	617	1	617	1	617	1	620.51
2020	640	2	1280	4	2560	16	620.64
2021	603	3	1809	9	5427	81	612.93
$\sum$	4178	0	333	28	16383	196	—

解：

由于该时间序列的二级增减量大致相等，故可拟合二次曲线方程。由于 $\sum x = 0$，所以可得下面的方程组：

$$4178 = 7a + 28c$$

$$333 = 28b$$

$$16383 = 28a + 196c$$

解该方程组得

$$a \approx 612.54,\ b \approx 11.89,\ c \approx -3.92$$

于是，得到的二次曲线趋势方程为

$$\hat{y} = 612.54 + 11.89x - 3.92x^2$$

将 x 的取值代入上式，可得各年的趋势值。

（三）指数曲线趋势测定

若时间序列的各期环比发展速度大体相等，则其趋势线近似于一条指数曲线。指数曲线的方程为

$$\hat{y} = ab^x$$

式中，a 为 $x=0$ 时的趋势值；b 为现象的平均发展速度。

进行指数曲线拟合，可先将方程转化为直线形式。在上述等式两边取对数，可得

$$\lg y = \lg a + x\lg b$$

设 $Y=\lg y$，$A=\lg a$，$B=\lg b$，可得直线形式

$$Y = A + Bx$$

从而可按直线拟合的方法确定所需要的指数曲线。用最小平方法先求出 A 和 B，再求其反对数，得到 a 和 b。

【例 6-17】 某公司 2014—2021 年某机床产量如表 6-23 所示，试配合适当的趋势线。

表 6-23 某公司某机床产量

年份	2014	2015	2016	2017	2018	2019	2020	2021
机床产量/台	172	159	141	138	130	130	129	131
环比发展速度	—	92%	89%	98%	94%	100%	99%	102%

通过计算可知，各年的环比发展速度大体相同，所以可配合指数趋势方程。具体计算资料如表 6-24 所示。

表 6-24 某公司某机床产量指数曲线计算表

年　份	机床产量/台	x	x^2	$Y=\lg y$	$xY=x\lg y$	$\hat{y}$
2014	172	−7	49	2.2355	−15.6485	161.85
2015	159	−5	25	2.2014	−11.0070	155.45
2016	141	−3	9	2.1492	−6.4476	149.29
2017	138	−1	1	2.1399	−2.1399	143.38
2018	130	1	1	2.1139	2.1139	137.70
2019	130	3	9	2.1139	6.3417	132.25
2020	129	5	25	2.1106	10.5530	127.01
2021	131	7	49	2.1173	14.8211	121.98
Σ	1130	0	168	17.1817	−1.4133	—

解：

由于 $\sum x = 0$，所以

$$B=\frac{\sum xY}{\sum x^2}=\frac{\sum x\lg y}{\sum x^2}=\frac{-1.4133}{168}\approx-0.0084$$

$$A=\frac{\sum Y}{n}=\frac{\sum \lg y}{n}=\frac{17.1817}{8}\approx 2.1477$$

查反对数表得

$$a=140.51$$

$$b=0.98$$

因此，指数趋势曲线方程为

$$\hat{y}=140.51\times(0.98)^x$$

把 x 的取值代入上式，可得各年的趋势值如表 6-24 最后一列。

第五节　时间序列的季节变动趋势

季节变动是指某些社会经济现象，由于受自然因素和社会条件、人们的消费习惯等因素的影响，在一年之内或更短的时间，随着季节更换而引起的一种有规律的变动。例如，商业经营中时令商品的销售量，农业生产中的蔬菜、水果、禽蛋的生产量，工业生产中的服装、水力发电等，都受生产条件和气候变化等因素的影响而形成有规律的周期性重复变动。通常，季节变动最大的周期为一年，所以，以年份为单位的时间序列中不可能有季节变动。

季节变动往往会给社会生产和人们生活带来一定的影响，研究现象的季节变动，认识现象在一定周期内的变动规律性，便于制订计划，更好地组织生产、流通、运输，安排好人们的经济生活；研究季节变动还可以用来消除季节变动对时间序列造成的影响，便于测定现象的循环变动和不规则变动。

季节变动的分析原理

季节变动是一种各年变化强度大体相同且每年重现的有规律的变动。根据这一基本特征，可以将其归纳为一种典型的季节模型。所谓季节模型，就是指一个时间序列在各年中所呈现出的典型状态，这种状态年复一年以基本相同的形态出现。季节模型是由一套指数组成的，各指数刻画了现象在一个年度内各月或各季的典型特征。如果所分析的是月份数据，季节模型就由 12 个指数组成；若为季度数据，季节模型就由 4 个指数组成。其中各个指数是以全年月或季度资料的平均数为基础计算的，因而 12 个月（或 4 个季度）指数的平均数应等于 100%，而各月（或季）的指数之和应等于 1200%（或 400%）。季节模型正是以各个指数的平均数等于 100% 为条件而构成的，它反映了某一个月份或季度的数值占全年平均数的大小。如果现象的发展没有季节变动，则各期的季节指数应等于 100%；如果某个月份或季度有明显的季节变化，则各期的季节指数应大于或小于 100%。因此，分析季节变动，也就是对一个时间序列计算出该月（或季）指数，即所谓季节指数，然后根据各季节指数与其平均数（100%）的偏差程度来测定季节变动的程度。这就是季节变动分析的基本原理。

测定季节变动的方法，可以分以下两种情况来选择：①在现象不存在长期趋势或长期趋势不明显的情况下，一般直接用平均的方法通过消除循环变动和不规则变动来测定季节变动，统计学中将这种方法称为同期平均法。②现象具有明显的长期趋势时，一般先消除长期趋势，然后再用平均的方法消除循环变动和不规则变动，统计学中把这种方法称为移动平均趋势剔除法。不管采用哪种方法，都需具备至少连续五年分季（或月）的资料，才能比较客观地描述和认识现象的季节变动。

一、同期平均法

它的基本思想和长期趋势测定中的移动平均法的思想是相同的。实际上，同期平均法就是一种特殊的移动平均法，即一方面，它是平均的；另一方面，这种平均的范围仅仅局限在不同年份的相同季节中，季节不同，平均数的范围也就随之而"移动"。因此，所谓同期平均，就是在同季（或月）内"平均"，而在不同季（或月）之间"移动"的一种移动平均法。"平均"是为了消除非季节因素的影响，而"移动"则是为了测定季节因素的影响程度。同期平均法是测定现象季节变动的最简便的方法。它是通过季节指数（或称季节比率）来表明季节变动程度的。计算各季（或月）季节比率的步骤为：

（1）计算各年同季（或月）的平均数，目的是要消除非季节因素的影响。道理很简单，因为同样是旺季或淡季，有些年份的旺季更旺或淡季更淡，这就是非季节因素的影响。因为假设没有长期趋势，因此，这些因素通过平均的方法就可以相互抵消。

（2）计算各年同季（或月）平均数的平均数，也即时间序列的序时平均数，目的是计算季节比率。因为就从测定季节变动的目的讲，只计算各年同季的平均数已经可以反映现象的季节变动趋势了：平均数大，表明是旺季，平均数越大越旺；平均数小，表明是淡季，平均数越小越淡。但是，这种大与小、淡与旺的程度只能和其他季节相比才能有一个比较准确的认识，因此，就需要将各年同季（或月）的平均数进行相对化变换，即计算季节比率，对比的标准就应该是时间序列的序时平均数。

（3）计算季节比率。其计算方法是将各年同季的平均数分别和时间序列的序时平均数进行对比。一般用百分数表示，用公式表示为

$$\text{季节比率}(S)=\frac{\text{同月(或季)平均数}}{\text{总月(或季)平均数}}\times 100\%$$

【例 6-18】 某商场某种商品的销售量资料如表 6-25 所示，用同期平均法计算各季的季节比率。

计算结果见表 6-25 最后一行。

表 6-25 某商场某种商品的销售量及季节比率 （单位：千件）

年份	第一季度	第二季度	第三季度	第四季度	合计
2016	5	7	13	18	43
2017	5	8	14	18	45
2018	6	10	16	22	54
2019	8	12	19	25	64

（续）

年　份	第一季度	第二季度	第三季度	第四季度	合　计
2020	15	17	20	28	80
合计	39	54	82	111	286
季平均	7.8	10.8	16.4	22.2	14.3
季节比率	54.55%	75.52%	114.69%	155.24%	400.00%

季节比率大于100%表明该季是旺季，小于100%则为淡季。在本例中，第三、四季度为该商品销售的旺季，第一、二季度为销售的淡季。该商场可以根据该商品季节变动的规律，合理安排商品采购、商品库存及商品销售的价格。

计算季节比率需注意：各季（或月）季节比率之和应正好等于400%（或1200%），但有时由于计算过程中对数据的四舍五入，各季（或月）季节比率之和不是400%（或1200%），就需要进行调整，把差数分摊到各季（或月）中去。例如，假定某资料算出的各季度季节比率之和为398.73%，则调整系数为1.003185（即400%/398.73%），以此系数依次乘以各季节比率，得出调整后的季节比率其和正好是400%。

此方法的优点是计算简便，易于了解和掌握。但是，采用这一方法有个重要的前提，即原序列不存在长期趋势变动。若时间序列中有上升（或下降）的长期趋势存在时，数值较大的时期对季节比率具有较大的影响，从而不能对客观事实做出正确的反映，此时宜采用移动平均趋势剔除法来测定其季节变动。

二、移动平均趋势剔除法

移动平均趋势剔除法是在现象具有明显长期趋势的情况下，测定季节变动的一种基本方法。其基本思路是：先从时间序列中将长期趋势剔除掉，然后再应用同期平均法剔除循环变动和不规则变动，最后通过计算季节比率来测定季节变动的程度。剔除长期趋势一般采用移动平均法，因此，它是长期趋势的测定方法——移动平均法，和季节变动的测定方法——同期平均法的结合运用。用移动平均趋势剔除法来测定季节变动趋势的基本步骤如下：

（1）根据各年的季（或月）资料进行4项（或12项）移动平均，修匀时间序列，剔除偶然因素对时间序列的影响，以确定时间序列的长期趋势值（T）。

（2）将实际值（Y）和趋势值（T）对比，以剔除时间序列中的长期趋势。

（3）将Y/T的数值按季（或月）排列，再按季（或月）求其季节比率。

（4）加总各季（或月）季节比率，其总和应为400%（或1200%）。如果不等于此数，需求调整系数，用调整系数去乘各季（或月）的季节比率，即为调整后的季节比率。

【例6-19】 对表6-25中某商场某种商品的销售量资料，用移动平均趋势剔除法计算各季的季节比率。

解：

首先将表6-25中销售量数据按时间先后排列得表6-26前三列。然后采用移动平均法求得时间序列的长期趋势值T（见表6-26第4、5列），从原时间序列Y中剔除长期趋势值T，即得表6-26最后一列Y/T。

表 6-26 某商场某种商品的销售量及四项移动平均计算表

年份	季度	销售量 *Y*	四项移动平均	趋势值 *T*	*Y/T*
2016	1	5		—	—
	2	7	10.75	—	—
	3	13	10.75	10.750	120.93%
	4	18	11.00	10.875	165.52%
2017	1	5	11.25	11.125	44.94%
	2	8	11.25	11.250	71.11%
	3	14	11.50	11.375	123.08%
	4	18	12.00	11.750	153.19%
2018	1	6	12.50	12.250	48.98%
	2	10	13.50	13.000	76.92%
	3	16	14.00	13.750	116.36%
	4	22	14.50	14.250	154.39%
2019	1	8	15.25	14.875	53.78%
	2	12	16.00	15.625	76.80%
	3	19	17.75	16.875	112.59%
	4	25	19.00	18.375	136.05%
2020	1	15	19.25	19.125	78.43%
	2	17	20.00	19.625	86.62%
	3	20		—	—
	4	28		—	—

将表 6-26 中的 *Y/T* 重新加以排列得表 6-27。将表中每年同季的数值加以平均，所得相对数即是季节比率。各季节比率的合计数为 404.92%，大于 400%，因此需要调整。调整系数为 0.9878（400%/404.92%），用这个系数分别乘以各季的季节比率，得调整后的季节比率如表 6-27 最后一行所示。测定季节变动的目的是为了将来进行工作安排，增强预见性。计算的季节比率只能作为参考数据，因为预测未来是对各种因素综合判断的结果，而不是计算的直接结果。

表 6-27 某商场某种商品的销售量季节比率计算表

年份	第一季度	第二季度	第三季度	第四季度	合计
2016	—	—	120.93%	165.52%	—
2017	44.94%	71.11%	123.08%	153.19%	—
2018	48.98%	76.92%	116.36%	154.39%	—
2019	53.78%	76.80%	112.59%	136.05%	—
2020	78.43%	86.62%	—	—	—
合计	226.13%	311.45%	472.96%	609.15%	—
季节比率	56.53%	77.86%	118.24%	152.29%	404.92%
调整后的季节比率	55.845%	76.916%	116.803%	150.436%	400%

对时间序列季节调整的几点认识

季节调整理论认为，各年度序列中隐含有周期、趋势、偶然因素、季节性因素和交易日因素等构成成分。

季节性因素使时间序列围绕趋势和周期年复一年地重复出现一种有规律的波动。产生季节性因素的原因有多方面，例如气候的原因使建筑业和农业在冬季生产量减少，也使冬季失业的人数多于其他季节。社会因素也可以产生季节性因素，例如由于传统的节假日而产生销售额的增长。季节性因素的影响还可使一些食品工业的生产具有季节性。

交易日因素是由于人们在不同的时间段参与经济活动的程度不同而引起的某些变量周期性的变化。例如，如果人们大多在星期五集中购物，那么星期五的商品零售额必然高于其他时间。如果某个月星期五有5天，那么这个月的商品零售额就会多于星期五只有4天的月份。这时如果以星期五有5天的月份与星期五只有4天的月份相比，就存在不可比因素。这个不可比因素就是交易日因素。交易日因素所表现出的商业行为有时会掩盖经济周期的作用，因此要与季节性因素一起被剔除。季节调整就是要把原始的时间序列中存在的季节性因素、交易日因素剔除掉，季节调整后的时间序列是趋势、周期和偶然因素的合成。

（资料来源：刘丽萍，对时间序列季节调整的几点认识，http：//www. stats. gov. cn/hsyjh/xsjI/hsff/t20091228_402610493. htm，有改动。）

第六节 时间序列的循环变动趋势与不规则变动

一、循环变动趋势

循环变动是指客观现象以若干年为周期的涨落起伏相间的变动。在时间序列中表现为统计指标数值反复发生从高到低、再从低到高的波浪式变动。

从表现形式上看，循环变动和季节变动没有实质的区别，都属于周期变动，但从产生的原因和它们所带来的影响来看，却有着相当大的不同。季节变动起因于四季的自然更替和社会风俗习惯，变化的循序性和规律性较强，对社会经济生活的影响也就较小；循环变动则不同，其成因一般较复杂，并具有较长时期（如五年、十年甚至更长时间等）的渐近性和隐蔽性，常伴有突发性质和连锁反应，波及的范围与经济的发展及联系程度密切相关，可能在一国内部发生，也可能涉及几个国家，甚至具有国际性，因此往往对一国的经济造成巨大影响。

循环变动的测定常用所谓的剩余法。其基本思路是：先对各期时间序列资料用长期趋势值和季节比率消除趋势变动和季节变动，得到反映循环变动和不规则变动的时间序列，然后再采用移动平均法消除不规则变动，便可得到反映循环变动程度的各期循环变动系数。用关系式表示为

$$\frac{Y}{TS} = CI$$

将 CI 序列进行移动平均修匀，修匀后的序列即为循环变动系数，这就达到了测定循环变动的目的。

实际上，在以年为单位的时间序列中，由于季节性变动的影响不存在，短期的不规则波动在采用移动平均法测定长期趋势时也趋于抵消，这时测定循环变动只需要消除长期趋势，循环变动就能较好地凸显出来。

测定循环变动，就是要将循环变动从时间序列中分离出来，以便考察现象周期性上升或下降的表现形式、特点、周期长度及各阶段所持续的时间，预见下一个循环变动可能产生的各种影响，以便充分利用有利因素，避免不利因素。这对于保持国民经济持续稳定的发展具有重要意义。

在国外，人们习惯于称循环变动为商业循环，在我国则更多地称之为经济周期。资本主义经济发展中存在着经济周期，这是不争的事实。我国经济发展是否也存在经济周期？长期以来人们对此有着不同的认识，而目前较为一致的看法是：不能回避我国经济活动总水平也存在一定程度的周期波动性质，问题的关键在于如何更好地研究它，更准确地把握它，做好我国的经济景气预测，从而采取更充分的应对措施。引起我国经济周期波动的原因较多，它同我国五年期的国民经济计划、产业技术进步和产业政策的调整、宏观调控措施的运作以及与国际经济联系的加强等都有着直接的关系。

表6-28是某商厦销售额的资料（1987年停业一年），通过简单地计算该商厦销售额的环比发展速度，就可以比较直观地看到该商厦销售额周期性的一个侧面。

表6-28 某商厦销售额的环比发展速度

年份	销售额的环比发展速度	年份	销售额的环比发展速度	年份	销售额的环比发展速度
1975	104.2%	1991	116.9%	2006	115.3%
1976	106.8%	1992	119.4%	2007	113.2%
1977	115.0%	1993	107.0%	2008	108.5%
1978	105.1%	1994	108.8%	2009	111.5%
1979	121.3%	1995	107.9%	2010	111.3%
1980	108.8%	1996	102.3%	2011	104.2%
1981	99.9%	1997	108.7%	2012	104.2%
1982	72.7%	1998	98.4%	2013	109.1%
1983	94.4%	1999	107.6%	2014	114.1%
1984	110.2%	2000	111.7%	2015	113.1%
1985	118.3%	2001	107.6%	2016	112.6%
1986	117.0%	2002	107.8%	2017	109.0%
1988	110.7%	2003	105.2%	2018	109.8%
1989	94.3%	2004	109.3%	2019	108.5%
1990	95.9%	2005	111.1%	2020	107.8%

从表6-28的资料可以看出：1975—2020年该商厦销售额增长存在着明显的周期波动特

征，它大体经历了10个从低到高、再从高到低的波动过程，即1975—1977年、1977—1982年、1982—1985年、1985—1989年、1989—1992年、1992—1998年、1998—2006年、2006—2009年、2009—2015年、2015—2020年。在这一波动过程中，增长率的回落幅度（从一个最高点到下一个最低点用百分比表示的差额）依次为10.8、42.3、45.6、24.0、25.1、21.0、16.9、11.1、8.9、5.3。分阶段看，1981年、1982年、1983年、1989年、1990年、1998年6个年份为负增长。1992年以后，经济增长率的波动幅度明显降低，波动周期延长。

二、不规则变动的测定

不规则变动是指客观现象由于受临时或偶然因素的影响而出现的非周期性或趋势性的随机变动，如地震、水灾、战争或某些不明原因等所引起的现象的变动。这种变动一般是无法预知的。对各期时间序列资料，用长期趋势值、季节比率和各期的循环变动系数，消除长期趋势、季节变动和循环变动后即可得到一个反映不规则变动的时间序列。这一时间序列的数值表现形式为相对数，一般用系数表示。用关系式表示为

$$\frac{Y}{TSC}=I$$

不规则变动系数在1的上下波动。若其系数>1，对时间序列的影响为正（即促使现象向好的方向发展）；若<1，对时间序列的影响为负（即促使现象向坏的方向发展）；若=1，则没有不规则变动。离1越远，不规则变动对时间序列的影响越大。

能力训练

一、单项选择题

1. 时间序列是由（　　）形成的。

A. 总体各单位标志值的排列

B. 若干统计指标的排列

C. 某一时间上各个总体的指标数值的排列

D. 某一统计指标在不同时间上的数值按时间先后顺序排列

2. 评比城市间的社会发展状况，将各城市每人分摊的绿化面积按年排列的时间序列属于（　　）。

A. 总量指标的时期数列　　B. 总量指标的时点数列

C. 相对指标时间序列　　D. 平均指标时间序列

3. 某公司某车间连续5年的生产产值分别为310万元、340万元、360万元、400万元、470万元，则平均增减量为（　　）。

A. $\frac{160}{5}$　　B. $\frac{160}{4}$　　C. $\sqrt[5]{\frac{470}{310}}$　　D. $\sqrt[4]{\frac{470}{310}}$

4. 为了使时点数列的各指标数值具有可比性，时点数列中各个时点之间的间隔（　　）。

A. 最好相等　　B. 必须相等　　C. 最好连续　　D. 必须连续

5. 平均增减量是（　　）。

A. 各个逐期增减量的简单算术平均　B. 各累计增减量的简单算术平均

C. 各个逐期增减量的简单几何平均　D. 各个累计增减量的简单几何平均

6. 当时间序列分析的目的侧重于研究某现象各期发展水平的累计总和时，计算平均发展速度应采用（　　）。

A. 水平法　　B. 累计法　　C. 算术平均法　　D. 以上都不对

7. 序时平均数与一般平均数的共同点是（　　）。

A. 两者均反映一定时间上总体各单位数量标志值的一般水平

B. 两者均反映某一总体在不同时间上的一般水平

C. 两者均抽象现象的个别数量差异，反映现象的一般水平

D. 两者均可消除现象在时间上的数量差异

8. 某企业甲产品的单位成本是连续下降的，已知2015—2020年总共降低了60%，则平均每年降低速度为（　　）。

A. $\frac{60\%}{5}=12\%$　　B. $100\%-\sqrt[5]{100\%-60\%}=16.7\%$

C. $\sqrt[5]{60\%}=90.3\%$　　D. $\frac{100\%-60\%}{5}=8\%$

9. 定基发展速度等于（　　）。

A. 相应各个环比发展速度的连乘积　B. 相应各个环比发展速度的连加和

C. 相应各个环比发展速度之差　　D. 相应各个环比发展速度之商

10. 增长速度的计算公式是（　　）。

A. 增长速度=报告期水平-基期水平　B. 增长速度=增减量/报告期水平

C. 增长速度=发展速度-1　　D. 增长速度=增减量/期末水平

11. 已知某地区粮食产量3年来的环比增长速度分别为3%、5%、7%，则计算三年来粮食产量的平均增长速度应采用（　　）。

A. $\frac{3\%+5\%+7\%}{3}$　　B. $\sqrt[3]{103\%\times105\%\times107\%}$

C. $\frac{3\%\times5\%\times7\%}{3}$　　D. $\sqrt[3]{103\%\times105\%\times107\%}-1$

12. 平均发展速度是（　　）。

A. 各个环比发展速度的序时平均数　B. 各个定基发展速度的序时平均数

C. 各个环比增长速度的序时平均数　D. 各个定基增长速度的序时平均数

13. 下列动态分析指标中，一般不取负值的是（　　）。

A. 增减量　　B. 发展速度　　C. 增长速度　　D. 平均增长速度

14. 说明现象在较长时期内发展的总速度的指标是（　　）。

A. 定基增长速度　B. 平均发展速度　C. 环比发展速度　D. 定基发展速度

15. 按季平均法测定季节比率时，各季的季节比率之和应等于（　　）。

A. 100%　　B. 120%　　C. 400%　　D. 1200%

6-01

二、判断题

1. 发展水平就是动态数列中的每一项具体指标数值，它只能表现为绝对数。 (　　)

2. 若将2000—2020年规模以上企业的税后利润按时间先后顺序排列，此种动态数列称为时点数列。 (　　)

3. 定基发展速度等于相应各个环比发展速度的连乘积，所以定基增长速度也等于相应各个环比增长速度的连乘积。 (　　)

4. 定基发展速度和环比发展速度之间的关系是两个相邻时期的定基发展速度之积等于相应的环比发展速度。 (　　)

5. 已知某市工业总产值2016—2020年年增长速度分别为8%、9%、10%、11%和12%，则这五年的平均增长速度为10%。 (　　)

6. 平均增长速度不是根据各个增长速度直接来求得，而是根据平均发展速度计算的。 (　　)

7. 各期的环比发展速度连乘积等于最末期的定基发展速度，因此定基发展速度必大于各期的环比发展速度。 (　　)

8. 时期序列的各期指标数值是能够直接相加的。 (　　)

9. 用水平法计算平均发展速度只取决于最初发展水平和最末发展水平，与中间各期水平无关。 (　　)

10. 一个时间序列，如中间年份的递增速度大于最末年份的递增速度，则按累计法计算的平均发展速度大于按水平法计算的平均发展速度。 (　　)

6-02

三、计算题

1. 某矿业集团某分厂4~7月产值及职工人数资料如表6-29所示。

表6-29　某矿业集团某分厂4~7月产值及职工人数

月份	4	5	6	7
产值/万元	4200	4300	4500	4900
月初职工人数/人	300	310	326	330

（1）求该企业第二季度各月劳动生产率。

（2）求该企业第二季度各月平均劳动生产率。

（3）求该企业第二季度劳动生产率。

6-03

2. 某地区2015—2020年年末粮食库存量资料如表6-30所示。

表6-30　某地区2015—2020年年末粮食库存量

年份	2015	2016	2017	2018	2019	2020
年末粮食库存量/万t	20	22	25	30	32	36

（1）计算增减量（逐期与累计）、发展速度（环比与定基）、增长速度（环比与定基），并将结果列成表。

（2）计算2015—2020年间该地区粮食库存量的平均发展水平、平均增减

6-04

量、平均发展速度和平均增长速度。

3. 某钢铁公司某钢厂销售量相关资料如表6-31所示，试填出表中所缺数字。

表6-31 某钢铁公司某钢厂销售量相关资料

年份		2015	2016	2017	2018	2019	2020
钢产量/万t		20					62
增减量/万t	逐期	—		4			
	累计	—				28	
发展速度	环比	—	110%				
	定基	100%			180%		

6-05

4. 某商厦2016年第三季度、第四季度至2020年第一、第二季度4年16个季度的某产品销售量资料如表6-32所示。试用同期平均法计算各季度销售量的季节比率。

表6-32 某商厦某产品销售量 （单位：千件）

年 份	第一季度销售量	第二季度销售量	第三季度销售量	第四季度销售量
2016			13	18
2017	5	8	14	18
2018	6	10	16	22
2019	8	12	19	25
2020	15	17		

6-06

5. 某商厦服装销售量资料如表6-33所示。试用移动平均趋势剔除法计算各月销售量的季节比率。

表6-33 某商厦服装销售量

项 目		月 份											
		1月	2月	3月	4月	5月	6月	7月	8月	9月	10月	11月	12月
销售量/万件	2017年	10	17	41	64	111	225	203	89	42	23	16	12
	2018年	16	20	58	90	139	235	198	96	53	28	16	17
	2019年	15	23	66	91	148	253	240	127	78	50	25	19
	2020年	16	23	69	96	155	265	250	132	81	52	26	20

6-07

案例与思考

全社会固定资产投资的时间序列分析

对一定时期全社会建造和购置固定资产活动的数量描述，可以反映报告期内固定资产投资的规模和速度、固定资产投资的结构和比例关系、固定资产投资的资金来源及固定资产投资的效果等。固定资产投资统计的范围包括：城乡建设项目投资、房地产开发投资、城镇和工矿区私人建房投资及国防、人防建设项目投资。（跨省、区项目资料来自国务院各部门，农村集体和农村个人固定资产投资资料来自国家统计局农村经济调查总队的乡村社会经济调查，除此以外的固定资产投资统计资料均来自国家统计局固定资产投资统计司统计调查。除农村集体和农村个人固定资产投资统计采用抽样调查方法外，其他均为全面统计报表）

按资金来源划分的全社会固定资产投资如表6-34所示，表中给出了我国国家预算内资金、国内贷款、利用外资、自筹和其他资金的时间序列。

表6-34 全社会固定资产投资 （单位：亿元）

年 份	国家预算内资金	国内贷款	利用外资	自筹和其他资金
1990	393.03	885.45	284.61	2954.41
1991	380.43	1314.73	318.89	3580.44
1992	347.46	2214.03	468.66	5049.95
1993	483.67	3071.99	954.28	8562.36
1994	529.57	3997.64	1768.95	11530.96
1995	621.05	4198.73	2295.89	13409.19
1996	625.88	4573.69	2746.60	15412.40
1997	696.74	4782.55	2683.89	17096.49
1998	1197.39	5542.89	2617.03	19359.61
1999	1852.14	5725.93	2006.78	20169.70
2000	2109.45	6727.27	1696.30	22577.40
2001	2546.42	7239.79	1730.73	26470.04
2002	3160.96	8859.07	2084.98	30941.91
2003	2687.82	12044.36	2599.35	41284.76
2004	3254.91	13788.04	3285.68	54236.30
2005	4154.29	16319.01	3978.80	70138.74
2006	4672.00	19590.47	4334.31	90360.20
2007	5857.06	23044.20	5132.69	116769.67
2008	7954.75	26443.74	5311.94	143204.86
2009	12685.73	39302.82	4623.73	193617.42
2010	13012.75	44020.83	4703.64	224042.03
2011	14843.29	46344.51	5061.99	279734.38

（续）

年　份	国家预算内资金	国内贷款	利用外资	自筹和其他资金
2012	18958.66	51593.50	4468.78	334654.71
2013	22305.26	59442.04	4319.44	405545.78
2014	26745.42	65221.03	4052.86	447461.24
2015	30924.28	61053.99	2854.45	489366.04
2016	36211.67	67200.30	2270.34	511251.19
2017	38741.71	72435.10	2146.32	526046.26

（案例来源：刘思峰、吴和成、菅利荣，《应用统计学》，高等教育出版社，2007，有改动。）

讨论与思考：

（1）根据表中的数据，分别计算1990—2017年国家预算内资金、国内贷款、利用外资以及自筹和其他资金的发展速度和增长速度。分别用水平法和累计法计算平均发展速度，并根据平均增长速度预测2018—2021年的各种来源资金的数量。分析比较不同方法的预测结果。

（2）根据表中数据分别用移动平均法和最小平方法计算各年度国家预算内资金、国内贷款、利用外资以及自筹和其他资金国内贷款的预测值，并将原序列和预测后的序列绘制成图形进行比较。分析比较不同方法的预测结果。

（答案：略。）

第七章　统计指数

引例

2021年8月9日，国家统计局发布了2021年7月份全国CPI和PPI数据。7月份，各地区各部门统筹做好疫情防控、防汛救灾和经济社会发展工作，积极落实保供稳价政策，市场供需总体平稳。从环比看，CPI由上月下降0.4%转为上涨0.3%。其中，食品价格下降0.4%，降幅比上月收窄1.8个百分点，影响CPI下降约0.06个百分点。非食品价格由上月持平转为上涨0.5%，影响CPI上涨约0.37个百分点。从同比看，CPI上涨1.0%，涨幅比上月回落0.1个百分点。其中，食品价格下降3.7%，降幅比上月扩大2.0个百分点，影响CPI下降约0.69个百分点。非食品中，工业消费品价格上涨2.8%，涨幅扩大0.3个百分点；服务价格上涨1.6%，涨幅扩大0.6个百分点。据测算，在7月份1.0%的同比涨幅中，去年价格变动的翘尾影响约为0.5个百分点，比上月回落0.3个百分点；新涨价影响约为0.5个百分点，比上月扩大0.2个百分点。扣除食品和能源价格的核心CPI同比上涨1.3%，涨幅比上月扩大0.4个百分点。7月份，受原油、煤炭及相关产品价格大幅上涨影响，工业品价格涨幅略有扩大。从环比看，PPI上涨0.5%，涨幅比上月扩大0.2个百分点。其中，生产资料价格上涨0.6%，涨幅扩大0.1个百分点；生活资料价格由上月下降0.2%转为上涨0.1%。从同比看，PPI上涨9.0%，涨幅比上月扩大0.2个百分点。其中，生产资料价格上涨12.0%，涨幅扩大0.2个百分点；生活资料价格上涨0.3%，涨幅与上月相同。据测算，在7月份9.0%的同比涨幅中，去年价格变动的翘尾影响约为2.1个百分点，比上月回落0.3个百分点；新涨价影响约为6.9个百分点，扩大0.5个百分点。

生活中我们总会听到有人谈起价格指数，指数到底是什么？家庭主妇为什么知道，如果预期物价指数要上升，把钱存在银行就不明智了？炒股的人为什么根据指数变动的轨迹决定股票投资决策？企业的总经理十分关心本企业各种产品产量和价格的动态变化，为什么也要利用指数的概念和方法来解决问题？

本章学习目标

1. 掌握综合指数的编制方法，熟悉同度量因素的确定。
2. 理解平均指数的编制方法，了解居民消费价格指数的编制。
3. 掌握指数体系，应用指数体系进行因素分析。
4. 理解平均数指数的编制方法，了解固定结构指数和可变构成指数的因素分析。

第一节　综合指数

人们对物价的变化非常敏感，尤其是家庭主妇，因为物价的上涨与下降直接关系到口袋里的人民币能够购买的商品数量（假定质量不变），也就是生活水平的下降与上升。对于单个商品的价格变化，我们可以采用报告期价格比上基期价格（p_1/p_0），研究价格变动的相对程度。也可以用报告期价格减去基期价格，研究价格的绝对变动程度。可我们的生活用品不光是一种商品，那么生活用品的整体价格变化如何来衡量呢？假定生活中就需要两种产品——大米与汽油，如果物价上涨，大米价格上涨1倍，汽油价格上涨5倍，我们能否得出生活用品的价格上涨了3倍？我们得出的结果与我们的感觉一样吗？如果得出物价总体上涨3倍，我们的生活支出是否整体上涨了3倍？

经济研究中为说明事物发展快慢程度，经常把事物在报告期的水平与基期水平相比，用得到的相对数来说明事物发展快慢的程度。试根据表7-1的资料回答以下问题：

（1）各种商品的销售量变动方向及变动幅度怎样？

（2）三种商品的销售量总体变动方向及变动幅度怎样？

（3）各种商品的价格变动方向及变动幅度怎样？

（4）三种商品的价格总体变动方向及变动幅度怎样？

表7-1　某超市三种商品的销售价格和销售量资料（一）

商品名称	价格/元		销售量		
	基期（p_0）	报告期（p_1）	计量单位	基期（q_0）	报告期（q_1）
甲	0.5	0.55	L	10500	10000
乙	10	10	条	1000	1200
丙	100	95	kg	400	600

一、综合指数的编制

三种商品的销售量有增有减，各自的变动程度可用报告期的销售量与基期的销售量相比，用得到的相对数表示。我们把复杂经济总体中个别要素或个别现象数量对比关系的相对数叫作个体指数。个体指数（用k_q表示）实际上就是一般相对数。三种商品的销售量个体指数分别为

$$甲：k_q=\frac{q_1}{q_0}=\frac{10000}{10500}\approx95\%$$

$$乙：k_q = \frac{q_1}{q_0} = \frac{1200}{1000} = 120\%$$

$$丙：k_q = \frac{q_1}{q_0} = \frac{600}{400} = 150\%$$

为了概括说明三种商品销售量总的变动情况，就需要计算销售量指数。由于这三种商品的使用价值不同，计量单位也不同，因此不能直接把销售量简单相加，即不能同度量。我们首先要解决现象不能同度量的问题。计算这样的指数叫作总指数，它表明复杂经济现象中不能直接相加的多种要素在数量上综合变动情况的一种特殊相对数。

如果将各种商品的销售量分别乘以它们的销售价格，各种商品的销售额可以直接相加，得到销售总额。这样就使不能直接相加的销售量变成可以直接相加的销售额。在这里，价格起到同度量的作用，称为同度量因素。它是在编制指数时，为解决数量不能直接相加时引入的一个媒介因素，它具有同度量的作用和权数的作用。价格越高的商品，其销量变化对总销售量的影响越大。

为说明销售量的总变动，用销售额进行对比，就必须把价格也就是同度量因素固定下来，这样得到的报告期销售总额与基期销售总额的不同就是由于销售量变化引起的。由此得到综合的销售量指数。其计算公式为

$$\overline{K}_q = \frac{\sum p_0 q_1}{\sum p_0 q_0}（同度量因素价格固定在基期） \tag{7-1}$$

$$\overline{K}'_q = \frac{\sum p_1 q_1}{\sum p_1 q_0}（同度量因素价格固定在报告期） \tag{7-2}$$

对表 7-1 的数据进行计算，得表 7-2。

表 7-2　某超市三种商品的销售价格和销售量资料（二）　（金额单位：元）

商品名称	价格/元		销售量			p_0q_0	p_1q_1	p_0q_1	p_1q_0
	基期（p_0）	报告期（p_1）	计量单位	基期（q_0）	报告期（q_1）				
甲	0.5	0.55	L	10500	10000	5250	5500	5000	5775
乙	10	10	条	1000	1200	10000	12000	12000	10000
丙	100	95	kg	400	600	40000	57000	60000	38000
合计						55250	74500	77000	53775

根据表 7-2 的数据，按式（7-1）计算得

$$\overline{K}_q = \frac{\sum p_0 q_1}{\sum p_0 q_0} = \frac{77000\text{ 元}}{55250\text{ 元}} \approx 1.3937 = 139.37\%$$

计算结果表明，三种商品的销售量，报告期比基期总增长或平均增长 39.37%。式（7-1）中分子与分母是三种商品的销售额，其差额为

$$\sum p_0 q_1 - \sum p_0 q_0 = (77000 - 55250)\text{ 元} = 21750\text{ 元}$$

说明由于三种商品的销售量平均增长39.37%，使销售额的绝对量增加21750元，它是在既定价格不变的前提下，完全由于销售量变动而带来的结果，其经济意义明确。

按式（7-2）计算得

$$\overline{K}_q' = \frac{\sum p_1 q_1}{\sum p_1 q_0} = \frac{74500\text{元}}{53775\text{元}} \approx 1.3854 = 138.54\%$$

计算结果表明，三种商品的销售量，报告期比基期总增长或平均增长38.54%。式（7-2）中分子与分母是三种商品的销售额，其差额为

$$\sum p_1 q_1 - \sum p_1 q_0 = (74500 - 53775)\text{元} = 20725\text{元}$$

说明由于三种商品的销售量平均增长38.54%，使销售额的绝对量增加20725元，它是在价格变动的前提下，销售量变动而带来的结果。也就是说，增加的销售额不只是销售量变动的结果，还包括价格变动因素的影响。

式（7-1）与式（7-2）同度量因素固定的时期不同，得到的结果也不同。那么，选择什么时期的同度量因素比较合适呢？在本例中，我们要反映销售量的总变动，应当剔除价格变动影响为好，由此得到的分子与分母之差的绝对值所表明的经济含义也更加明确。

同理：三种商品的价格有增有减，各自的变动程度可用报告期的价格除以基期的价格，用得到的相对数表示。三种商品价格的个体指数分别为

$$\text{甲}: k_p = \frac{p_1}{p_0} = \frac{0.55}{0.5} = 110\%$$

$$\text{乙}: k_p = \frac{p_1}{p_0} = \frac{10}{10} = 100\%$$

$$\text{丙}: k_p = \frac{p_1}{p_0} = \frac{95}{100} = 95\%$$

从三种商品的个体价格指数看，三种商品的价格变动有升有降。为了综合说明三种商品价格总的变动情况，就需要计算价格总指数，不同商品的价格虽然都以货币单位计量，似乎可以直接相加，其实它们也是不能同度量的。甲是每升的价格，乙是每条的价格，丙是每千克的价格，各种商品的使用价值不同，它们的价格相加也是无意义的。因此，也要通过同度量因素使之转换为可以直接相加的价值量指标。

如果我们将各种商品的销售价格分别乘以它们的销售量，把各种商品的销售额直接相加，可以得到销售总额。这样就使不能直接相加的销售量变成可以直接相加的销售额，在这里，销售量起到同度量的作用。销售量越大的商品，其价格变化对总价格的影响越大。

为说明价格总变动，用销售额进行对比，就必须把销售量也就是同度量因素固定下来，这样得到的报告期的销售总额与基期的销售总额的不同，就是由于销售价格变化引起的，由此得到综合的销售价格指数。销售量这个同度量因素也有两个时期，因此把销售量固定在不同时期，就得到两个综合的物价指数。其计算公式为

$$\overline{K}_p = \frac{\sum p_1 q_0}{\sum p_0 q_0}\text{（同度量因素销售量固定在基期）} \tag{7-3}$$

$$\bar{K}_p' = \frac{\sum p_1 q_1}{\sum p_0 q_1}(\text{同度量因素销售量固定在报告期}) \tag{7-4}$$

按式（7-3）计算得

$$\bar{K}_p = \frac{\sum p_1 q_0}{\sum p_0 q_0} = \frac{53775\text{ 元}}{55250\text{ 元}} \approx 0.9733 = 97.33\%$$

计算结果表明，三种商品的销售价格，报告期比基期总增长或平均增长-2.67%。式（7-3）中分子与分母是三种商品的销售额，其差额为

$$\sum p_1 q_0 - \sum p_0 q_0 = (53775 - 55250)\text{ 元} = -1475\text{ 元}$$

说明由于三种商品的价格平均降低2.67%，使销售额的绝对量减少1475元，它是在既定销售量不变的前提下，完全由于销售价格变动而带来的结果，其经济意义也很明确。

按式（7-4）计算得

$$\bar{K}_p' = \frac{\sum p_1 q_1}{\sum p_0 q_1} = \frac{74500\text{ 元}}{77000\text{ 元}} \approx 0.9675 = 96.75\%$$

计算结果表明，三种商品的销售价格，报告期比基期总降低或平均降低3.25%。式（7-4）中分子与分母是三种商品的销售额，其差额为

$$\sum p_1 q_1 - \sum p_0 q_1 = (74500 - 77000)\text{ 元} = -2500\text{ 元}$$

说明由于三种商品的销售价格平均降低3.25%，使销售额的绝对量减少2500元或使居民消费少支出2500元，它是按报告期销售量计算的。也就是说，减少的销售额不只是销售价格变动的结果，还包括销售量变动因素的影响。

式（7-4）表明，由于价格变动，报告期实际销售这么多的商品，商店减少销售额2500元；对于消费者来说，就是报告期购买这些商品由于价格变动而少支出2500元。式（7-3）表明，由于价格变动，商店如果销售基期那么多的商品，报告期则会少销售1475元，对于消费者而言，也就是在报告期如果购买基期那么多商品则少支出1475元。显然，式（7-4）更有现实意义。因此，编制销售价格总指数时，应当用报告期销售量作为同度量因素。

二、综合指数的分类

上述的销售量总指数与销售价格总指数都是对两个时期范围相同的复杂现象总体总量指标（销售额）对比形成的指数，在总量指标中包含两个或两个以上的因素，将其中被研究因素以外的一个或一个以上的因素固定下来，仅观察被研究因素的变动，这样编制的指数，称为综合指数。它能够比较全面、准确地反映所研究的现象总体总的变动程度和随之产生的绝对数效果。综合指数是总指数的一种形式。

（一）按其反映的指标性质不同，分为数量指标指数和质量指标指数

1. 数量指标指数

对数量指标编制的反映现象总体数量变动程度的总指数称为数量指标综合指数，如销售量综合指数、产量综合指数；在实际工作中，编制销售量综合指数时，一般均采用基期价

格（p_0）作为同度量因素。这是因为编制销售量综合指数的目的，是要排除价格因素的影响，单纯反映销售量的总变动，为此必须将价格固定在基期上，这才符合经济现象的客观实际。

2. 质量指标指数

对质量指标编制的反映现象总体数量变动程度的总指数称为质量指标综合指数，如销售价格综合指数、产品成本综合指数。从我国指数编制的实践来看，长期以来习惯采用报告期的数量指标（q_1）作为同度量因素（权数）。分子与分母的差额，则说明因质量指标变动而造成的总额的绝对变动额。

（二）按同度量因素的固定时期不同，分为拉氏指数与派氏指数

1. 拉氏指数与派氏指数的定义

在综合指数编制的过程中，同度量因素不仅要解决不同现象的综合，而且要能解释其实际意义。对销售量综合指数来说，以价格指标为同度量因素，同时也是权数，即不同销售量的商品价格对销售量综合指数也具有权衡轻重的作用。因此，同度量因素的选择实际上也是权数的选择。在历史的指数中，影响最大的两大指数分别是拉氏指数与派氏指数，二者的不同在于统计指数中的权数问题，其销售量综合指数与价格综合指数公式分别为

拉氏指数：

$$I_p = \frac{\sum p_1 q_0}{\sum p_0 q_0},\ I_q = \frac{\sum q_1 p_0}{\sum q_0 p_0}\text{（同度量因素固定在基期）}$$

派氏指数：

$$I_p = \frac{\sum p_1 q_1}{\sum p_0 q_1},\ I_q = \frac{\sum q_1 p_1}{\sum q_0 p_1}\text{（同度量因素固定在报告期）}$$

2. 拉氏指数与派氏指数的比较

由于权数所属时期不同，拉氏指数与派氏指数的计算结果不一致。以前例的结果来看，采用拉氏指数计算的结果是三种商品的销售价格，报告期比基期总降低或平均降低 2.67%。采用派氏指数计算的结果是三种商品的销售价格，报告期比基期总降低或平均降低 3.25%。两种价格指数不相等，拉氏的价格指数以基期销售量为权数，出发点是想说明人们维持基期的消费水平，在报告期因价格变动而要多支出或少支出的费用，不能反映报告期实际消费结构在价格变动下的结果。而派氏价格指数恰好弥补了这一缺陷，派氏指数以报告期销售量为权数，反映由于价格和消费结果共同作用，使消费者多支出或少支出的费用，这一点具有现实意义。因此，在计算价格综合指数时，我们一般采用派氏指数，不采用拉氏指数计算。根据同样资料，在实际反映销售量总变动中，为剔除其他因素的影响，我们采用基期价格为同度量因素计算销售量总指数，即采用拉氏指数，而不是采用派氏指数。

（三）按克服拉氏指数与派氏指数不足的方法分为马埃指数和理想指数

1. 马埃指数

马埃指数是英国经济学家马歇尔（Marshall）1987 年提出的对拉氏指数和派氏指数的同度量因素进行简单平均作为权数的综合指数，其计算公式为

$$E_p = \frac{\sum p_1\left(\frac{q_0 + q_1}{2}\right)}{\sum p_0\left(\frac{q_0 + q_1}{2}\right)} = \frac{\sum p_1q_0 + \sum p_1q_1}{\sum p_0q_0 + \sum p_0q_1}$$

$$E_q = \frac{\sum q_1\left(\frac{p_0 + p_1}{2}\right)}{\sum q_0\left(\frac{p_0 + p_1}{2}\right)} = \frac{\sum q_1p_0 + \sum q_1p_1}{\sum q_0p_0 + \sum q_0p_1}$$

按此公式计算的价格指数在拉氏指数与派氏指数之间，虽然从数量上测定似乎不偏不倚，但失去了拉氏指数与派氏指数所能表达的实际意义，其本身只是具有数学意义。

2. 理想指数

理想指数是美国统计学家欧文·费希尔（Irving Fisher）1911年提出的交叉计算的公式，对拉氏指数和派氏指数进行几何平均。其计算公式为

$$F_p = \sqrt{\frac{\sum p_1q_1}{\sum p_0q_1} \cdot \frac{\sum p_1q_0}{\sum p_0q_0}}$$

$$F_q = \sqrt{\frac{\sum q_1p_1}{\sum q_0p_1} \cdot \frac{\sum q_1p_0}{\sum q_0p_0}}$$

费希尔总结各种指数公式的特点，提出对指数优劣的三种检测方法（时间互换测验、因子互换测验和循环测验），发现绝大多数指数公式不符合这三种检验，唯有他的公式通过检验，故他的公式叫作理想公式。但这种公式缺乏明显的经济意义，计算比较困难。

（四）固定权数综合指数

固定权数综合指数是将同度量因素所属时期固定在一个特定水平上，即以某一年的物量构成，延续多年用于编制物价指数；或以某一年的价格为固定的同度量因素，延续多年用于编制物量指数。其计算的公式为

$$综合物价指数 = I_p = \frac{\sum p_1q_n}{\sum p_0q_n}$$

$$综合物量指数 = I_q = \frac{\sum q_1p_n}{\sum q_0p_n}$$

我国的工业产品指数曾长期采用这种形式。例如，20世纪80年代各年的产量指数都以1980年的产品价格为固定的同度量因素。其优点是操作方便，也便于前后对比；缺点是当价格变化较大时，计算的动态指数不能反映经济的实际增长。

上述各种加权方法的综合指数公式都有其特点和一定的适用条件。因此，当编制指数选择权数或同度量因素时，既要考虑指数的实际经济意义，又要根据具体的研究对象和条件选择指数公式。

第二节　平均数指数

采用综合指数法计算的总指数，不仅要知道报告期的销量与价格，还要知道基期的销量与价格，但在现实中，全面获取这些数据很难，而个体指数和报告期与基期的销售额数据较易获取。表7-3的资料是表7-1数据的变形，在实际中这些数据的获取较容易。试根据表7-3的数据回答以下问题：

（1）三种商品的销售量总体变动方向及变动幅度怎样？

（2）三种商品的价格总体变动方向及变动幅度怎样？

表7-3　某超市三种商品的销售价格和销售量资料（三）

商品名称	计量单位	价格个体指数 $\left(k_p = \frac{p_1}{p_0}\right)$	销售量个体指数 $\left(k_q = \frac{q_1}{q_0}\right)$	基期销售额 p_0q_0 /元	报告期销售额 p_1q_1 /元
甲	L	1.1	0.95	5250	5500
乙	条	1	1.2	10000	12000
丙	kg	0.95	1.5	40000	57000
合计				55250	74500

一、加权算术平均数指数

由销售量指标个体指数 $k_q = q_1/q_0$ 可得 $q_1 = k_q q_0$，将 $q_1 = k_q q_0$ 代入拉氏销售量综合指数式（7-1），得

$$\overline{K}_q = \frac{\sum p_0 q_1}{\sum p_0 q_0} = \frac{\sum k_q p_0 q_0}{\sum p_0 q_0},$$

即

$$\overline{K}_q = \frac{\sum k_q p_0 q_0}{\sum p_0 q_0} \tag{7-5}$$

将表7-3数据代入式（7-5）得

$$\overline{K}_q = \frac{\sum k_q p_0 q_0}{\sum p_0 q_0} = \frac{(0.95 \times 5250 + 1.2 \times 10000 + 1.5 \times 40000)\text{元}}{(5250 + 10000 + 40000)\text{元}} = \frac{77000}{55250} \approx 139.37\%$$

$$\begin{aligned}\sum k_q p_0 q_0 - \sum p_0 q_0 &= (0.95 \times 5250 + 1.2 \times 10000 + 1.5 \times 40000)\text{元} - (5250 + 10000 + 40000)\text{元} \\ &= (77000 - 55250)\text{元} = 21750\text{元}\end{aligned}$$

通过此种方法，可以计算销售量总指数，用拉氏数量指数公式计算销售量指数时，必须掌握基期和报告期各种商品的价格和销售量资料。但在实践中，按基期价格和报告期销量计

算的销售额（p_0q_1）资料不易取得，而基期销售额（p_0q_0）与个体指数常常容易获得。从个体指数出发，先计算总体各单位的个体指数，将个体指数加权后再平均，从而正确地说明个体指数的平均变动程度，以此方法计算的总指数叫作平均数指数。式（7-5）是当已知数量指标的个体指数 k_p（或 q_1、q_0）及基期的总量指标（产值或销售额等）p_0q_0 时，采用此公式得到的平均数指数，叫作加权算术平均数指数。它是根据算术平均数的计算方法编制的指数，适用于编制数量指标指数，加权算术平均数指数是拉氏数量指数的变形。

二、加权调和平均数指数

由价格指标个体指数 $k_p=\frac{p_1}{p_0}$ 可得 $p_0=\frac{1}{k_p}p_1$，将 $p_0=\frac{1}{k_p}p_1$ 代入派氏质量指标指数式（7-4），得

$$\overline{K}_p=\frac{\sum p_1q_1}{\sum p_0q_1}=\frac{\sum p_1q_1}{\sum\frac{1}{k_p}p_1q_1}$$

即

$$\overline{K}_p=\frac{\sum p_1q_1}{\sum\frac{1}{k_p}p_1q_1} \tag{7-6}$$

将表 7-3 数据代入式（7-6）得

$$\overline{K}_p=\frac{\sum p_1q_1}{\sum\frac{1}{k_p}p_1q_1}=\frac{(5500+12000+57000)\text{元}}{\left(\frac{1}{1.1}\times5500+\frac{1}{1}\times12000+\frac{1}{0.95}\times57000\right)\text{元}}$$

$$=\frac{74500}{77000}\approx96.75\%$$

$$\sum p_1q_1-\sum\frac{1}{k_p}p_1q_1=(5500+12000+57000)\text{元}-\left(\frac{1}{1.1}\times5500+\frac{1}{1}\times12000+\frac{1}{0.95}\times57000\right)\text{元}$$

$$=-2500\text{元}$$

式（7-6）是以价格个体指数为变量值，以报告期销售额为权数计算的加权调和平均数，采用此公式得到的平均数指数叫作加权调和平均数指数。式（7-6）说明加权调和平均数指数是派氏质量指数公式的变形，加权调和平均数指数主要用来编制质量指标指数，在只有个体价格指数 k_p 和各种产品或商品的报告期销售额 p_1q_1 时，可采用加权调和平均数指数计算总指数。综合指数和平均数指数都是常用的编制总指数的方法。综合指数主要适用于根据全面资料编制，而平均数指数既可以根据全面资料编制，也可以选择少数有代表性的个体指数加权平均计算。同时在权数的应用上，平均数指数比综合指数灵活，它可以适用固定权数编制。

何谓指数数列

把各个时期的指数按时间顺序加以排列，就是指数数列。人们编制指数数列，借以分析研究复杂现象总体在长时间的发展变动趋势。按指数计算所采用的基期不同，指数数列也可分为定基指数数列和环比指数数列。对于个体指数数列来讲，环比指数的连乘积等于定基指数，并且环比指数与定基之间可以直接进行换算。对于总指数来讲，定基指数与环比指数的关系是否也像个体指数那样存在连乘和换算关系，要视综合指数中的同度量因素是否固定不变或平均数指数是否用固定权数加权而定。凡用固定时期指标加权的综合指数以及用固定权数加权的平均数指数形成的指数数列，都有环比指数的连乘积等于定基指数的关系，并且环比指数与定基指数之间可以直接进行换算。

三、固定权数平均数指数

平均数指数的计算主要在于确定个体指数的权数，在实际的政府统计工作中，权数数据一般只能通过普查取得；同时，许多现象的结构是相对稳定的，因此，可采用固定权数的方式，在一段时间内将某一现象的加权结构固定下来，用于总指数的计算。该权数一经确定就可以在相对较长的时间（1~5 年）内使用，这大大减少了工作量，可以避免每次编制指数权数资料来源的困难，也便于前后不同时期的比较。

将平均数指数的加权算术平均数指数公式略加变形，可得到相对权数形式的算术平均数指数，即

$$\bar{K}=\frac{\sum kp_0q_0}{\sum p_0q_0}=\sum k\frac{p_0q_0}{\sum p_0q_0}=\sum kW_0 \tag{7-7}$$

式中，$W_0=\dfrac{p_0q_0}{\sum p_0q_0}$为算术平均指数的相对权数，是以基期总体的全面数据计算的加权结果。

将平均数指数的加权调和平均数指数加以变形，可得相对权数形式的调和平均数指数，即

$$\bar{K}=\frac{\sum p_1q_1}{\sum \frac{1}{k}p_1q_1}=\frac{1}{\sum \frac{W_1}{k}} \tag{7-8}$$

式中，$W_1=\dfrac{p_1q_1}{\sum p_1q_1}$为调和平均数的相对权数，是由报告期总体的全面数据计算的加权结果。相对形式的权数更加鲜明地反映了权数对于指数数值水平形成的贡献与影响。

固定权数的平均指数在国内外政府统计中得到了广泛的应用。例如商品零售价格指数、居民消费价格指数、工业品出厂指数等，大多采用固定权数的平均指数方法编制。

【例 7-1】 现以表 7-4 的资料说明居民消费价格指数的编制和计算过程。

表 7-4 某市居民消费价格指数计算表

商品类别和名称	代表规格品的规格等级牌号	计量单位	平均牌价		权数	以上年为基础	
			上年 p_0/元	本年 p_1/元		个体指数 $k_p=p_1/p_0$	个体指数乘以权数 k_pW
(甲)	(乙)	(丙)	(1)	(2)	(3)	(4)=(2)/(1)	(5)=(3)×(4)
总指数					100%		105.17%
(一) 食品类					34%	105.22%	35.77%
1. 粮食中类					18%	106.98%	19.26%
(1) 细粮小类					75%	105.85%	79.38%
大米	二等粳米	kg	3.8	4.02	88%	105.79%	93.1%
面粉	标准粉	kg	3.2	3.4	12%	106.25%	12.75%
(2) 粗粮小类					25%	110.38%	27.6%
2. 肉禽及其制品					36%	108.32%	39%
3. 蛋					5%	101%	5.05%
4. 水产品					10%	98.12%	9.81%
5. 鲜菜					16%	105%	16.8%
6. 鲜果					15%	102%	15.3%
(二) 杂项商品与服务					4%	102.34%	4.09%
(三) 衣着					9%	102%	9.18%
(四) 家庭设备用品及服务					6%	98.42%	5.91%
(五) 医疗保健					10%	104.28%	10.43%
(六) 交通和通信					10%	100.54%	10.05%
(七) 文化娱乐服务					14%	102.24%	14.31%
(八) 居住					13%	118.71%	15.43%

解：

(1) 计算出各代表规格品的个体零售价格指数。例如，大米的个体零售价格指数为

$$\overline{K}_p=\frac{p_1}{p_0}=\frac{4.02}{3.8}\approx 105.79\%$$

(2) 根据各代表规格品的价格指数及给出的相应权数，加权算术平均计算小类指数。例如，细粮小类价格指数为

$$\overline{K}_p=\frac{\sum k_p p_0 q_0}{\sum p_0 q_0}=\sum k_p W=105.79\%\times 0.88+106.25\%\times 0.12\approx 105.85\%$$

(3) 根据各小类指数及相应的权数，加权算术平均计算中类指数。例如，粮食中类价格指数为

$$\overline{K}_p=\sum k_p W=105.85\%\times 0.75+110.38\%\times 0.25\approx 106.98\%$$

(4) 根据各中类指数及相应的权数，加权算术平均计算大类指数。例如，食品类价格指数为

$$\overline{K}_p = \sum k_p W = 106.98\% \times 0.18 + 108.32\% \times 0.36 + 101\% \times 0.05 + 98.12\% \times 0.1 + 105\% \times 0.16 + 102\% \times 0.15 \approx 105.22\%$$

（5）根据各大类指数及相应的权数，加权算术平均计算总指数。即

$$\overline{K}_p = \sum k_p W = 105.22\% \times 0.34 + 102.34\% \times 0.04 + 102\% \times 0.09 + 98.42\% \times 0.06 + 104.28\% \times 0.10 + 100.54\% \times 0.10 + 102.24\% \times 0.14 + 118.71\% \times 0.13 \approx 105.17\%$$

CPI是风动还是帆动？

2010年，多种商品价格出现明显异动，“蒜你狠”“豆你玩”“辣翻天”“油他去”“糖高宗”“苹什么”陆续出现。其间，米、肉、蛋、蔬菜、中药材、水、煤等的价格也出现了波动。10月前后，国内多个城市也是一度出现了黄金卖到脱销的情况。而央行的调查数据显示，城镇储户对物价水平的满意度指数已经接连创出2001年有数据以来的最低点21%左右；这一满意度甚至显著低于2007—2008年通货膨胀时期30%左右的水平。不过国家统计局公布的居民消费价格指数（CPI）却保持淡定，始终在3%左右的水平波动。从宏观经济数据的经验来看，这是一个相当温和的通胀率水平；但市场却做出了如此强烈的反应。那么有好奇心的人不禁要问：CPI的波动，到底是“风动”，还是“帆动”？

第三节　指数体系的因素分析

经济分析中，经常研究现象发展的总量变化。例如，销售总额的变化，通过报告期的销售总额减去基期的销售总额，得到销售总额变化的绝对量；相比得到销售额变化的相对量。我们还希望得到引起销售总额变化的原因，这就需要应用指数因素分析的方法。根据表7-1，试回答：①商店三种商品销售总额变化的绝对值与相对值分别是多少？②销售总额变化由于销售量变化产生的绝对量与相对量分别是多少？③销售总额变化由于销售价格变化产生的绝对量与相对量分别是多少？

一、指数体系与因素分析

（一）指数体系的概念

我们知道：

商品销售额=商品销售量×商品销售价格

生产总成本=产品产量×单位产品成本

这种经济现象之间的联系可以用经济方程表现出来，上述的这种关系，按照指数形式表现时，同样存在这种对等关系。即

商品销售额指数=商品销售量指数×商品销售价格指数

生产总成本指数=产品产量指数×单位产品成本指数

像这种数量上具有乘积关系的若干相互联系的指数形成的整体，称为指数体系。在指数体系中，存在一个反映现象数值总水平变动或差异的测度，实质上它是一个相对数，在指数

体系中称为总量指数，如商品销售额指数，以及一组引起总量指数变动或者差异的因素构成的总指数，这一组总指数在指数体系中被称为因素指数，如商品销售量指数、商品销售价格指数。组成指数体系的各个指数必须满足这样两个基本条件：各因素指数的乘积应等于总变动指数；各因素指数分子、分母差额的总和应等于总指数分子、分母的差额。

指数体系的两个基本条件，按编制综合指数的一般原理，可写出计算公式如下：

商品销售额指数=商品销售量指数×商品销售价格指数

$$\frac{\sum p_1q_1}{\sum p_0q_0}=\frac{\sum p_0q_1}{\sum p_0q_0}\times\frac{\sum p_1q_1}{\sum p_0q_1}\text{(指数体系的相对形式)} \tag{7-9}$$

销售额总变动幅度=由销售量变动引起的销售额变动幅度+由价格变动引起的销售额变动幅度

$$\sum p_1q_1-\sum p_0q_0=\left(\sum p_0q_1-\sum p_0q_0\right)+\left(\sum p_1q_1-\sum p_0q_1\right)\text{(指数体系的绝对形式)} \tag{7-10}$$

（二）因素分析及其步骤

根据式（7-9）和式（7-10），可以得到总量指数变动影响的因素与程度，这种应用指数体系理论，通过分解因素，分析各个因素在社会经济现象总变动中的影响方向和影响程度的方法，叫作指数因素分析法。因素分析法的基本特点是以假定一个因素变动、其余因素不变为前提。如果是三个因素的影响，必须假定其中两个因素不变，只测定一个因素的影响。

因素分析法按分析时包含因素的多少分为两因素分析和多因素分析；按分析指标的种类不同分为总量指标指数因素分析与平均指标指数因素分析；按分析现象的发展变化分为指数体系的静态分析与动态分析。

因素分析法的运用应建立指数体系，并依据指数体系从相对数和绝对数两个方面进行分析计算，其步骤如下：

第一，计算被分析指标的总变动程度和绝对数。

第二，计算各因素的变动影响程度和影响绝对数。

第三，计算指数体系间的等量关系并进行综合分析。

二、总量动态指标的两因素分析

（一）总量动态指标的概念

经济现象在报告期的总量与基期的总量对比，说明在总量上经济现象的发展速度，这种相对指标叫作总量动态指标。例如，

$$\text{销售额总动态指标}=\frac{\sum p_1q_1}{\sum p_0q_0}$$

对经济现象总量变动的因素分析，根据影响总量变动的因素多少，可分为总量的两因素分析和总量的多因素分析。很多经济现象中的总量通常可以分解为两个构成因素，如粮食总产量是播种面积与单位产量的乘积，商品销售额是销售量与销售价格的乘积，产品总产值是产量与产品价格的乘积等。从指数体系看，由三个指数所构成的体系，对其进行因素分析，应从相对数与绝对量两方面进行分析，采用式（7-9）和式（7-10）。

（二）总量动态指标的两因素分析

1. 两套不同的指数体系

（1）数量指标指数将同度量因素固定在基期，而质量指标指数将同度量因素固定在报告期，形成的指数体系为

$$\frac{\sum p_1q_1}{\sum p_0q_0}=\frac{\sum p_0q_1}{\sum p_0q_0}\times\frac{\sum p_1q_1}{\sum p_0q_1}$$

从绝对数上看，

$$\sum p_1q_1-\sum p_0q_0=\left(\sum p_0q_1-\sum p_0q_0\right)+\left(\sum p_1q_1-\sum p_0q_1\right)$$

（2）数量指标指数将同度量因素固定在报告期，而质量指标指数将同度量因素固定在基期，形成的指数体系为

$$\frac{\sum p_1q_1}{\sum p_0q_0}=\frac{\sum p_1q_1}{\sum p_1q_0}\times\frac{\sum p_1q_0}{\sum p_0q_0}$$

从绝对数上看，

$$\sum p_1q_1-\sum p_0q_0=\left(\sum p_1q_1-\sum p_1q_0\right)+\left(\sum p_1q_0-\sum p_0q_0\right)$$

这两套指数体系都可以进行因素分析，实际中常采用第一套指数体系进行分析。

2. 指数体系分析实例

下面以表7-2某超市三种商品的销售价格和销售量资料为例，利用指数体系分析销售总额变动及影响的因素与程度。由数据资料可得：报告期销售总额为74500元，基期销售总额为55250元，销售总额变动及两个因素影响的分析如下：

（1）销售总额变动。其中，销售额动态指标 $\frac{\sum p_1q_1}{\sum p_0q_0}=\frac{74500\text{元}}{55250\text{元}}\approx 1.3484=134.84\%$，即销售额变动上升了34.84%。

销售额的绝对量变动 $\sum p_1q_1-\sum p_0q_0=(74500-55250)\text{元}=19250\text{元}$，即销售额报告期比基期增加了19250元。

（2）销售量变动。其中，销售量指数 $\frac{\sum p_0q_1}{\sum p_0q_0}=\frac{77000\text{元}}{55250\text{元}}\approx 1.3937=139.37\%$，即销售量增加了39.37%。

销售量的绝对量变动 $\sum p_0q_1-\sum p_0q_0=(77000-55250)\text{元}=21750\text{元}$，即销售量提高39.37%，使销售额的绝对量增加21750元。

（3）销售价格变动。价格指数 $\overline{K}_p=\frac{\sum p_1q_1}{\sum p_0q_1}=\frac{74500\text{元}}{77000\text{元}}\approx 0.9675=96.75\%$，即价格降低了3.25%。

销售价格的绝对量变化 $\sum p_1q_1-\sum p_0q_1=(74500-77000)\text{元}=-2500\text{元}$，即价格降低3.25%，使销售额的绝对量减少了2500元。

（4）综合分析。

$$134.84\% \approx 139.37\% \times 96.75\%$$

$$19250\text{ 元} = 21750\text{ 元} - 2500\text{ 元}$$

报告期的销售额比基期的销售额提高了 34.84%，销售额的绝对量报告期比基期增加了 19250 元，是由于销售量报告期比基期提高 39.37%使之增加了 21750 元，价格报告期比基期减少了 3.25%使之减少了 2500 元，两方面共同作用的结果。

三、总量动态指标的多因素分析

一些总量指标的变动要受到三个或三个以上因素的影响，如工业产品原材料支出总额的变动受到产量、单位产品原材料消耗量和原材料价格三个因素的影响；总产值变动受到职工人数、工人数占职工人数比重和工人劳动生产率三因素的影响。它们都可以运用多因素现象的指数体系进行多因素变动分析。多因素的分析方法与两因素的分析方法基本原理是相同的。

复杂总体进行多因素分析时，要按如下两个原则进行：第一，把影响复杂总体变动的各个因素，按照数量指标在前、质量指标在后的顺序进行排列。第二，当分析某一因素对总体变动的影响时，未被分析的后面诸因素要固定在基期水平，而已被分析过的前面诸要素则要固定在报告期水平。

【例 7-2】 *以表 7-5 的资料为例，对该企业工业总产值变动及影响的因素进行分析。*

表 7-5　某企业报告期与基期的企业职工人数、劳动生产率、产品价格

产品名称	产品产量					产品价格	
	职工人数（人）		全员劳动生产率				
	基期 a_0	报告期 a_1	计量单位	基期 b_0	报告期 b_1	基期 c_0	报告期 c_1
甲	100	90	t	5	5	60	100
乙	120	150	辆	10	20	40	40
丙	80	100	件	20	25	20	30

从表 7-5 可以看出，该企业总产值受到职工人数（a）、全员劳动生产率（b）和产品价格（c）三个因素共同影响。指数体系如下：

$$\frac{\sum a_1b_1c_1}{\sum a_0b_0c_0} = \frac{\sum a_1b_0c_0}{\sum a_0b_0c_0}\ \frac{\sum a_1b_1c_0}{\sum a_1b_0c_0}\ \frac{\sum a_1b_1c_1}{\sum a_1b_1c_0}$$

绝对值关系如下：

$$\sum a_1b_1c_1 - \sum a_0b_0c_0 = \left(\sum a_1b_0c_0 - \sum a_0b_0c_0\right) + \left(\sum a_1b_1c_0 - \sum a_1b_0c_0\right) + \left(\sum a_1b_1c_1 - \sum a_1b_1c_0\right)$$

某企业报告期与基期总产值的整理资料如表 7-6 所示。

表 7-6　某企业报告期与基期总产值的整理资料

产品名称	工业总产值/元			
	基期产值 $a_0b_0c_0$	报告期产值 $a_1b_1c_1$	按报告期平均人数计算的基期总产值 $a_1b_0c_0$	按基期价格计算的报告期总产值 $a_1b_1c_0$
甲	30000	45000	27000	27000
已	48000	120000	60000	120000
丙	32000	67500	36000	45000
合计	110000	232500	123000	192000

（1）该企业工业总产值指数为

$$\overline{K}_{总}=\frac{\sum a_1b_1c_1}{\sum a_0b_0c_0}=\frac{232500\text{ 元}}{110000\text{ 元}}\approx 2.1136=211.36\%$$

报告期工业总产值比基期增加额为

$$\sum a_1b_1c_1-\sum a_0b_0c_0=(232500-110000)\text{ 元}=122500\text{ 元}$$

（2）职工平均人数指数为

$$\overline{K}_a=\frac{\sum a_1b_0c_0}{\sum a_0b_0c_0}=\frac{123000\text{ 元}}{110000\text{ 元}}\approx 1.1182=111.82\%$$

职工平均人数对工业总产值影响绝对额为

$$\sum a_1b_0c_0-\sum a_0b_0c_0=(123000-110000)\text{ 元}=13000\text{ 元}$$

（3）全员劳动生产率为

$$\overline{K}_b=\frac{\sum a_1b_1c_0}{\sum a_1b_0c_0}=\frac{192000\text{ 元}}{123000\text{ 元}}\approx 1.5610=156.10\%$$

全员劳动生产率对工业总产值影响绝对额为

$$\sum a_1b_1c_0-\sum a_1b_0c_0=(192000-123000)\text{ 元}=69000\text{ 元}$$

（4）产品价格指数为

$$\overline{K}_c=\frac{\sum a_1b_1c_1}{\sum a_1b_1c_0}=\frac{232500\text{ 元}}{192000\text{ 元}}\approx 1.2109=121.09\%$$

产品价格对工业总产值影响绝对额为

$$\sum a_1b_1c_1-\sum a_1b_1c_0=(232500-192000)\text{ 元}=40500\text{ 元}$$

（5）用相对数表示

$$211.36\%\approx 111.82\%\times 156.10\%\times 121.09\%$$

用绝对数表示

$$122500\text{ 元}=13000\text{ 元}+69000\text{ 元}+40500\text{ 元}$$

综上所述，该企业工业总产值由基期的 11 万元增加到报告期的 23.25 万元，增加了 12.25 万元，增长率为 111.36%，这一结果是由职工人数、全员劳动生产率和出厂价格三个因素共同作用的结果。其中，职工人数增长 11.82%，使总产值增加 1.3 万元；全员劳动生产率增长 56.10%，使总产值增加 6.9 万元；出厂价格增长 21.09%，使总产值增加 4.05 万元。

三个因素分析能够弥补两因素分析的不足，对问题的研究更深入，问题揭示得更清楚，便于企业加强管理，提高经济效益。

通过中华人民共和国国家统计局网站（http：//www.stats.gov.cn/）查查“指标解释”，可以看到国家统计局对 CPI 的解释及使用情况。

如果你喜欢数据，可以去国家统计局的统计数据网页（http：//www.stats.gov.cn/tjsj/），自己可以看看像大米、白菜、汽油等这类东西的价格有些什么样的变化。如果你关心地区的价格变化，可以去本地区的统计局网站查询。

第四节　平均指标指数

经济分析中经常研究不同时期平均水平的变化程度，以及各影响因素对平均水平的影响方向及程度。试根据表 7-7 资料，回答下列问题：

（1）该公司平均工资变化的方向与相对程度如何？

（2）该公司各类职员结构对平均工资变化的方向与相对程度的影响如何？

（3）该公司各类职员工资对平均工资变化的方向与相对程度的影响如何？

表 7-7　某公司职员构成及工资水平统计表

职员类别	职员人数		平均工资/元	
	基期 f_0	报告期 f_1	基期 x_0	报告期 x_1
管理人员	20	15	3000	5000
技术人员	40	60	2500	4000
操作人员	60	30	2000	3000
合计	120	105	7500	12000

一、平均指标指数的计算

（一）平均指标指数概述

平均工资变动的相对程度可采用报告期平均工资$\left(\bar{x}_1 = \dfrac{\sum x_1 f_1}{\sum f_1}\right)$与基期平均工资$\left(\bar{x}_0 = \dfrac{\sum x_0 f_0}{\sum f_0}\right)$之比，这种用两个不同时期的同一经济内容的平均指标值对比，可以反映某种经济平均水平的变动程度的相对数，称为平均指标指数。常见的平均指标指数有：

平均工资指数、平均劳动生产率指数、平均产量指数等。计算公式如下（以平均工资指数为例）：

$$k=\frac{\bar{x}_1}{\bar{x}_0}=\frac{\dfrac{\sum x_1 f_1}{\sum f_1}}{\dfrac{\sum x_0 f_0}{\sum f_0}}$$

这个平均工资指数公式可以进行如下变换：

$$k=\frac{\bar{x}_1}{\bar{x}_0}=\frac{\sum x_1 \dfrac{f_1}{\sum f_1}}{\sum x_0 \dfrac{f_0}{\sum f_0}}$$

从上式可以看出，平均工资指数反映了两个因素变动的影响，即各类职员工资水平变动的影响和各类职员人数在全部职员总数中所占比重变动的影响。所以，平均指标指数所反映的变动程度（包含两个因素的影响）不仅受所平均的经济指标变动的影响，还受所研究总体内部单位数结构变动的影响，这两个因素变动的关系类似综合指数中的两个因素。我们可以采用总量指标指数的因素分析方法分析平均工资的变化情况。

（二）可变构成指数

平均指标指数不仅反映平均指标总的变动，还反映标志值的变动和权数构成的变动。即不仅反映各组（级）工资水平的变动，而且受着各组人数构成变动的影响。这种平均指标指数也叫作可变构成指数。根据表7-7资料，计算如下：

$$\text{平均工资可变构成指数 } k=\frac{\bar{x}_1}{\bar{x}_0}=\frac{\dfrac{\sum x_1 f_1}{\sum f_1}}{\dfrac{\sum x_0 f_0}{\sum f_0}}=\frac{\dfrac{405000}{105}}{\dfrac{280000}{120}}\approx\frac{3857}{2333}\approx 165.32\%$$

$$\text{平均工资变动绝对额}=\frac{\sum x_1 f_1}{\sum f_1}-\frac{\sum x_0 f_0}{\sum f_0}\approx(3857-2333)\text{ 元}=1524\text{ 元}$$

计算结果表明，该公司平均工资报告期比基期增加了65.32%，平均每人增加了1524元。在平均工资的总变动中，究竟受各类职员工资水平变化的影响是多少？受各组职员人数结构变化的影响又是多少？我们可以参照综合指数的计算原理：要测定一个因素变动的影响，就必须将另一个因素的变化固定下来。

（三）固定构成指数

为单纯反映变量值变动的影响，不能把报告期或基期的各类职员工资水平简单平均，需要消除总体中各种单位数所占比重变化的影响，即需要将总体内部结构固定下来，这样计算的平均指标指数叫作固定构成指数。它只反映各组水平对总平均指标变动的影响。职员人数固定在不同时期（基期或报告期），可得到不同的固定构成指数。

（1）把职员人数固定在报告期，则固定构成工资指数为

$$\text{平均工资固定构成指数} = \frac{\dfrac{\sum x_1 f_1}{\sum f_1}}{\dfrac{\sum x_0 f_1}{\sum f_1}} \approx \frac{3857\text{ 元}}{2429\text{ 元}} \approx 1.5879 = 158.79\%$$

$$\frac{\sum x_1 f_1}{\sum f_1} - \frac{\sum x_0 f_1}{\sum f_1} \approx (3857-2429)\text{ 元} = 1428\text{ 元}$$

该指数说明，在报告期职员人数结构固定的情况下，报告期平均工资比基期提高了58.79%，在绝对值上增加了1428元。

（2）把职员人数固定在基期，则固定构成工资指数为

$$\text{平均工资固定构成工资指数} = \frac{\dfrac{\sum x_1 f_0}{\sum f_0}}{\dfrac{\sum x_0 f_0}{\sum f_0}} \approx \frac{3667\text{ 元}}{2333\text{ 元}} \approx 1.5718 = 157.18\%$$

$$\frac{\sum x_1 f_0}{\sum f_0} - \frac{\sum x_0 f_0}{\sum f_0} \approx (3667-2333)\text{ 元} = 1334\text{ 元}$$

该指数说明，在基期职员人数结构固定的情况下，报告期平均工资比基期提高了57.18%，在绝对值上增加了1334元。

（四）结构影响指数

为单纯反映总体结构变动的影响，需要消除各组变量值变化的影响，即需要将各组变量值固定下来，这样计算的平均指标指数叫作结构影响指数。它只反映总体结构变动对总平均指标变动的影响。各组工资水平固定在不同时期（基期或报告期），可得到不同的结构影响指数。

（1）把各组工资水平固定在基期，则结构影响指数为

$$\text{平均工资结构影响指数} = \frac{\dfrac{\sum x_0 f_1}{\sum f_1}}{\dfrac{\sum x_0 f_0}{\sum f_0}} \approx \frac{2429\text{ 元}}{2333\text{ 元}} \approx 1.0411 = 104.11\%$$

$$\frac{\sum x_0 f_1}{\sum f_1} - \frac{\sum x_0 f_0}{\sum f_0} \approx (2429-2333)\text{ 元} = 96\text{ 元}$$

该指数说明，假设工资水平仍和基期一样没有变化的话，那么由于职员人数结构变动的影响，使总平均工资提高了4.11%，在绝对值上增加了96元。

（2）把各组工资水平固定在报告期，则结构影响指数为

$$平均工资结构影响指数=\frac{\dfrac{\sum x_1 f_1}{\sum f_1}}{\dfrac{\sum x_1 f_0}{\sum f_0}}\approx\frac{3857\text{ 元}}{3667\text{ 元}}\approx 1.0518\approx 105.18\%$$

$$\frac{\sum x_1 f_1}{\sum f_1}-\frac{\sum x_1 f_0}{\sum f_0}\approx（3857-3667）\text{元}=190\text{ 元}$$

该指数说明，在报告期工资水平条件下，由于各组职员人数结构变动的影响，总平均工资提高了5.18%，在绝对值上增加了190元。

通过以上计算可以看出，把工资水平和职员构成固定在不同的时期，得出的指数结果不同。这个问题类似综合指数中选择不同时期同度量因素的问题。采用哪种计算公式更适合，也类似于综合指数公式的选择。

二、平均指标指数体系分析

在资料分组的条件下，平均指标的变动受两个因素的影响，一是受各组平均水平的影响，二是受各组单位数在总体中所占比重变动的影响。与总量指标指数体系类似，平均指标指数体系公式为

$$可变构成指数=固定构成指数\times结构影响指数$$

上述公式用符号可表示为

$$\frac{\sum x_1 f_1}{\sum f_1}:\frac{\sum x_0 f_0}{\sum f_0}=\left(\frac{\sum x_1 f_1}{\sum f_1}:\frac{\sum x_0 f_1}{\sum f_1}\right)\times\left(\frac{\sum x_0 f_1}{\sum f_1}:\frac{\sum x_0 f_0}{\sum f_0}\right)$$

因素影响差额之间的关系为

$$\frac{\sum x_1 f_1}{\sum f_1}-\frac{\sum x_0 f_0}{\sum f_0}=\left(\frac{\sum x_1 f_1}{\sum f_1}-\frac{\sum x_0 f_1}{\sum f_1}\right)+\left(\frac{\sum x_0 f_1}{\sum f_1}-\frac{\sum x_0 f_0}{\sum f_0}\right)$$

根据上述的计算结果，对该公司职员平均工资进行因素分析：

$$165.32\%\approx 158.79\%\times 104.11\%$$

$$1524\text{ 元}=1428\text{ 元}+96\text{ 元}$$

计算结果表明，报告期平均工资比基期上升65.32%，是由于各类职员工资水平上升使平均工资上升58.79%和各类职员人数比重变动使平均工资上升4.11%共同影响的结果。平均工资增加1524元，是由于各类职员工资提高使平均工资增加1428元和由于各类职员结构变动使平均工资提高96元共同影响的结果。

统计人物——弗朗西斯·高尔顿

在科学史上，很少有像弗朗西斯·高尔顿那样特立独行、知识渊博而又毁誉参半的科学家了。他那传奇式的经历和科学活动令人眼花缭乱；他涉猎科学范围之广被称为“维多利亚女王时代最博学的人”。对于他的某些遗传科学理论，赞扬者称之为“人类追求自

身完美这一崇高目标的化身”，贬低者则说他是“种族主义者和法西斯的精神领袖和鼻祖”。据皮尔逊不完全统计，高尔顿一生著书 15 种，撰写各种学术论文 220 篇，是一位“百科全书式”的学者。1909 年，高尔顿被英国王室授予“勋爵”称号。1911 年 1 月 17 日，高尔顿病逝于英格兰南部哈斯里梅尔，享年 89 岁。他虽然创立了优生学，自己却没有留下一个后代。高尔顿死后，皮尔逊被委托整理其学术遗物。1914—1930 年，三卷本的《弗朗西斯·高尔顿的生平、书信和工作》先后出版，留传于世。

第五节 常用的经济指数

一、居民消费价格指数

居民消费价格指数（Consumer Price Index，CPI）是大多数国家都会编制的一种指数。在政府统计中，失业率和 CPI 应该是政府和老百姓都最为关注的两个重要指标。在美国，有足够影响力的团体，如会员超过 200 万人的工会，其成员有合同保障工资和 CPI 联动。CPI 涉及经济的许多方面，当 CPI 增加 1%，政府开支就自动地增加 60 亿美元；所得税的分级标准也会随之改动；还能够买到价值与 CPI 同步上升的美国储蓄公债。CPI 往往会影响到政府政策，在总统大选时它也是一个敏感指标。

不同国家赋予 CPI 的名称会有所不同，我国称之为居民消费价格指数。居民消费价格指数是反映一定时期内城乡居民所购买的生活消费品价格和服务项目价格的变动情况的一个相对数，通过它可以观察消费价格的变动水平以及对消费者货币支出的影响，用它也能反映通货膨胀程度。

在 2001 年以前，我国是根据调查资料直接计算月环比、月同比及年度同比价格指数。自 2001 年起，改用国际通用方法计算定基价格指数，即以 2000 年平均价格作基准，计算出各月定基价格指数后，再推算月环比、月同比及年度同比价格指数，同时可推算任意时间间距的多种价格指数，价格资料更丰富。居民消费价格指数是反映我国通货膨胀（或紧缩）程度的主要指标。

我国编制价格指数的商品和服务项目，根据全国城乡近 13 万户居民家庭消费支出构成资料和有关规定确定，共包括食品、烟酒及用品、衣着、家庭设备用品及服务、医疗保健及个人用品、交通和通信、娱乐教育文化用品及服务、居住八大类，262 个基本分类。表 7-8 是从某省某市 2021 年 1 月的居民消费价格分类指数表。

表 7-8 2021 年 1 月某市居民消费价格分类指数

指 标	上月 = 100	上年同月 = 100
消费品价格指数	101.1	100
一、食品	102.6	102.2
二、衣着	97.6	97.8
三、居住	100.8	101.4

（续）

指　　标	上月=100	上年同月=100
四、家庭设备用品及服务	100.8	100
五、交通通信	101	94.5
六、文化娱乐服务	100.6	101.4
七、医疗保健	100.1	100.2
八、杂项商品及服务	100.5	100.1

二、股票价格指数

在股票市场上，每时每刻都有许多股票进行交易。在同一时间里，这些股票价格各异，而且它们都随着时间在不断变动。有些股票价格上涨、有些股票价格下跌。而各种股票的涨跌幅度也不尽相同。在如此千变万化的市场中，用某一种股票价格的变动来描述整个股票市场的情况，显然是不行的。那么，究竟怎样来衡量整个股票市场行情的变化呢？股票价格指数是综合反映股票市场行情的一种有效办法。

1. 股价平均数

股价平均数是股票市场上多种股票在某一时点上的算术平均值，一般以收盘价来计算。计算公式为

$$股价平均数=\frac{1}{n}\sum_{i=1}^{n}p_i$$

式中，p_i 为第 i 种股票的收盘价；n 为样本股票数。

因股票市场上股票交易品种繁多，股价平均数（股票价格指数也是一样）只能就样本股票来计算。但所选择的样本股票必须具有代表性和敏感性。代表性是指在种类繁多的股票中，既要选择不同行业的股票，又要选择能代表该行业股价变动趋势的股票；敏感性是指样本股票价格的变动能敏感地反映出整个股市价格的升降变化趋势。

2. 股票价格指数

股票价格指数一般也采用与基期比较法，即将选样股票计算期的价格总和与基期选样股票的价格总和进行比较，反映各个时期价格水平的变动情况，简称股价指数。指数单位一般用“点（Point）”表示，“点”是衡量股票价格起落的尺度，即将基期指数作为100，每上升或下降一个百分点称为“1点”。

股票价格指数的计算方法很多，但一般以发行量为权数进行加权综合。计算公式为

$$I_p=\frac{\sum p_{1i}q_i}{\sum p_{0i}q_i}$$

式中，p_{1i} 为第 i 种样本股票报告期价格；p_{0i} 为第 i 种样本股票基期价格；q_i 为第 i 种股票的发行量，可以确定为基期，也可以确定为报告期，但大多数股价指数是以报告期发行量为权数计算的。

【例 7-3】 设有三种股票的价格和发行量资料如表 7-9 所示，试计算股票价格指数。

表 7-9　三种股票的价格和发行量资料

股票名称	基期价格/元	本日收盘价/元	报告期发行量/万股
A	25	26.5	3500
B	8	7.8	8000
C	12	12.6	4500

解：

根据表 7-9 资料得股价指数为

$$I_p=\frac{\sum p_{1i}q_i}{\sum p_{0i}q_i}=\frac{26.5\text{ 元}\times 3500\text{ 万股}+7.8\text{ 元}\times 8000\text{ 万股}+12.6\text{ 元}\times 4500\text{ 万股}}{25\text{ 元}\times 3500\text{ 万股}+8\text{ 元}\times 8000\text{ 万股}+12\text{ 元}\times 4500\text{ 万股}}\approx 1.0309$$

$$=103.09\%$$

即股价指数上涨了 3.09 点。

目前，世界各国的主要证券交易所都有自己的股价指数，如美国的道琼斯股价指数和标准普尔股价指数、英国伦敦金融时报 100 指数、德国法兰克福股市 DAX 指数、法国巴黎 CAC40 指数、瑞士市场指数（SMI）、日本的日经指数。我国的上海证券交易所、深圳证券交易所和北京证券交易所也编制了自己的股票价格指数，如上海证券交易所的综合指数和 180 指数、深圳证券交易所的成分股价指数和综合指数、北京证券交易所的全国中小企业股份转让系统做市成分指数（简称三板成指）等 。

我国的股票指数主要有上证指数、深证指数和创业板指数，国外有道琼斯指数和纳斯达克指数等 。

3. 股价指数的特性

（1）综合性：要表示一般股价水准，就必须选取许多股票价格作为计算基础。股价指数所代表的是整个股票市场，而不能代表每一种单个股票的个别价格。

（2）代表性：股价指数的编制必须在各类股票中均抽取样本股。当证券市场上股票种类较少时，应当将全部上市股票作为计算对象，这样才能很好地反映现实股市的变化；当上市股票较多时，限于时间与人力，应当抽取部分具有代表性的股票作为样本。

（3）敏感性：股票价格上升或下跌时，股价指数能敏感地把其变化反映出来。为了更敏感地反映股价变动，有些股价指数的计算时间逐渐缩短。计算股价指数所用的价格，先是采用当日收盘价，后改用每小时价格，现在则用每分钟的价格。

（4）连续性：股价指数应当反映长时期的股市变化进程，不同时期的股价指数应当具有历史的参照作用。这就要求股价指数的编制方法一旦确定就不能随意地更改。若存在非市场因素的变化，如股票分割、增资发行等，一般应当对指数公式进行修正或调整，以维持股价指数的连续变动的走势。

4. 股价指数的作用

股价指数是反映股市行情变化的“指示器”，股价指数是表明股市变动的重要指标，人们可以通过它了解不同国家和地区股市变动的情况。股价指数能为投资者提供必不可少的信息，投资者进行股票投资，要考虑整个股市的变化情况，股价指数为他们把握投资机会、选择投资对象提供了依据。股价指数是整个经济的“晴雨表”，股价指数的编制是选择有代表性、实力雄厚的上市公司的股票为代表，这些公司的股价变动反映股市的股价水平，而这些公司的经营业绩又反映了该国家或地区的经济状况。所以，股价指数是观察分析经济的重要参考依据。

5. 选择权数的方法

一种方法是以采样股股票发行量为权数，这种股价指数相对地降低了某些股票市价暴涨暴跌对指数的影响。当股票分割、配股发生时，采样股数量相应地逐渐膨胀，权数增大，以致出现失真现象，故以发行量为权重，较适合于观察平均股价水准变动。

另一种方法是以采样股股票成交量为权数，但该种权数是不固定的，当股价上涨而成交量骤变时，股价指数容易使投资者产生误解，但以成交量为权重，反映了平均每股成交额，可用以测定股票市场的投资者心态。

图7-1所示是我国上证指数2021年1月到2021年8月的月K线图。

图7-1　上证指数2021年1月到2021年8月的月K线图

能力训练

一、单项选择题

1. 综合指数是（　　）对比形成的指数。

A. 两个相对指标　　B. 两个平均指标　　C. 相邻个体指数　　D. 两个总量指标

2. 某销售公司销售额2015年较2014年上升30%，同期销售量指数为120%，则销售价格指数是（　　）。

A. 150%　　B. 110%　　C. 108%　　D. 156%

3. 编制商品零售价格指数的基本方法是采用（　　）。

A. 固定权数的算术平均指数形式　　B. 不固定权数的算术平均指数形式

C. 固定权数的调和平均指数形式　　D. 不固定权数的调和平均指数形式

4. 数量指标指数和质量指标指数的划分依据是（　　）。

A. 指数化指标的性质不同　　B. 所反映的对象范围不同

C. 所比较的现象特征不同　　D. 编制指数的方法不同

5. 编制总指数的两种形式是（　　）。

A. 数量指标指数和质量指标指数　　B. 综合指数和平均数指数

C. 算术平均数指数和调和平均数指数　　D. 定基指数和环比指数

6. 当数量指标的加权算术平均数指数采用特定权数时，计算结果与综合指数相同，其特定权数是（　　）。

A. q_1p_1　　B. q_0p_1　　C. q_1p_0　　D. q_0p_0

7. 若物价上涨，销售额持平，则销售量指数（　　）。

A. 为零　　B. 不变　　C. 增长　　D. 降低

8. 假设具有两工厂报告期和基期某产品的单位成本和产量资料，计算总平均成本的变动，应采用（　　）。

A. 综合指数　　B. 可变构成指数

C. 算术平均数指数　　D. 调和平均数指数

9. 综合指数是（　　）。

A. 用非全面资料编制的指数　　B. 平均数指数的变形应用

C. 总指数的基本形式　　D. 编制总指数的唯一方法

10. 在掌握基期产值和各种产品产量个体指数资料的条件下，计算产量总指数要采用（　　）。

A. 综合指数　　B. 可变构成指数

C. 加权算术平均数指数　　D. 加权调和平均数指数

11. 在由三个指数组成的指数体系中，两个因素指数的同度量因素通常（　　）。

A. 都固定在基期　　B. 都固定在报告期

C. 一个固定在基期，另一个固定在报告期　　D. 采用基期和报告期的平均数

12. 某市 2011 年社会商业零售额为 10000 万元，2015 年增至 15000 万元，这四年物价上涨了 25%，则商业零售量指数为（　　）。

A. 150%　　B. 130%　　C. 120%　　D. 125%

13. 某商店 2015 年 1 月份微波炉的销售价格是 350 元，6 月份的价格是 420 元，指数为 120%，该指数是（　　）。

A. 综合指数　　B. 平均指数　　C. 总指数　　D. 个体指数

14. 编制数量指标指数一般是采用（　　）作为同度量因素。

A. 基期质量指标　　B. 报告期质量指标　　C. 基期数量指标　　D. 报告期数量指标

15. 在指数体系中，总量指数与各因素指数间的数量关系是（　　）。

A. 总量指数等于各因素指数之和　　B. 总量指数等于各因素指数之差

C. 总量指数等于各因素指数之积　　D. 总量指数等于各因素指数之商

7-01

二、判断题

1. 指数的实质是相对数，它能反映现象的变动和差异程度。（ ）

2. 只有总指数可划分为数量指标指数和质量指标指数，个体指数不能做这种划分。（ ）

3. 数量指标指数和质量指标指数的划分具有相对性。（ ）

4. 拉氏价格指数和派氏价格指数的计算结果不同，是因为拉氏价格指数主要受报告期商品结构的影响，而派氏价格指数主要受基期商品结构的影响。（ ）

5. 无论掌握的资料如何，均可用综合指数法和平均数指数法来编制总指数。（ ）

6. 价格变动后，同样多的人民币多购商品 20%，说明价格降低了 20%。（ ）

7. 在实际应用中，计算价格综合指数，需要采用基期数量指标为同度量因素。（ ）

8. 在编制综合指数时，虽然将同度量因素加以固定，但是同度量因素仍然起权数作用。（ ）

9. 如果各种商品价格平均上涨 5%，销售量平均下降 5%，则销售额指数不变。（ ）

10. 可变指数既包含了各组水平变动对总体平均数的影响，又包含了结构变动对总体平均数的影响。（ ）

7-02

三、计算题

1. 南京某商店销售三种产品的情况如表 7-10 所示。

表 7-10　南京某商店销售三种产品的情况

产品	销售价格/元		销售量		
	基期	报告期	计量单位	基期	报告期
盆	8	8.5	个	13500	15000
扇子	10	11	把	11000	10200
纸巾	6	5	盒	4000	4800

试分析销售价格和销售量的变动对销售额的影响。

7-03

2. 美的公司某电扇分厂产品总成本和产量资料如表 7-11 所示。

表 7-11　美的公司某电扇分厂产品总成本和产量资料

产品名称	总成本/万元		产量增加（+）或减少（−）
	基期	报告期	
吊扇	500	600	10%
落地扇	300	450	20%
专用风扇	100	120	−1%

试计算总成本指数、产量指数及产品单位成本总指数。

7-04

3. 某企业的资料如表 7-12 所示。

表 7-12 某企业的资料

工　厂	单位成本/元		产量/件	
	基　期	报 告 期	基　期	报 告 期
A	25	24	1500	1500
B	24	24	1000	1000
C	22	21	1000	2500

要求：

（1）计算成本总额的变动并进行因素分析；

（2）计算总平均单位成本变动并进行因素分析。

7-05

案例与思考

宁波 A 股上市公司指数的编制

一、背景与资料收集

我国证券发行市场已经全面形成，流通市场日趋活跃，在开辟企业筹资新渠道、促进资源的合理配置、增强人们的投资意识方面发挥了越来越大的作用。宁波市是长三角地区经济发展最快的地区之一，作为首批沿海开放城市、副省级城市和计划单列城市，还没有反映上市公司股价综合走势的指数，学习编制宁波 A 股上市公司的价格指数，就能够理解证券市场价格变动的内涵。通过大智慧公司的股票实时行情软件及其他渠道，收集基期日和报告期隔日宁波 A 股上市公司的股本数及收盘价资料。

二、编制要求

（1）计算公式的选择。根据宁波 A 股上市公司市场指数的编制目的，选择流通股本数为权数，并用派氏加权法，即以指数股的报告期流通股本数为权数进行加权计算。

（2）指数基期以 2020 年 12 月 31 日为宁波 A 股上市公司指数的计算基期；报告期选择以下时点为报告期：2021 年每个季度末交易日为报告期，计算日若遇到停盘，则按上一交易日收盘价计算。

（3）权数的选择。用总股本作为权数只能反映潜在的流通市场，而不能反映现实的股价市场的综合变动，故选择流通股本数为权数。

（4）非市场因素如分红利、转增股本等，因要除息、除权，会引起股价变化，为消除由此对股价的影响，常采用的方法是除数修正法，因本案例编制的指数为历史指数，不是即时指数，故采用复权价计算。

（5）样本的选择。所属区域为宁波市的、在上海证交所与深圳证交所上市的全部 A 股公司。

三、计算过程

（1）以 2020 年 12 月 31 日各上市公司收盘价乘以流通股本数并相加求和，得到基期的流通总市值。

（2）报告期各日的收盘价乘以流通股本数并分别求和，得到报告期各日的流通总市值。

（3）将报告期总市值除以基期总市值再乘以1000（为更灵敏反映股价的波动情况，选择指数基点1000），即得到反映报告期与基期对比的上市公司股价综合变动相对数——宁波A股指数。

（4）把宁波A股指数与其他A股指数（上证A股指数、深证A股指数、浙江A股指数）进行对比。

（5）宁波A股上市公司的总市值指数的计算。

总市值指数=报告期总市值/基期总市值

总市值为上市公司的总股本乘以市价之和；基期为2020年12月31日，此时未上市公司按上市时的总股本计；报告期为2021年一季度末；价格以基期和报告期的收盘价计，若基期日未上市的公司，按上市日的收盘价计。

四、讨论与思考

（1）宁波A股上市公司股价指数同度量因素是如何选择的？该选择对股价指数有何营销？

（2）从绝对角度和相对角度分析宁波A股上市公司的总市值、总股本、股价变动。

（答案：略。）

第八章　列联表与方差分析

本章数据文件示意

8-01-01

8-02-01

8-03-01

8-04-01

引例

测量两个数值型变量的相关关系时，通常应用相关系数来测量。然而，实践中遇到的变量经常不是数值变量。例如，为了研究吸烟与工作意外是否有关，我们通常在问卷调查中设计出“是否吸烟”与“是否发生意外”两个调查项目来收集数据（见表8-1）。如何研究变量组中包含分类变量的相关关系，是我们经常遇到的问题。通常情况下，在研究分类变量与分类变量关系时，采用列联表分析；研究分类型变量与数值型变量关系时，采用方差分析。

本章学习目标

1. 了解列联表与方差分析的适用条件、基本原理。
2. 掌握列联表与方差分析的操作步骤。
3. 能够解释列联表与方差分析的结果。

第一节　列联表分析

问卷调查中常常设计对某问题的两个或多个不同特性的分类。例如，房地产商考虑顾客选择房子设计的类型与职业的关系，所调查的每个顾客都有两个特性，一个是选择的房子类型，另一个是职业；广告公司为了调查城市和乡村的观众对电视广告的态度，每位被调查者都有两个特性，一个是来自城市还是乡村，另一个是对广告的态度。在这些例子中，我们通常关心的是按照两个特性进行的分类方法之间是否相互依赖，或者说是否相互独立。如房产商关心的是顾客选择房子的类型是否与职业无关，或者说选择何种房子是否与职业独立。在观众对电视广告的关注情况的调查中，感兴趣的是每个观众对电视广告的态度是否与他来自城市还是农村相关。类似这样的问题都可用列表的方法表示出来，该表通常称为列联表（又名交叉表），如表8-1，为了调查吸烟与工作意外的关系，把收集上来的调查资料统计整理得出列联表。

表8-1　吸烟情况与工作意外列联表（计数）

吸烟情况	工作意外		合计
	未发生意外	发生意外	
不吸烟	22	13	35
吸烟	10	21	31
合计	32	34	66

一、列联表分析的基本原理

列联表分析是根据样本数据来推断总体中两个（或多个）定类变量相互关系的一种统计方法。列联表分析有两项主要内容：列联表中的卡方检验和列联表中的相关性检验。这两项内容分别是从不同的途径来分析列联表中两个定类变量之间相关关系的。

列联表分析中卡方检验的原假设：行变量与列变量相互独立。

列联表分析中卡方检验的统计量是皮尔逊卡方统计量，其数学公式为

$$\chi^2 = \sum (f_0 - f_e)^2 / f_e$$

式中，f_0 表示实际观测频数；f_e 表示期望频数。

卡方统计量服从（行数-1）×（列数-1）个自由度的卡方统计。

二、列联表分析的操作步骤

研究问题：某社会科学研究机构试图分析抽烟与工作意外是否有关系，采用随机抽样的方式抽取了 66 名人员，调查结果如表 8-1 所示，根据现有数据分析吸烟与工作意外是否有关。

【步骤 1】 打开数据文件 8-01-01→执行“数据”→“加权个案”→把变量“人数”放入“频率变量”中，再单击“确定”，完成加权（见图 8-1）。

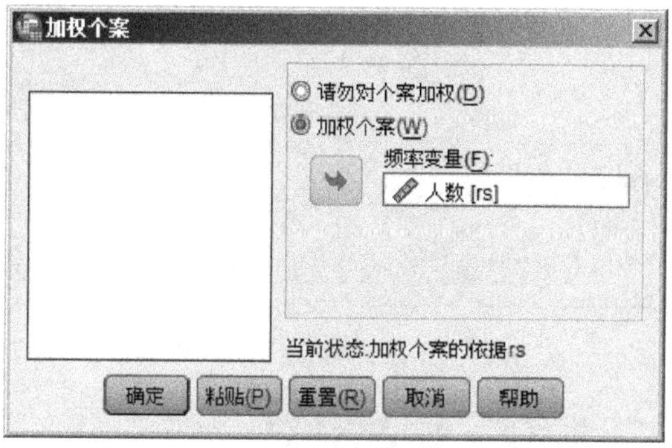

图 8-1　“加权个案”窗口

【步骤 2】 执行菜单中“分析”→“描述统计”→“交叉表”对话框，将“工作意外”选入行变量列表框，“吸烟情况”选入列变量列表框，同时选中“显示复式条形图”列表框，如图 8-2 所示。

在“交叉表”对话框的右侧为“行”列表框，该框中为列联表中的列变量，列变量必须是数值型/定序型或字符型等分类变量。“列”列表框中的变量作为列联表中的行变量，和“行”列表框的要求一样，必须是数值型/定序型或字符型等分类变量。

“层 1 的 1”栏列表框中的变量作为控制变量，将决定频数分布表中的层。可以有个控制变量，如果要增加一个新的控制变量，可单击“下一张”按钮，然后选入一个变量；如果要修改已经选入的变量，单击“上一张”按钮即可。

在“交叉表”对话框的下方有两个复选框：“显示复式条形图”复选框表示显示每组中各变量的分类条形图；“取消表格”复选框表示只输出统计量，不输出多维列联表。

【步骤 3】 单击右侧“统计量”按钮，选中图 8-3 所示的按钮。然后单击“继续”按钮，返回到交叉表主界面。

（1）“卡方”复选框表示选择是否进行卡方检验。通常情况下，显示皮尔逊卡方检验、近似量比卡方检验、线性相关卡方检验、费希尔精确检验以及耶茨校正卡方检验的检验结果。

皮尔逊卡方检验常用在二维表中，对行变量和列变量进行独立性假设检验；近似量比卡

方检验可以用于对数线性模型的检验。费希尔精确检验和耶茨校正卡方检验也存在差别：当样本数小于 40 或一个单元格中的期望频数小于 3 时，使用费希尔精确检验；当样本数大于或等于 40，至少有一个单元格中的期望频数小于 3 时，仍使用费希尔精确检验；当样本数大于或等于 40，至少有一个单元格中的期望频数大于 3 时，则使用耶茨校正卡方检验。

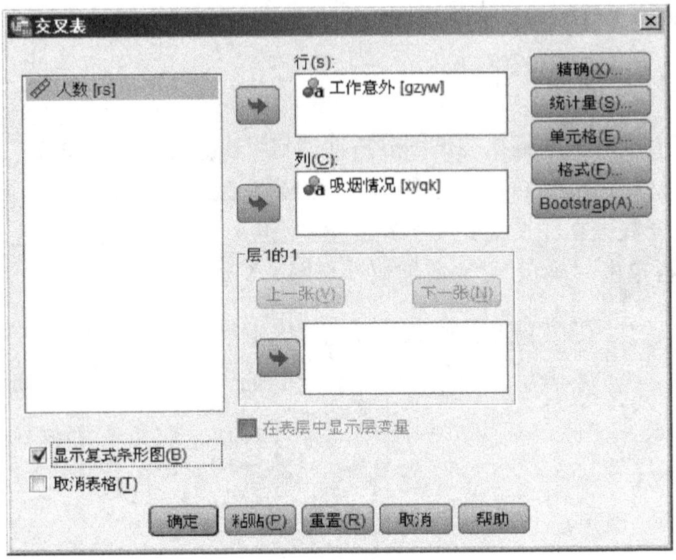

图 8-2　“交叉表”主界面窗口

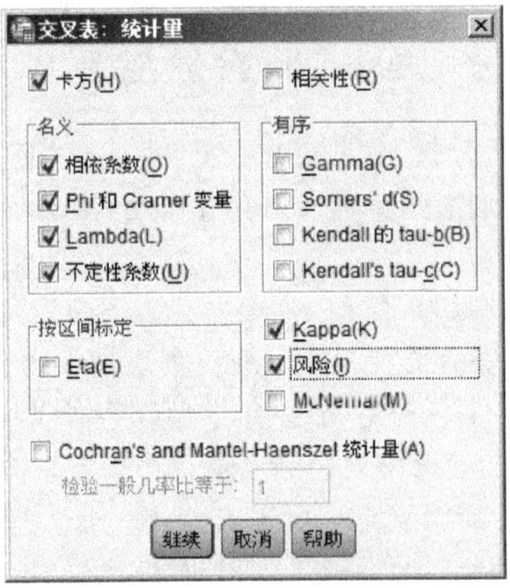

图 8-3　“交叉表：统计量”窗口

（2）“相关性”复选框将进行相关系数的检验，有两项结果显示：皮尔逊相关系数（r）用来检验两个变量的线性相关程度；斯皮尔曼（Spearman）相关系数用来检验秩序之间的关联程度。其值都在−1~1 之间：−1 表示完全负相关，1 表示完全正相关，0 意味着不相关。

（3）“名义”选项组用于定义分类变量的相关性指标，共有 4 个复选框。

“相依系数”复选框表示基于卡方检验基础上对相关性的检验。其数值在 0~1 之间，但不可能达到 1。其值为 0 时表示行和列变量之间不相关；其值越靠近 1，表明变量间相关性越强。

“Phi 和 Cramer 变量”复选框也是用来刻画相关性的，Phi 系数是基于卡方检验基础上计算得来的。

“Lambda”复选框当用自变量预测因变量时，Lambda 系数反映这种预测降低错误的比率。当 Lambda 系数为 1 时，表明自变量完全预测因变量；当 Lambda 系数为 0 时，表明预测完全没有效果。

“不定性系数”复选框表示用一个变量来预测其他变量时降低错误的比率。例如，当不定性系数为 83%时，用该变量预测其他变量当中时可以减少 83%的错误。不确定系数有对称和不对称两种。

（4）“有序”选项组用于定义有序变量的相关性系数，共有 4 个复选框。

“Gamma”复选框反映两个有序变量间的对称相关性，其值在-1~1 之间。当 Gamma 系数的绝对值接近 1 时，两个变量有很强的相关性；当 Gamma 系数的值接近 0 时，两个变量有很弱的相关性或没有相关性。

“Somers'd”复选框检验是 Gamma 检验的非对称推广，二者的不同之处仅在于根据自变量配对时成对数据的数目情况。和 Gamma 检验一样，该值在-1~1 之间。当其绝对值接近 1 时，两个变量有很强的相关性；当值接近 0 时，两个变量有很弱的相关性或没有相关性。

“Kendall 的 tau-b”复选框检验是对有序变量或无序分类变量相关性的非参数检验。该系数的符号表明相关性的方向，绝对值表明相关性的强弱，绝对值越大相关程度越大；绝对值越小，相关程度越小。

“Kendall's tau-c”复选框检验和“Kendall 的 tau-b”复选框检验的不同点在于，采用该检验时将相同的观测值从计算中剔除。取值范围在-1~1 之间，符号表明相关性的方向，绝对值表明相关性的强弱，绝对值越大，相关性越强；绝对值越小，相关性越弱。

（5）“按区间标定”选项组只有一个复选框“Eta”，用于检验相关性，其值在 0~1 之间，值为 0 表明没有相关性，值接近 1 表明有很强的相关性。该检验适用于因变量是区间变量（如收入），而自变量是取有限分类值（如性别）的相关性分析。有两个 Eta 值可用：一个适用于行变量是区间变量时，另一个适用于列变量是区间变量时。

（6）“Kappa”复选框。Cohen's Kappa 系数用来检验内部一致性，即两个评估人对同一对象的评估是否具有一致性，其值在 0~1 之间，1 表明两种评估完全一致，0 说明两种评估没有共同点。它仅适用于两个变量使用同一个分类变量且分类值一样的情况。

（7）“风险”复选框用于检验某事件发生和某因子之间的关系，例如可以检验肺癌和吸烟的关系。

（8）“McNemar”复选框进行两个相关的二值变量的非参数检验，该检验只有在行列数相等时才能用。在“实验前和实验后”的因素设计中，该检验对探测由于实验干扰而产生反应的变化十分有效。一般地，显著性水平小于 0.03 即被认为十分有效。

（9）“Cochran's and Mantel-Haenszel 统计量”复选框。选中该复选框将进行一个二值因素变量和一个二值相应变量的独立性检验和齐次性检验，在下面的检验文本框中只能输入正数，系统默认值为 1。

【步骤 4】 单击右侧“单元格”按钮，选中如图 8-4 所示的复选框。然后单击“继续”

按钮，返回到交叉表主界面。

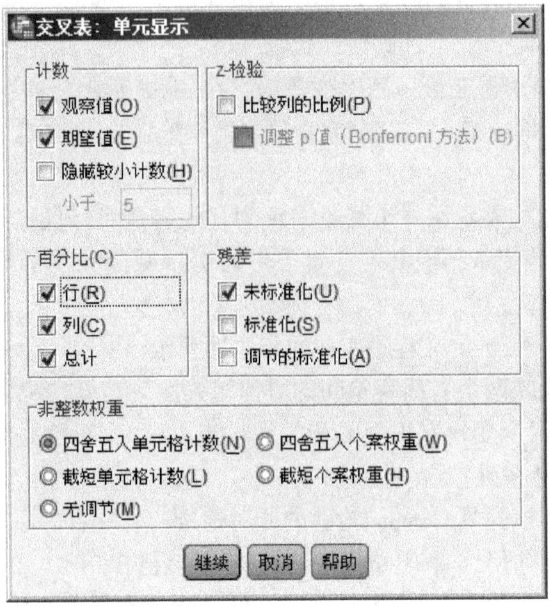

图 8-4 “交叉表：单元显示”窗口

（1）“计数”选项组。该选项组用于对输出的观测值数量进行设置，包括 3 个复选框。其中“观察值”复选框表示按照变量观测值的实际数目显示，“期望值”复选框表示输出的是期望的观察值数目。

（2）“百分比”选项组。该选项组用于对百分比进行设置，包括 3 个复选框：“行”复选框表示要输出行方向的百分比，“列”复选框表示要输出列方向的百分比，“总计”复选框表示要输出行和列方向总的百分比。

（3）“残差”选项组。“未标准化”残差是观察值和期望值之差。

【步骤 5】 其他按钮的选项按默认值，单击“确定”按钮，执行列联表分析。

三、列联表分析的结果与解释

1. 案例处理摘要

说明数据的整体情况，如表 8-2 所示。

表 8-2 案例处理摘要

	案例					
	有效的		缺失		合计	
	N	百分比	*N*	百分比	*N*	百分比
工作意外 * 吸烟情况	66	100.0%	0	0.0%	66	100.0%

2. 工作意外 * 吸烟情况列联表

该种情况的列联表如表 8-3 所示。

表 8-3　工作意外＊吸烟情况列联表

工作意外		吸烟情况 不吸烟	吸烟情况 吸烟	合计
未发生意外	计数	22	10	32
	期望的计数	17.0	15.0	32.0
	工作意外中的百分比	68.8%	31.2%	100.0%
	吸烟情况中的百分比	62.9%	32.3%	48.5%
	总数的百分比	33.3%	15.2%	48.5%
	残差	5.0	-5.0	
发生意外	计数	13	21	34
	期望的计数	18.0	16.0	34.0
	工作意外中的百分比	38.2%	61.8%	100.0%
	吸烟情况中的百分比	37.1%	67.7%	51.5%
	总数的百分比	19.7%	31.8%	51.5%
	残差	-5.0	5.0	
合计	计数	35	31	66
	期望的计数	35.0	31.0	66.0
	工作意外中的百分比	53.0%	47.0%	100.0%
	吸烟情况中的百分比	100.0%	100.0%	100.0%
	总数的百分比	53.0%	47.0%	100.0%

3. 皮尔逊卡方检验

卡方检验的结果如表 8-4 所示。本例中零假设是：吸烟与工作意外无关。皮尔逊卡方值=6.163，渐近显著性=0.013<0.05，达到显著性水平，所以应拒绝原假设，认为吸烟与工作意外有关（具有显著差异）。

表 8-4　卡方检验

	值	df	渐近 Sig.（双侧）	精确 Sig.（双侧）	精确 Sig.（单侧）
皮尔逊卡方检验	6.163①	1	0.013		
连续校正②	4.998	1	0.025		
似然比	6.269	1	0.012		
费希尔精确检验				0.016	0.012
有效案例中的 N	66				

① 0 单元格（0.0%）的期望计数少于 5，最小期望计数为 15.03。

② 仅对 2×2 表计算。

连续性校正（Correlation for Continuity）是由耶茨（Yates）提出的。当表格为2×2表（也就是自由度为1），而且理论频数（不是观察频数）又小于5时，必须以连续性校正的显著性作为判断是否具有显著性的依据。在2×2表中，当每个单元格人数都很少的时候，就应将费希尔精确检验（Fisher's Exact Probability）的显著性作为判断是否具有显著性的依据。

4. 方向度量

方向度量包括Lambda值、Goodman&Kruskal's tau测量、不定性系数，如表8-5所示。Lambda值、Goodman&Kruskal's tau测量都可用来解释误差比例递减的现象。Lambda系数说明了"一个名义变量的频率对另外一个名义变量的频率能提供多少预测的证据"。Lambda可以是非对称的（预测有方向性），也可以是对称的（行变量可以预测列变量，列变量也可以预测行变量）。Lambda的值从0（完全没有预测误差的能力）到1（可剔除所有的预测误差）。

表8-5 方向度量

按标量标定		值	渐近标准误差①	近似值 T②	近似值 Sig.
Lambda	对称的	0.270	0.140	1.786	0.074
	工作意外因变量	0.281	0.157	1.549	0.121
	吸烟情况因变量	0.258	0.162	1.392	0.164
Goodman& Kruskal's tau	工作意外因变量	0.093	0.071		0.014③
	吸烟情况因变量	0.093	0.071		0.014③
不定性系数	对称的	0.069	0.053	1.284	0.012④
	工作意外因变量	0.069	0.053	1.284	0.012④
	吸烟情况因变量	0.069	0.053	1.284	0.012④

① 不假定零假设。
② 使用渐近标准误差假定零假设。
③ 基于卡方近似值。
④ 似然比卡方概率。

从表中我们可以了解到：当用工作意外来预测吸烟情况时（或更明确地说，当我们有工作意外的数据，来预测吸烟情况时），预测误差可减少25.8%；当用吸烟情况来预测工作意外时，预测误差可减少28.1%。从Sig.值>0.05可知，以上两者均不显著。

Goodman&Kruskal's tau是利用列联表的边际值来减少预测误差的。由于"工作意外"这一信息的提供，使得预测"吸烟情况"的误差减少了近9.3%；由于"吸烟情况"这一信息的提供，使得预测"工作意外"的误差减少了近9.3%。二者均达到显著性水平。Goodman& Kruskal's tau也可以用来测试Tau=0的原假设。由于显著性（P值）=0.014<0.05，我们可以得出结论：Tau与系数0之间有显著差异，换句话说，在总体中"工作意外"与"吸烟情况"具有相关性。

5. 对称度量

对称性量数包括Phi值、Cramer's V值、列联系数，如表8-6所示。

表 8-6 对称度量

按标量标定		值	渐近标准误差①	近似值 T②	近似值 Sig.
Phi(ϕ)		0.306			0.013
Cramer's V		0.306			0.013
列联系数		0.292			0.013
一致性度量	Kappa	0.304	0.117	2.482	0.013
有效案例中的 N		66			

① 不假定零假设。

② 使用渐近标准误差假定零假设。

（1）Phi 值。Phi（ϕ）值介于 0~1 之间，并以 N 来矫正 2×2 值。Phi 值适用于像 2×2 这样的列联表。如果列联表较大（如 2×3、3×3 表），则它的系数会超过 1。在这个例子中，Phi 值的显著性（P 值）= 0.013<0.05，因此，吸烟情况与工作意外有关。Phi 值 = 0.306，可以认为吸烟与否与工作意外有中度的相关性。值得注意的是，这两个变量并没有因果性与方向性。

（2）Cramer's V 值。Cramer's V 值修正了 Phi 值，以适用于较大的列联表。不论是何种形状的列联表（不论是几乘几的列联表），它的值均不会超过 1。在这个例子中，Cramer's V 值的显著性（P 值）= 0.013<0.05，因此吸烟情况工作意外有关，而 Cramer's V 值 = 0.306，可以认为吸烟与否与工作意外有中度的相关性。

（3）列联系数。不同形状的列联表有不同的列联系数（Contingency Coefficient）上限值，对 2×2 的列联表而言，其上限值为 0.71；对 3×3 的列联表而言，其上限值是 0.82；对 4×4 的列联表而言，其上限值为 0.87。在这个例子中，列联系数的显著性（P 值）= 0.013<0.05，因此吸烟情况与工作意外有关，而列联系数为 0.292，可以认为吸烟与否同工作意外有中度的相关性。

6. 风险估计

从表 8-7 中数据可以看出，不吸烟的人群中，未发生意外的风险是发生意外的风险的 1.798 倍；吸烟的人群中，未发生意外的风险是发生意外的风险的 0.506。

表 8-7 风险估计

	值	95%置信区间	
		下限	上限
工作意外（未发生意外/发生意外）的概率比	3.554	1.284	9.840
用于 cohort 吸烟情况 = 不吸烟	1.798	1.105	2.926
用于 cohort 吸烟情况 = 吸烟	0.506	0.284	0.902
有效案例中的 N	66		

7. 工作意外发生的条形图

图 8-5 相当于列联表的直观表示。本例不能直接从图中得出结论，但是图形还是很明确、直观地说明了许多问题。

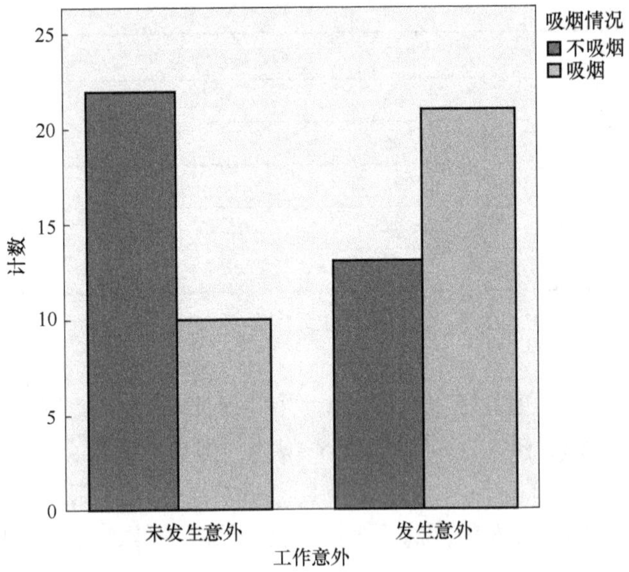

图 8-5 工作意外发生的条形图

第二节 单因素方差分析

我们常常需要确定哪些因素对事物的影响是显著的。例如，我们研究不同教学方法和性别对数学成绩的影响，教学方法与性别是分类变量（自变量），数学成绩是数值变量(因变量)。这种研究分类变量与数值变量之间关系是否显著的问题，常常需要采用方差分析。

方差分析中有三个基本概念：

“因素”是所要检验的对象（原因），相当于自变量。例如，不同教学方法对数学成绩是否有影响的检验中，“教学方法”就是因素。方差中的因素常常是一个或多个分类型变量。

“水平”又叫作“处理水平”，就是“因素”的不同类别或不同取值。例如，讲授式教学和研讨式教学就是教学方法这一因素的两个不同水平，因素的每一个水平都可以看作一个总体。

“观测值”就是每一个因素水平下所收集的样本数据（因变量），上面的“数学成绩”就是观测值。观测值的变量通常是数值型变量。

方差分析（Analysis of Variance，ANOVA）首先检验总体的均值是否相等，进而判断分类型自变量对数值型因变量的显著性影响；而判断总体均值是否相等，则需要通过数据误差来源（数据误差用平方表示就是方差）的分析判断而得，因此，方差分析的核心就是方差分解。方差是通过计算各样本观测值偏离均值的平方和，简称 *SST*。*SST* 受到因素变量和随机变量两方面的影响。因此，将观测变量的总离差平方和 *SST* 分解为组间离差平方和 *SSB* 与组内离差平方和 *SSE*，即 $SST= SSB+SSE$。*SSB* 是由于因素变量的不同水平引起的观测变量变动，*SSE* 是由随机因素引起的观测变量的变动。如果因素变量引起的观测变量的变动占观测量总变动的比例足够大，则可以认为因素变量对观测变量的影响是显著的，即观测变量在不同因素水平下的均值存在显著性差异。

一、单因素方差分析的基本原理

单因素方差分析即一维方差分析，是检验由单一因素影响的多组样本中某因变量的均值是否有显著性差异的问题。如果各组之间有显著性差异，则说明这个因素（分类变量）对因变量有显著影响，因素的不同水平会影响到因变量的取值。

1. 单因素方差分析的假设和适用条件

（1）各处理水平下的样本是随机的、相互独立的。

（2）各处理水平下的样本分别来自服从正态分布的总体。如果因变量的分布明显是非正态分布的，应该选择使用非参数检验。

（3）各处理水平间的样本方差相等。这一点可以通过方差齐性检验来验证。

2. 因素方差分析的基本思路

（1）不同处理水平下的样本均值之间的误差（*SST*）有两个来源：一是组内误差（*SSE*），它是由样本的随机性造成的。二是组间误差（*SSB*），它是由不同处理水平下对应的总体均值水平高低造成的。*SSE*、*SSB* 各自除以其自由度，得组内均方（*MSE*）和组间均方（*MSB*）。*MSB/MSE* 的比值服从 F 分布，F 统计量的值偏大是总体均值存在明显差距的证据。

（2）单因素方差分析的假设：

H_0：各组均值相等（即 $\mu_1=\mu_2=\cdots=\mu_r=\mu$）。

H_1：各组均值至少有一个不相等（即 $\mu_1,\mu_2,\cdots,\mu_r$ 不都相等）。

给定显著性水平 α（常用值为 0.05 或 0.01）并与检验统计量的概率 P 值进行比较。如果概率 P 值小于显著性水平 α，则拒绝原假设，即认为在因素不同水平下观测变量各总体的均值存在显著性差异，因素的不同水平对观测变量产生了显著影响；反之，如果概率 P 值大于显著性水平 α，则应接受原假设，即认为在因素不同水平下观测变量各总体的均值无显著性差异，因素的不同水平对观测变量没有产生显著影响。

（3）单因素方差中的多重比较。如果推断总体均值之间存在显著差异，接下来的问题是确定不同水平对因变量的影响程度如何，哪些水平的作用明显区别于其他水平，哪些水平的作用不显著。这就要用到多重比较的分析方法。多重比较是利用样本数据，对各个水平下的总体均值逐一进行两两之间的比较。

二、单因素方差分析的操作步骤

研究问题：某农场研究不同施肥方式对小麦亩产量的影响，随机地抽取了 18 块地，采用不同的施肥方式，秋收时测量每亩的小麦亩产数据，根据已知数据推断施肥方式对小麦的亩产是否有显著影响？哪种是否方式对小麦亩产影响最大？

【步骤 1】 打开数据文件 8-02-01，从菜单中选择“分析”→“比较均值”→“单因素 ANOVA”，打开“单因素方差分析”对话框。此步骤确定分类型的因素变量和数值型的因变量。选择变量如图 8-6 所示。

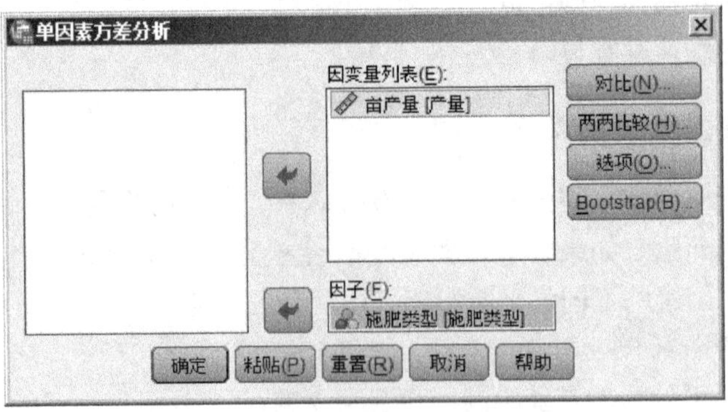

图 8-6 “单因素方差分析”主窗口

在“单因素方差分析”对话框的右侧为“因变量列表”框，该框中列出了要分析的所有因变量（即数值型因变量）。要从左边源变量列表框中选取变量进入该框，可以输入多个因变量。在“因变量列表”列表框下方是“因子”变量框，该框中列出了因素，因素是分组变量，但只能取有限个水平。要从左边源变量列表框中选取分类变量进入该列表框，然后单击进入箭头即可。

在“单因素方差分析”对话框的右方有4个按钮，用于对单因素方差分析的相关设置。

【步骤2】 在主对话框中单击“对比”按钮，打开“单因素ANOVA：对比”对话框，按图8-7所示设置。设置完成后，单击“继续”按钮，回到主对话框。

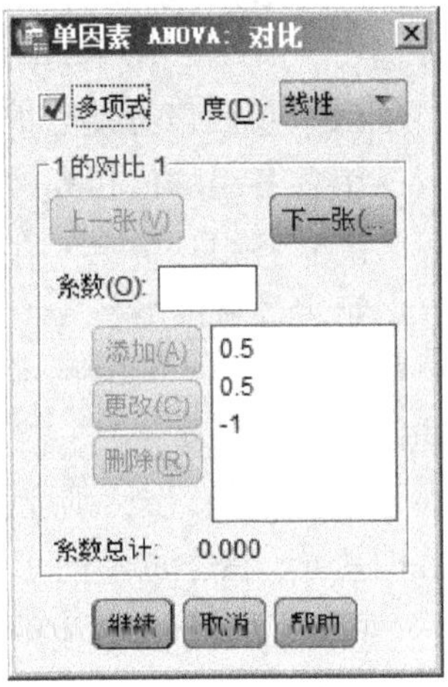

图 8-7 “单因素ANOVA：对比”对话框

在此窗口的一些功能，可以让我们进行事前比较和趋势分析（即对平均数的变动趋势进行趋势检验）。事前比较的原因是在进行方差分析之前，研究者可以根据某些理论或参考文献了解哪几对均值有差异。该对话框比较专业，一般比较少用。

“多项式”复选框用于定义在单因素方差分析中是否进行趋势检验，即将组间平方划分为趋势成分，并对因变量按因子变量中的水平次序进行趋势检验。“度”下拉列表和“多项式”复选框配合，用于设定多项式的次数。可选项有：“线性”表示线性多项式，为系统默认选项；“二次项”表示二次多项式；“立方”表示三次多项式；“四次项”表示四次多项式；“五次项”表示五次多项式。如果选择了高次方曲线，则系统会给出所有相应各低次方曲线的拟合优度检验结果，以供选择。“系数”文本框用于精确定义某些组间平均值的比较。一般按照分组变量升序给每组一个系数值，但所有系数值之和为0。列表中第一个系数对应于分类变量的最小值，最后一个系数对应于最大值。该框的输入方法是在“系数”文本框中输入一个系数，单击“添加”按钮使之进入下面的列表框中。依次输入各组均值的系数，在列表框中形成一列数值。因素变量分几组，就输入几个系数。

可以同时建立多个多项式，一个多项式的一组系数输入结束，单击“下一张”按钮，输入下一组数据。如果要修改以前的系数，可以单击“上一张”按钮，回到前一组系数。找到要修改的系数后，该系数显示在“参数”文本框中，可以在此进行修改，修改后单击

"更改"按钮，在下面的系数列表框中就出现了正确的系数值。也可以删除选中的系数后，单击"删除"即可。

【步骤3】 单击"两两比较"按钮，进入"单因素 ANOVA：两两比较"对话框，按图8-8进行设置。设置完成后，单击"继续"按钮，回到主对话框。

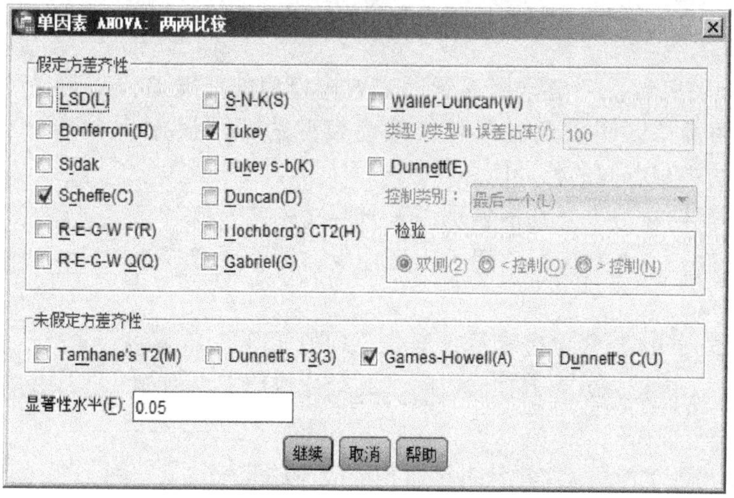

图8-8　"单因素 ANOVA：两两比较"主对话框

在该对话框中可以选择进行多重比较的方法，"假定方差齐性"栏给出方差相等时多重比较的选项。选择"Scheffe""Tukey""Duncan"这三个比较常用的分析方法。Scheffe 适用于不等组的情况（但各组的方差要相等），研究者要进行非配对的比较时，利用 Scheffe 是相当适合的。Tukey 适用于双尾检验，也适用于等组的情况。至于 Duncan，此方法不适用于组数≥3 的情况，而且利用此方法会有较多对的平均数达到显著性水平。三种检验适用情况见表8-8。

表8-8　多重比较的检验方法

检验方法	配对比较	配对或非配对比较	等组	等组或非等组	方差同质	方差异质
	所有配对比较					
Tukey	√		√		√	
Duncan	√		√		√	
	所有配对及非配对比较					
Scheffe		√		√		√

"未假定方差齐性"选项组给出当方差不相等时多重比较的方法选项，检验方法共有4种。"Tamhane's T2"复选框表示用T检验进行配对比较检验；"Dunnett's T3"复选框指用Student最大系数进行配对比较检验；"Games-Howell"复选框是指方差不齐时的配对比较检验，这种方法有时比较自由；"Dunnett's C"复选框表示用Student Rango极差统计量进行配对比较检验。一般认为Games-Howell方法更好一些。

【步骤4】 单击主对话框"选项"按钮，打开"单因素 ANOVA：选项"对话框，该对话框用于规定输出的统计量、检验和缺失值的处理方法等，按图 8-9 进行设置。设置完成后，单击“继续”按钮，回到主对话框，单击“确定”按钮。

图 8-9 “单因素 ANOVA：选项”对话框

（1）“统计量”选项组可以选择需要输出的统计量。

1）“描述性”复选框输出描述统计量，包括观测量数目、均值、最小值、最大值、标准差、标准误差以及各组中每个因变量的 95%置信区间。

2）“固定和随机效果”复选框显示固定效应模型的标准差、标准误差和 95%置信区间以及显示随机效应模型的标准误差、95%置信区间、方差成分间的估计值。

3）“方差同质性检验”复选框表示用 Levene（列文）统计量进行方差一致性检验。该方法不依赖于正态假设，即不要求样本一定服从正态分布。

4）“Brown-Forsythe”复选框表示计算分组均值相等的 Brown-Forsythe 统计量。不能把握方差齐性假设时，此统计量比 F 统计量更具稳健性。

5）“Welch”复选框表示计算分组均值相等的 Welch 统计量。当不能把握方差齐性假设时，此统计量比 F 统计量更有优势。

（2）“均值图”选项组表示输出均值分布图，即根据各组平均值作图，同时可辅助对平均值之间的趋势做出判断。

（3）“缺失值”选项组有两个选项：“按分析顺序排除个案”表示在检验变量有缺失值的观测将不被计算，“按列表排除个案”表示在任何一个变量中含有缺失值的观测将不被计算。

三、单因素方差分析的结果与解释

（1）从表 8-9 可以看到，在“描述”结果中输出了样本个数、平均值、标准差、标准误差、95%置信区间、极小值和极大值、分量间方差以及模型的固定效益与随机效应的相关估计。

表 8-9 单因素方差分析的描述统计

			均值	标准差	标准误差	95%置信区间		极小值	极大值	分量间方差
						下限	上限			
1.00		6	874.17	11.81	4.82	861.78	886.56	859.00	891.00	
2.00		6	952.67	25.57	10.44	925.83	979.50	921.00	986.00	
3.00		6	962.83	19.55	7.98	942.32	983.35	938.00	985.00	
总数		18	929.89	44.81	10.56	907.61	952.17	859.00	986.00	
模型	固定效应			19.79	4.67	919.94	939.83			
	随机效应				28.02	809.35	1050.43			2289.26

（2）方差齐性检验表显示，P 值 $=0.080>0.05$，所以接受原假设，认为不同施肥类型下，粮食亩产量的总体方差相等，如表 8-10 所示。

表 8-10　方差齐性检验

Levene 统计量	df1	df2	显　著　性
3.009	2	15	0.080

（3）表 8-11 所示为单因素方差分析表，并且进行了趋势检验。可以看到，观测变量的离差平方和 34131.778，而趋势检验更进一步分解了组内方差，将其分解为：可被影响因素施肥类型线性解释的变差，其值为 23585.333；不可被施肥类型线性解释的变差，其值为 4669.444。从表中可以看出，可被施肥类型解释的变差实质是观测变量（亩产量）为被解释变量、控制变量（施肥类型）为解释变量的一元线性回归分析中的回归平方和部分，体现了解释变量对被解释变量的线性贡献程度。

表 8-11　单因素方差分析

<table>
<tr><th colspan="3"></th><th>平方和</th><th>df</th><th>均方</th><th>F</th><th>显著性</th></tr>
<tr><td rowspan="3">组间</td><td colspan="2">（组合）</td><td>28254.778</td><td>2</td><td>14127.389</td><td>36.058</td><td>0.000</td></tr>
<tr><td rowspan="2">线性项</td><td>对比</td><td>23585.333</td><td>1</td><td>23585.333</td><td>60.197</td><td>0.000</td></tr>
<tr><td>偏差</td><td>4669.444</td><td>1</td><td>4669.444</td><td>11.918</td><td>0.004</td></tr>
<tr><td colspan="3">组内</td><td>5877.000</td><td>15</td><td>391.800</td><td></td><td></td></tr>
<tr><td colspan="3">总数</td><td>34131.778</td><td>17</td><td></td><td></td><td></td></tr>
</table>

如果只考虑施肥类型单个因素的影响，则在亩产量总变差中，施肥类型可解释的变差为 28254.778，抽样调查引起的变差为 5877.000，它们的均方差分别为 391.800 和 14127.389，相应的 F 统计量为 36.058，对应的概率 P 值近似为 0。系统默认的显著性水平为 0.05，所以 P 值小于显著性水平，我们有理由拒绝原假设，认为不同的施肥类型对亩产量产生了显著影响，即不同的施肥方式对亩产量的影响存在明显差异。

（4）从表 8-12 同样可以看出，在不能把握方差齐性假设时，Welch 和 Brown-Forsythe 统计量 P 值小于显著性水平，所以我们有理由否定不同施肥方式下的粮食亩产量均值相等的原假设，认为施肥方式对粮食亩产量有显著影响。

表 8-12　均值相等性的稳健性检验　（因变量：亩产量）

	统计量*	df1	df2	显著性
Welch	53.222	2	9.050	0.000
Brown-Forsythe	36.058	2	11.649	0.000

*渐近 F 分布。

（5）由表 8-13、表 8-14 可知，施肥方式 1 和施肥方式 2 的粮食亩产量平均数与施肥方式 3 的粮食亩产量平均数之间有显著性差异（显著性 P 值 $=0.000<0.05$）。

表 8-13　对比系数

对比	施肥类型		
	1.00	2.00	3.00
1	0.5	0.5	-1

表 8-14 对比检验

		对比	对比值	标准误差	t	df	显著性（双侧）
亩产量	假设方差相等	1	-49.4167	9.89697	-4.993	15	0.000
	不假设等方差	1	-49.4167	9.83595	-5.024	9.683	0.001

（6）在进行 F 检验且拒绝了施肥方式对粮食亩产量没有影响的零假设之后，就要进行事后比较。换句话说，在方差分析中，如果整体的 F 检验未达到显著性水平（通常是 0.05），就不必进行事后比较检验。方差齐性检验中接受了方差齐性的假设，在表 8-15 两两比较分析结果表中，可以不看 Games-Howell 检验。从表中可以看出，“*”代表不同的施肥方式在显著性水平 0.05 上存在显著性差异。从两两比较的结果可知，在三种施肥方式中，施肥方式 1 与施肥方式 2、施肥方式 1 与施肥方式 3 之间的差异是显著的，而施肥方式 2 与施肥方式 3 之间的差异是不显著的。相似性子集划分时多采用 S-N-K 方法的结论，由表 8-16 看出，同类子集施肥方式 1 为一类，施肥方式 2 与施肥方式 3 为另一类。其结论可以与上述多重比较检验结合起来看，验证了施肥方式对粮食亩产量的影响。表 8-16 通过子集的方式说明了这种情况。

表 8-15 多重比较 （因变量：亩产量）

	（I）施肥类型	（J）施肥类型	均值差（I-J）	标准误差	显著性	95%置信区间	
						下限	上限
Tukey HSD	1.00	2.00	-78.50000*	11.42804	0.000	-108.1840	-48.8160
		3.00	-88.66667*	11.42804	0.000	-118.3506	-58.9827
	2.00	1.00	78.50000*	11.42804	0.000	48.8160	108.1840
		3.00	-10.16667	11.42804	0.655	-39.8506	19.5173
	3.00	1.00	88.66667*	11.42804	0.000	58.9827	118.3506
		2.00	10.16667	11.42804	0.655	-19.5173	39.8506
Scheffe	1.00	2.00	-78.50000*	11.42804	0.000	-109.5133	-47.4867
		3.00	-88.66667*	11.42804	0.000	-119.6799	-57.6534
	2.00	1.00	78.50000*	11.42804	0.000	47.4867	109.5133
		3.00	-10.16667	11.42804	0.680	-41.1799	20.8466
	3.00	1.00	88.66667*	11.42804	0.000	57.6534	119.6799
		2.00	10.16667	11.42804	0.680	-20.8466	41.1799
Games-Howell	1.00	2.00	-78.50000*	11.49807	0.001	-112.3171	-44.6829
		3.00	-88.66667*	9.32321	0.000	-115.1591	-62.1742
	2.00	1.00	78.50000*	11.49807	0.001	44.6829	112.3171
		3.00	-10.16667	13.14048	0.727	-46.5988	26.2655
	3.00	1.00	88.66667*	9.32321	0.000	62.1742	115.1591
		2.00	10.16667	13.14048	0.727	-26.2655	46.5988

* 均值差的显著性水平为 0.05。

表 8-16　同类子集

	施肥类型	N	α= 0.05 的子集	
			1	2
Tukey HSD*	1.00	6	874.1667	
	2.00	6		952.6667
	3.00	6		962.8333
	显著性		1.000	0.655
Scheffe*	1.00	6	874.1667	
	2.00	6		952.6667
	3.00	6		962.8333
	显著性		1.000	0.680

*将使用调和均值样本大小 = 6.000。将显示同类子集中的组均值。

（7）图 8-10 给出了各组的均值图，可以清楚地看到不同的施肥方式对应的不同的粮食亩产量均值。可见，第 1 种施肥方式的粮食亩产量最低，第 2、3 种施肥方式的粮食亩产量依次增加，这个结果和多重比较的结果非常一致。

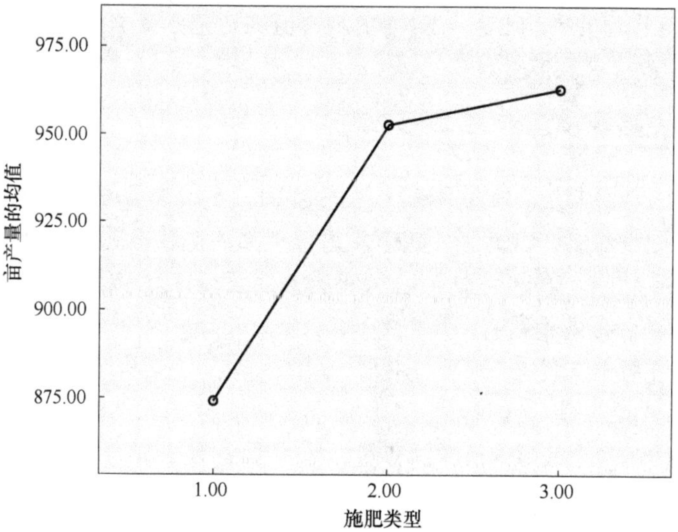

图 8-10　不同施肥方式的均值图

第三节　多因素方差分析

多因素方差分析用来研究两个及两个以上的控制变量是否对观察变量产生显著性影响：多因素方差分析不仅能够分析多个因素对观测变量的影响，还能够分析多个控制变量的交互作用能否对观测变量产生的影响，进而找到有利于观测量的最优组合。例如，农业生产中的耕地深度和施肥量都会影响产量，而适当的深耕和施肥可能使产量成倍增加，这是因为耕地深度和施肥量对产量存在交互作用，两个因素结合后就会产生出一个新的效应。我们常常会遇到两个因素同时影响结果的情况，这就需要检验究竟是一个因素影响结果，还是两个因素同时影响结果，或者两个因素的影响都不显著。

一、多因素方差分析的基本原理

以观测变量受两个因素的影响为例。双因素方差分析有两种类型：一种是无交互作用的双因素方差分析，它假设因素 A 和 B 的效应之间是相互独立的，不存在相互作用；另一种是有交互作用的方差分析，它假设 A、B 两个因素不是独立的，而是相互影响的，两个因素同时起作用的结果不是两个因素分别作用的简单相加，两者的结合会产生一个新的效应。这种效应的最典型的例子是属于有交互作用的方差分析问题。

（1）提出原假设。双因素方差分析的原假设 H_0 为：各因素变量不同水平下观测值对各总体的均值无显著性差异；因素变量各效应和交互效应同时为 0，即因素变量和它们的交互作用没有对观测变量产生显著影响。

（2）构造检验统计量。以两个控制变量为例，总变差分解为 $SST=SSA+SSB+SSAB+SSE$。其中，SST 为观测变量的总变差，SSA 和 SSB 分别为因素变量 A 和 B 独立作用的变差，$SSAB$ 为因素变量 A 和 B 两两交互作用引起的变差，SSE 为随机变量引起的误差。通常称 $SSA+SSB+SSAB$ 为主效应，$SSAB$ 为交互效应。多因素方差采用 F 统计量，在原假设下，因素 A、因素 B 和因素 A、B 交互作用的平均变差与随机变差均值的比值不应太大，太大则存在异常，由此构建了 F 统计量 F_{A}、F_{B} 和 F_{AB}。

二、多因素方差分析的操作步骤

研究问题：某新产品制造企业欲研究不同的包装和不同类型商店对该产品的销售影响。选取了三类商店：副食品店、食品店、超市。每包产品的包装不同，但价格和数量相同，其他因素可以认为大致相同。若以因素 A 表示商店，因素 B 表示包装。分析不同包装和商店类型对该产品销售是否有显著影响？

【步骤 1】 打开数据文件 8-03-01，在 SPSS 中，单击“分析”→“一般线性模式”→“单变量”，各变量选择如图 8-11 所示。

“因变量”列表框中给出要分析的因变量，因变量只有一个。要从左边源变量列表框中选取变量进入该框。

“固定因子”列表框，选择固定因素变量。

“随机因子”列表框，选择随机因素变量。

“协变量”列表框，选择协变量，用于协方差分析，协变量是数值型变量。

“WLS 权重”列表框，选择权重变量，用于加权二乘分析。权重变量必须是数值型变量。如果一个变量在模型中用过，就不能再作为权重变量。

【步骤 2】 在主对话框中单击“模型”按钮，打开“单变量：模型”对话框。该对话框中可以定义模型的类型和选择一种分解平方和的方法。

“指定模型”选项组：“全因子”选项为系统默认，表示建立全模型。全模型包括所有因素变量的主效应、所有协变量的主效应和所有因素与因素的交互效应，但不包括协变量的交互效应。如果选择此项，在该框中无须其他操作，直接单击“继续”按钮返回。本例选择“全因子”。

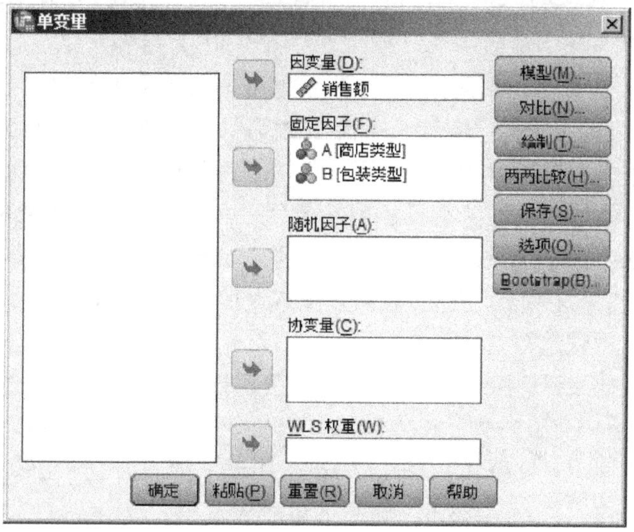

图 8-11　“多因素单变量”主对话框

“设定”复选框表示建立自定义模型。选中“设定”后，在“因子与协变量”列表框中自动列出可以作为因素变量的变量名，用字母 F 标识；也列出可以作为协变量的变量名，用字母 C 标识。“模型”列表框中则列出选中的因素变量、协变量和交互作用。

“构建项”复选框用于建立模型。单击下面“类型”的下拉箭头，可在出现的下拉列表中选择要构建的项目：“交互（Interaction）”项表示交互效应，可以建立所有被选变量最高水平的交互效应项目，为系统默认选项；“主效应（Main effects）”项表示指定主效应，可以建立每个被选变量的主效应；所有二阶项表示指定所有二维交互效应；其他的含义相似。用户可从中选择任意一项。

“平方和”复选框可以选择分解平方和的方法，共有 4 个选项。“类型Ⅲ”一般使用“类型Ⅰ”和“类型Ⅱ”的所列模型、有缺失值的平衡和不平衡模型，这是系统默认的。

【步骤 3】　在主对话框中单击“对比”按钮，打开“单变量：对比”对话框。按“商店类型（偏差）”，再点选“对比”右边下拉式清单中的“偏差”，再按“更改”；按“包装类型（简单）”，再点选“对比”右边下拉式清单中的“简单”，再按“更改”。结果如图 8-12 所示。设置完成后，单击“继续”按钮，返回主对话框。

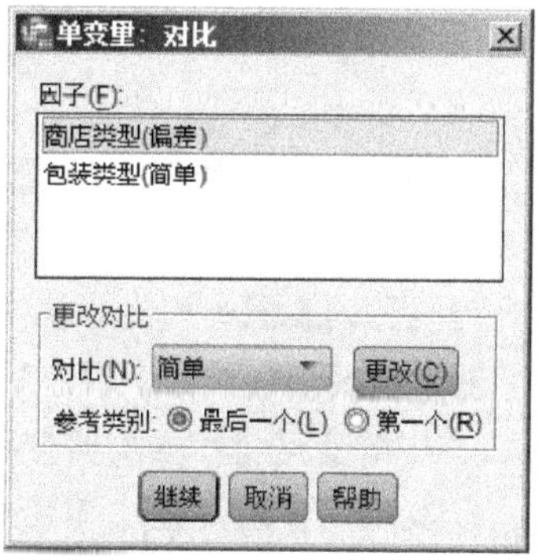

图 8-12　“单变量：对比”主对话框

“因子”框中列出了从主对话框中所选的因素，在因素变量名后面的括号中列出的是对比方法。可以利用“更改对比”栏修改对比方法。

“更改对比”栏中可以修改对比方法。从“因子”列表框中选中想要修改对比方法的因素变量后，“更改对比”栏被激活。此时，单击“对比”参数框的下拉箭头打开下拉列表。“无”选项表示不进行均值比较，为系统默认选项。“偏差”选项表示差别对照，选中该项将比较因素的每个水平的效应和总平均效应，选中该项后，可以看到参数框下的“参考类别”栏刷亮，可从中选择“最后一个”或“第一个”作为参考水平。“简单”选项表示简单对照，除了作为参考水平，对因素的每个水平都与参考水平进行比较，同样，参数框下的“参考类别”刷亮，可从中选择“最后一个”或“第一个”作为参考水平。“差值”选项表示差分对照第一水平外，对因素的每个水平的效应，都与该水平前面的水平的平均效应进行比较。“Helmert”选项与“差值”相反，即除最后一个水平外，对因素的每个水平的效应，都与该水平后面的水平的平均效应进行比较。“重复”选项表示重复对照，每个水平与随后的一个水平进行比较。“多项式”选项表示多项式对照，比较线性效应、二次效应、三次效应等，常用于预测多项式趋势。

【步骤4】 在主对话框中单击“绘制”按钮，打开“单变量：轮廓图”对话框，将“因子”中的两个因子“商店类型”和“包装类型”分别选入“水平轴”及“单图”下的方框中，按“添加”按钮，完成后最下方的大方框会出现“商店类型＊包装类型”。如图8-13所示。设置完成后，单击“继续”按钮，返回主对话框。

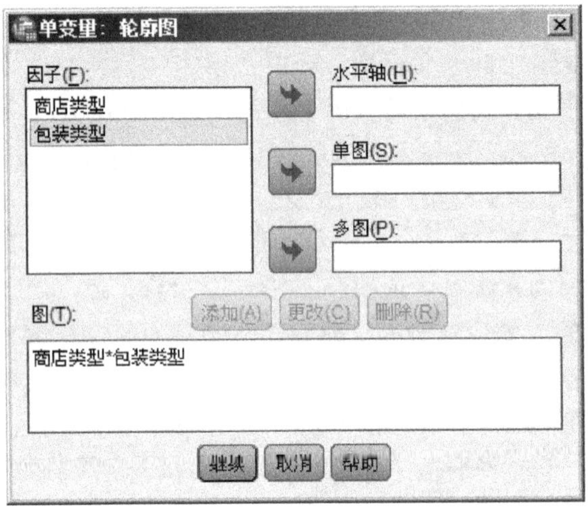

图8-13 “单变量：轮廓图”对话框

该对话框中可以绘制一个或多个因素变量为参考的因变量均值的分布图。当只有一个因素水平时，为因变量估计边缘均值的线图；当有两个或两个以上因素水平时，则绘制分离线。

“因子”列表框中列出了从主对话框中所选的因素的变量名。右侧的3个文本框的意义：“水平轴”为横坐标框，该框中的变量将作为在均值分布图中的横坐标；“单图”框表示分离线，该框中的变量将作为均值分布在图中的分割线依据的变量；“多图”为散点图框。

【步骤5】 主对话框中单击“两两比较”按钮，打开“单变量：观测均值的两两比较”对话框，将左边“因子”方框中的“商店类型”、“包装类型”变量选入右边“两两比较检验”下的方框中。在“假定方差齐性”方框内选取“Scheffe”，如图8-14所示。

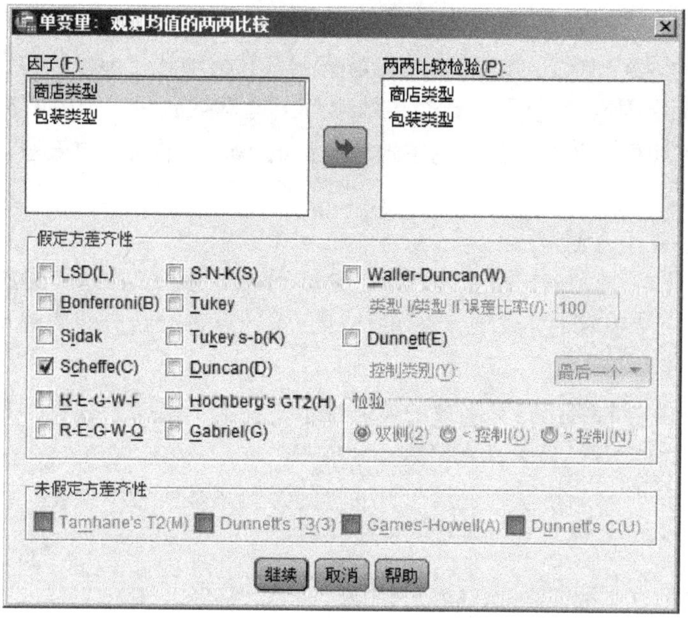

图 8-14　“单变量：观测均值的两两比较”对话框

该对话框中可以选择多重比较方法。“假定方差齐性”比较方法共有 14 种，在前面已经详细讲解过，此处不再赘述。

【步骤 6】 主对话框中单击“选项”按钮，打开“单变量：选项”对话框，将左边“因子与因子交互”下的“（OVERALL）”选入右边“显示均值”下的方框中，以显示单元格及边际均值，在“输出”方框中，选取“描述统计”“方差齐性检验”等，如图 8-15 所示，接着单击“继续”“确定”，得出结果。

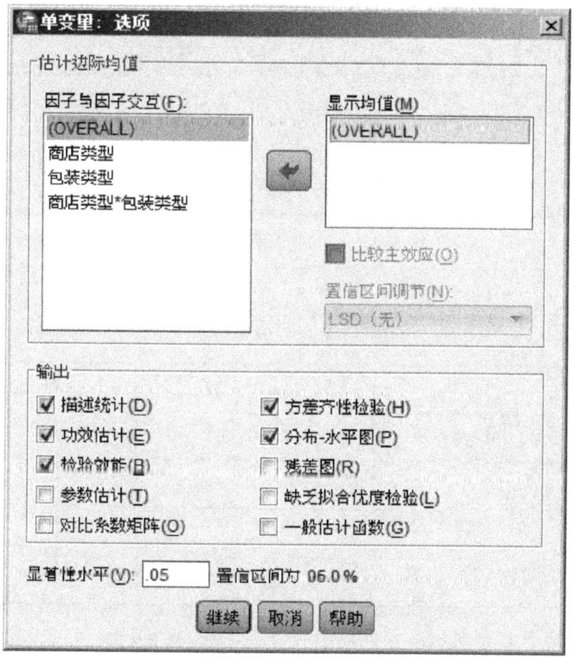

图 8-15　“单变量：选项”对话框

“估计边际均值”栏内可以选择显示结果的因素变量，方法是从左侧的“因子与因子交互”列表框中选择因素和交互项，单击向右箭头，将其移动到“显示均值”（显示因素的均值）列表框中。选定因素变量后，“比较主效应”复选框被激活，选中该复选框，对主效应变量进行估计边际均值，并给出选定的主效应变量的不同水平间的均值差、标准差、显著性水平和置信区间。

“输出”栏包括10个选项。

（1）“描述统计”表示输出描述统计量，包括观测均值、表述差和例数。

（2）“功效估计”表示进行效应大小的估计，将计算每个效应的估计及参数估计、标准误差和置信区间。

（3）“检验效能”将给出计算功效的显著性水平，显示根据对所有 *F* 和 *T* 检验的固定影响的观测功效，系统默认的显著性水平是0.05。

（4）“参数估计”将给出各因变量与自变量的回归系数、标准误差、*T* 检验以及95%的置信区间。

（5）“对比系数矩阵”将显示对照系数矩阵或 ***M*** 矩阵。

（6）“方差齐性检验”将进行方差齐性检验。

（7）“分布-水平图”将绘制观测量均值对标准差和方差的散点图。

（8）“残差图”将绘制残差图。

（9）“缺乏拟合优度检验”将进行拟合度不足的检验，检查独立变量和非独立变量之间的关系是否被充分描述。

（10）“一般估计函数”可以根据一般估计函数自定义假设检验，对比系数矩阵的行与一般估计函数是线性组合的。

三、多因素方差分析的结果与解释

（1）由表8-17可知，因素A有3个水平，每个水平有16例；因素B有4个水平，每个水平有12例。

表8-17 主体间因子

		值 标 签	*N*
A	1	A1	16
	2	A2	16
	3	A3	16
B	1	B1	12
	2	B2	12
	3	B3	12
	4	B4	12

（2）由表8-18可知，各因素水平组合和总的均值、标准差和例数（*N*）。

表 8-18　描述性统计量　　（因变量：销售额）

A	B	均　值	标准偏差	N
A1	B1	29.25	0.500	4
	B2	29.50	0.577	4
	B3	29.00	0.816	4
	B4	30.00	0.816	4
	总计	29.44	0.727	16
A2	B1	31.25	0.500	4
	B2	34.00	0.816	4
	B3	29.50	1.000	4
	B4	31.75	0.500	4
	总计	31.63	1.784	16
A3	B1	31.75	0.957	4
	B2	35.00	0.816	4
	B3	29.75	0.500	4
	B4	32.00	0.816	4
	总计	32.13	2.062	16
总计	B1	30.75	1.288	12
	B2	32.83	2.588	12
	B3	29.42	0.793	12
	B4	31.25	1.138	12
	总计	31.06	1.983	48

（3）由表 8-19 可知，方差齐性的 Levene 检验的 P 值等于 0.967，按 0.05 检验水准，接受零假设，可认为各因变量的方差齐性即方差相等。

表 8-19　误差方差等同性的 Levene 检验*　　（因变量：销售额）

F	df1	df2	Sig.
0.351	11	36	0.967
检验零假设，即在所有组中因变量的误差方差均相等。			

* 设计：截距+商店类型+包装类型+商店类型 * 包装类型。

（4）由表 8-20 可知，因素 A：$F=59.582$，$P=0.000$，按 0.05 检验水准，拒绝零假设，可以认为因素 A 效应显著，即表示不同类型商店对产品的销售额有显著性影响；因素 B：$F=43.582$，$P=0.000$，按 0.05 检验水准，拒绝零假设，可以认为因素 B 效应显著，即表示不同包装对产品的销售额有显著性影响；因素 A * B 的交互作用：$F=8.494$，$P=0.000$，按0.05检验水准，拒绝零假设，可以认为因素A＊B的交互效应显著，即不同类型商店与不同包装两影响因素有交互作用。Eta^2：$Eta^2B > Eta^2A > Eta^2A*B$，可以认为各因素对总变异的贡献是因素B>因素A>因素A＊B。观察效能：观察效能A、观察效能B和观察效能A＊B都等于1，可以认为各因素的检验效能均很大，无须增加样本含量。

表8-20　主体间效应的检验　　（因变量：销售额）

源	Ⅲ型平方和	df	均方	F	Sig.	偏 Eta^2	非中心参数	观测到的幂②
校正模型	165.062①	11	15.006	27.352	0.000	0.893	300.873	1.000
截距	46314.188	1	46314.188	84420.797	0.000	1.000	84420.797	1.000
商店类型	65.375	2	32.687	59.582	0.000	0.768	119.165	1.000
包装类型	71.729	3	23.910	43.582	0.000	0.784	130.747	1.000
商店类型＊包装类型	27.958	6	4.660	8.494	0.000	0.586	50.962	1.000
误差	19.750	36	0.549					
总计	46499.000	48						
校正的总计	184.812	47						

① $R^2=0.893$（调整 $R^2=0.860$）。
② 使用 $\alpha=0.05$ 的计算结果。

（5）由图8-16和图8-17可知，均值与标准差或均值与方差均不成比例，表示各个子方差齐同。

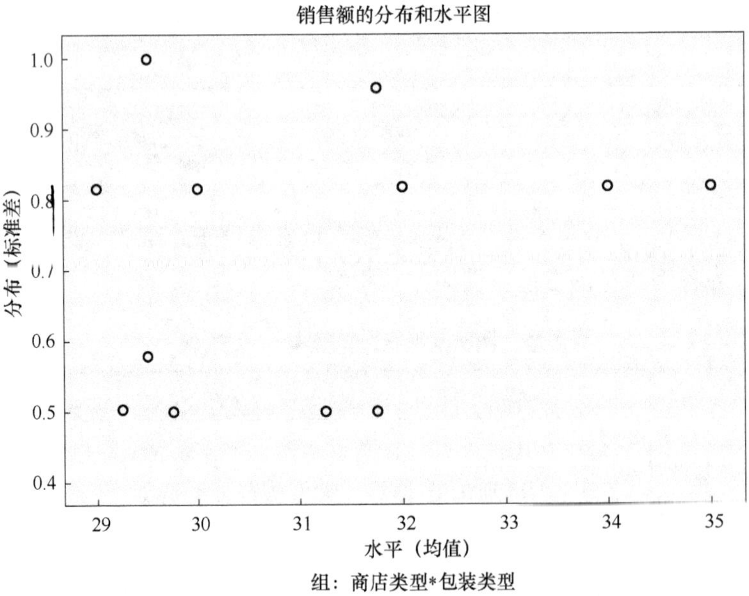

图8-16　销售额不同水平下的标准差

（6）由图8-18可以看出，四条线不平行，表示因素A和因素B存在交互作用。

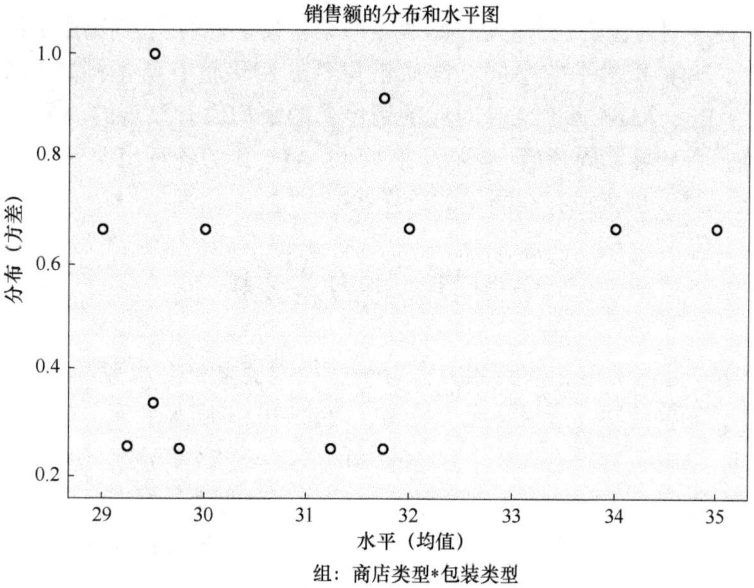

图 8-17　销售额不同水平下的方差

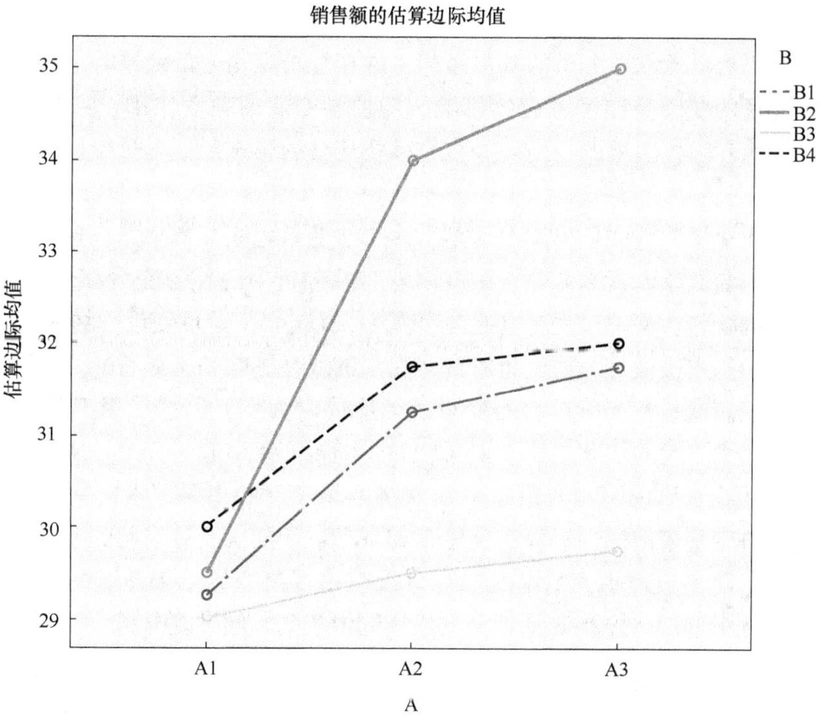

图 8-18　销售额估计边际值

若在多因素方差分析中出现交互作用显著（A * B 项对应的 F 值达到显著性水平），则应对交互作用进行分解。交互作用是指一个因素不同水平的效应受另一因素的影响。本例中自变量A（商店种类）有3个水平（副食品店、食品店以及超市），自变量B（包装种类）有4个水平（4种不同的包装），因变量是产品的销售额。此时交互作用可以理解为当A=1时（副食品店），随着B水平的不同，产品销售量的变化将有所不同。具体到操作层面，A1B1、A1B2、A1B3、A1B4四个组合对应的销售量的平均值有显著的差异，或者至少其中两组平均值存在显著差异。同理当A=2或者3时，A与B的各种组合对应的平均值也存在显著差异。反之，对B因素也存在同样的差异状况。

第四节　协方差分析

无论是单因素方差分析还是多因素方差分析，控制变量各个水平可以通过人为的努力。但在实际工作中，有些控制变量很难人为控制，而它们的不同水平确实对观测变量产生了很大的影响。例如，考虑药物对患者某个生化指标的影响，比较实验组与对照组的该指标变化均值是否有显著性差异，以确定药物的有效性。同时，可能要考虑患者病程的长短、年龄以及原指标水平对疗效的影响，要先消除这些因素的影响而再考虑药物疗效。

协方差分析将那些认为很难控制的因素作为协变量，并在排除协变量对观测变量影响的条件下分析控制变量（可控）对观测变量的作用，从而更加准确地对控制因素加以控制。

一、协方差分析的基本原理

协方差分析仍然沿承方差分析的基本思想，并在分析观测变量变差时考虑了协变量的影响，认为观测变量的变动受四个方面的影响，即控制变量的独立作用、控制变量的交互作用、协变量的作用和随机因素的作用，并在排除协变量的影响后，再分析控制变量对观测变量的影响。

协方差分析要求协变量应是连续数值型，多个协变量之间互相独立，且与控制变量之间也没有交互影响。前面单因素方差分析和多因素方差分析中的控制变量都是一些定性变量。而协方差分析中则既包含了定性变量（控制变量），又包含了定量变量（协变量）。

协方差分析的基本假设是：协变量对观测变量的线性影响是不显著的。在协变量影响被排除的条件下，控制变量各水平对观测变量的效应同时为零。仍然采用F统计量检验统计量各均方与随机因素引起的均方之比。如果相对于随机变量引起的变差，协变量带来的变差比较大，即F值极大，则说明协变量是引起观测变量变动的主要因素之一，观测变量的变动可以部分地由协变量来做线性解释；反之，如果相对于随机变量引起的变差，协变量带来的变差比例极小，即F值较小，则说明协变量没有给观测变量带来显著的线性影响。在排除了协变量的线性影响后，控制变量对观测变量的影响分析同方差分析。

二、协方差分析的操作步骤

研究问题：研究“试饮（实验）后的购买可能性”（见数据文件8-04-01），因素有两个，A：饮料和B：性别。但研究者怀疑“实验（试饮）前购买可能”可能会影响“实验（试饮）后购买可能性”。要控制住“实验前购买可能性”，因为如果不加以控制的话，可能看不出实验的效果（例如，某人本来就喜欢某个饮料，试饮或不试饮对他的“购买可能性”

并没有多大影响)。研究者有兴趣了解，在排除“实验（试饮）前购买可能性”之后，性别与饮料类别在“实验（试饮）后购买可能性”上是否有显著的交互作用。

【步骤1】 回归系数同质性检验：“组内回归系数同质性”是进行协方差分析的重要假设之一，它是指各实验处理组中依据协变量（X）预测因变量（Y）所得到的各回归系数（斜率）要相等，如果不符合这个条件，直接进行协方差分析，将会导致不正确的结论。

打开数据文件8-04-01，单击“分析”→“一般线性模式”→“单变量”中，将“实验后购买可能性”选入“因变量”方框中，将“性别”“饮料类别”选入“固定因子”中，将“实验前购买可能性”选入“协变量”方框中，在“指定模型”项下选择“设定”，构建项方框“类型”的下拉式列表中，选择“主效应”，然后将A、B选入右边的“模型”内。在构建项方框“类型”的下拉列表中，选择“交互”，用鼠标点选“A”，按Ctrl键不放，然后再用鼠标点选“X”，然后再按方向键（向右），即可将A、X读入右边的“模型”内。以同样的方式将B、X读入，成为B＊X，如图8-19所示。

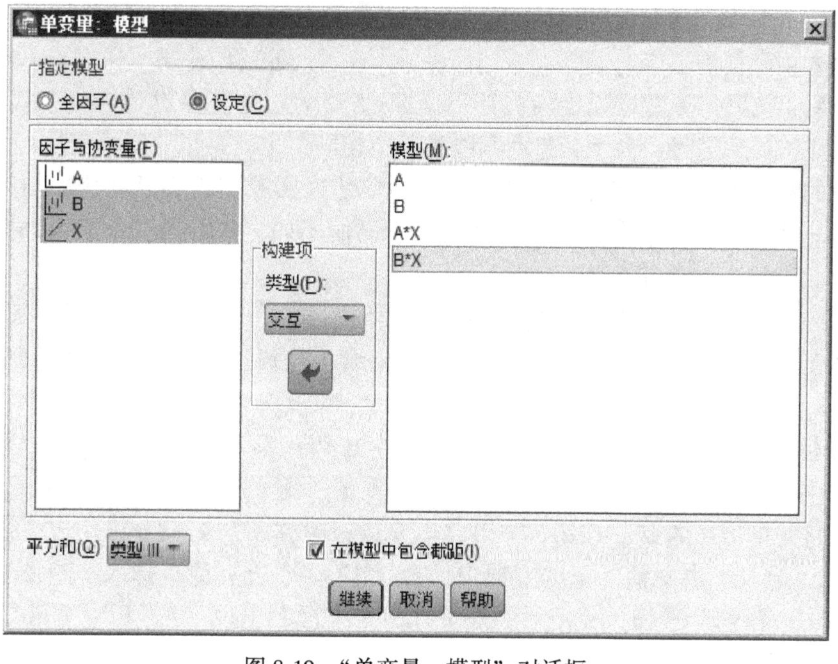

图8-19 “单变量：模型”对话框

单击“继续”按钮，回到“单变量”窗口，单击“确定”按钮，产生输出结果。表8-21为“主体间效应的检验”。从这个报表可以看出组内回归系数同质性检验的情形。

表8-21 主体间效应的检验 （因变量：实验后购买可能性）

源	Ⅲ型平方和	df	均　方	F	Sig.
校正模型	36870. 424*	7	5267. 203	41. 185	0. 000
截距	554. 574	1	554. 574	4. 336	0. 041
A	10. 144	1	10. 144	0. 079	0. 779
B	54. 522	2	27. 261	0. 213	0. 809

（续）

源	Ⅲ型平方和	df	均　方	F	Sig.
A * X	348.377	1	348.377	2.724	0.103
B * X	84.299	2	42.149	0.330	0.720
误差	8696.562	68	127.891		
总计	284015.000	76			
校正的总计	45566.987	75			

* R^2 = 0.809（调整 R^2 = 0.790）。

性别组内回归系数同质性检验结果（A * X）为：显著性 P 值为 0.103，未达到显著性水平，应接受零假设，表示两组回归线的斜率相同。也就是说，用协变量对因变量进行回归分析时的斜率并无显著差异。换句话说，协方差（实验前购买可能性）与因变量（实验后购买可能性）的关系不会因为性别的不同而不同。符合协变量组内回归系数同质性假定，因此进行协方差分析是适当的。

饮料类别组内回归系数同质性检验结果（B * X）为：显著性 P 值为 0.720，未达到显著性水平，应接受原假设，表示三组回归线的斜率相同。也就是说，用协变量对因变量进行回归分析时的斜率并无显著差异。换句话说，协方差（实验前购买可能性）与因变量（实验后购买可能性）的关系不会因为饮料类别的不同而不同。符合协变量组内回归系数同质性假定，因此进行协方差分析是适当的。

【步骤2】 在“单变量”窗口中，单击“模型”按钮，弹出“单变量：模型”窗口。将“指定模型”改为预设的“全因子”。单击“继续”按钮，返回“单变量”窗口。

【步骤3】 单击“对比”按钮，弹出“单变量：对比”窗口。单击“A”，再点选“对比”右边下拉式列表中的“简单”，单击“更改”按钮；单击“B”，再点选“对比”右边下拉式列表中的“简单”，单击“更改”按钮。单击“继续”按钮，返回“单变量”窗口。

【步骤4】 单击“绘制”按钮，弹出“单变量：轮廓图”窗口。将左边“因子”中的“A”（性别）选入“水平轴”下的方框中，将“B”（广告类型）选入“单图”下的方框中，然后单击“添加”按钮，完成后，最下方的大方框会出现“A * B”。单击“继续”按钮，返回“单变量”窗口。

【步骤5】 单击“选项”按钮，就会弹出“单变量：选项”窗口。将左边“因子与因子交互”下的“（OVERALL）”选入右边“显示均值”下的方框中，以显示单元格及边际均值。在“输出”方框中，选取“描述统计”和“方差齐性检验”。

三、协方差分析的结果与解释

（1）表 8-22 为统计数据表，表中为性别和饮料类别统计的各组人数。

（2）表 8-23 为不同性别、饮料类别组合的实验后购买可能性的估计均值与标准差。

（3）方差齐性检验。从表 8-24 可以看出，误差方差等同性的 Levene 检验输出报表中，方差齐性检验的显著性 = 0.354 > 0.05，未达到显著性水平，不能拒绝零假设，表示各组间的方差具有同质性，符合基本假说，适合进行协方差分析。

表 8-22 主体间因子 （单位：人）

		值 标 签	N
性别	1	男	38
	2	女	38
饮料类别	1	甲牌饮料	25
	2	乙牌饮料	25
	3	丙牌饮料	26

表 8-23 描述性统计量 （因变量：实验后购买可能性）

性 别	饮料类别	均 值	标准偏差	N/人
男	甲牌饮料	51.69	19.717	16
	乙牌饮料	34.40	15.153	10
	丙牌饮料	38.50	18.318	12
	总计	42.97	19.298	38
女	甲牌饮料	67.11	23.614	9
	乙牌饮料	68.60	19.885	15
	丙牌饮料	70.79	26.003	14
	总计	69.05	22.581	38
总计	甲牌饮料	57.24	22.044	25
	乙牌饮料	54.92	24.681	25
	丙牌饮料	55.88	27.725	26
	总计	56.01	24.649	76

表 8-24 误差方差等同性的 Levene 检验* （因变量：实验后购买可能性）

F	df1	df2	Sig.
1.127	5	70	0.354
检验零假设，即在所有组中因变量的误差方差均相等。			

* 设计：截距+X+A+B+A * B。

（4）受试者间效应项的检验。表 8-25 为受试者间效应项的检验（受试者间效应的检验），从表中可以看出，A 因素（性别）与 B 因素（饮料类别）在排除“实验前购买可能性”的影响之后，在实验后购买可能性上，没有显著的交互作用（显著性 = 0.920>0.05，未达到显著性水平）。所以我们应进行主效应的检验。A 因素（性别）在排除“实验前购买可能性”的影响之后，在实验后购买可能性上的显著性 = 0. 000，达到显著性水平。B 因素（饮料类别）在排除“实验前购买可能性”的影响之后，在实验后购买可能性上的显著性 = 0.430，未达到显著性水平。所以，基本上应对性别进行事后检验。

表 8-25 主体间效应的检验 （因变量：实验后购买可能性）

源	Ⅲ型平方和	df	均 方	F	Sig.
校正模型	36449.726*	6	6074.954	45.976	0.000
截距	720.295	1	720.295	5.451	0.022
X	21258.423	1	21258.423	160.885	0.000
A	1343.923	1	1343.923	10.171	0.002

（续）

源	Ⅲ型平方和	df	均　方	F	Sig.
B	29.392	2	14.696	0.111	0.895
A * B	21.930	2	10.965	0.083	0.920
误差	9117.261	69	132.134		
总计	284015.000	76			
校正的总计	45566.987	75			

* $R^2=0.800$（调整 $R^2=0.783$）。

（5）对比（性别水平）。表8-26使用的是简单对比。在性别的简单对比中，在排除“实验前购买可能性”的影响之后，在试验后购买可能性上，男性（水平1）低于女性（水平2），显著性 P 值 $=0.002<0.05$，达到显著性水平。

表8-26　对比结果（*K* 矩阵）

性别简单对比*			因变量
			试验后购买可能性
水平1和水平2	对比估算值		-9.673
	假设值		0
	差分（估计-假设）		-9.673
	标准误差		3.033
	Sig.		0.002
	差分的95%置信区间	下限	-15.724
		上限	-3.622

* 参考类别=2。

（6）轮廓图。图8-20所示以性别为横轴，以加入饮料类别后的广告效果的估计边际均值为纵轴。由于性别与饮料类别的交互作用不显著，所以从图中可看出没有交互作业的现象。

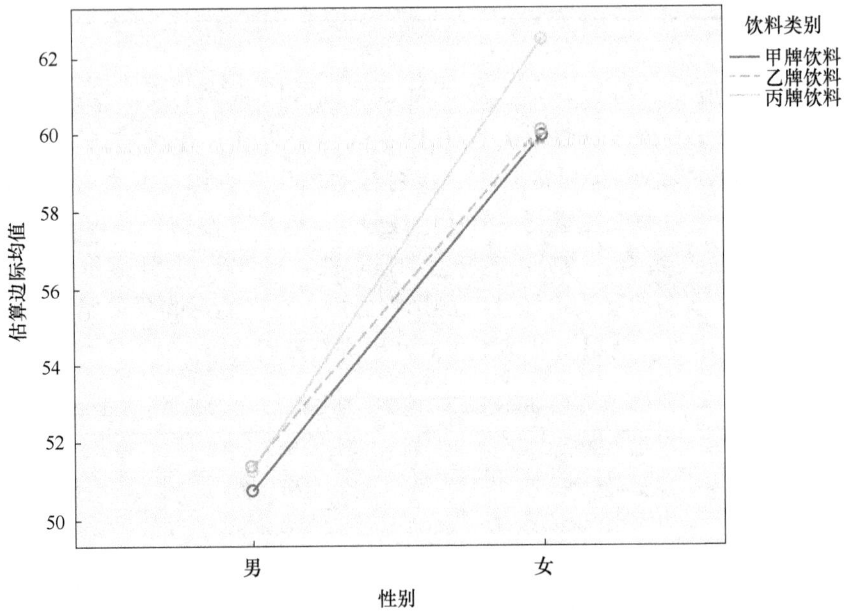

图8-20　实验后购买可能性的估算边际值

能力训练

1. 两个班级学生进行两个感冒疫苗的实验，两个班级的学生感冒结果见二维码。应用交叉表分析两个班级学生的患病比例有无差别。

8-01-02

2. 有5个商场以不同的营销方式卖出新型健身器，连续4天各商场健身器的销售量见二维码。销售量服从正态分布，且具有方差齐性，试分析营销方式对销售量有无显著影响，并对销售量做两两比较。

8-02-02

3. 某新产品制造企业欲研究不同的包装和不同类型商品对该产品的销售影响，选择了3类商店：副食品店、食品店和超市。每种产品的包装不同，但价格和数量相同，其他因素可以认为大致相同。若以A表示商店，B表示包装，调查时销售额见二维码。分析不同包装和商店类型对该产品销售是否有显著影响。

8-03-02

4. 研究3种不同的饲料对生猪体重增加（WYH）的影响，将生猪随机分成3组，各喂养不同的饲料（SL），由于生猪体重的增加理论上会受到生猪自身身体条件的影响，于是收集了生猪喂养前的体重数据（WYQ），作为自身条件的测量指标（见二维码）。试分析3种不同的饲料对生猪体重的增加是否有明显的影响。

8-04-02

第九章　数据的降维

本章数据文件示意

9-01-01

9-02-01

引例

数据文件 9-01-01 是某市居民在食品、衣着、家庭设备用品及服务、医疗保健、交通和通信、文化娱乐服务、居住、杂项商品与服务 8 个方面的消费数据，这些指标之间存在着不同强弱的相关性与重叠信息。如果单独分析这些指标，无法系统地分析居民消费结构的特点；如果将其综合成少数几个变量（因子）来反映居民消费结构的变动情况，那么要分析的变量少了，问题的分析也变得简单了。将多个变量综合成少数几个变量就是降维。降维是将大量的可能存在相关关系的变量转换成较少的并且彼此不相关的综合指标的多元统计方法。SPSS 中降维的主要方法有主成分分析、因子分析、对应分析、典型相关分析、最优尺度分析等。

本章学习目标

1. 了解因子分析与对应分析解决的现实问题。
2. 了解因子分析与对应分析的基本理论。
3. 掌握对应分析与因子分析的操作步骤。
4. 能够解释 SPSS 的操作结果。

第一节　因子分析

在社会、政治、经济和医学等领域的研究中，往往需要对反映事物的多个变量进行大量的观察、收集大量的数据，以便进行分析、寻找规律。在大多数情况下，许多变量之间存在一定的相关关系。因此，有可能用较少的综合指标分析存在于各变量中的各类信息，而各综合指标之间彼此是不相关的，代表各类信息的综合指标称为因子。因子分析就是以较少几个因子反映原始资料的大部分信息的统计分析方法。在保证数据信息丢失最少的原则下，对高维变量空间数据进行降维处理。显然，在一个低维空间解释系统，要比在一个高维空间解释系统容易得多。例如，英国统计学家莫塞尔·斯科特（Moser Scott）在 1961 年对英国 157 个城镇发展水平进行调查时，原始测量的变量有 57 个，而通过因子分析发现，只需要用 5 个新的综合变量（它们是原始变量的线性组合）就可以解释 95%的原始信息。对问题的研究从 57 个维度降低到 5 个维度，因此可以进行更容易的分析。

一、因子分析的数学模型

因子分析的出发点是用较少的相互独立的因子变量来代替原来变量的大部分信息，可以通过下面的数学模型来表示：

$$\begin{cases} x_1 = a_{11}F_1 + a_{12}F_2 + \cdots + a_{1m}F_m + a_1\varepsilon_1 \\ x_2 = a_{21}F_1 + a_{22}F_2 + \cdots + a_{2m}F_m + a_2\varepsilon_2 \\ \qquad \vdots \\ x_p = a_{p1}F_1 + a_{p2}F_2 + \cdots + a_{pm}F_m + a_p\varepsilon_p \end{cases}$$

其中，x_1，x_2，…，x_p 为 p 个原有变量，是均值为 0、标准差为 1 的标准化变量（对原始数据经过标准化处理得到），F_1，F_2，…，F_m 为 m 个因子变量，$m<p$，表示成矩阵形式为 $\boldsymbol{x}=\boldsymbol{AF}+\boldsymbol{a\varepsilon}$。其中，$\boldsymbol{F}$ 为因子变量或公共因子，可以将它们理解为在高维空间中互相垂直的 m 个坐标轴。$\boldsymbol{A}$ 为因子载荷矩阵，a_{ij} 为因子载荷，是第 i 个原有变量在第 j 个因子变量上的负荷。如果把变量 x_i 看成是 m 维因子空间中的一个向量，则 a_{ij} 为 x_i 在坐标轴 F_j 上的投影，相当于多元回归中的标准回归系数。$\boldsymbol{\varepsilon}$ 为特殊因子，表示原有变量不能被因子变量所解释的部分，相当于多元回归分析中的残差部分。

因子分析中的几个概念说明如下。

1. 因子载荷

在各个因子变量不相关情况下，因子载荷 a_{ij} 就是第 i 个原有变量和第 j 个因子变量的相关系数，即 x_i 在第 j 个公共因子变量上的相对重要性。因此，a_{ij} 绝对值越大，则公共因子 F_j 和原有变量 x_i 关系越强。

2. 变量共同度

变量共同度也称公共方差，反映全部公共因子变量对原有变量 x_i 的总方差解释说明比例。原有变量 x_i 的共同度为因子载荷矩阵 $\boldsymbol{A}$ 中第 i 行元素的平方和，即 $h_i^2=\sum_{j=1}^{m}a_{ij}^2$，原有变量 x_i 的方差可以表示成两个部分：h_i^2 和 ε_i^2。第一部分 h_i^2 反映公共因子对原有变量的方差解释比例，第二部分 ε_i^2 反映原有变量方差中无法被公共因子表示的部分。因此，第一部分 h_i^2 越接近于1（原有变量 x_i 标准化前提下，总方差为1），说明公共因子解释原有变量越多的信息。可以通过该值掌握该变量的信息有多少被丢失了。如果大部分变量的共同度都高于0.8，则说明提取出的公共因子已经基本反映了各原始变量80%以上的信息，仅有较少的信息丢失，因子分析效果较好。可以说，各个变量的共同度是衡量因子分析效果的一个指标。

3. 公共因子 F_j 的方差贡献

公共因子 F_j 的方差贡献定义为因子载荷矩阵 $\boldsymbol{A}$ 中第 j 列各元素的平方和，即

$$S_j=\sum_{i=1}^{p}a_{ij}^2$$

公共因子 F_j 的方差贡献反映了该因子对所有原始变量总方差的解释能力，其值越高，说明因子重要程度越高。

综合前述因子分析的数学模型，可以知道因子分析的基本计算过程如下：

（1）将原始数据标准化，以消除变量间在数量级和量纲上的不同。

（2）求标准化数据的相关系数矩阵。

（3）确认原变量是否适合作因子分析。可以采用KMO和Bartlett（巴特利）的球形度检验进行判断。

（4）求相关矩阵的特征值和特征向量。

（5）计算方差贡献率与累积方差贡献率。

（6）确定因子，设 F_1，F_2，…，F_p 为 p 个因子，其中前 m 个因子包含的数据信息总量不低于80%时，可以取前 m 个因子来反映原变量的综合信息；在评价指标体系中，用经过因子分析降维后的因子作为新的评价指标。

（7）因子旋转，若所得的 m 个因子无法确定或其实际意义不是很明显，这时需将因子

进行旋转以获得较为明显的实际含义，利用旋转方法使因子变量更具有可解释性。

（8）用原始变量的线性组合来求得各个因子的得分，采用回归估计法、Bartlett 估计法或 Thomson（汤姆森）估计法计算因子得分。

（9）综合得分，以各因子的方差贡献率为权，由各因子的线性组合得到综合评价指标函数。即

$$F = \frac{W_1F_1 + W_2F_2 + \cdots + W_mF_m}{W_1 + W_2 + \cdots + W_m}$$

式中，W_i 为旋转前或者旋转后因子的方差贡献率。

（10）得分排序：利用综合得分可以计算出得分名次。

二、因子分析的操作步骤

消费结构是指在消费过程中各项消费支出占居民总支出的比重。它是反映居民生活消费水平、生活质量变化状况以及消费结构合理化程度的重要标志。而消费结构的变动不仅是消费领域的重要问题，而且也关系到整个国民经济的发展。因为合理的消费结构及消费结构的升级和优化不仅反映了消费的层次和质量的提高，而且也为建立合理的产业结构和产品结构提供了重要的依据。

数据文件 9-01-01 是某市居民在食品、衣着、家庭设备用品及服务、医疗保健、交通和通信、文化娱乐服务、居住和杂项商品与服务等 8 个方面的消费数据，这些指标之间存在着不同强弱的相关性与重叠信息。如果单独分析这些指标，无法系统地分析居民消费结构的特点。因此，请利用因子分析探讨该市居民消费结构，将这 8 个指标综合为少数几个因子，通过这些公共因子来反映居民消费结构的变动情况。

【步骤 1】 选择因子分析的变量：打开数据文件 9-01-01，选择菜单栏中“分析”→“降维”→“因了”，弹出“因子分析”对话框，把因子分析的变量选入“变量”框，如图 9-1 所示。

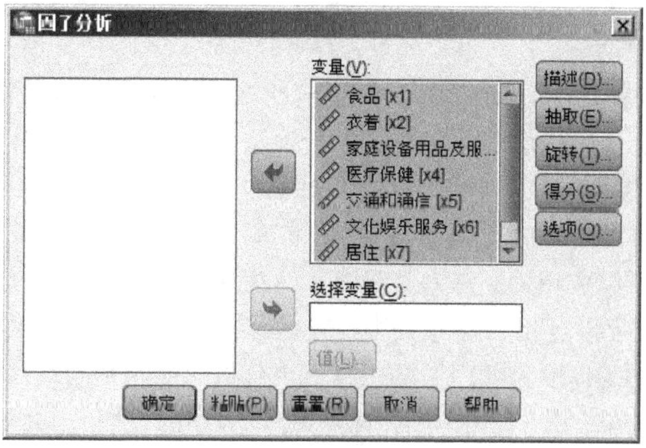

图 9-1 “因子分析”窗口

“变量”用于从左边的变量框中选入待分析的原始变量；“选择变量”用于从左边的变量框中选入过滤样本子集的变量，选入变量后，则激活“值”按钮。

【步骤2】 选择描述性统计量：单击“描述”按钮，在弹出的对话框中可以选择输出描述性统计量及相关矩阵等内容。选择内容如图9-2所示。单击“继续”返回因子分析主对话框。

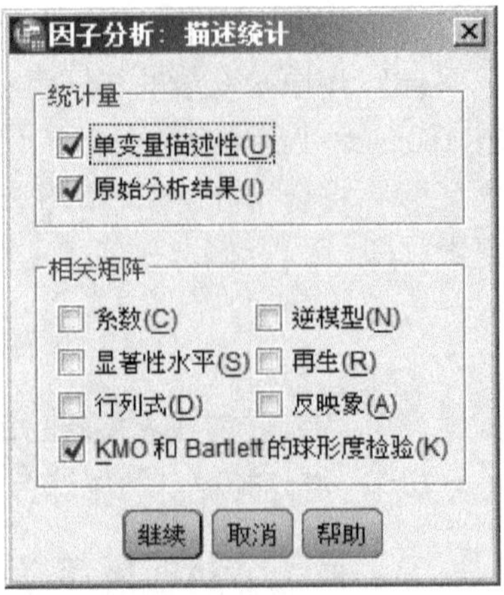

图9-2 “因子分析：描述统计”窗口

“统计量”选项组主要用于对原始变量进行描述统计分析，包括两个复选框，选择“单变量描述性”复选框表示输出每个变量的均值、标准差和有效个案数；而选择“原始分析结果”复选框表示输出初始公因子方差、特征值（即协方差矩阵对角线上的元素）和已解释方差的百分比。

“相关矩阵”选项组输出有关相关矩阵等信息：

“系数”输出初始分析变量之间的相关系数矩阵。

“显著性水平”输出每个相关系数关于单侧假设检验的显著性 P 值。

“逆模型”输出相关系数矩阵的逆矩阵。

“再生”输出因子分析后的相关矩阵。

“反映象”输出偏相关系数的负数，反映象协方差矩阵包括偏协方差的负数。

“KMO和Bartlett的球形度检验”输出KMO检验和球形Bartlett检验。KMO统计量用于比较变量间简单相关系数和偏相关系数的指标，KMO值越接近1表示变量之间的共同因子越多，越适合进行因子分析。如果 $KMO<0.5$，则“不适合”；$0.5\leqslant KMO<0.6$，则“不太适合”；$0.6\leqslant KMO<0.7$，则“普通适合”；$0.7\leqslant KMO<0.8$ 则“比较适合”；$0.8\leqslant KMO<0.9$ 则“适合”；$0.9\leqslant KMO\leqslant 1$ 则“非常适合”因子分析。而Bartlett球形度检验的原假设为相关系数矩阵为单位阵，即各变量间不相关；如果Sig.值 <0.05，则拒绝原假设，表示变量之间存在相关关系，存在重叠信息，可以进行降维处理，因此适合做因子分析。

【步骤3】 选择因子提取方法：单击“抽取”按钮，弹出“因子分析：抽取”对话框，该对话框用于设置提取公共因子的方法和公共因子的个数。选择如图9-3所示。单击“继续”返回因子分析主对话框。

“方法”下拉列表框用于设定提取公共因子的方法，包括主成分法、未加权最小平方法、综合最小平方法、极大似然法、主轴因子分解法、Alpha法和映像因子分解法。最常用的是主成分法。该方法用于形成原始变量的不相关的线性组合，其中第一个成分具有最大的方差，后面的成分对方差解释的比例逐渐变小，它们相互之间均不相关，主成分分析用来获取最初因子解并且它可以在相关矩阵是奇异矩阵时使用。

“分析”选项组用于指定相关矩阵或协方差矩阵，包括：“相关性矩阵”单选按钮，选中表示以相关性矩阵作为提取公共因子的依据，当分析中使用不同的尺度测量变量时比较适合；“协方差矩阵”单选按钮，选中表示以协方差矩阵作为提取公共因子的依据，当因子分析应用于每个变量具有不同方差的多个组时比较适用。

“输出”选项组用于指定输出的因子解和特征值的碎石图。“未旋转的因子解”表示输出未旋转的因子载荷（因子载荷矩阵）、公因子方差和因子解的特征值；选中“碎石图”复选框表示输出与每个因子相关联的特征值的图，该图用于确定应保持的因子个数，通常该图显示大因子的陡峭斜率和剩余因子平缓的尾部之间明显的中断（碎石）。

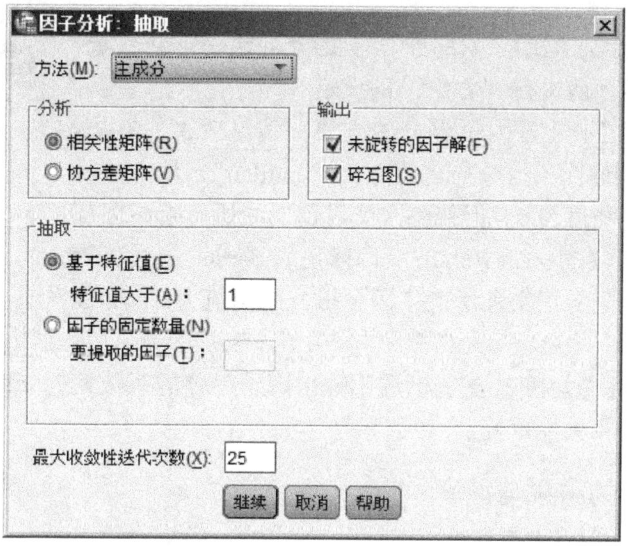

图 9-3　“因子分析：抽取”窗口

“抽取”选项组用于指定抽取因子的数目。因子数目的确定有两种方式可以选择：“基于特征值”单选按钮，表示抽取特征值超过指定值的所有因子，此时可以在“特征值大于”输入框中指定值，一般为 1；如选择“因子的固定数量”，表示保留特定数量的因子，此时可以在“要抽取的因子”输入框中输入要保留因子的数目。

【步骤 4】 选择因子旋转方法：单击右侧“旋转”按钮，弹出“因子分析：旋转”对话框，用于选择因子旋转的方法，选择如图 9-4 所示。单击“继续”返回因子分析主对话框。

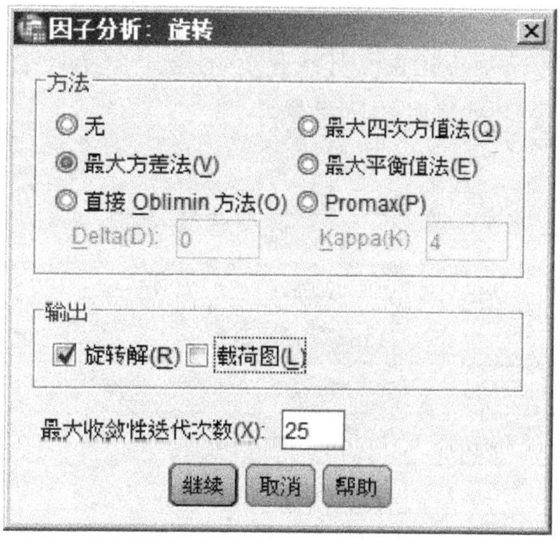

图 9-4　“因子分析：旋转”窗口

“方法”选项组用于设定因子旋转的方法，包括最大方差法、直接 Oblimin 方法、最大四次方值法、最大平衡值法、Promax。最常用的是最大方差法，它是一种正交旋转方法，它使得对每个因子有高负载的变量的数目达到最小，并简化了因子的解释。直接 Oblimin 方法与 Promax 都是斜交旋转法。

“输出”选项组主要用于指定输出旋转解和载荷图。具体设置如下：“旋转解”，该复选框只有在选择了旋转方法后才能选择，对于正交旋转会显示已旋转的模式矩阵和因子变换矩阵，对于斜交旋转会显示模式、结构和因子相关矩阵；“载荷图”，该复选框表示输出前三个因子的三维因子载荷图，而对于双因子解，则显示二维图，如果只抽取了一个因子，则不显示图。

【步骤 5】 选择因子得分：单击“得分”按钮，在弹出的对话框中可以选择因子得分方法及相关选项。如图9-5所示。单击“继续”返回因子分析主对话框。最后单击“确定”按钮。

“保存为变量”复选框用于对每个因子得分创建一个新变量，且只有选中该复选框才能进行“方法”的设定。

“方法”选项组用于计算因子得分的方法，其包括3种方法：“回归”，该方法得到的因子得分的均值为0；“Bartlett”，该方法尽管所产生因子得分的均值为0，但使整个变量范围中所有唯一因子的平方和达到最小；“Anderson-Rubin”，即修正的Bartlett方法，该方法确保被估计的因子的正交性所产生因子得分的均值为0，标准差为1，且不相关。

“显示因子得分系数矩阵”复选框用于输出因子得分的系数矩阵及因子得分之间的相关性矩阵。

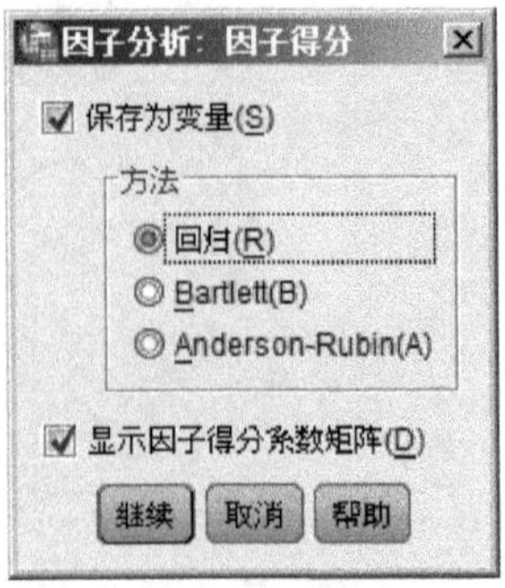

图9-5 “因子分析：因子得分”窗口

三、因子分析的结果与解释

1. 描述统计量

表9-1显示了食品等8个消费支出指标的描述统计量，如均值、标准差等。这为后续的因子分析提供了一个直观的分析结果。可以看到，食品支出消费所占的比重最大，其均值等于39.4750%，其次是文化娱乐服务支出消费与交通和通信支出消费。所有的消费支出中，医疗保健占的比重最小。

表9-1 描述统计量

指 标	均 值	标 准 差	分 析 N
食品	39.4750	2.29705	8
家庭设备用品及服务	7.9125	2.87772	8
衣着	6.4875	0.86592	8
医疗保健	6.3625	1.54729	8
文化娱乐服务	14.4750	2.30016	8
交通和通信	8.1750	2.61302	8
杂项商品与服务	2.9125	0.52491	8
居住	12.1625	2.91545	8

2. 因子分析共同度

表9-2是因子分析的共同度，显示了所有变量的共同度数据。第一列是因子分析初始解下的变量共同度。它表明，对原有8个变量如果采用主成分法提取所有8个特征根，那么原有变量的所有方差都可被解释，变量的共同度均为1（原有变量标准化后的方差为1）。

事实上，因子个数小于原有变量的个数才是因子分析的目的，所以不可能提取全部特征根。于是，第二列列出了按指定提取条件（这里为特征根>1）提取特征根时的共同度。可以看到，所有变量的绝大部分信息（全部都大于83%）可被因子解释，这些变量信息丢失较少。因此本次因子提取的总体效果理想。

表 9-2　因子分析共同度

指　　标	初　　始	提　　取
食品	1.000	0.842
家庭设备用品及服务	1.000	0.976
衣着	1.000	0.960
医疗保健	1.000	0.954
文化娱乐服务	1.000	0.953
交通和通信	1.000	0.925
杂项商品与服务	1.000	0.947
居住	1.000	0.978

注：提取方法为主成分法。

3. 因子分析的总方差解释

经 SPSS 软件计算可以得到相关系数矩阵的特征值、方差贡献率及累计方差贡献率结果如表 9-3 所示。在表 9-3 中，第一列是因子编号，以后三列构成一组，组中数据项的含义依次是特征根、方差贡献率和累计贡献率。这里成分即因子。

第一组数据项（第二至第四列）描述了初始因子解的情况。可以看到，第一个因子的特征根值为 4.316，解释了原有八个变量总方差的 53.947%。前三个因子（即成分 1、2、3）的累计方差贡献率为 94.196%，并且只有它们的特征值取值>1。这说明前三个公因子基本包含了全部变量的主要信息，因此选前三个因子为主因子即可。

同时，“提取平方和载入”与“旋转平方和载入”部分列出了因子提取后和旋转后的因子方差解释情况。从表中看到，它们都支持选择前三个公共因子。

表 9-3　解释的总方差

成　　分	初始特征值			提取平方和载入			旋转平方和载入		
	合计	方差的（%）	累计（%）	合计	方差的（%）	累计（%）	合计	方差的（%）	累计（%）
1	4.316	53.947	53.947	4.316	53.947	53.947	4.261	53.265	53.265
2	1.989	24.869	78.816	1.989	24.869	78.816	2.030	25.379	78.645
3	1.230	15.380	94.196	1.230	15.380	94.196	1.244	15.551	94.196
4	0.275	3.435	97.631						
5	0.122	1.524	99.155						
6	0.052	0.648	99.804						
7	0.016	0.196	100.000						
8	2.534×10^{-16}	3.167×10^{-15}	100.000						

注：提取方法为主成分法。

4. 因子碎石图

图 9-6 所示为因子分析的碎石图。横坐标为因子数目（即成分数），纵坐标为特征根（即特征值）。可以看到，第一个因子的特征值很高，对解释原有变量的贡献最大；第三个以后的因子特征根都较小，取值都小于 1，说明它们对解释原有变量的贡献很小，称为可被

忽略的“高山脚下的碎石”，因此提取前三个因子是合适的。

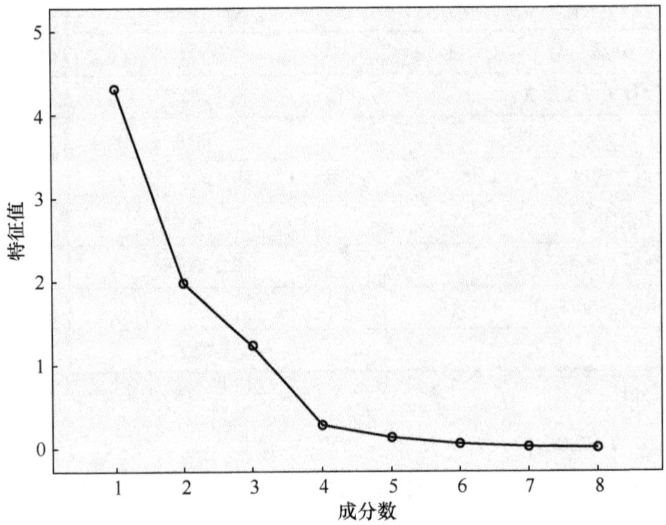

图 9-6 因子分析的碎石图

5. 旋转前的因子载荷矩阵

表 9-4 显示了因子载荷矩阵，它是因子分析的核心内容。通过载荷系数大小可以分析不同公共因子所反映的主要指标的区别。从结果看，大部分因子解释性较好，但是仍有少部分指标解释性较差，例如“食品”指标在三个因子的载荷系数区别不大。因此接着采用因子旋转方法，使得因子载荷系数向 0 或 1 两极分化，使系数大的载荷更大，系数小的载荷更小。这样结果更具解释性。

表 9-4 成分矩阵①

指　标	成　分		
	1	2	3
食品	−0.761	0.202	0.471
家庭设备用品及服务	−0.833	0.503	−0.173
衣着	0.527	0.826	−0.005
医疗保健	0.967	0.102	0.093
文化娱乐服务	0.962	0.144	−0.085
交通和通信	0.948	−0.082	0.140
杂项商品与服务	0.081	0.183	0.952
居住	0.008	−0.970	−0.190

注：提取方法为主成分法。

① 已提取了三个成分。

6. 旋转后的因子载荷矩阵

表 9-5 中显示了实施因子旋转后的载荷矩阵。根据载荷系数值的大小，可以看出，第一

个公因子在“交通和通信”和“医疗保健”等五个指标上具有较大的载荷系数，第二个公因子在“衣着”和“居住”指标上的系数较大，而第三个公因子在“杂项商品与服务”上的系数最大。此时，各个因子的含义更加突出。

表 9-5　旋转成分矩阵①

指　标	成　分		
	1	2	3
食品	-0.793	0.144	0.438
家庭设备用品及服务	-0.895	0.343	-0.241
衣着	0.396	0.889	-0.114
医疗保健	0.938	0.260	0.081
文化娱乐服务	0.931	0.277	-0.101
交通和通信	0.946	0.083	0.152
杂项商品与服务	0.086	-0.041	0.968
居住	0.159	-0.974	-0.058

注：提取方法为主成分法。
旋转法为具有 Kaiser 标准化的正交旋转法。
① 旋转在 4 次迭代后收敛。

可以看出第一个公因子主要反映了交通和通信、医疗保健、文化娱乐服务、家庭设备用品及服务、食品上有较大载荷，说明第一个公因子综合反映这几个方面的变动情况，可以将其命名为第一基本生活消费因子，即享受性消费因子。第二个公因子在居住、衣着上的载荷系数较大，代表了这两个方面的变动趋势，可以将其命名为第二基本生活消费因子，即发展性消费因子。第三个公因子在杂项商品与服务上的消费变动较大，因此可以将第三个公因子命名为第三基本生活消费因子，即其他类型消费因子。

7. 因子得分系数

表 9-6 中列出了采用回归法估计的因子得分系数。根据表中内容可写出以下因子得分函数：

因子 $F_1=-0.198X_1+0.058X_2-0.226X_3+0.212X_4+0.221X_5+0.211X_6+0.079X_7+0.015X_8$

因子 $F_2=0.123X_1+0.425X_2+0.200X_3+0.094X_4+0.008X_5+0.096X_6-0.498X_7+0.015X_8$

因子 $F_3=0.365X_1-0.059X_2-0.174X_3+0.069X_4+0.119X_5-0.077X_6-0.088X_7+0.779X_8$

表 9-6　成分得分系数

指　标	成　分		
	1	2	3
食品	-0.198	0.123	0.365
家庭设备用品及服务	-0.226	0.200	-0.174
衣着	0.058	0.425	-0.059

（续）

指　标	成　分		
	1	2	3
医疗保健	0.212	0.094	0.069
文化娱乐服务	0.211	0.096	-0.077
交通和通信	0.221	0.008	0.119
杂项商品与服务	0.015	0.015	0.779
居住	0.079	-0.498	-0.088

注：提取方法为主成分法。
旋转法为具有 Kaiser 标准化的正交旋转法。

不仅如此，原数据文件中增加了 FAC1_1、FAC2_1 和 FAC3_1 三个变量，它们表示了三个因子在不同年份的得分值。为了进一步揭示因子的变动情况，绘制了图 9-7 所示的因子得分变动趋势图。

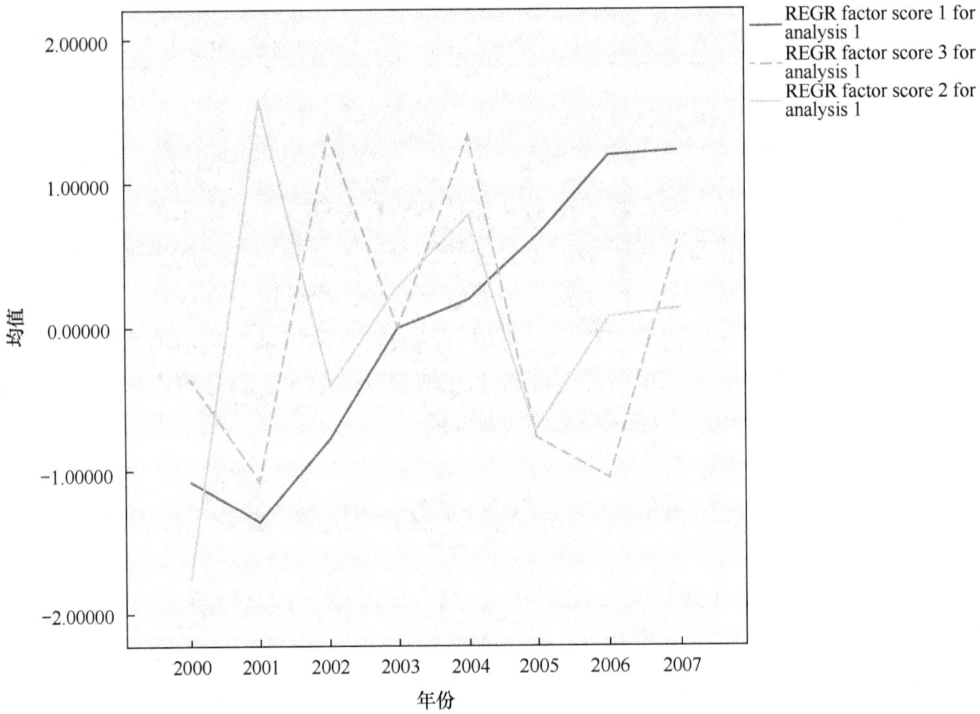

图 9-7　因子得分趋势变动图

第二节　对应分析

对应分析是因子分析的进一步推广，在因子分析中，如果研究的对象是样品（可理解成行数据），则需采用 Q 型因子分析；如果研究的对象是变量（即列数据），则需采用 R 型因子分析。但是，这两种因子分析方法必须分别对样品和变量进行处理，所以这两种分析方法往往存在着相互对立的关系，为我们发现和寻找它们的内在联系制造了困难。而对应分析就是通过一个过渡矩阵 **Z** 将两者有机地结合起来。对应分析在市场细分、产品定位、企业管理等领域中具有广泛的应用，原因在于，它是一种视觉化的数据分析方法，它能够将几组看不出任何联系的数据，通过视觉上可以接受的定位图展现出来。

一、对应分析的基本思想

对应分析的基本思想是将一个联列表的行和列中各元素的比例结构，以点的形式在较低维的空间中表示出来。首先，给出指标变量点的协方差阵和样品点的协方差阵，由于两者有相同的非零特征根，所以可以很方便地借助指标型因子分析而得到样品型因子分析的结论。如果对每组变量选择前两列因子载荷，那么两组变量就可以画出两个因子载荷的散点图。由于这两幅图所表示的载荷可以配对，于是就可以把这两个因子载荷的两个散点图画到同一幅图中，并以此来直观地显示各行变量和各列变量之间的关系。

二、对应分析的操作步骤

研究问题：某著名酒品销售公司想要了解职场中不同职员的饮酒状况，现按照工作类别把职员分成高级经理、初级经理、高级雇员、初级雇员和秘书 5 个层次，把喝酒分成不喝、少量、中等、大量喝酒 4 个层次，随机调查了 193 名职员，采用对应分析法分析职员层级与饮酒量的关系，这些结果有助于公司制定营销策略。

对应分析法的整个处理过程由两部分组成：表格和关联图。对应分析法中的表格是一个二维的表格，由行和列组成。每一列代表事物的一个属性，依次排开。行则代表不同的事物本身，它由样本集合构成，排列顺序并没有特别的要求。在关联图上，各个样本都浓缩为一个点集合，而样本的属性变量在图上同样也是以点集合的形式显示出来的。

【步骤 1】 变量的设置：打开数据文件 9-02-01，单击“数据”→“加权个案”→“频率变量”，选中“人数”加入“频数变量”。然后选择“分析”→“降维”→“对应分析”对话框，行列变量的选择如图 9-8 所示。

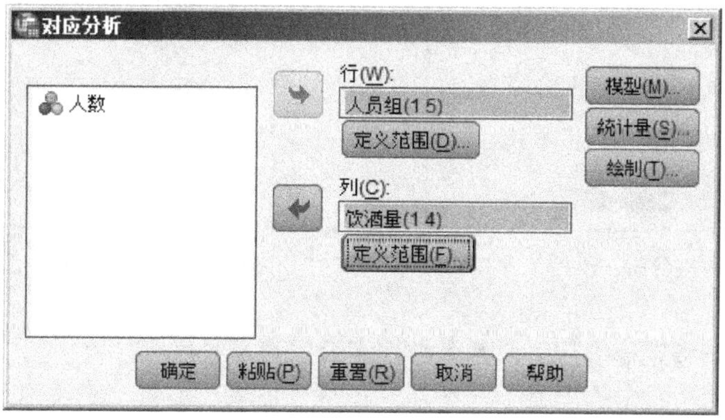

图 9-8　“对应分析”主窗口

图 9-8 左边是待分析变量列表。“行”“列”栏用于选入对应分析的行变量和列变量。

选入变量以后，单击“定义范围”。最小值和最大值分别表示相应分类变量的最小值和最大值，此处只可以输入整数，输入后单击“更新”按钮则进行确认。

“类别约束”栏用于设置分类变量取值的约束条件，其下列表框显示的是当前分类变量的取值列表。选中框中的一个值，然后单击右侧的三个单选框设置其约束条件。“无”表示不做任何约束；“类别必须相等”表示等同约束，表示各类别必须有相同的得分；“类别为补充型”表示增补约束，增补的种类不影响分析过程和种类维数，但会在有效种类的定义空间里被描述。本例中采用默认值。

【步骤2】 模型的设置：本例中的模型都采取默认值，如图9-9所示。

“解的维数”输入框用于指定对应分析的维数。目的要求根据需要选择尽量少的维数来解释大多数变异。最大维数取决于分析中使用的活动类别数及相等性约束的数目。

“距离度量”选项组用于对应表的行和列之间距离的测量。“卡方”表示卡方距离测度，是标准对应分析中所必需的，其中权重是行或列的质量。“Euclidean”表示用欧几里得距离（简称欧氏距离）公式进行测度，即使用行对和列对之间平方差之和的平方根进行测度。

“标准化方法”选项组用于选择数据标准化的方法，“行和列均值已删除”表示行和列都被中心化，适用于标准对应分析，仅在选择“卡方”距离度量时可用。其他选项仅在选择“Euclidean”距离度量时可用。

【步骤3】 统计量的设置：“统计量”按钮用于设定输出对应分析的统计量值。单击“统计量”按钮，弹出“对应分析：统计量”对话框。此对话框选择如图9-10所示。

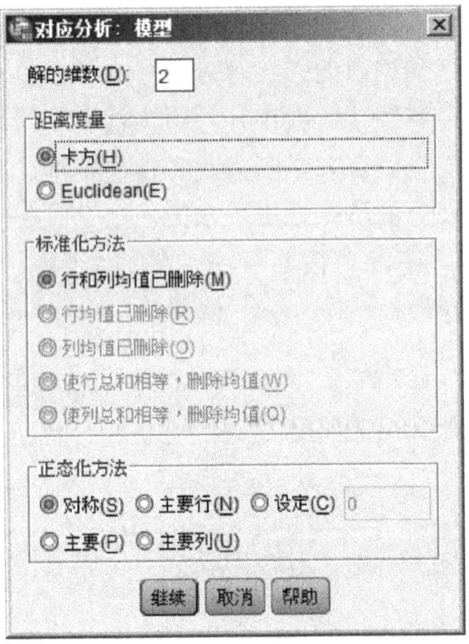

图9-9 “对应分析：模型”窗口

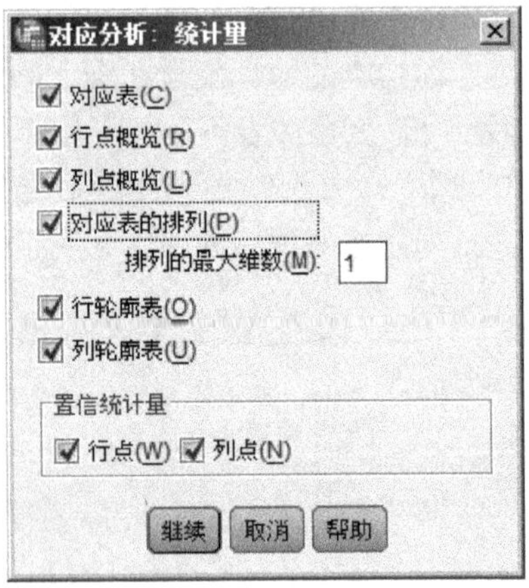

图9-10 “对应分析：统计量”窗口

“对应表”用于指定输出行、列各个类别组合的交叉表信息。

“行点概览”用于指定输出每个行类别的得分、质量、惯量、对维惯量的贡献和维对点惯量的贡献。

“列点概览”用于指定输出每个列类别的得分、质量、惯量、对维惯量的贡献和维对点惯量的贡献。

“对应表的排列”用于指定输出排列后的对应表即输出根据第一维上的得分按递增顺序排列行和列的对应表。在“排列的最大维数”文本框中输入置换表的最大维数，从而为从1到指定数字的每一维分别生成一个置换表。

“行轮廓表”用于指定输出每个行变量类别对所有列变量类别的分布。

“列轮廓表”用于指定输出每个列变量类别对所有行变量类别的分布。

“置信统计量”选项组用于设定输出非补充行或列点的标准差和相关性。“行点”单选按钮表示输出行点的标准差和相关性。“列点”单选按钮表示输出列点的标准差和相关性。

【步骤4】 绘制的设置。单击“绘制”选项，如图9-11所示，设置完成后，单击“确定”按钮，即得到对应分析的结果。

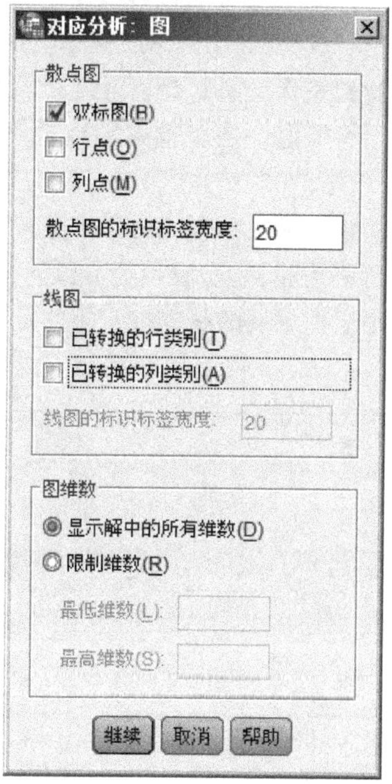

图9-11　“对应分析：图”窗口

“散点图”选项组用于输出维的所有成对图矩阵。“双标图”复选框表示输出行点和列点的联合图矩阵。“行点”复选框表示输出行点图矩阵。“列点”复选框表示输出列点图矩阵。在“散点图的标识标签宽度”输入散点图标签字符个数，该值必须为小于或等于20的非负整数。

“线图”选项组用于为指定变量的每一维生成一个线图。“已转换的行类别”复选框表示输出以行类别初始值对行类别生成的得分图。“已转换的列类别”复选框表示输出以列类别初始值对行类别生成的得分图。

“图维数”选项组用于设置图的维数。“显示解中的所有维数”单选按钮表示行和列的维数显示在交叉表中。“限制维数”单选按钮表示限制输出的维数，在“最低维数”中输入从1到总维数减1的整数，在“最高维数”中输入从2到总维数的整数。

三、对应分析的结果与解释

1. 对应表

表9-7给出了对应分析的对应表。实际上，对应表相当于“人员组”和“喝酒量”两个变量的交叉表。“有效边际”表示相应行或列个案分布的总计。从该表可以发现，大量喝酒的职员最少，为25个，而不喝酒和中等数量喝酒的职员最多。但是从该表还不能看出喝酒和工作类别的关系。

表9-7　对应表　（单位：人）

人员组	喝酒量				
	不喝	少量	中等	大量	有效边际
高级经理	4	2	3	2	11
初级经理	4	3	7	4	18
高级雇员	25	10	12	4	51

（续）

人员组	喝酒量				
	不喝	少量	中等	大量	有效边际
低级雇员	18	24	33	13	88
秘书	10	6	7	2	25
有效边际	61	45	62	25	193

2. 对应分析统计摘要

表9-8给出了对应分析的统计摘要表。对应分析的目的是利用尽可能少的维度表示变量间的关系，而摘要表可以提供最大维度的信息来观察每个维度上的贡献。“惯量比例”相当于特征值，是衡量解释数据变异能力的指标。可见，第一维度展示了最多的变异87.8%（0.075/0.085）。第二维度与第一维度正交，展示了剩下的最大部分11.7%（0.010/0.075）。而第三维度解释能力几乎没有。由于第三维度仅仅承载了0.5%的变异，因此二维的对应分析就足够了。“置信奇异值”表示行得分和列得分的相关系数，与皮尔逊相关系数类似。它等于惯量值的平方根，因此是维度重要性的另一种度量。

表9-8 对应分析统计摘要

维数	奇异值	惯量	卡方	Sig.	惯量比例		置信奇异值	
					解释	累计	标准差	相关
								2
1	0.273	0.075			0.878	0.878	0.070	0.020
2	0.100	0.010			0.117	0.995	0.076	
3	0.020	0.000			0.005	1.000		
总计		0.085	16.442	0.172*	1.000	1.000		

*12自由度。

3. 概述行点（列点）

表9-9给出了概述行点的信息。“质量”表示该类别个案占总个案数目的百分比。“维中的得分”表示各个行类别在第一维度和第二维度上的得分，也是对应分析散点图的坐标值，通过该得分可以判断行类别在每个维度上的分散情况。“贡献”表示行点对维度或者维度对行点变异的解释能力（即惯量的贡献度），其中“点对维惯量”表示行点在该维度上的贡献或者重要度，“维对点惯量”表示该维度对解释该类别行点的贡献度。例如，“高级雇员”在第一维度上贡献了99.9%的惯量，是该维度上的主导行点；“高级雇员”和“低级雇员”的惯量在第一维度和第二维度上得到了全部的分散，并且前两个维度几乎解释了“高级经理”89.3%的惯量，因此第三维度几乎没有贡献。概述列点表9-10含义类似。

4. 行点与列点在图上的坐标点

图9-12给出了行得分和列得分在二维上的散点图，通过图表的形式展现类别和样本之间的潜在关系。行点和列点越近，表示关系越密切。例如，第二个维度把经理和其他雇员分开了。对称正态化方法使得比较容易观察“工作组”和“喝酒”之间的关系，“秘书”比较接近大量喝酒型，而“高级雇员”更接近不喝酒型。

表 9-9 概述行点*

人员组	质量	维中的得分		惯量	贡献				
					点对维惯量		维对点惯量		
		1	2		1	2	1	2	总计
高级经理	0.057	-0.126	0.612	0.003	0.003	0.214	0.092	0.800	0.893
初级经理	0.093	0.495	0.769	0.012	0.084	0.551	0.526	0.465	0.991
高级雇员	0.264	-0.728	0.034	0.038	0.512	0.003	0.999	0.001	1.000
低级雇员	0.456	0.446	-0.183	0.026	0.331	0.152	0.942	0.058	1.000
秘书	0.130	-0.385	-0.249	0.006	0.070	0.081	0.865	0.133	0.999
有效总计	1.000			0.085	1.000	1.000			

*对称标准化。

表 9-10 概述列点*

喝酒量	质量	维中的得分		惯量	贡献				
					点对维惯量		维对点惯量		
		1	2		1	2	1	2	总计
不喝	0.316	-0.752	0.096	0.049	0.654	0.029	0.994	0.006	1.000
少量	0.233	0.190	-0.446	0.007	0.031	0.463	0.327	0.657	0.984
中等	0.321	0.375	-0.023	0.013	0.166	0.002	0.982	0.001	0.983
大量	0.130	0.562	0.625	0.016	0.150	0.506	0.684	0.310	0.995
有效总计	1.000			0.085	1.00	1.00			

*对称标准化。

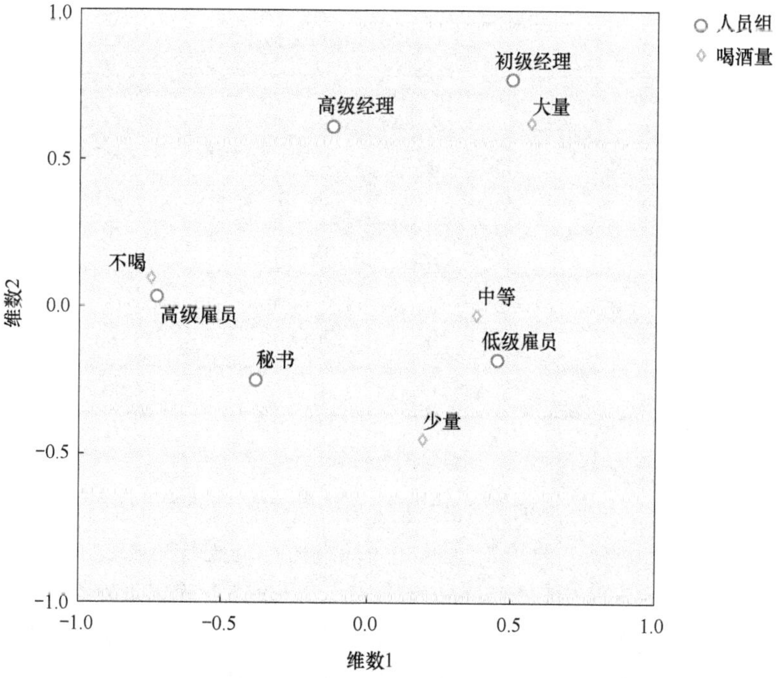

图 9-12 对应分析行点与列点坐标图

5. 行（列）简要表

表9-11给出了行简要表。每个单元格给出了相应交叉表中该单元格中频数占该行个案总数的百分比。“有效边际”表示该行的总计百分比。“质量”表示该列个案数目占总个案数目的百分比。例如，“高级雇员”和“秘书”中分别有49%和40%的不喝酒，而“初级经理”和“低级雇员”中分别有38.9%、37.5%的中等喝酒。

表9-11 行简要表

人员组	喝酒量				
	不喝	少量	中等	大量	有效边际
高级经理	0.364	0.182	0.273	0.182	1.000
初级经理	0.222	0.167	0.389	0.222	1.000
高级雇员	0.490	0.196	0.235	0.078	1.000
低级雇员	0.205	0.273	0.375	0.148	1.000
秘书	0.400	0.240	0.280	0.080	1.000
质量	0.316	0.233	0.321	0.130	

表9-12给出了列简要表。每个单元格给出了相应交叉表中该单元格中频数占该列个案总数的百分比。“有效边际”表示该列的总计百分比。“质量”表示该行个案数目占总个案数目的百分比。例如，不喝酒的雇员中“高级雇员”最多，占到了总数的41%；而大量喝酒和中等喝酒的雇员中“秘书”最多。

表9-12 列简要表

人员组	喝酒量				
	不喝	少量	中等	大量	质量
高级经理	0.066	0.044	0.048	0.080	0.057
初级经理	0.066	0.067	0.113	0.160	0.093
高级雇员	0.410	0.222	0.194	0.160	0.264
低级雇员	0.295	0.533	0.532	0.520	0.456
秘书	0.164	0.133	0.113	0.080	0.130
有效边际	1.000	1.000	1.000	1.000	

6. 行点和列点的置信统计量

表9-13和表9-14给出了行点和列点的置信统计量信息。“维中的标准差”表示各个行类别或列类别在第一维度和第二维度上的得分的标准差，如果标准差过大，则对该行点或列点在总体中的位置将更加不确定；如果标准差很小，则该行点或列点在总体中的位置将非常接近对应分析给出的点位置。“相关”表示了第一维度得分和第二维度得分的相关性，如果相关性很大，则就没有把握在一个正确的维度确定行点或列点的位置。

表 9-13 置信行点

人员组	维中的标准差		相关
	1	2	1-2
高级经理	0.614	0.917	0.101
初级经理	0.461	0.511	0.007
高级雇员	0.110	0.157	0.107
低级雇员	0.118	0.124	0.611
秘书	0.158	0.153	0.360

表 9-14 置信列点

喝酒量	维中的标准差		相关
	1	2	1-2
不喝	0.118	0.145	0.402
少量	0.281	0.292	0.054
中等	0.179	0.332	0.020
大量	0.361	0.441	-0.155

能力训练

1. 某公司欲招聘一批新员工，为了了解他们的知识能力、交际能力、自信心即应变能力等，为此人事部制定了 15 个方面的考核指标：X_1 申请书形式；X_2 外貌；X_3 专业能力；X_4 讨人喜欢能力；X_5 自信程度；X_6 洞察力；X_7 诚实；X_8 推销能力；X_9 经验；X_{10} 驾驶汽车能力；X_{11} 志向；X_{12} 理解能力；X_{13} 潜在能力；X_{14} 对工作要求强烈程度；X_{15} 适应性。对 48 名应试者面试，并对每一个方面考核指标按十分制打分，表现最好者给予最高分，普通者给予中间分，表现不好者给予低分。试通过 SPSS 的因子分析，综合评价 48 名应聘者的素质，从而找出最优的挑选方案（见二维码）。

9-01-02

2. 某大学农学院进行了水稻遗传性状的实验，水稻高度和大米性状见二维码，用“1”“2”“3”“4”表示水稻的不同高度。试进行对应分析，分析水稻高度和大米性状的对应关系。

（1）试计算对应分析的对应表，熟悉各变量的频数分布情况。

（2）采用对应分析计算行得分和列得分在二维平面上的散点图，并通过图标的形式分析类别和样本之间的潜在关系。

9-02-02

第十章　统计实验

本章数据文件示意

2-1-2　成绩

2-1-3　成绩

2-1　成绩

2-2　蔬菜的平均价格

3-1　身高

3-2　体重

3-3　平均气温

3-4　身体素质

4-1　居民收入与支出

4-2　智商与成绩

4-3　汽车销量预测

4-4　营业收入与广告费

实验一 SPSS 简介与文件建立

一、实验目的与要求

初步认识 SPSS，熟悉 SPSS 的窗口界面和菜单命令、数据文件的属性设置与编辑、问卷数据的录入。

二、实验内容

SPSS 的安装、注册、启动和退出；软件窗口界面和菜单命令，重点是数据编辑窗口和结果输出窗口；变量视图中文件属性的设置；插入、删除等基本操作；调查问卷数据的录入方法。

三、实验步骤

（一）SPSS 安装、注册、启动和退出

1. SPSS 的安装

SPSS 的具体安装方法可以在互联网上输入“SPSS20.0 安装”查看详细步骤。这里简要介绍安装步骤：

（1）找到 SPSS 安装软件所在的文件夹，双击 .exe 文件开始安装。

（2）首先见到的是图 10-1 所示的安装准备界面，稍等片刻即进入安装向导界面，此后为常见的安装过程。

（3）一直单击“下一步”按钮，直到安装完成。建议在安装过程中不要运行其他程序。安装的最后一步如图 10-2 所示，单击“确定”按钮后，进入授权和注册界面，要求用户选择授权类型，也可以单击“取消”按钮，稍后注册。

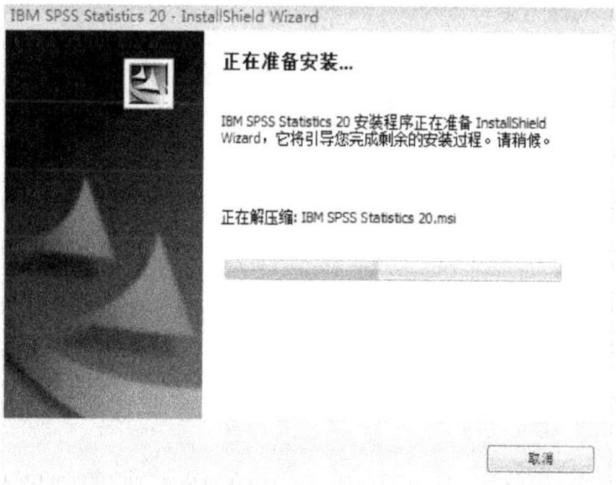

图 10-1 SPSS 安装准备界面

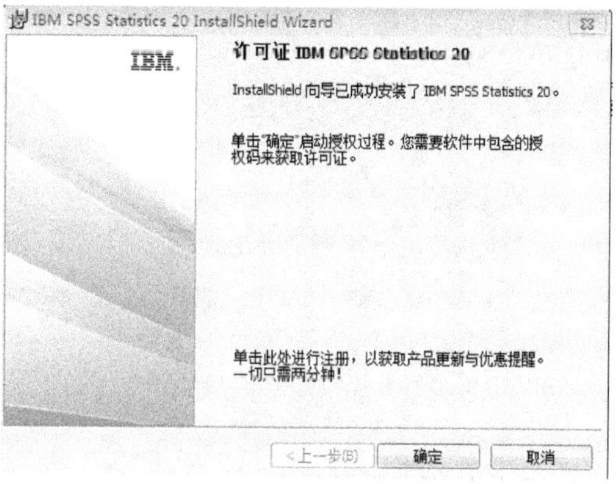

图 10-2 SPSS 安装确定界面

2. SPSS 的注册

选择“开始｜程序”→“IBM SPSS Statistics”→“IBM SPSS Statistics 20.0 许可证授权向导”后，进入许可证状态界面，单击“下一步”按钮，可更改 SPSS20.0 软件的授权方式

(许可证还是临时)，如图 10-3 所示。在图 10-4 中，输入软件的许可证代码认证后，软件可以长期使用。“启用以用于临时使用”的选项，输入临时文件 temp. txt 激活后，可以试用 14 天。

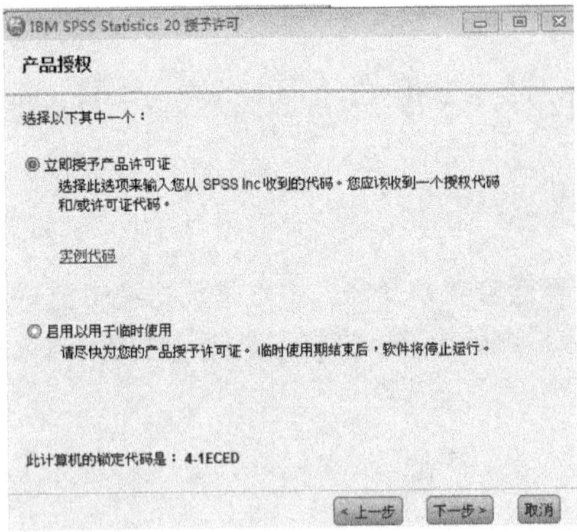

图 10-3 SPSS 安装的产品授权界面

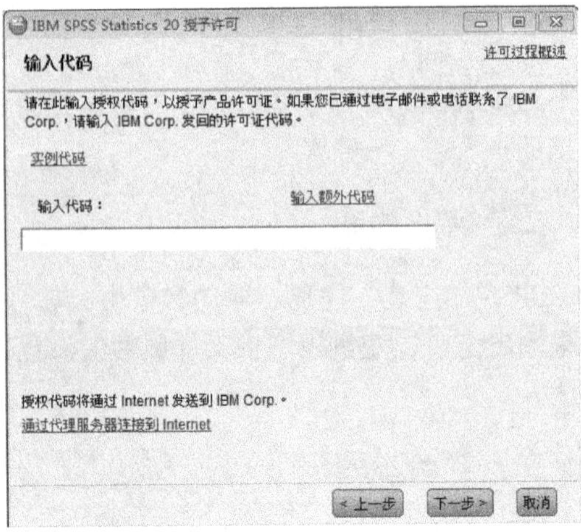

图 10-4 SPSS 安装的许可证代码输入

3. SPSS 的启动和退出

(1) SPSS 的启动。启动 SPSS 程序，可以双击桌面的 SPSS 图标，也可以依次单击“开始 | 程序”→“IBM SPSS Statistics”→“IBM SPSS Statistics 20. 0”启动程序。之后会出现启动选项界面（见图 10-5)，提示 SPSS20. 0 成功启动。

SPSS 有 6 个启动选项：“运行教程”“输入数据”“运行现有查询”“使用数据库向导创建新查询”“打开现有的数据源”和“打开其他文件类型”。

单击启动选项中的“运行教程”单选框（或单击主菜单“帮助”→“教程”），再单击“确定”按钮，就可以打开图 10-6 所示的帮助教程界面。对于初学者，一个好的开始是查看软件自身的帮助教程。SPSS20. 0 的帮助系统是通过网页方式访问的。

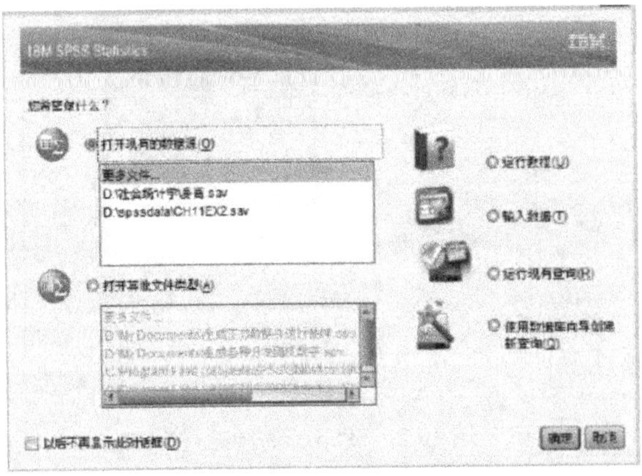

图 10-5 SPSS 启动选项

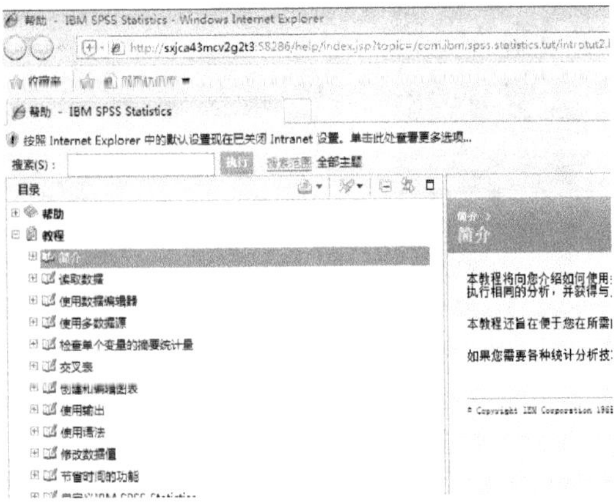

图 10-6 SPSS 的帮助教程

(2) SPSS 的退出与保存。在菜单栏中选择“文件”→“退出”，或者单击窗口右上角的“关闭”按钮，就可以退出 SPSS。

如果进行了任何设置或分析操作，退出时首先会弹出图 10-7 所示的输出结果的保存对话框，确认是否保存了 SPSS 查看窗口的输出项目。

如果要关闭已做过修改的文件，退出时首先弹出图 10-8 所示的文件保存对话框，保存后即可正常退出。

注意：非正常退出可能引起数据丢失，所以请及时保存文件。

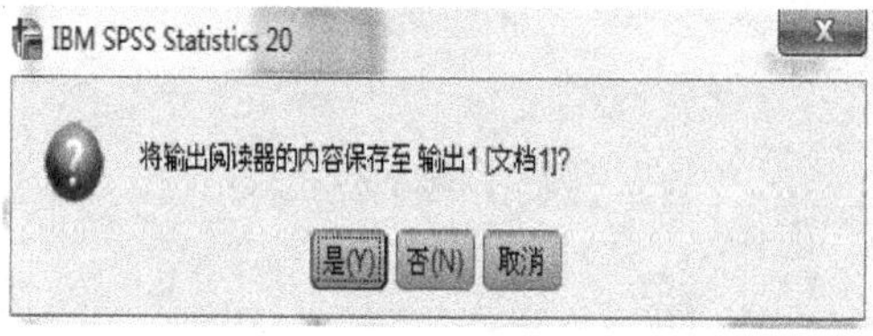

图 10-7 输出结果的保存提醒

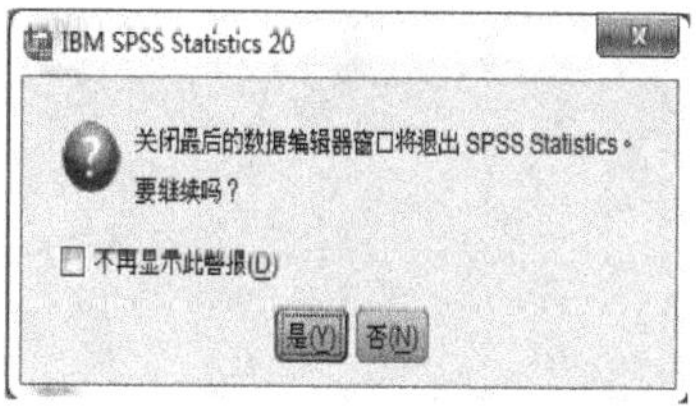

图 10-8 数据编辑器退出前的保存提醒

4. SPSS 支持的数据格式

SPSS 能够将数据编辑窗口中的数据保存成多种格式的数据文件。常见的格式有 SPSS 文件格式、Excel 文件格式、dbf 文件格式、文本格式等。

（二）SPSS 的窗口界面和菜单命令

对大多数用户来说，SPSS 是“窗口+对话框”方式的应用工具，熟悉和了解常用的窗口界面，对提高使用 SPSS 进行统计分析的工作效率是非常必要的。SPSS 的基本常用界面有数据编辑窗口（主窗口）、结果输出查看窗口、对象编辑窗口、语法编辑窗口和脚本编辑窗口。但如果要快速入门，只需要熟悉 SPSS 中的 3 个窗口，即数据编辑窗口、结果输出窗口和语法窗口。

1. 数据编辑窗口

数据编辑窗口即数据编辑器（Data Editor），是做统计数据分析的最主要的窗口界面。

如果在启动选项中选择“输入数据”或“打开现有的数据源”，进入 SPSS 后最先见到的就是数据编辑窗口。

数据编辑窗口的各部分名称如图 10-9 所示。

（1）标题栏。如图 10-9 所示，界面最上方的标题栏有显示“数据编辑器”，表明这是数据编辑窗口。“未标题 1”是当前数据文件名，当前面有“ * ”时，表示对此文件有修改操作但尚未保存，保存后“ * ”消失，做过修改后“ * ”再度出现，如此反复，可以提示用户及时保存文件，以免发生意外时造成数据丢失。紧随文件名的“数据集 0”是当前数据集的名字，若再打开或新建一个数据文件就会显示“数据集 1”，以此类推。

（2）菜单栏。标题栏下方是菜单栏，其各选项的功能如表 10-1 所示。

（3）工具栏。菜单栏下方是工具栏，工具栏主要用来列出一些常用命令的快捷图标，如“打开”、“保存”和“打印”等。通过移动鼠标把光标停留在快捷图标，可以具体查看提示的功能名称。

（4）数据编辑和显示区域。如图 10-9 所示，在工具栏的下方，左侧灰色显示的是位置提示区，其内容为当前选中单元的位置，例如“2：X2”表示第 2 行的变量 X2 的位置，如果当前选中连续区域，此处显示所选区域的左上角单元格的位置；右侧的空白区域是数据编辑栏。

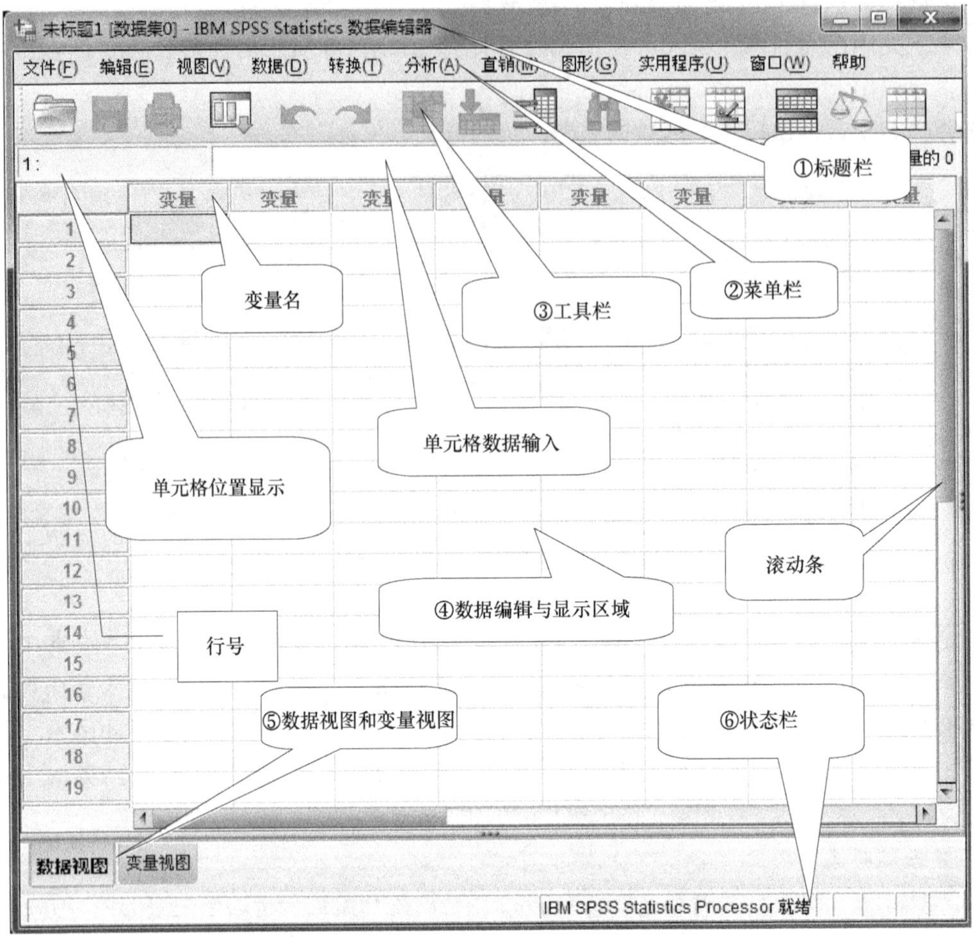

图 10-9　SPSS 的数据编辑窗口

表 10-1　数据编辑器中的各菜单选项及其功能

菜单项	英文名称	功　　能
文件	File	新建、打开或保存文件、另存为、查看文件信息等
编辑	Edit	剪切、复制、粘贴等编辑操作，查找、定位特定行的数据，插入个案和变量，在“编辑”→“选项”中设置 SPSS 的许多环境变量，如中英文语言的设定等
视图	View	可以选择是否显示状态栏、网格线，设置工具栏的显示方式和设置字体
数据	Data	定义变量属性、日期属性，进行排序、转置、合并文件、分类汇总、拆分文件、选择个案、加权个案等
转换	Transform	计算新变量、生成时间序列变量、随机数、计数、缺失值操作等
分析	Analyze	实现各种分析功能，如 OLAP、描述统计分析、均值比较、方差分析、相关分析、回归分析、因子分析、聚类分析等
直销	Marketing	对客户交易数据进行分析，改善直销活动的效果

（续）

菜单项	英文名称	功能
图形	Graphs	可以制作十多种常用图形、交互图形、地图等
实用程序	Utilities	查看变量信息，运行脚本等
窗口	Window	切换窗口，改变窗口显示方式
帮助	Help	帮助主题、教程、案例学习、SPSS 主页等

编辑栏：主要用来输入数据，它与 Excel 中编辑栏的功能相似，选中某个单元格，在编辑栏中输入数据，即可显示在该单元格中。

变量名：主要用来显示当前定义的变量。要定义变量需要在变量视图中进行操作。

编辑区：主要由变量名与行号组成，每一行称作个案（记录），每列称作变量。

（5）数据视图和变量视图。二维表格的下面是数据编辑窗口的标签栏。视图分为数据视图（Data View）和变量视图（Variable View）。数据视图主要用来编辑数据文件，而变量视图则是用来编辑变量的各种属性。请注意，问卷数据录入之前，必须先在变量视图里定义好变量名称和属性，也称为数据结构。

（6）状态栏。状态栏主要用于显示 SPSS 当前的运行状态。当 SPSS 等待用户操作时，会显示“SPSS Processor is ready”的提示信息。例如，进行拆分或加权个案操作后会在此显示提示信息。

2. 结果输出窗口

结果输出窗口用于输出 SPSS 统计分析的结果或绘制好的相关图表，如图 10-10 所示。

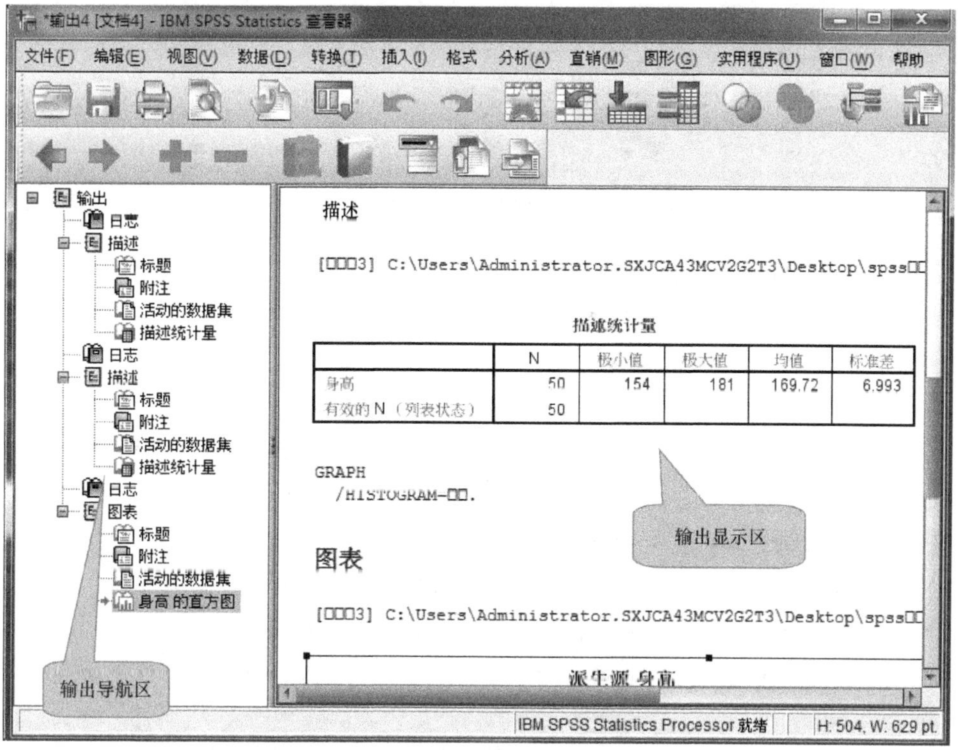

图 10-10 SPSS 的结果输出窗口

结果输出窗口的左侧是导航窗口，用于显示输出结果的目录。单击目录前边的加、减号可以显示或隐藏相关的内容；右边是结果显示区，统计结果多数是表格或图形的形式。

执行“文件”→“新建”→“输出”命令，即可打开输出窗口。在SPSS中可以同时打开多个输出窗口。如果当前打开了多个输出窗口，用户可以直接单击某个窗口的标题栏来激活它，被激活的窗口将被放于最前面。

输出导航栏：位于输出窗口左侧，它以树形结构给出输出信息的目录提纲，也称作目录区。

输出显示栏：位于右侧，主要用来显示结果的输出信息，包括输出结果的标题、文本、表格和统计图。可以对该窗口中的内容使用鼠标、键盘和编辑菜单项的各种命令进行编辑。

3. 对象编辑窗口

在结果输出窗口的显示区中选中对象并单击鼠标右键，在弹出的菜单中依次选择“编辑内容”→“在单独窗口中”命令，或者直接双击其中的表格或图形，均可打开该输出结果对应的对象编辑窗口，在对象编辑窗口中可以对表格、图表等对象进行相应的编辑操作。图10-11所示的图表编辑器就是对象编辑窗口，可以在此对图表的属性进行修改。

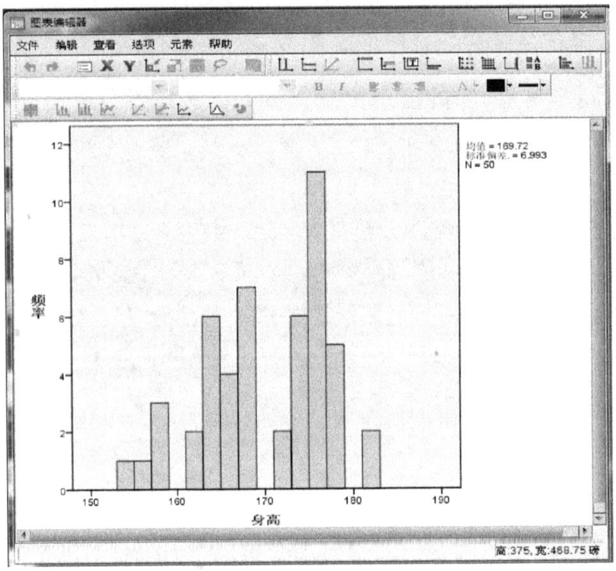

图10-11　SPSS的图表编辑器

4. 语法窗口

依次选择菜单“文件”→“新建”→“语法”命令或“文件”→“打开”→“语法”命令，均可打开语法编辑器窗口，如图10-12所示。

（三）SPSS数据文件的属性设置

SPSS数据文件是一种有结构的数据文件，它包括文件结构和数据两部分，具体体现在变量视图和数据视图中。因此，在开始录入原始数据前，需要先定义文件结构的各项属性。SPSS数据文件中的一行数据称为一条记录或观测量或个案（Case），一列数据称为一个变量（Variable）。

创建好空白数据文件后，单击数据编辑窗口左下方的“变量视图（Variable View）”选项卡，进入数据结构定义窗口，如图 10-13 所示。可以在该窗口中设定或修改变量的各种属性。

图 10-12　SPSS 的语法编辑窗口

注意： SPSS 数据文件与一般文本文件、Excel 文件的不同之处在于，后者只有数据文件而没有关于文件结构的描述。因此，SPSS 数据文件只能在 SPSS 软件中打开，而不能在 Excel 中打开。不过在 SPSS 软件中可以打开符合格式要求的 Excel 文件（ *. xls）、文本文件（ *. txt）。

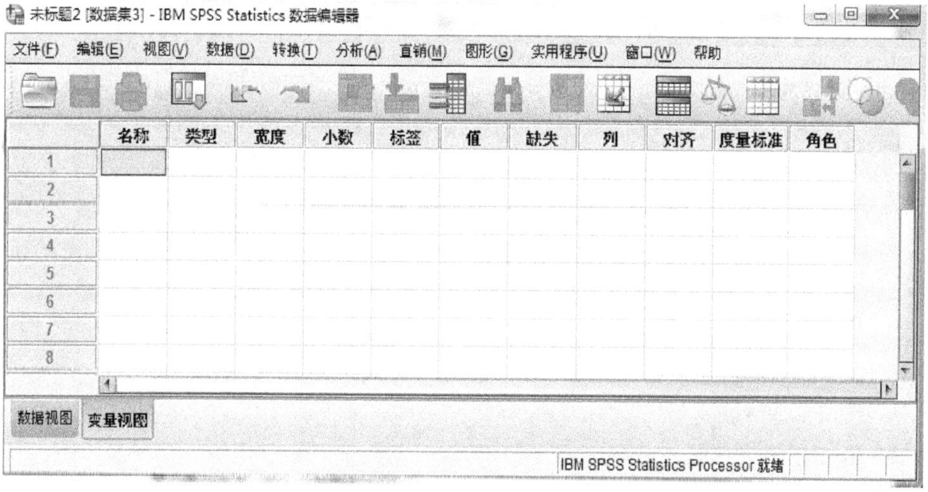

图 10-13　变量视图与属性设置

一个完整的 SPSS 文件结构包括变量名、变量类型、变量宽度与列宽度、变量小数、变量名标签和变量值标签、缺失值、变量对齐方式、度量标准的尺度等属性。

1. *变量名*

变量名（Name）是变量存取的唯一标志。在定义 SPSS 数据属性时，应首先给出每列变量的变量名。变量命名的规则如下：

（1）变量名是唯一的，不能重复使用。

（2）首字母必须是字母或汉字。变量名中不可以有空格。

（3）变量名不区分大小写。

（4）变量长度不能超过64个字符（32个汉字）。

（5）如果用户不指定变量名，SPSS软件会以“VAR”开头来命名变量，后面跟5个数字，如VAR00001、VAR00002、VAR00003等。

注意：为了方便记忆，用户所取的变量名最好与其代表的数据含义相对应。

2. 变量类型

变量类型（Type）是指每个变量取值的类型。常用的变量类型有标准数值型、字符串型、日期型三种。各种详细的变量类型如表10-2所示。可以在图10-13中类型（Type）的列中任意选择一个单元格，单击其右侧的…按钮，会弹出图10-14所示的“变量类型”对话框，根据需要来选择合适的变量类型。

表10-2 部分变量类型的说明

变量类型	英文名	样本示例	说明
标准数值型	Numeric	1234567.89	默认长度为8，小数位数为2
逗号型	Comma	1，234，567.89	带逗号的数值型变量，默认长度8，小数位数2 圆点作小数点，整数部分每隔3位用逗号分隔
圆点型	Dot		圆点数值型变量，默认长度8，小数位数2 逗号作小数点，整数部分每隔3位用圆点做分隔
科学计数法	Scientific notation	1.23E+6	默认长度8，小数位数2，适合显示数值很大或很小的变量
日期型	Date		可以设置不同的日期格式
美元型	Dollar		带美元符号的数值型变量，默认长度为8，小数位数为2，显示时，有效数值前带“$”
字符串型	String		

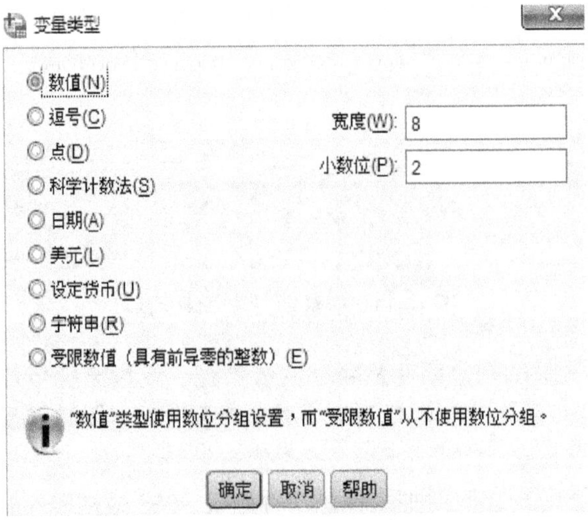

图10-14 变量类型

3. 变量宽度与列宽度

变量宽度（Width）用于设置数值变量或字符串变量的宽度，默认的变量显示宽度为 8。

“列”属性设置在数据视图中相应单元格的宽度，默认的单元格显示宽度为 8。

用户可以直接键入合适的宽度值，或者单击单元格右侧的按钮调节值的大小。

如果单元格的显示宽度小于变量的显示宽度时，较宽的变量取值会以“…”显示。

4. 变量小数

变量小数（Decimals）可以设置变量数据的小数位数，系统默认为两位。用户可以通过调整列中的按钮来改变变量的小数点位数。

5. 变量名标签和变量值标签

变量名标签（Label）用于标注变量代表的实际含义，总长度可达 120 个字符。在结果输出中常显示于变量名的旁边。在调查问卷处理中，常用于显示问卷的每道题目。

值标签（Values）是对变量的每一个取值的进一步描述。在选择题题型中，常用 1、2、3、4 代表选项 A、B、C、D，值标签表示选项的具体内容，如 90~100 分、80~89 分、70~79 分、60~69 分。单击选中某个变量的“值”属性单元格，再单击单元格右侧出现的按钮，弹出图 10-15 所示的对话框。

在图 10-15 中，“值”后输入预定义标签的变量取值，“标签”后输入预定义的数据标签内容，单击“添加”按钮添加新标签，单击“更改”按钮改变现有标签，单击“删除”按钮删除已有标签。设置完毕，单击“确定”按钮返回。

6. 缺失值

SPSS 有系统缺失值和用户缺失值两类缺失值，系统默认为 None（无）。当需要定义缺失值时，单击缺失下的含有“无”单元格，便进入图 10-16 的“缺失值”窗口。

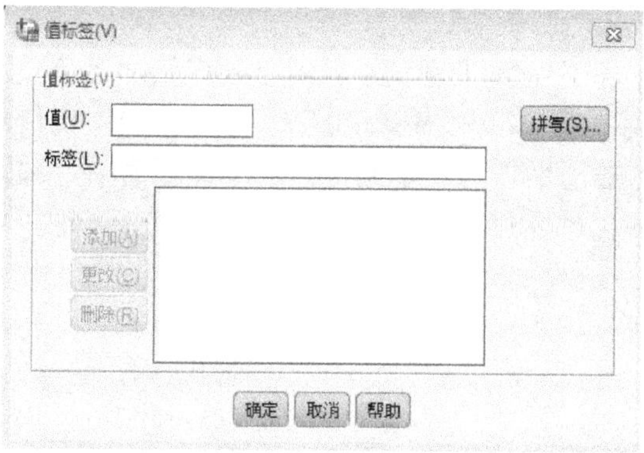

图 10-15　值标签对话框

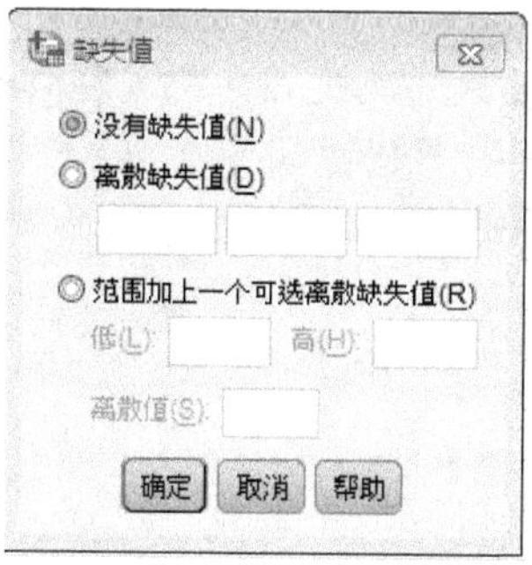

图 10-16　缺失值对话框

缺失值有以下三种定义方式：

没有缺失值：系统默认没有缺失值。

离散缺失值：定义 1~3 个变量取值为缺失值。

范围加上一个可选离散缺失值：定义指定范围为缺失值（“低”“高”后的输入框用于指定缺失值范围的下界和上界），同时指定另外一个不在这一范围的单一数为缺失值。

7. 变量对齐方式

变量对齐（Align）分为三种：左对齐、居中、右对齐。

8. 度量标准

数据结构定义窗口中的度量标准（Measure）主要用于定义变量的测量尺度，用户可以选择 Nonimal（定类数据）、Ordinal（定序数据）、Scale（定距数据），设置如图 10-17 所示。统计学中，依据度量标准从低到高可以把数据分为三大类，即定类数据、定序数据、定比数据。

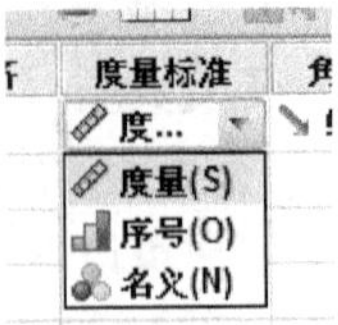

图 10-17　度量标准的设置

注意：在实际中，最常用的变量属性为变量名、变量类型、变量名标签和变量值标签，其他属性可以根据问题需要来自行选择。

（四）数据文件的编辑

1. 在单元格中的编辑

在单元格中，数据编辑的操作方法如表 10-3 所示。

表 10-3　单元格中数据编辑的操作

键盘操作	单元格定位	滚动条操作		窗口移动
↑	向上移动一个单元格	纵向	上箭头	窗口上移一行
↓	向下移动一个单元格		下箭头	窗口下移一行
←或 Shift+Tab	向左移动一个单元格		单击上箭头与移动块间	向上移动一屏
→或 Tab	向右移动一个单元格		单击下箭头与移动块间	向下移动一屏
PgUp	向上移动一屏		上下拖动移动块	窗口上下移动
PgDn	向下移动一屏	横向	左箭头	窗口左移一列
Home	向左移动到行首		右箭头	窗口右移一列
End	向右移动到行末		左右拖动移动块	窗口左右移动

2. 插入变量与删除变量（列）

在数据视图中，直接单击某个变量名，选中整列变量值，此时整列变量加底色显示；再右键单击选中的变量名称，在弹出的快捷菜单里单击“插入变量”，即可在选中变量列的左侧插入一个新的默认变量。在数据视图中单击选中任一个单元格，依次单击菜单“编辑”→“插入变量”，也可以完成插入变量。图 10-18～图 10-20 所示是插入变量的三种方法。

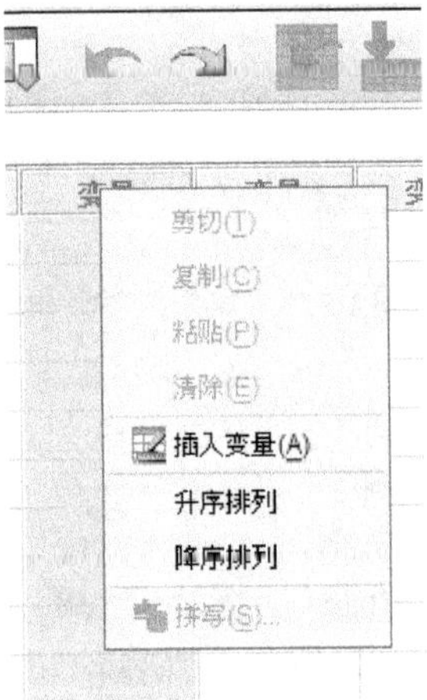

图 10-18　插入变量方法一

图 10-19　插入变量方法二

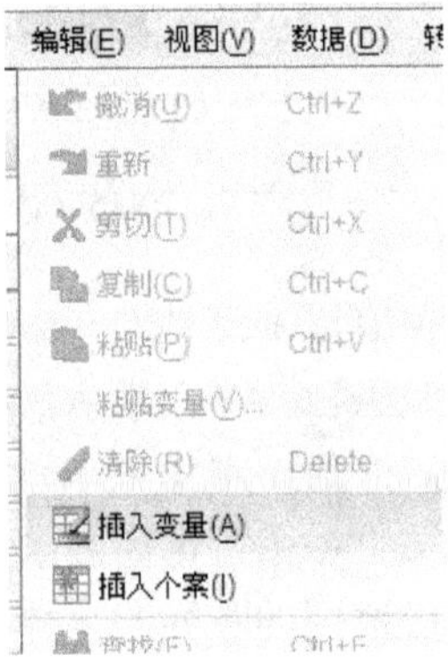

图 10-20　插入变量方法三

在数据视图中，单击选中某个整列变量后，依次单击菜单“编辑”→“剪切（或清除）”，即可删除此变量。单击“剪切”项时，选中的变量暂时存入剪切板，可以通过单击“编辑”→“粘贴”恢复；而单击“清除”项就是删除操作，可以通过单击“编辑”→“撤销”来恢复。以上删除操作均可通过键盘上的“Delete”来完成。

3. 插入个案与删除个案

在数据视图中，单击左侧的某个观测记录行号，选中整行记录，再右键单击，后选择“插入个案”，即可在此记录行的前面插入一行，所有行号自动重编。另外，也可通过单击菜单“编辑”→“插入个案”操作。删除个案的操作与上述类同。

4. 剪切、复制、粘贴与清除

首先选中需要操作的数据区域，被选中的单元格加底色显示。然后接着进行以下操作：

方法一：右键单击会弹出快捷菜单“剪切”“复制”“粘贴”“清除”“网格字体”等，选择相应操作即可。

方法二：通过单击“编辑”菜单的下拉菜单来实现。

方法三：通过键盘快捷键“Ctrl+X”“Ctrl+C”“Ctrl+V”“Ctrl+Z”来分别执行剪切、复制、粘贴和撤销操作。

注意：在进行“编辑”→“粘贴”操作时，目的区域与被粘贴区域的数据格式必须一致，否则 SPSS 将按默认方式处理。

（五）SPSS 分析调查问卷数据的方法

当把调查问卷的数据拿回来后，该做的工作就是用统计软件进行处理。处理的过程大致可分为四个步骤：①定义变量；②数据录入；③统计分析；④结果保存。下面将从这四个方面来对问卷的处理做详细介绍。

第一步：定义变量。

大多数情况下，我们需要从头定义变量，在打开 SPSS 后，可以看到和 Excel 相似的界面，在界面的左下方可以看到数据视图和变量视图两个标签，只需单击左下方的变量视图标签，就可以切换到变量定义界面，开始定义新变量。

SPSS 的问卷分析中，一份问卷是一个个案，首先要根据问卷问题的不同来定义变量。每一个问题设为一个变量，这样一份问卷有多少个问题就要有多少个变量与之对应，每一个问题的答案即为变量的取值。

定义变量需要注意两点：一是区分变量的度量以及度量标准的值，其中 Scale 是定量、Ordinal 是定序、Nominal 是定类。二是注意定义不同的数据类型。各式各样的问卷题目的类型大致可以分为单选题、多选题、排序题、开放题四种类型，它们的变量的定义和处理的方法各有不同。详细举例介绍如下。

1. 单选题类型的变量属性的设置

（1）请问你的年龄属于下面哪一个年龄段？（　　）

A. 20~29 岁　　B. 30~39 岁　　C. 40~49 岁　　D. 50~59 岁

变量设置可如下：变量名为“年龄”，类型可根据答案的类型设置，答案可以用 1、2、3、4 来代替 A、B、C、D，所以选择数值型，宽度为 4，小数位数为 0（因为答案没有小数点），变量标签为“年龄段”。值用于定义具体变量值的标签，单击框右侧的省略号，会弹出

“值标签”对话框，如图10-15所示，在第一个文本框里输入1，在第二个文本框输入20~29，然后单击添加即可。同理，可做如下设置，即1=20~29、2=30~39、3=40~49、4=50~59。缺失值用于定义变量的缺失值，单击框右侧的省略号，会弹出“缺失值”对话框如图10-16所示，界面上有一列三个单选钮，默认值为最上方的“没有缺失值”；第二项为“离散缺失值”，最多可以定义三个值；最后一项为“范围加上一个可选离散缺失值”，在此不设置缺失值，所以选中第一项。列用于定义显示列宽，可自己根据实际情况设置。对齐用于定义显示对齐方式，有居左、居右、居中三种方式。度量标准用于定义变量类型是连续、有序分类还是无序分类。

下面对一些特殊情况的变量设置做出说明。

2. 填空题类型的变量属性的设置

（2）你所在的省份是________。

填空题即为开放题，设置这些变量的时候只需要对值和缺失值两项不设置即可。

3. 多选题的变量设置

多选题的变量设置有两种方法，即多重二分法和多重分类法。

多重二分法的基本思想是把该题每一个选项设置成一个变量，然后将每一个选项拆分为两个选项，即选中该项和不选中该项。

（3）请问您通常获取新闻的方式有哪些？（　　）（可多选）

1. 报纸　　2. 杂志　　3. 电视　　4. 收音机　　5. 网络

在SPSS中设置变量时可为此题设置五个变量。假如此题为问卷第三题，那么变量名分别为3_1、3_2、3_3、3_4、3_5，然后每一个选项有两个选项选中和不选中，只需在“Value”一项中为每一个变量设置成“1=选中此项”“0=不选中此项”即可。

使用变量视图窗口，可以把一个问卷中的所有问题作为变量在这个窗口中定义。

定义变量完成后，接着就是数据的录入。首先，要回到数据编辑窗口，单击软件左下方的数据视图标签。

多重分类法较适合于限选题。

（4）网购过程中，您最担心的因素有哪些？（　　）（最多选三项）

A. 图片和实物有差距　　B. 运输过程中货物受损　　C. 快递丢件

D. 商家的售后服务质量　　E. 产品质量不合格　　F. 发错商品

G. 支付的安全性　　H. 其他

编码：假如此题为问卷第4题，定义三个变量，其变量名为4_1、4_2、4_3。选项编码：1、2、3、4、5、6、7、8分别代表选项A、B、C、D、E、F、G、H。

录入：假如被调查者选择了A、C、E，则在三个变量下分别录入1、3、5。

注：能用分类法编码的多选题也能用二分法编码，但是项数不定的多选只能用二分法，即二分法是多选题的常用处理方法。

4. 排序题：对选项重要性进行排序

（5）您购买商品时，在①品牌、②流行、③质量、④实用、⑤价格中对它们的关注程度先后顺序是：第一位（　　）、第二位（　　）、第三位（　　）、第四位（　　）和第五位（　　）。

编码：定义五个变量，分别可以代表第一位到第五位，每个变量的 Value 值都做如下定义："1" 品牌，"2" 流行，"3" 质量，"4" 实用，"5" 价格。

录入：录入的数字 1、2、3、4、5 分别代表五个选项，如被调查者把质量排在第一位，则在代表第一位的变量下输入 "3"。

5. 选择排序题

(6) 下列因素中，您认为影响您购物决策的最重要因素是哪三项？并按重要性从高到低排序。(　　)(　　)(　　)

A. 价格　　B. 流行　　C. 质量　　D. 实用　　E. 品牌　　F. 包装

编码：以 A、B、C、D、E、F 这 6 个选项分别对应定义 6 个变量，每个变量的 Value 值都做同样的如下定义："0" 未选，"1" 排第一，"2" 排第二，"3" 排第三。

录入：以变量的 Value 值录入。假如三个括号里分别选的是 E、A、C，则该题的 6 个变量的值应该分别录入：2（代表 A 选项排在第二）、0、3（代表 C 选项排在第三）、0、1（代表 E 选项排在第 1）、0。

6. 开放性文字题

如果可能的话，可以按照含义相似的答案进行编码，转换成为封闭式选项进行分析；如果答案内容较为丰富、不容易归类，应对这类问题直接做定性分析。

第二步：数据录入。

SPSS 数据录入有很多方式，操作步骤是："文件" → "打开" → "数据"，大致有以下几种：

(1) 读取已经存在的 SPSS 格式的数据。SPSS 格式文件的扩展名是 *.sav。

(2) 读取 Excel 格式的数据。Excel 格式文件的扩展名是 *.xls。

(3) 读取文本数据。文本文件的扩展名是 *.txt。

(4) 读取数据库格式数据。dBase 系列数据文件的扩展名是 *.dbf。如果是 SAS 格式文件，需要配置 "ODBC 接口"，在 SPSS 中，通过 ODBC 和数据库进行连接和读取。

问卷的数据录入相对简单，只要在 SPSS 的数据录入窗口中定义变量和直接输入。

第三步：统计分析。

有了数据，可以利用 SPSS 的各种分析方法进行分析，但选择何种统计分析方法，即调用哪个统计分析过程，是得到正确分析结果的关键。这要根据问卷调查的目的和想要什么样的结果来选择。SPSS 有作图分析和数值分析两类方法。

1. 作图分析

在 SPSS 中，大多数统计绘图功能均放置在图形菜单中，如图 10-21 所示。

作图分析简单易懂，一目了然，可根据实际情况来选择需要作的图形，一般来讲，较常用的有条形图、直方图、正态图、散点图、饼图等，具体操作很简单，可参阅相关书籍，更多情况下作图分析是与数值分析相结合来对问卷进行分析的，这样效果更好。

2. 数值分析

SPSS 数值统计分析过程均在 "Analyze"（分析）菜单中，如图 10-22 所示，包括：

(1) 报告和描述统计，又称为基本统计分析。基本统计分析是进行其他更深入的统计分析的基础，通过基本统计分析，用户可以对分析数据的总体特征有比较准确的把握，从而选择更为深入的分析方法对分析对象进行研究。其中包括的功能是对单变量的描述统计分析。

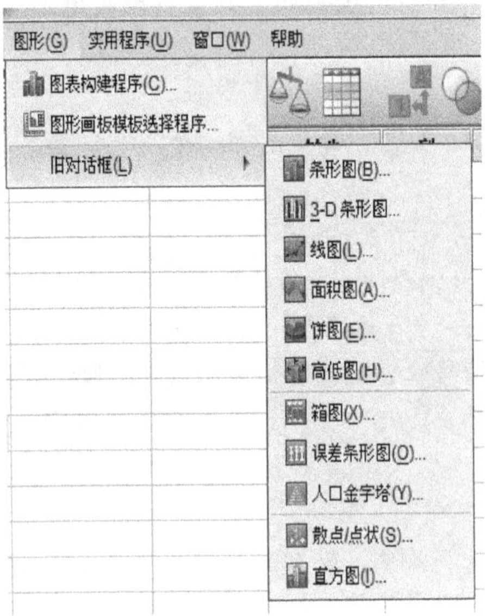

图 10-21　不同类型图形的制作

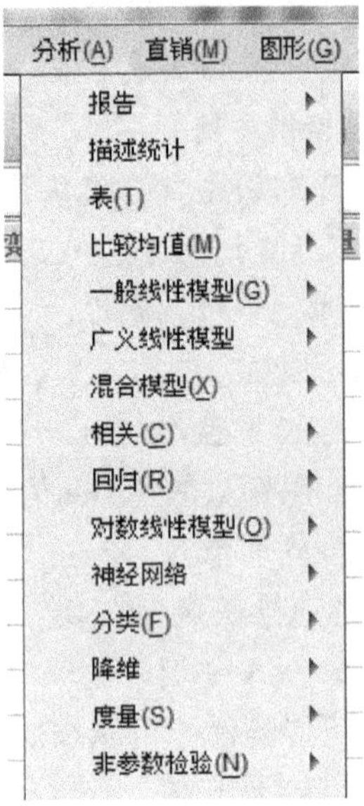

图 10-22　丰富的数据分析功能

（2）描述统计包括的统计功能有：

1）频数分析。功能：了解变量的取值分布情况。

2）描述统计量分析。功能：了解数据的基本统计特征和对指定的变量值进行标准化处理。

3）探索分析。功能：考察数据的奇异性和分布特征。

4）交叉分析。功能：分析事物（变量）之间的相互影响和关系。

（3）均值比较与检验。功能：能否用样本均值估计总体均值？两个变量均值接近的样本是否来自均值相同的总体？换句话说，两组样本某变量均值不同，其差异是否具有统计意义？能否说明总体差异？这是各种研究工作中经常提出的问题。这时就要进行均值比较。

以下是进行均值比较及检验的过程：

均值过程：不同水平下（不同组）的描述统计量，如男女的平均工资、各工种的平均工资。目的在于比较。

术语：水平数（指分类变量的值数，如性别变量有两个值，称为有两个水平）、单元（Cell，指因变量按分类变量值所分的组）、水平组合。

T 检验过程：对样本进行 *T* 检验的过程。

单样本的 *T* 检验：检验单个变量的均值是否与给定的常数之间存在差异。

独立样本的 *T* 检验：检验两组不相关的样本是否来自具有相同均值的总体（均值是否相同，如男女的平均收入是否相同，是否有显著性差异）。

配对样本 *T* 检验：检验两组相关的样本是否来自具有相同均值的总体（前后比较，如训练效果、治疗效果）。

单因素方差分析：用于检验几个（三个或三个以上）独立的组，是否来自均值相同的总体。

（4）方差分析（ANOVA）。方差分析是检验多组样本均值间的差异是否具有统计意义的一种方法。例如：医学界研究几种疫苗对新冠病毒的疗效；农业研究土壤、肥料、日照时间等因素对某种农作物产量的影响；不同饲料对牲畜体重增长的效果等，都可以使用方差分析方法去分析。

（5）相关分析。它是研究变量间密切程度的一种常用统计方法。

（6）回归分析。其功能是寻求有关联（相关）的变量之间的关系的回归模型。

（7）非参数检验。它是指在总体不服从正态分布且分布情况不明时，用来检验数据资料是否来自同一个总体假设的一类检验方法。由于这些方法一般不涉及总体参数故得名。

非参数检验的过程有以下几个：卡方检验、二项分布检验、游程检验、一个样本柯尔莫哥洛夫—斯米诺夫检验、两个独立样本检验、*K* 个独立样本检验、两个相关样本检验、因子分析、聚类与判别等。

以上就是几项数值统计分析方法的简介。在变量定义以及数据录入完成后，就可以根据需要，在以上几种分析方法中选择若干种对问卷数据进行统计分析，来得到想要的结果。

第四步：结果保存。

SPSS 软件会把统计分析的所有结果保存在一个窗口中，即结果输出窗口，由于 SPSS 软件支持复制和粘贴功能，这样就可以把想要的结果复制、粘贴到报告中，也可以在菜单中执行“文件”→“保存”，来保存结果。

总结：

以上便是 SPSS 处理问卷的四个步骤。四个步骤结束后，接着就是写调查报告或统计报告了。

实验二　数据文件的操作

一、实验目的与要求

掌握基本的数据文件的整理操作、掌握常用的数据的计算和转换功能。

二、实验内容

数据的排序、转置、问卷合并、分类汇总、数据拆分、选择个案、数据加权；变量计算、变量重新编码、变量值计数、个案排秩。

三、实验步骤

（一）数据文件的整理操作

初始收集到的数据还是原始数据，不能直接用来统计分析。此时，还需要对数据文件进行适当的整理和转换，使数据格式更加适用于相应的分析方法。数据文件整理的功能主要通过“数据”和“转换”菜单来完成（见图 10-23 和图 10-24）。数据文件的整理操作的常用功能有排序、筛选、拆分、合并、转置、分类汇总、加权个案等。

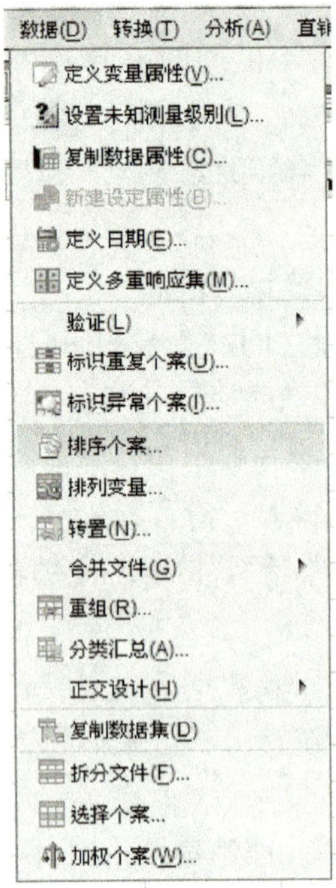

图 10-23 “数据”菜单功能

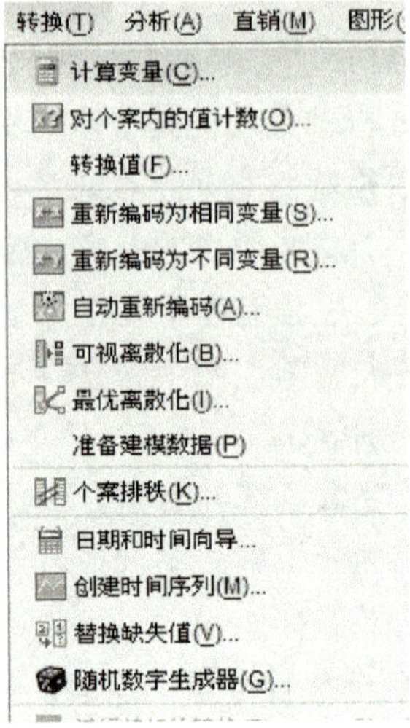

图 10-24 “转换”菜单功能

1. 数据排序

（1）排序的功能。就像在某网站网购时，经常按销量、价格进行升序、降序操作，做数据分析时也常会按某个或多个变量标志进行升序或降序操作。数据排序后，所有数据的排列顺序都会发生变化，而不仅仅是只有某些列的顺序发生变化。

（2）实例问题描述。

【例 10-1】 数据文件“2-1 成绩”是不同年级与班级的语文、数学、英语的成绩。请按语文成绩升序进行排序。

（3）操作步骤与过程。

第一步，打开数据文件“2-1 成绩”，单击界面下方的“变量视图”查看各变量的属性，再单击数据视图返回。

第二步，选择菜单“数据”→“排序个案”命令，弹出“排序个案”对话框。

第三步，如图 10-25 所示，在对话框左侧的候选变量列表中选择“chinese”变量，然后单击向右箭头，将其移动至“排序依据”列表框中；在“排序依据”中选中“chinese”，再选中“排列顺序”下的“升序”。升序结果如图 10-27 所示。

“排序依据”列表框，用于从变量列表选入排序变量，如果选入了多个排序变量，将按显示的先后顺序，依次对数据进行排序。例如，先按语文成绩降序的同时，再按数学成绩的升序排列，其设置如图 10-26 所示，“排列顺序”包含升序和降序。此处“(A)”表示升序，“(D)”表示降序。

（4）结果显示。

按语文成绩升序、语文和数学同时排序的排序结果如图 10-27 和图 10-28 所示。

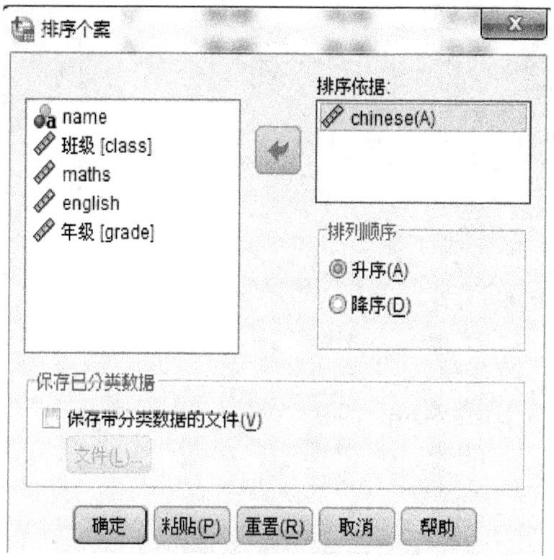

图 10-25 数据排序的设置界面

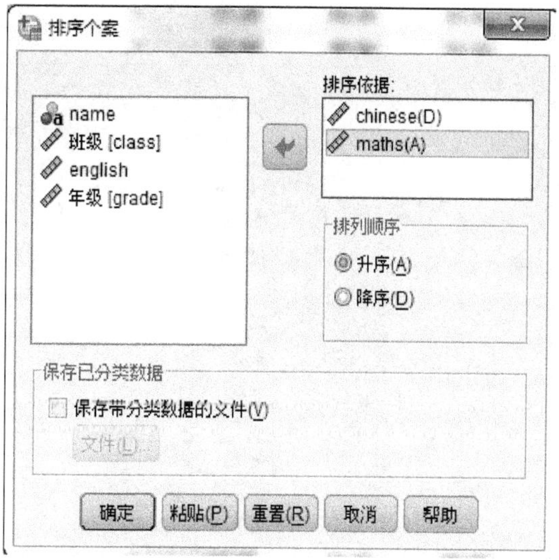

图 10-26 按语文降序和数学升序的设置

图 10-27 按语文成绩升序的排序结果

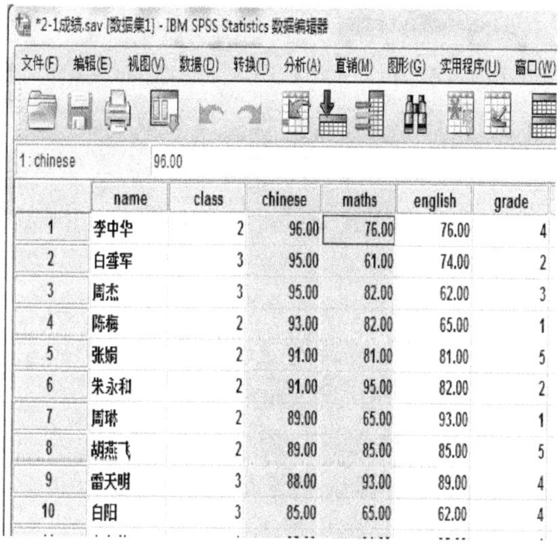

图 10-28 语文和数学同时排序的结果

（5）同步练习。

1）请用成绩数据，分别按“name”（姓名）“class”（班级）“maths”（数学）进行升序或降序排序，得出结果。

2）请用成绩数据，按“maths”成绩升序同时“english”（英语）成绩降序排序，得出排序结果。

2. 数据转置

（1）转置的功能。转置（Transpose）的功能就是将原数据文件中的行和列进行互换，如图 10-29 所示，即将个案转为变量、变量转为个案。当转置结束后，系统会创建一个新的数据文件。

图 10-29 转置：行列互换

注意：数据文件转置后，数据属性的定义可能都会丢失，因此用户要慎重选择本功能。

（2）实例问题描述。

【例 10-2】 请对数据文件“2-1 成绩”进行转置操作，查看转置结果。

（3）操作步骤与过程。打开数据文件“2-1 成绩”，依次单击菜单“数据”→“转置”命令，弹出图 10-30 所示对话框。在左侧候选变量列表中选择相应变量，然后单击 ，分别移入右边的转置变量与名称变量中，设置结果如图 10-30 所示。

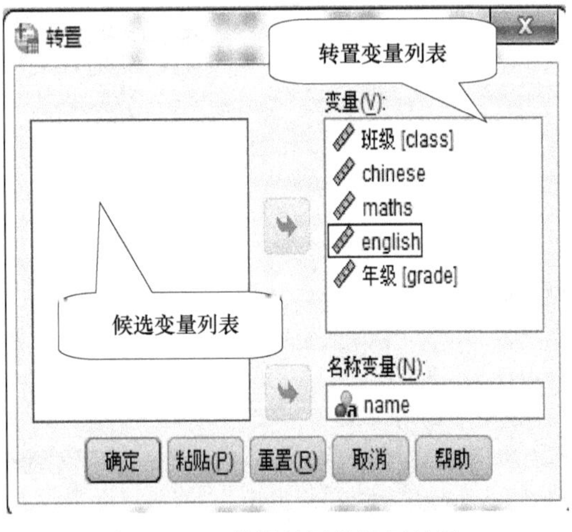

图 10-30 数据转置的设置结果

选项说明：

1）“候选变量列表”显示当前数据集中的所有变量；“转置变量列表”用于从左侧的变量列表选入待转置的变量。

2）“名称变量”用于从左侧的变量列表框选入能够标识原始记录的变量，如学号、姓名等，一般取值不能重复。

（4）结果显示。转置结果如图 10-31 所示。

（5）同步练习。

在前面转置结果的基础上，进行重新转置，设置如图 10-32 所示，查看转置结果。

3. 文件合并

（1）文件合并的功能。文件合并（Merge）是指将一个外部数据文件的观测量或变量增加到当前工作文件中去，将它们合并成一个文件。文件合并分为添加个案和添加变量。添加个案结果表现为个案数（行数）增加，添加变量结果表现为变量数（列数）增加。

注意：变量合并要求两个数据文件必须具有一个共同的关键变量。关键变量是指两个数据文件中变量名、变量类型和变量值的排序完全相同的变量。例如，学号、姓名、客户编号等。

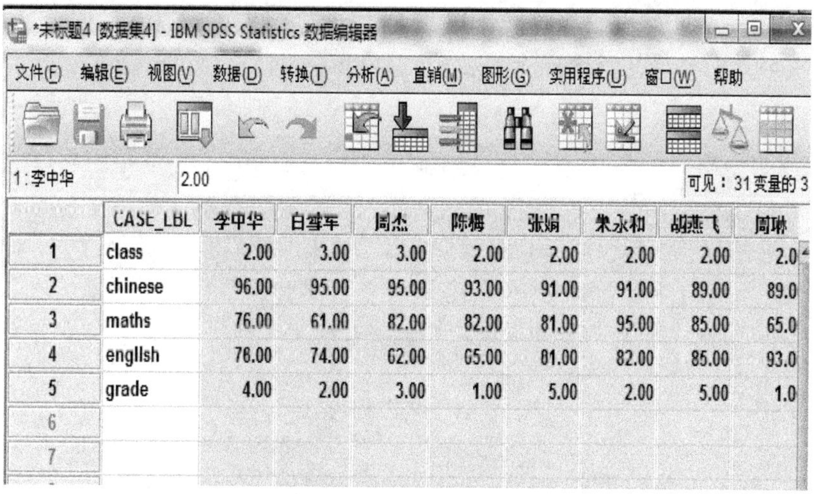

图 10-31　转置后的结果

（2）实例问题描述。

【例 10-3】 请分别打开数据文件“2-1 成绩”“2-1-2 成绩”“2-1-3 成绩”，初步比较三个文件数据的异同。请对“2-1 成绩”“2-1-2 成绩”两个数据文件进行“个案合并”；对“2-1 成绩”“2-1-3 成绩”两个数据文件进行“变量合并”。

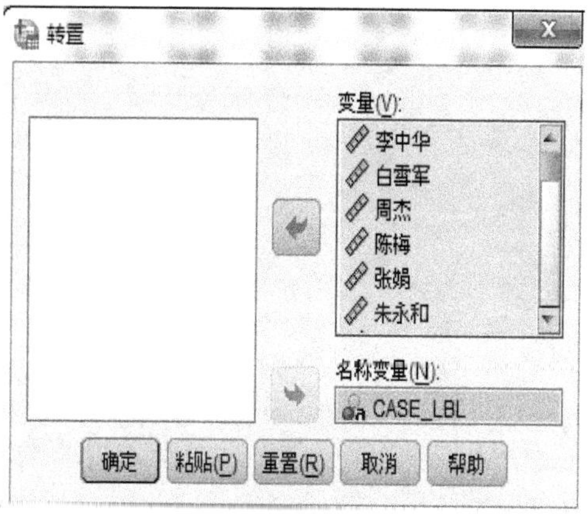

图 10-32　进行重新转置的设置

（3）操作步骤与过程。

对个案（行）合并的步骤：

第一步，打开数据文件“2-1 成绩”，依次单击菜单“数据”→“合并文件”→“添加个案”命令，弹出对话框。点选“外部 SPSS Statistics 数据文件”单选按钮，然后单击“浏览”，选中需要合并的数据文件“2-1-2 成绩”，如图 10-33 所示。单击“继续”。

第二步，在弹出的图 10-34 所示界面中，勾选“将个案源表示为变量”复选框，区别合并后的数据来源。提示：本步骤可以省略，但为了合并后数据的可读性，最好增加此项。

第三步，单击“确定”，操作完成。此时两个数据的行合并完成。结果如图 10-37 所示。

添加变量（列）的操作步骤：

第一步，打开数据文件“2-1 成绩”，依次单击菜单“数据”→“合并文件”→“添加变量”命令，弹出对话框。点选“外部 SPSS Statistics 数据文件”单选按钮，然后单击“浏览”选中需要合并的数据文件“2-1-3 成绩”，指定文件路径，如图 10-35 所示。单击“继续”。

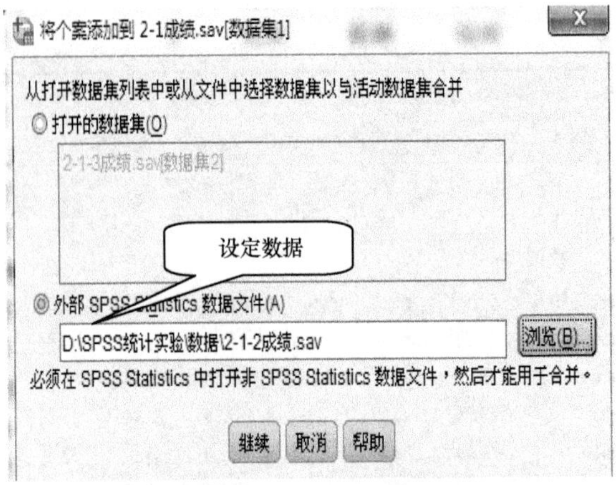

图 10-33　指定文件路径 1

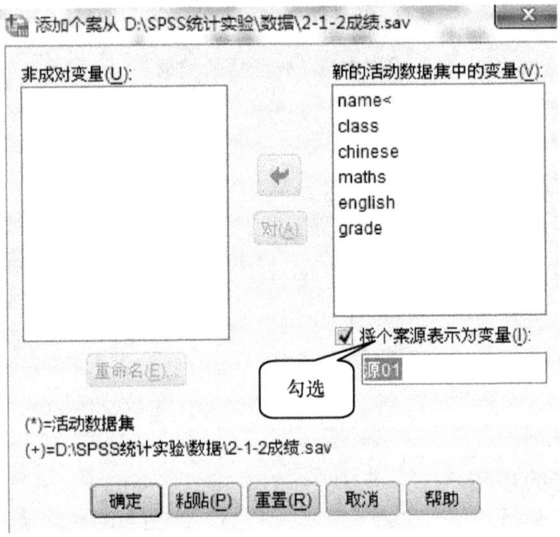

图 10-34　添加个案合并

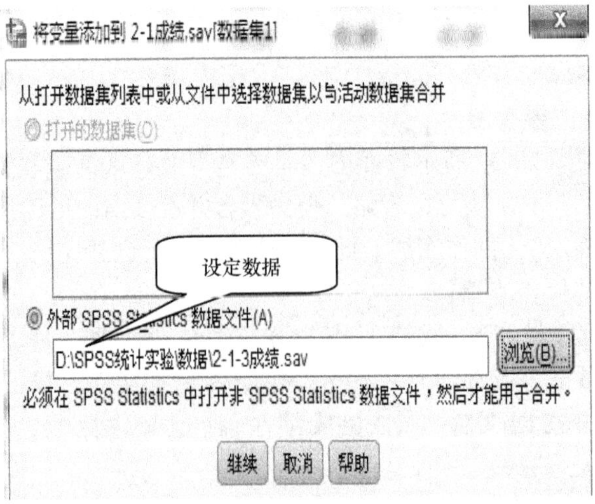

图 10-35　指定文件路径 2

第二步，选择合并方法。在弹出的如图 10-36 所示的对话框中，“已排除的变量”中显示了外部文件和工作文件中重复的同名变量。“新的活动数据集”中，显示了进入新的工作文件的变量，其中“ * ”表示原来变量，“+”表示新增变量。

图 10-36 添加变量合并

第三步，勾选“将个案源表示为变量”复选框，区别合并后的数据来源。单击“确定”，操作完成。此时两个数据的列合并完成。结果如图 10-38 所示。

（4）结果显示，如图 10-37 和图 10-38 所示。

4. 分类汇总

（1）分类汇总的功能。分类汇总就是按指定的分类变量对观测量进行分组，然后计算各分组内的某些变量的描述统计量（如均值、方差、标准差等）。汇总结果会生成新的数据文件。

这里要注意区分分组变量（Break Variable）和汇总变量（Aggregate Variable）。

分组变量：是对数据进行分类、分组的变量，从左侧的候选变量列表中选入，例如按性别、民族、收入等级进行分类汇总。

汇总变量：从左侧的候选变量列表选入需要汇总的变量，并选择进行汇总的函数，如分组求均值、总和、标准差等。

（2）实例问题描述。

【例 10-4】 使用数据文件“2-1 成绩”，利用分类汇总功能，按不同班级统计语文成绩的平均值和标准差。

（3）操作步骤与过程。

第一步，打开数据文件“2-1 成绩”，依次单击菜单“数据”→“分类汇总”命令，弹出对话框。如图 10-39 所示，选择“班级”进入“分组变量”。

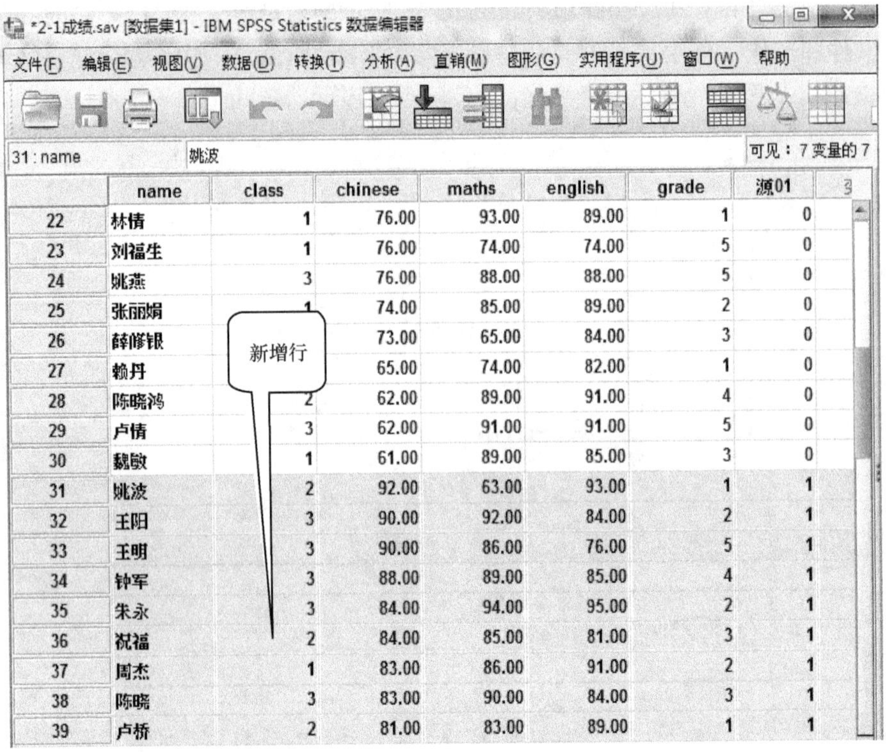

图 10-37　添加个案（行）的结果

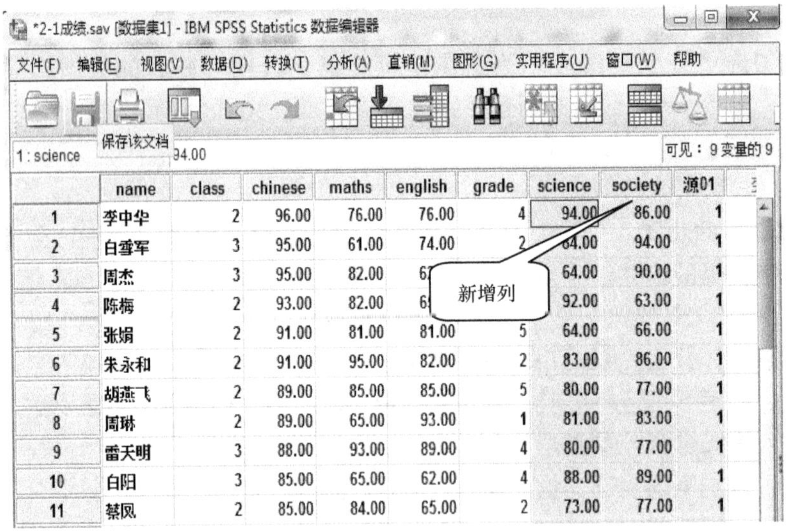

图 10-38　添加变量（列）的结果

第二步，选择“chinese”进入“汇总变量”中的“变量摘要”。此时选择默认的平均值函数。然后，再次选择“chinese”进入“变量摘要”，单击下方的函数，弹出对话框如图 10-40 所示，选择“标准差”，单击“继续”。

第三步，在“保存”中，选择“写入只包含汇总变量的新数据文件”，选中后单击“文件”按钮指定文件路径和名称。设置结果如图 10-41 所示。

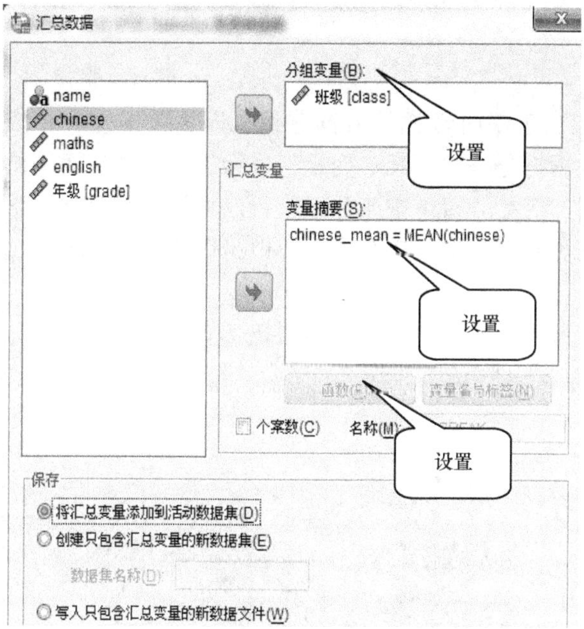

图 10-39　汇总数据对话框

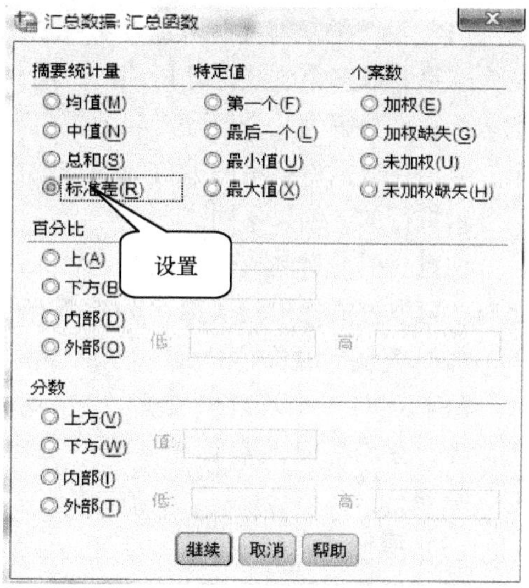

图 10-40　汇总函数的设置

“保存”中选项的含义：

1）“将汇总变量添加到活动数据集”：系统默认选项，增加汇总变量到当前数据文件。

2）“创建只包含汇总变量的新数据集”：选中后还需输入“新数据集名称”。

3）“写入只包含汇总变量的新数据文件”：将汇总数据保存到默认文件名为“aggr. sav”的外部数据文件中。用户可以单击“文件”指定保存路径。

（4）结果显示，如图 10-42 所示。

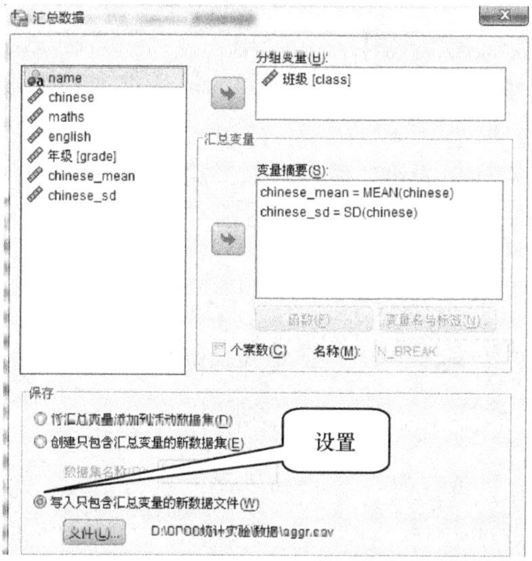

图 10-41　分类汇总的设置

图 10-42　分类汇总的结果

（5）同步练习。使用数据文件“2-1 成绩”，利用分类汇总功能，统计不同班级的数学成绩的平均值、标准差和最高分、最低分。

5. 数据拆分

（1）拆分的功能——分组。数据拆分相当于平时常说的数据分组，即将数据按一个或几个变量分成多个供统计分析用的分组。数据拆分是按照某一变量值进行重新排序，而不是把全部数据分解为几个部分。经数据拆分后，后续分析将按照分组进行。如果仅观察拆分结果，显示在数据窗口中的拆分结果与数据分类整理的结果完全相同。但是后续统计分析是按照分组进行的，结果不同。

注意：拆分后的文件在保存之后，下次调用该文件时，拆分结果仍然有效。当不需要分组时，可以按操作步骤点选“分析所有个案，不创建组”。

（2）实例问题描述。

【例 10-5】 使用数据文件“2-1 成绩”，利用文件拆分功能对成绩数据按不同班级进行拆分（分组）。

（3）操作步骤与过程。

第一步，打开数据文件“2-1 成绩”，选择菜单“数据”→“拆分文件”命令，弹出图 10-43 所示的对话框。选中“比较组”选项。

第二步，选入分组方式的变量。在左侧列表中选中“班级”，然后单击 按钮，将其选入“分组方式”列表。

另外，还需指定排序方式为“按分组变量排序文件”（系统默认）或者“文件已经排序”，不需要重新排序。

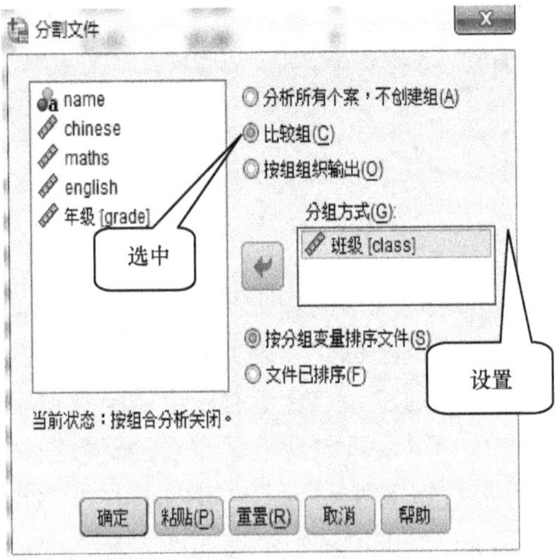

图 10-43 拆分文件的设置

选项的说明：

1）“分析所有个案，不创建组”：选中此选项可恢复未分组前的状态，这是系统默认的选项。

2）“比较组”：将文件分组的统计结果输出到同一个表格，但是以对照组的形式显示。

3）“按组组织输出”：将分组统计结果显示在不同的表格中。

第三步，单击确定按钮，结束操作。

（4）结果显示。文件拆分结果如图 10-44 所示。拆分后会在状态栏中显示信息。

（5）同步练习。使用数据文件“2-1 成绩”，利用文件拆分功能对成绩数据按不同“年级”进行拆分（分组）。

6. 选择个案

（1）选择个案的功能。选择个案（Select Cases）即筛选，是把符合给定条件的个案筛选出来。

关于运算表达式，如果在某种条件下进行计算（Compute）或样本选择（Select Cases）时，常可见 If 对话框，允许根据逻辑运算符或关系运算符对部分样本进行选择、操作。

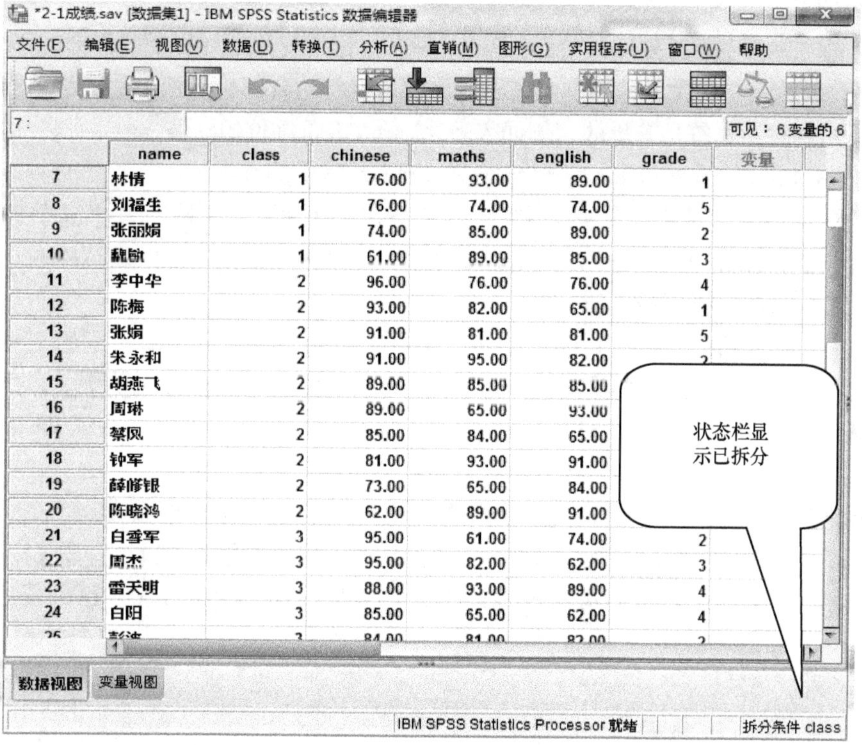

	name	class	chinese	maths	english	grade	变量
7	林倩	1	76.00	93.00	89.00	1	
8	刘福生	1	76.00	74.00	74.00	5	
9	张丽娟	1	74.00	85.00	89.00	2	
10	魏敏	1	61.00	89.00	85.00	3	
11	李中华	2	96.00	76.00	76.00	4	
12	陈梅	2	93.00	82.00	65.00	1	
13	张娟	2	91.00	81.00	81.00	5	
14	朱永和	2	91.00	95.00	82.00	2	
15	胡燕飞	2	89.00	85.00	85.00		
16	周琳	2	89.00	65.00	93.00		
17	蔡凤	2	85.00	84.00	65.00		
18	钟军	2	81.00	93.00	91.00		
19	薛修银	2	73.00	65.00	84.00		
20	陈晓鸿	2	62.00	89.00	91.00		
21	白雪军	3	95.00	61.00	74.00	2	
22	周杰	3	95.00	82.00	62.00	3	
23	雷天明	3	88.00	93.00	89.00	4	
24	白阳	3	85.00	65.00	62.00	4	

图 10-44 拆分后的数据

SPSS 的基本运算有三种：数学运算、关系运算与逻辑运算。相关的运算操作符表示方法如表 10-4 所示。

表 10-4 运算操作符

数学运算符		关系运算符		逻辑运算符	
+	加	<	小于	& (And)	与
-	减	>	大于	| (Or)	或
*	乘	<=	小于或等于	~ (Not)	非
/	除	>=	大于或等于		
**	幂	=	等于		
()	括号	~= (NT)	不等于		

1）算术表达式。算术运算符可以连接数值型的常数、变量和函数而构成算术表达式，其运算结果为数值型常数。

注意：常数、变量、函数和算术表达式的输入必须在英文状态下而不能在中文状态下，否则无法计算；必须严格执行计算机格式而不是手写格式。

例如 3X 必须写为 3 * X。再如，Y-X ** 2/((A+B)+1-ABS(A * Z) 就是一个合法的算术表达式。

在运算表达式中，运算的优先顺序为：按括号、函数、乘幂、乘或除、加或减的顺序，同一优先级的，从左到右运算。

注意：在 SPSS 中乘幂是 ** ，而不是^，这与 Excel 等软件中完全不同。

2）比较表达式。比较运算符表中列出的比较运算符均有两种表示方法，用符号表示和用字母表示，这两种运算符是等价的。例如 A>5 和 A GT 5 是等价的。若 A=6，则表达式 A>5 为“真”，其值为 1；若 A=5，则表达式 A>5 为“假”，其值为 0。

3）逻辑表达式。“逻辑与”运算符 &（或 And）前后的两个量均为“真”时，逻辑表达式的值为“真”，否则为“假”；例如逻辑表达式“A>B&C>0”是指只有当 A 的值大于 B 的值而且 C 为正数时，该逻辑表达式的值为“真”。

“逻辑或”运算符 |（或 Or）前后的两个量只要有一个为“真”时，逻辑表达式的值为“真”。只有当操作符前后两个量均为“假”时，逻辑表达式的值才为“假”。例如，逻辑表达式“A>B | C>0”中只要 A>B 成立，无论 C 为何值，表达式的值均为“真”；或者只要 C>0 成立，无论 A 与 B 为何值，该表达式的值均为“真”。

“逻辑非”运算符~(或 Not）是前置算符，它对其后面的量做逻辑非运算。Not 后面的量值为“真”，则 Not 运算结果为“假”。逻辑与的运算顺序高于逻辑或。例如，逻辑表达式“Not(A>0)”中 A 为正数，逻辑表达式的值为“假”；A 为负数或 0，逻辑表达式的值均为“真”。

（2）实例问题描述。

【例 10-6】 使用数据文件“2-1 成绩”，利用“选择个案”功能筛选出语文不低于 80 分并且数学不低于 90 分的同学。

（3）操作步骤与过程。

第一步，打开数据文件“2-1 成绩”，选择菜单“数据”→“选择个案”命令，弹出图 10-45 所示的对话框。

第二步，点选“如果条件满足”，表示选择满足要求条件的观测量。单击“如果”，弹出条件对话框，设置结果如图 10-46 所示。(条件表达式为“chinese>=80&maths>=90”)

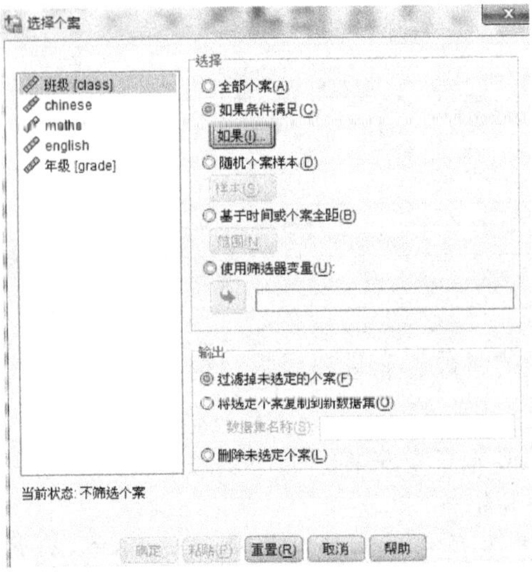

图 10-45 选择个案的界面

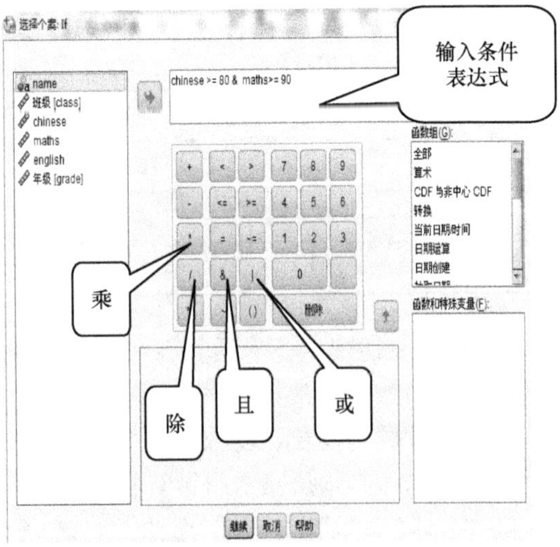

图 10-46 输入条件表达式

数据的选择方式说明：

1）“全部个案”：系统默认项，选取所有的观测量。

2）“如果条件满足”：选择满足条件的观测量。选中后在弹出的对话框里输入条件表达式。

3）“随机个案样本”：随机抽取观测量样本。

4）“基于时间或个案全距”：按时间或观测量范围选择样本。

5）“使用筛选器变量”：即依据过滤变量的取值进行样本选取。通常用于排除包含系统缺失值的个案。

输出方式说明：

1）“过滤掉未选定的个案”。此时，没有选中的观测量的序号会画上斜线“/”作为标记，这些过滤掉的变量不会参与后续的统计分析工作。同时，系统将自动产生一个名为“filter_&”的变量，凡被选中的满足条件的观测量，该变量对应的值为1，否则为0。

2）“将选定个案复制到新数据集”。

3）“删除未选定个案”：直接在原数据文件中清除未被选中的功能。

第三步，单击“确定”，完成操作。

（4）结果显示，如图10-47所示。

（5）同步练习。

第一步，使用数据文件“2-1成绩”，利用“选择个案”功能筛选出在第1班中至少有一门课分数不低于80分的同学。[条件表达式为“class＝1&（chinese>＝80| maths>＝80| english>＝80）”]

第二步，使用数据文件“2-1成绩”，利用“选择个案”功能随机筛选出5名同学的成绩。设置如图10-48所示。

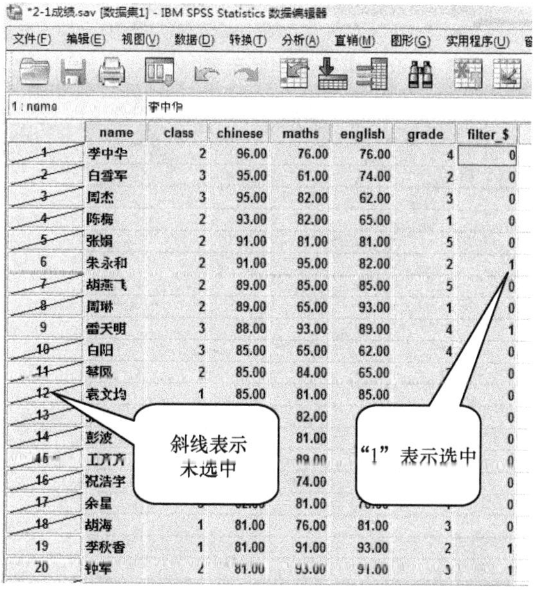

图10-47　选择个案的结果

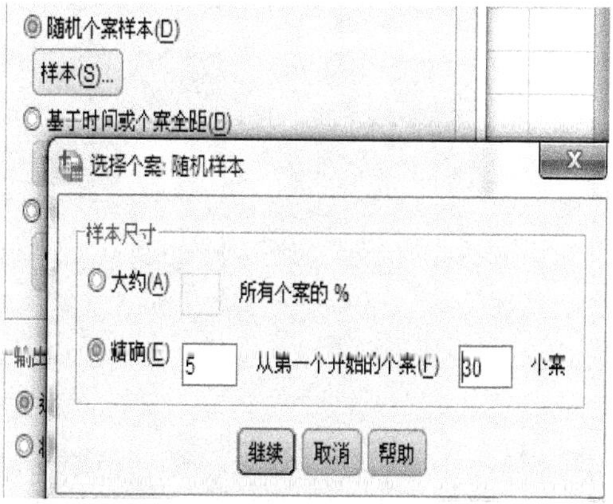

图10-48　随机选择5个个案的设置

7. 数据加权

（1）加权的功能。权重是数据分析中的一个重要概念。权重的大小描述了该指标在整体评价中的相对重要程度。在数据处理中，常需要对数据进行加权处理。

加权个案（Weight Cases）可以实现数据加权的功能。例如，计算加权算术平均数的时候，也会用到数据的加权。

（2）实例问题描述。

【例 10-7】 使用数据文件“2-2 蔬菜的平均价格”（见图 10-49），利用“加权个案”计算出蔬菜的平均价格。

（3）操作步骤与过程。

方法一：利用简单的算术平均数求蔬菜的平均价格。

第一步，打开数据文件“2-2 蔬菜的平均价格”，选择菜单“分析”→“描述统计”→“频率”命令。如图 10-50 所示。

第二步，点选“单价”进入右侧的变量框。单击右上方“统计量”，勾选“均值”，设置结果如图 10-51 所示。

蔬菜	单价	销售量
萝卜	0.90	536.00
青菜	1.60	120.00
蘑菇	3.60	45.00
韭菜	2.00	60.00
花菜	1.80	40.00
豆腐	1.20	100.00
大白菜	0.60	300.00
油菜	1.50	150.00
土豆	0.90	200.00
西红柿	2.50	400.00

图 10-49　蔬菜的价格

方法二：利用加权算术平均数求蔬菜的平均价格。

求加权的算术平均数需要先利用“加权个案”进行权数的设定，再求平均值。

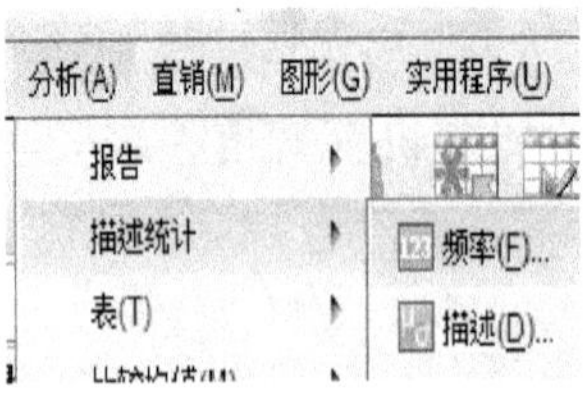

图 10-50　利用描述统计求平均值

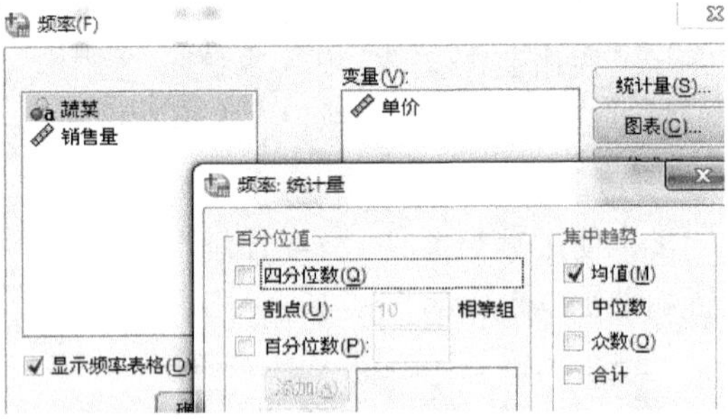

图 10-51　求平均值的设置

第一步，对数据文件“2-2 蔬菜的平均价格”，选择菜单“数据”→“加权个案”，权数的设置如图 10-52 所示。加权后的结果如图 10-53 所示。

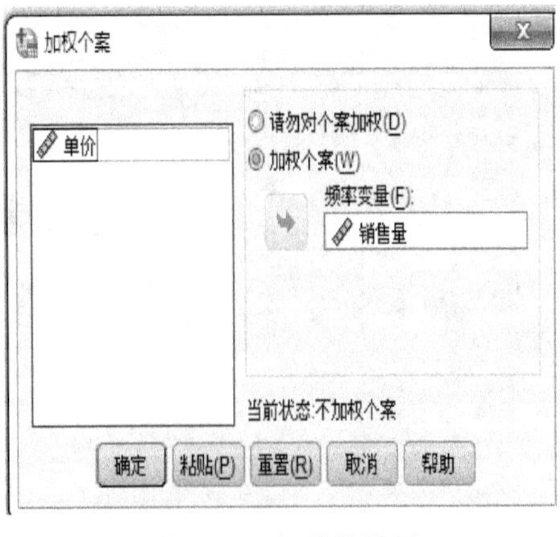

图 10-52　权数的设置

图 10-53 加权后的结果

第二步，在完成权数设定的基础上，再利用描述统计的频数分析或描述性分析求出加权算术平均数。具体设置如图 10-50 和图 10-51 所示。

（4）结果分析。本例求蔬菜的平均价格，需要考虑不同的销售量对单价和平均价格的影响，以蔬菜的销售量为权重计算各种蔬菜的平均价格更合理。所以，从图 10-54 和图 10-55 所示的结果可知，蔬菜的平均价格为 1.401 元更合理。

统计量

单价

N	有效	10
	缺失	0
均值		1.6600

单价

		频率	百分比
有效	0.60	1	10.0%
	0.90	2	20.0%
	1.20	1	10.0%
	1.50	1	10.0%
	1.60	1	10.0%
	1.80	1	10.0%
	2.00	1	10.0%
	2.50	1	10.0%
	3.60	1	10.0%
	合计	10	100.0%

图 10-54 简单算术平均法的结果

统计量

单价

N	有效	1951
	缺失	0
均值		1.4010

单价

		频率	百分比
有效	0.60	300	15.4%
	0.90	736	37.7%
	1.20	100	5.1%
	1.50	150	7.7%
	1.60	120	6.2%
	1.80	40	2.1%
	2.00	60	3.1%
	2.50	400	20.5%
	3.60	45	2.3%
	合计	1951	100.0%

图 10-55 加权算术平均法的结果

（5）同步练习。对图 10-54 中的频数统计数据做出条形图。

（二）数据的计算和转换

1. 计算新变量

（1）变量计算的功能。变量计算是数据分析中的重要内容之一。例如，根据职工的基本工资、各类保险、公积金、税金等计算职工的实际月收入，根据购房客户的贷款总额和按揭方案评价客户的潜在风险等。

（2）实例问题描述。

【例 10-8】 使用数据文件“2-1 成绩”，利用“计算变量”功能求出一、二、三年级同学的语文、数学、英语三门课的平均分。

（3）操作步骤与过程。

第一步，打开数据文件“2-1 成绩”，选择菜单“转换”→“计算变量”命令，弹出图 10-56 所示的对话框，在“目标变量”中输入平均分。

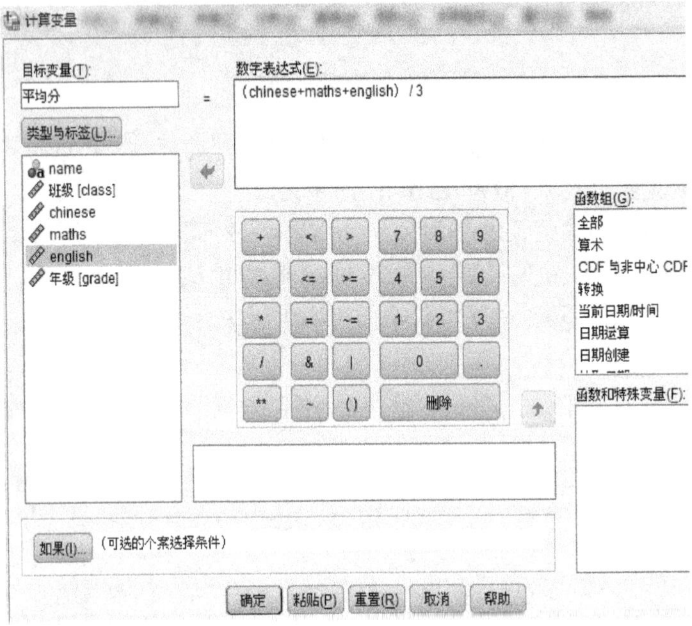

图 10-56 计算变量的数字表达式

选项说明：

1）“目标变量”：用于定义目标函数名，可以是新变量名，也可以是已经定义的变量名。

2）“类型与标签”：用于给目标变量加注标签。

第二步，在数字表达式中输入“（chinese+maths+english）/3”。可以使用键盘或计算器板输入。如果用户需要调用函数，可以从右侧的函数组列表中选择。系统提供了数学函数、逻辑函数、日期函数等。

第三步，单击左下方的“如果”按钮，在弹出的对话框（见图 10-57）中选中“如果个案满足条件则包括”，并设置条件表达式：“grade<=3”表示一、二、三年级，单击“继续”。

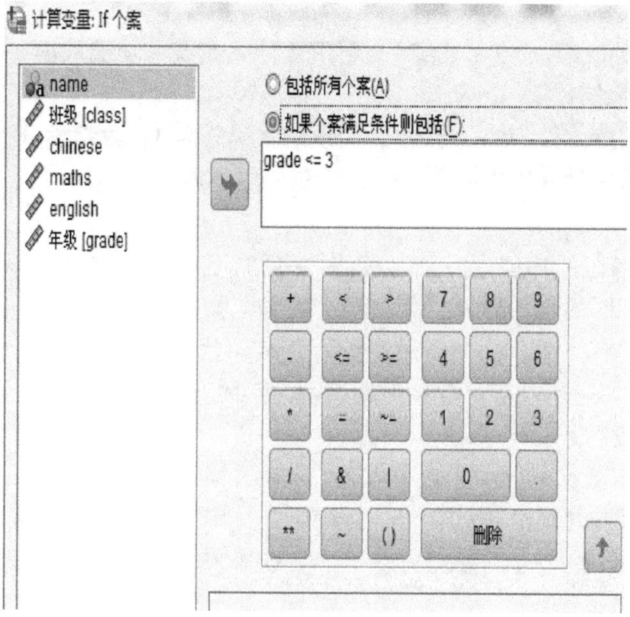

图 10-57 “如果”条件的设置

“如果”选项的说明：

1）“包括所有个案”：选择所有观测量参与计算，为系统默认项。

2）“如果个案满足条件则包括”：只对满足条件的观测量计算新变量值。

第四步，回到“计算变量”对话框，单击“确定”按钮，结束操作。

（4）结果显示。从结果图 10-58 中可以看到，这里只计算了一、二、三年级的语文、数学、英语三门课程的平均值。

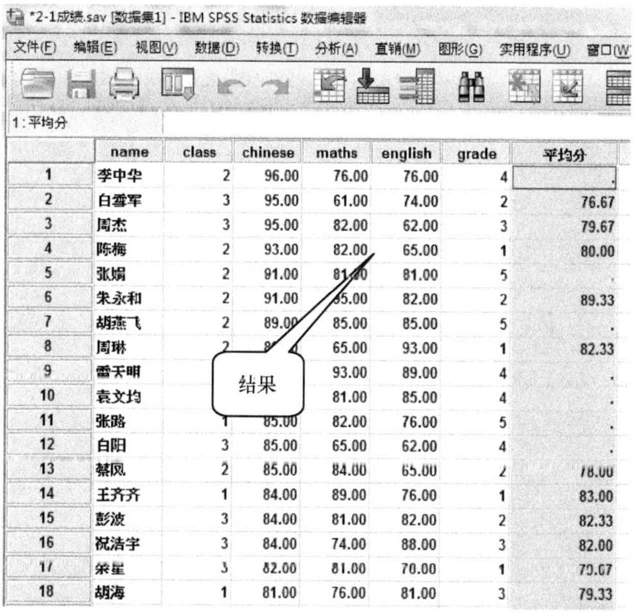

	name	class	chinese	maths	english	grade	平均分
1	李中华	2	96.00	76.00	76.00	4	.
2	白雪军	3	95.00	61.00	74.00	2	76.67
3	周杰	3	95.00	82.00	62.00	3	79.67
4	陈梅	2	93.00	82.00	65.00	1	80.00
5	张娟	2	91.00	81.00	81.00	5	.
6	朱永和	2	91.00	[illegible]	82.00	2	89.33
7	胡燕飞	2	89.00	85.00	85.00	5	.
8	周琳	2	[illegible]	65.00	93.00	1	82.33
9	雷天明	[illegible]	[illegible]	93.00	89.00	4	.
10	袁文均	[illegible]	[illegible]	81.00	85.00	4	.
11	张路	1	85.00	82.00	76.00	5	.
12	白阳	3	85.00	65.00	62.00	4	.
13	蔡凤	2	85.00	84.00	65.00	2	78.00
14	王齐齐	1	84.00	89.00	76.00	1	83.00
15	彭波	3	84.00	81.00	82.00	2	82.33
16	祝浩宇	3	84.00	74.00	88.00	3	82.00
17	余星	3	82.00	81.00	70.00	1	79.67
18	胡海	1	81.00	76.00	81.00	3	79.33

图 10-58 变量计算的结果

（5）同步练习。

第一步，使用数据文件“2-1成绩”，利用“计算变量”功能求出一、二班同学的语文、数学、英语三门课的总分。

第二步，使用数据文件“2-1成绩”，假设语文学分为3、数学学分为4、英语学分为2，请计算每位同学的考虑学分权重的语、数、英三科的平均分。

2. 变量重新编码

（1）变量重新编码的功能。SPSS可以对变量的已有取值进行重新编码（或称赋值）。例如，有时需要把不同的收入划分成高收入、较高收入、一般收入、低收入四个等级。

重新编码的过程有两个：一个是用新编码直接取代原变量的取值（重新编码为相同变量）；另一个是将新编码存入新变量（重新编码为不同变量）。

（2）实例问题描述。

【例10-9】 使用数据文件“2-1成绩”，利用“转换”→“重新编码为不同变量”功能，将语文的分数成绩转换为等级成绩。转换规则：“60分以下”“60~69分”“70~79分”“80~89分”“90~100分”分别重编码为“不及格”“及格”“中”“良”“优”。

（3）操作步骤与过程。

第一步，打开数据文件“2-1成绩”，选择菜单“转换”→“重新编码为不同变量”命令，弹出图10-59所示的对话框。

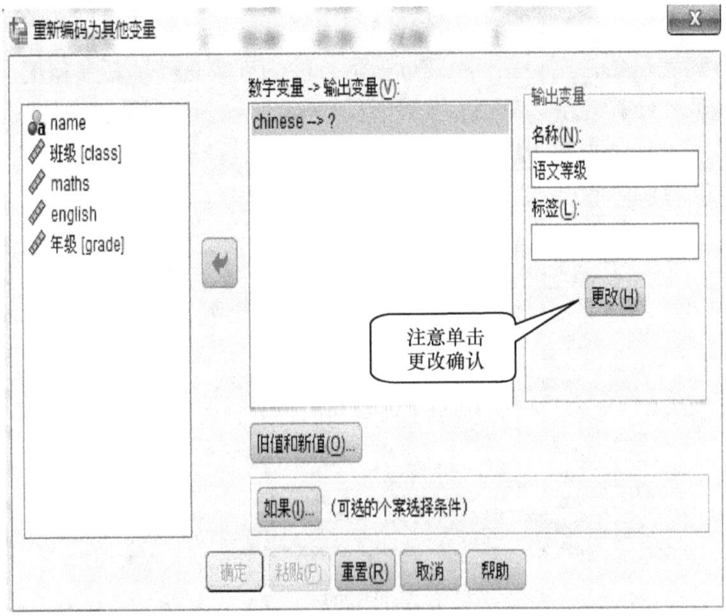

图10-59 重新编码为其他变量

第二步，变量选择。把左侧的“chinese”变量选入右侧的数字变量。同时在“输出变量”的名称中填写“语文等级”，然后单击“更改”确认。

如果同时选入了多个变量，则所选变量的类型必须相同（数值型或字符型）。

第三步，旧值和新值：“原变量值”→“新变量值”，显示原变量值转化为新变量值的具体信息。由于优、良、中的等级为字符串类型，因此这里先勾选右下方的“输出变量为字符串”，再进行旧值和新值的设置，设置结果如图 10-60 所示。

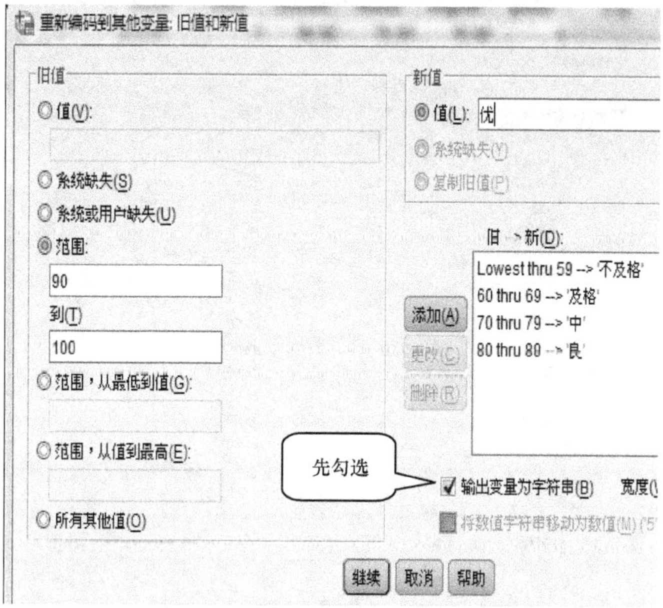

图 10-60　旧值和新值的设置结果

选项说明：

1）“旧值”中，点选“值”后可在下面的文本框中输入需要改变的原变量值。

2）“范围”：用于指定区间型数据，如“80~89 分”。

3）“范围，从最低到值”：指定改变在最小值到当前输入值之间的变量值，如“59 分及以下”。

4）“范围，从值到最高”：指定改变在当前输入值到最大值之间的变量值，如“90 分以上”。

5）“所有其他值”：对于上面方法没有指定的变量值，点选该单选按钮指定赋值规则。

6）“输出变量为字符串”：将新变量值赋予字符型变量。

7）如果用户不是对所有的候选变量进行赋值，而是选择其中符合某些条件的变量值进行赋值，则可以在界面下方“如果”中进行设置。

（4）结果分析，如图 10-61 所示。

（5）同步练习。使用数据文件“3-4 身体素质”，利用“转换”→“重新编码为不同变量”功能把身高数据“height”转换为“身高”等级。转换规则：“169cm 及以下”“170~178cm”“179cm 及以上”分别重编码为“矮个”“中个”“高个”。

3. 变量值计数

（1）变量值计数的功能。在数据分析中，常常需要计算一些变量在一个观测量（个案或同一行）中，满足指定条件的变量值出现的次数。

（2）实例问题描述。

【例 10-10】 使用数据文件“2-1 成绩”，利用“变量值计数”求出每个同学的“分数>=85”的优秀课程有多少门，并用频数分析计算 0、1、2、3 门优秀的频数分布统计，画出条形图。

图 10-61　语文分数重新编码的结果

（3）操作步骤与过程。

第一步，打开数据文件“2-1 成绩”，选择菜单“转换”→“对个案内的值计数”命令，弹出图 10-62 所示的对话框。

第二步，在“目标变量”中输入变量名称“优秀课程门数”，其他具体设置如图 10-62 所示。

第三步，由于要计算大于或等于 85 分的课程门数，因此，单击定义值弹出图 10-63 所示的对话框。选中“范围，从值到最高”，输入 85，将其添加到右边要统计的值。然后，单击“继续”按钮，结果如图 10-64 所示。

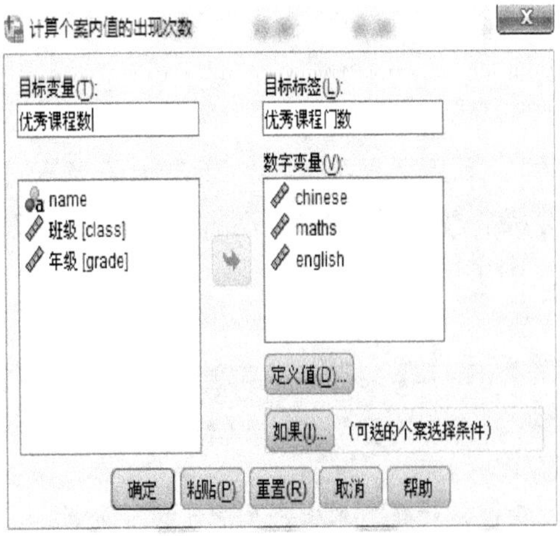

图 10-62　变量值计算对话框

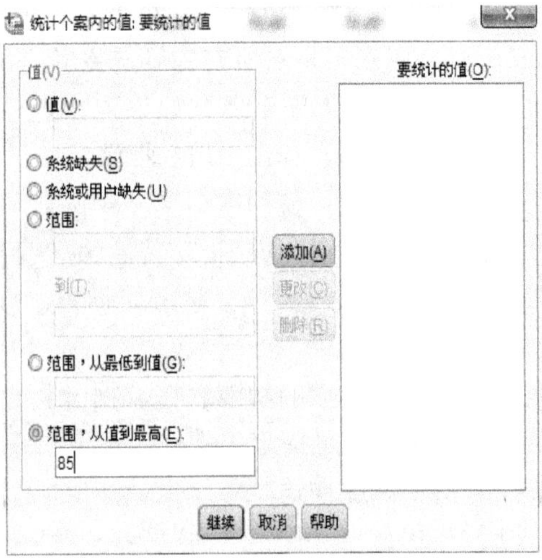

图 10-63　定义值的设置

第四步，利用“分析”→“描述统计”→“频数”得到频数分布表和条形图（见表 10-5 和图 10-65）。

第五步，单击确定，结束操作。

（4）结果显示。从图 10-64 中可以看出每位同学的优秀课程门数。

name	class	chinese	maths	english	grade	优秀课程数
李中华	2	96.00	76.00	76.00	4	1.00
白雪军	3	95.00	61.00	74.00	2	1.00
周杰	3	95.00	82.00	62.00	3	1.00
陈梅	2	93.00	82.00	65.00	1	1.00
张娟	2	91.00	81.00	81.00	5	1.00
朱永和	2	91.00	95.00	82.00	2	2.00
胡燕飞	2	89.00	85.00	85.00	5	3.00
周琳	2	89.00	65.00	93.00	1	2.00
雷天明	3	88.00	93.00	89.00	4	3.00
白阳	3	85.00	65.00	62.00	4	1.00
蔡凤	2	85.00	84.00	65.00	2	1.00
袁文均	1	85.00	81.00	85.00	4	2.00
张路	1	85.00	82.00	76.00	5	1.00
彭波	3	84.00	81.00	82.00	2	.00
王齐齐	1	84.00	89.00	76.00	1	1.00
祝浩宇	3	84.00	74.00	88.00	3	1.00
余星	3	82.00	81.00	76.00	1	.00
胡海	1	81.00	76.00	81.00	3	.00
李秋香	1	81.00	91.00	93.00	2	2.00

图 10-64　优秀课程数计算结果

表 10-5　优秀课程门数频数分布表

		频率	百分比	有效百分比	累积百分比
有效	0.00	6	20.0%	20.0%	20.0%
	1.00	11	36.7%	36.7%	56.7%
	2.00	11	36.7%	36.7%	93.3%
	3.00	2	6.7%	6.7%	100.0%
合计		30	100.0%	100.0%	

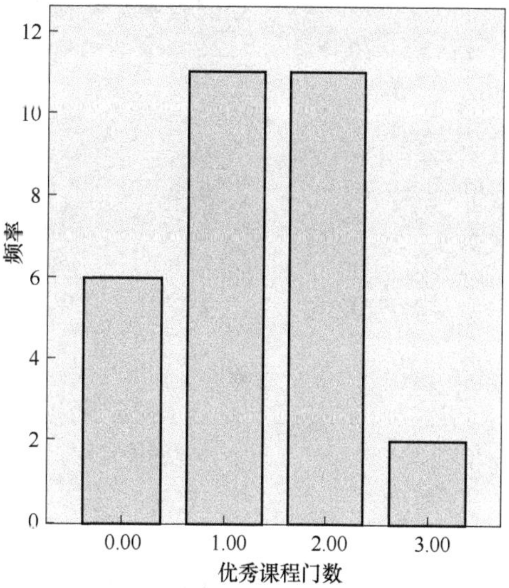

图 10-65　优秀课程门数分布条形图

（5）同步练习。使用数据文件“2-1 成绩”，利用“变量值计数”求出每个同学的“60<=分数<79”的课程有多少门，并用频数分析计算该分数段内 0、1、2、3 门的课程频数分布表，画出条形图。

4. 个案排秩

（1）个案排秩的功能。“秩”（Rank）是指对观测量排序后，指定“名次”，所以排秩也就是求“名次”。注意排秩与排序的区别。

（2）实例问题描述。

【例 10-11】 使用数据文件“2-1 成绩”，利用“个案排秩”求出每个同学的语文成绩名次。

（3）操作步骤与过程。

第一步，打开数据文件“2-1 成绩”，选择菜单“转换”→“个案排秩”命令，弹出图 10-66 所示的对话框。

第二步，选择排秩变量。把左边的“chinese”变量移到右边的变量框。

第三步，指定排秩顺序。“将指定最小值”就是把第 1 名给最小值。本例中把第 1 名给最高分，所以选择“将秩 1 指定给”“最大值”。

第四步，在左侧的候选列表框中选择分组变量，将其移入“排序标准”，此时 SPSS 会按所选的分组变量来排秩。本例不分组。

第五步，勾选“显示摘要表”复选框，系统将在输出窗口中显示原变量和新变量的摘要信息表。

第六步，指定结的类型（见图 10-67）。本例选“低”。

当变量值中有相等的值时，按照秩的概念，这些相等的观测值的秩便不能唯一确定，在数据分析中，这种现象称为“结”。“结”的各选项说明如下：

1）均值：为系统默认项，将“结”处的秩确定为排序后结处各次序的均值。

2）低：将“结”处的秩确定为排序后结处各秩次序的最小值。

3）高：将“结”处的秩确定为排序后结处各秩次序的最大值。

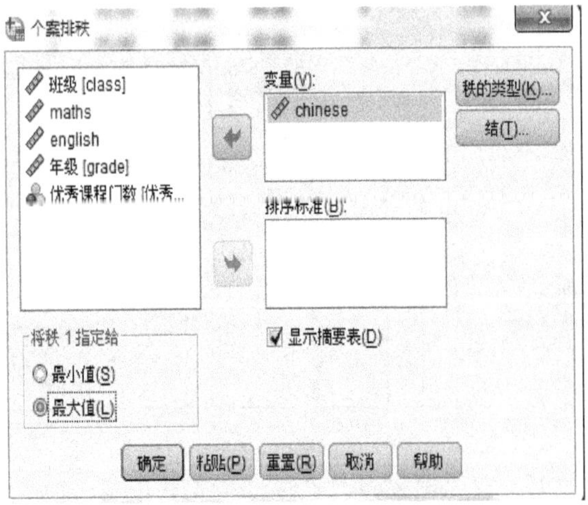

图 10-66 “排名次”对话框

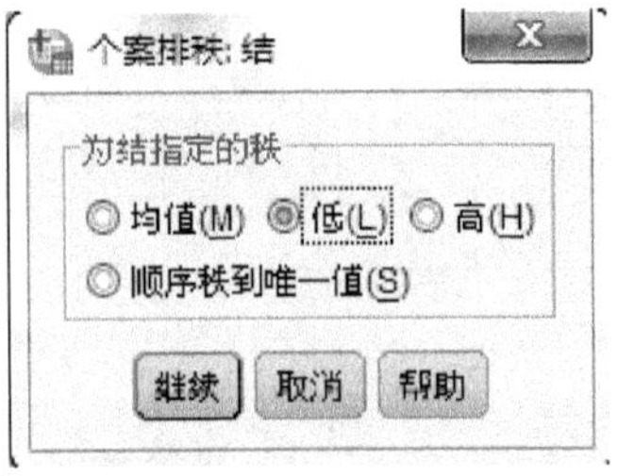

图 10-67 结的指定

（4）结果显示，如图 10-68 所示。

（5）同步练习。

第一步，使用数据文件“2-1 成绩”，利用“个案排秩”求出每个同学的数学成绩名次。

1.000

name	class	chinese	maths	english	grade	Rchinese
李中华	2	96.00	76.00	76.00	4	1.000
白雪军	3	95.00	61.00	74.00	2	2.000
周杰	3	95.00	82.00	62.00	3	2.000
陈梅	2	93.00	82.00	65.00	1	4.000
朱永和	2	91.00	95.00	82.00	2	5.000
张娟	2	91.00	81.00	81.00	5	5.000
胡燕飞	2	89.00	85.00	85.00	5	7.000
周琳	2	89.00	65.00	93.00	1	7.000
雷天明	3	88.00	93.00	89.00	4	9.000
袁文均	1	85.00	81.00	85.00	4	10.000
白阳	3	85.00	65.00	62.00	4	10.000
蔡凤	2	85.00	84.00	65.00	2	10.000
张路	1	85.00	82.00	76.00	5	10.000
王齐齐	1	84.00	89.00	76.00	1	14.000
祝浩宇	3	84.00	74.00	88.00	3	14.000
彭波	3	84.00	81.00	82.00	2	14.000
余星	3	82.00	81.00	76.00	1	17.000
李秋香	1	81.00	91.00	93.00	2	18.000

图 10-68 语文成绩排秩即排名次的结果

第二步，使用数据文件“3-3 平均气温”，利用“个案排秩”对南方城市组和北方城市组求出各城市的气温在组内的名次，把第 1 名给温度最高的城市。

实验三 SPSS 描述性统计分析

一、实验目的与要求

熟悉描述性统计量的分类，掌握描述性分析功能实现的操作步骤。

二、实验内容

频数分析、描述统计、探索分析、列联表分析及其具体操作步骤与结果解读。

三、实验背景知识

基本统计分析功能包括描述性统计分析和参数检验。进行数据分析时，当分析师得到的数据量很小的时候，可以通过直接观察原始数据来获得所需要的信息。但是当得到的数据量很大的时候，就必须借助各类描述指标来完成对数据的描述工作。描述性统计分析是通过得出数据的平均值（Mean）、和（Sum）、标准差（Std Deviation）、最大值（Max）、最小值（Min）、方差（Variance）、全距（Range）、均值标准误差（S. E. Mean）、偏度（Skewness）、峰度（Kurtosis）等统计量，来估计原始数据的集中程度、离散状况和分布情况。SPSS 中常用的描述性统计分析有：频数分析、描述性分析、探索分析、列联表分析。描述统计量如图 10-69 所示，在 SPSS 中的实现功能如图 10-70 所示。

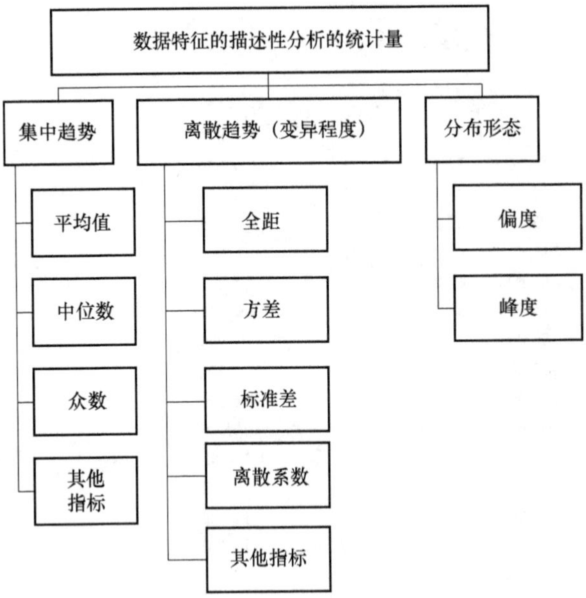

图 10-69 描述性统计量的分类

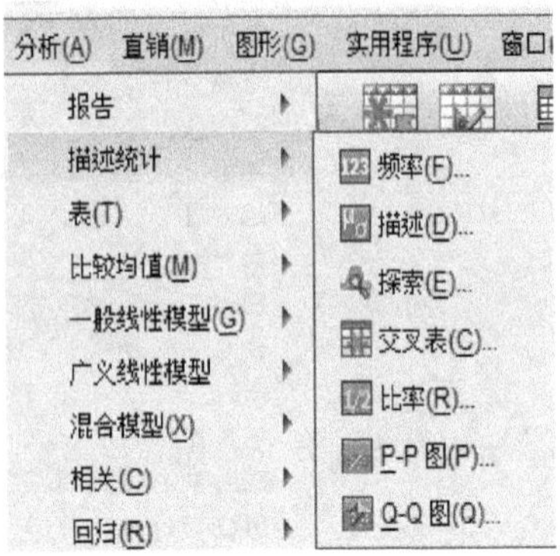

图 10-70 实现描述统计功能的过程

四、实验步骤

第一部分：频数分析

频数分析过程（Frequencies）是描述性分析中最常用的方法之一。通过频数分析，可以得到反映集中趋势的平均值、中位数和众数，反映离散状况的方差、标准差、最大值、最小值、极差和平均值的标准误差，反映分布情况的偏度和峰度；还可以产生详细的频数表、四分位数、条形图、饼图、直方图等，从而获得对数据情况的基本了解。

频数分析的用途举例：①用于了解学生成绩的分布情况；②用于了解某地区居民的收入水平的基本情况；③用于了解某地区高素质、高层次人才储备的基本情况。

注意：频数分析对分类变量和连续变量的处理方式有所不同。对分类变量，适宜用整数值对它们的取值进行编码；对于连续变量，会列出详细的频数表，而不是按照一定组距划分得出的统计频数分布表。

（一）实例问题描述

【例 10-12】 数据文件“3-1 身高”给出了浙江省某高校 50 名大二学生的身高。试分析该 50 名学生的身高分布特征，计算平均值、最大值、最小值、标准差等统计量，并绘制频数表、直方图。

（二）操作步骤与过程

在用 SPSS 进行分析之前，要把数据录入到 SPSS 中。本例中有学号和身高两个变量，学号可以定义为字符型变量，身高可以定义为数值型变量，然后录入相关原始数据，形成数据文件“3-1 身高”。

录入完毕，保存好数据后，开始展开分析，步骤如下：

（1）进入 SPSS20.0，打开数据文件“3-1 身高”，依次选择“分析”→“描述统计”→

“频率”命令，弹出图 10-71 所示的对话框。

（2）选择进行频数分析的变量。在左侧的候选列表框中选择“身高”变量，单击中间的按钮，将其添加到右侧的“变量”列表框中。

（3）选择是否输出频数表格。对话框左下方的“显示频率表格”复选框，默认为勾选状态，表示会输出变量的频数表。本例中选中。

（4）选择输出有关的描述统计量。单击对话框右上角的“统计量”按钮，弹出图 10-72 所示的对话框，在此可以设置相关的描述统计量。在“百分位值”选项组中选中“四分位数”“割点”复选框，在“集中趋势”选项组中选择输出“均值”“中位数”“众数”“合计”复选框，在“离散”选项组中选择输出“标准差”“方差”“范围”“最小值”“最大值”“均值的标准误”复选框，在“分布”选项组中选中“偏度”“峰度”复选框。设置完毕后，单击“继续”按钮，返回“频率”对话框。

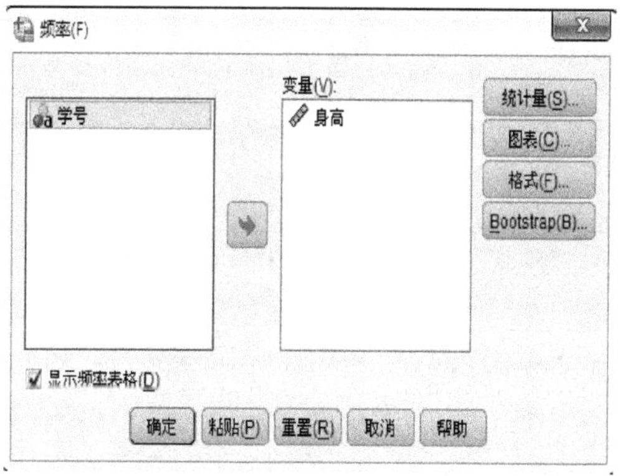

图 10-71 “频率”对话框

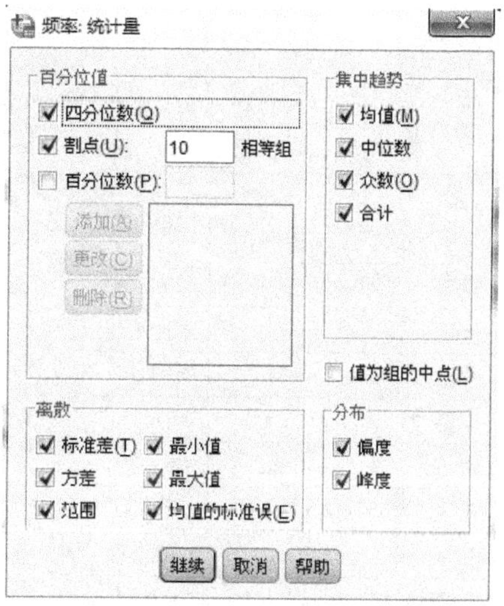

图 10-72 “频率：统计量”对话框

（5）设置图表的输出。单击“频率”对话框中右侧的“图表”按钮，弹出图 10-73 所示的对话框。选择“直方图”时，若需要正态曲线可以勾选“在直方图上显示正态曲线”复选框。本例中选择“直方图”并勾选“在直方图上显示正态曲线”。单击“继续”按钮。

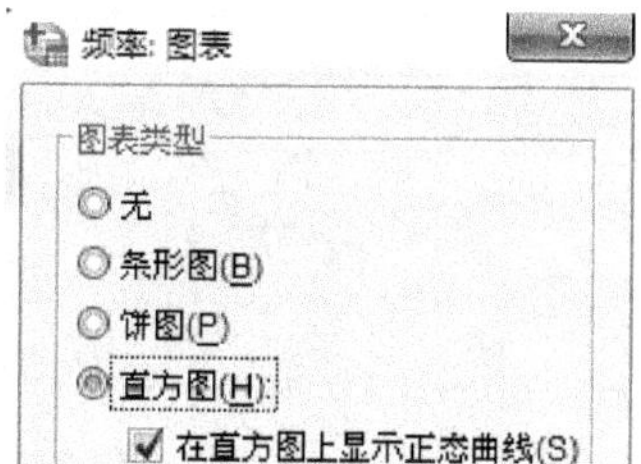

图 10-73 “频率：图表”对话框

（6）设置相关的格式输出。单击“频率”对话框中右侧的“格式”按钮，弹出图 10-74 所示的对话框。“排序方式”选项组用于设置频数表中各个数据值的排列顺序，其中“按值的升序排序”表示按数据值的大小升序排列；“按计数的升序排序”表示按数据值的频数升序排列。本例中选中“按值的升序排序”单选按钮。“多个变量”选项组是针对按多个变量进行频数输出的情形，本例中只有“身高”一个变量，选择默认选项“比较变量”。单击“继续”按钮。

（7）设置完毕后，单击“确定”按钮，等待输出结果。

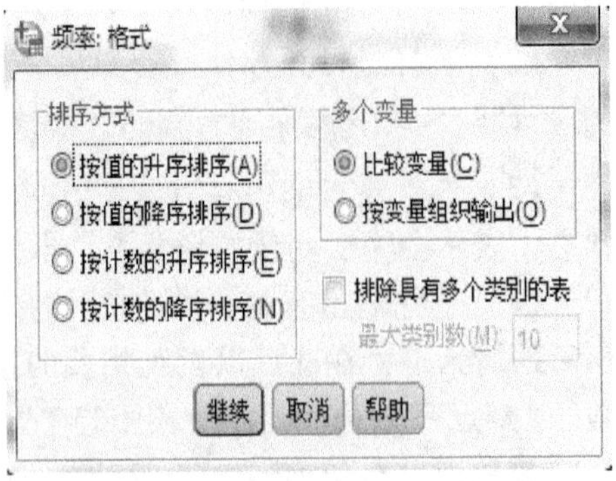

图 10-74 “频率：格式”对话框

（三）结果分析与解读

1. 描述性统计表

从表 10-6 中可以读出如下信息：有效样本个数为 50 个，没有缺失值。学生的平均身高为 171.68cm，标准差为 6.979cm，最高身高为 183cm，最低身高为 156cm 等。

2. 频数分布

表 10-7 给出了学生身高的频数分布。该表从左到右分别是有效的样本数、频数（此处频率实为频数）、百分比（即频率）、有效数占总数的百分比（即有效百分比）、累计百分比（即累计频率）。

表 10-6 描述性统计表

N	有效/个	50
	缺失/个	0
均值		171.68
均值的标准误		0.987
中值		173.00
众数		177
标准差		6.979
方差		48.712
偏度		−0.432
偏度的标准误		0.337
峰度		−0.753
峰度的标准误		0.662
全距		27
极小值		156
极大值		183
和		8584
百分位数	10	160.40
	20	165.20
	25	166.00
	30	167.00
	40	169.40
	50	173.00
	60	176.00
	70	177.00
	75	177.25

表 10-7 频数分布表

身高/cm		频率	百分比	有效百分比	累计百分比
有效	156	1	2.0%	2.0%	2.0%
	158	1	2.0%	2.0%	4.0%
	159	2	4.0%	4.0%	8.0%
	160	1	2.0%	2.0%	10.0%
	164	2	4.0%	4.0%	14.0%
	165	3	6.0%	6.0%	20.0%
	166	3	6.0%	6.0%	26.0%
	167	3	6.0%	6.0%	32.0%
	168	1	2.0%	2.0%	34.0%
	169	3	6.0%	6.0%	40.0%
	170	4	8.0%	8.0%	48.0%
	173	2	4.0%	4.0%	52.0%
	174	1	2.0%	2.0%	54.0%
	175	1	2.0%	2.0%	56.0%
	176	4	8.0%	8.0%	64.0%
	177	6	12.0%	12.0%	76.0%
	178	5	10.0%	10.0%	86.0%
	179	2	4.0%	4.0%	90.0%
	180	3	6.0%	6.0%	96.0%
	183	2	4.0%	4.0%	100.0%
	合计	50	100.0%	100.0%	

3. 带正态曲线的直方图

图 10-75 所示是学生身高的直方图，从图中可以看出，学生身高近似服从正态分布，而且集中趋势是集中在 171cm。

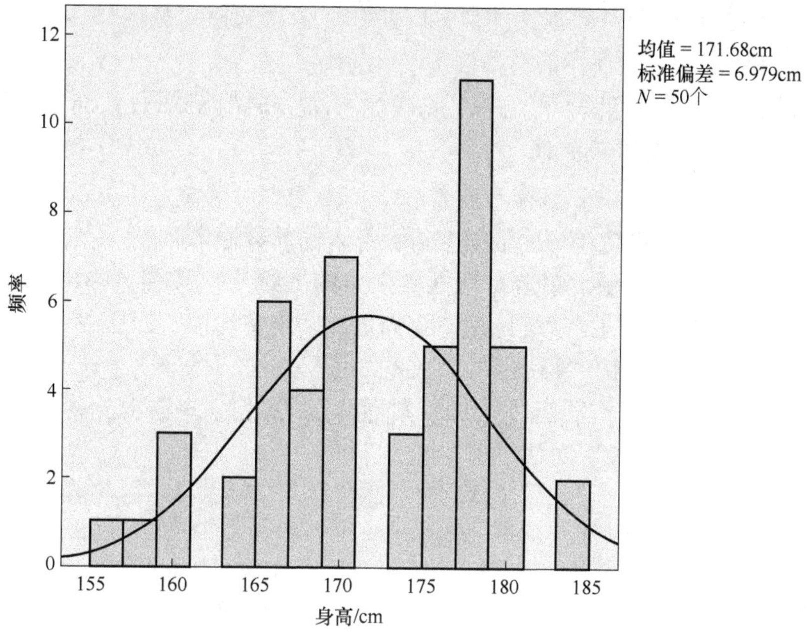

图 10-75 带正态曲线的身高分布直方图

（四）同步练习

请对数据文件“2-1 成绩”利用描述分析统计量，试分析该 30 名学生的语文、数学、英语成绩的集中趋势、离散趋势和分布特征，并绘制频数表、直方图和正态曲线。

第二部分：描述性分析

描述性分析过程（Descriptives）主要用来对连续变量做描述性分析，可以输出的描述性统计量主要有平均值、最大值、最小值、方差、标准差、极差、平均数的标准误[㊀]、偏度系数和峰度系数等。

其特色是可以把原始数据转换成标准 Z 分值（标准化为符合正态分布的标准化数据）并存入当前数据集。标准化后的变量值更加易于同其他变量进行比较，经常用于其他分析，如回归分析、聚类分析、因子分析等。

（一）实例问题描述

【例 10-13】 数据文件“3-2 体重”给出了浙江省某高校 50 名大二学生的体重。试对该 50 名学生的体重数据进行描述性分析，从数据集中趋势、离散趋势和分布特征方面了解这 50 名学生的体重情况。

㊀ 标准误为标准误差。——编辑注

（二）操作步骤与过程

本例中有学号和体重两个变量，学号可以定义为字符型变量，身高可以定义为数值型变量，然后录入相关原始数据，形成数据文件“3-2体重”。

录入完毕，保存好数据后，开始展开分析。步骤如下：

（1）进入SPSS20.0，打开数据文件“3-2体重”，依次选择“分析”→“描述统计”→“描述”命令，弹出图10-76所示的对话框。

（2）选择进行描述分析的变量。在“描述性”对话框的左侧列表框中选择“体重”，单击➡按钮，进入“变量”列表框。

（3）选择是否将标准化得分另存为变量。本例中选中对话框左下方的“将标准化得分另存为变量”复选框，标准化得分的数据变量会存入当前数据集。

（4）选择输出描述统计量。单击对话框右上方的“选项”按钮，弹出图10-77所示的对话框，在此可以设置有关的描述统计量。我们选择输出平均值，即选中“均值”复选框。在“离散”选项组中选择输出“标准差”“方差”“范围”“最小值”“最大值”“均值的标准误”复选框，在“分布”选项组中选中“峰度”“偏度”复选框。设置完毕后，单击“继续”按钮，返回“描述性”对话框。

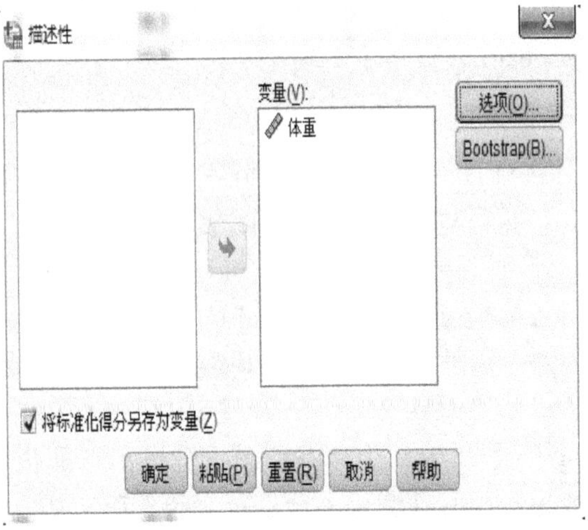

图10-76 “描述性”对话框

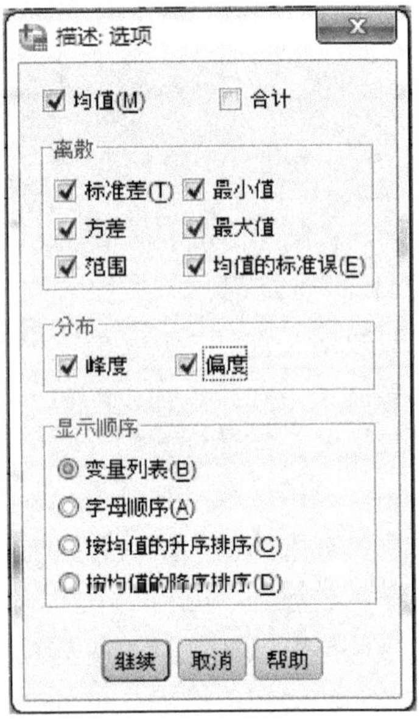

图10-77 “描述：选项”对话框

（5）单击“确定”按钮，等待输出结果。

（三）结果分析

1. 描述性统计表

从表10-8中可知：样本个数为50个，学生体重的全距为27.4kg，极小值为47.8kg，极大值是75.2kg，均值是61.888kg，标准误是0.9475kg，标准差是6.7000kg，方差是44.890，偏度是0.074，峰度是-0.196等。

表 10-8　描述性分析结果

描述统计量	N/个	全距/kg	极小值/kg	极大值/kg	均值/kg		标准差/kg	方差	偏　度		峰　度	
	统计量	统计量	统计量	统计量	统计量	标准误	统计量	统计量	统计量	标准误	统计量	标准误
体重	50	27.4	47.8	75.2	61.888	0.9475	6.7000	44.890	0.074	0.337	−0.196	0.662
有效的 N（列表状态）	50											

2. 数据标准化的结果值

描述性统计分析的一个特点是可以将原始数据转化为标准化的取值，并以变量的形式存入当前的数据集。本例的数据标准化结果如图 10-78 所示。

图 10-78　标准化后的新变量“Z 体重”

（四）同步练习

（1）请用数据文件“2-1 成绩”，试对该 30 名学生的语文、数学、英语成绩的数据进行描述性分析，从数据集中趋势、离散趋势和分布特征方面了解这 50 名学生的学习成绩情况。

（2）数据文件“3-1 身高”给出了浙江省某高校 50 名大二学生的身高。试对该 50 名学生的身高数据进行描述性分析，从数据集中趋势、离散趋势和分布特征方面了解这 50 名学生的身高情况。

第三部分：探索分析

在实践中，数据分析往往分为两个步骤：探索数据分析和实证数据分析。SPSS 的探索分析（Explore）适用于在对资料的性质、分布特点等不太清楚的时候，对变量进行更加深入研究的描述性统计分析。

按索分析的内容主要有：第一，能够生成关于所有个案或不同分组个案的统计量和图形；第二，可以检查数据是否有错，过大或过小的数据均可能是异常值或错误值；第三，获得数据的分布特征，进行假设检验。

（一）实例问题描述

【例10-14】 数据文件“3-3平均气温”给出了南方和北方2020年各城市的平均气温。试据此对南方和北方的平均气温进行探索性统计分析，研究南方平均气温和北方平均气温的基本特征。

（二）操作步骤和过程

本例中有城市、平均气温和区域三个变量，城市可以定义为字符型变量，平均气温和区域可以定义为数值型变量，并对区域变量进行值标签操作，用“1”表示南方，“2”表示北方，然后录入相关数据，形成数据文件“3-3平均气温”。

录入完毕，保存好数据后，开始展开分析，步骤如下：

（1）进入SPSS20.0，打开数据文件“3-3平均气温”，依次选择“分析”→“描述统计”→“探索”命令，弹出图10-79所示的对话框。

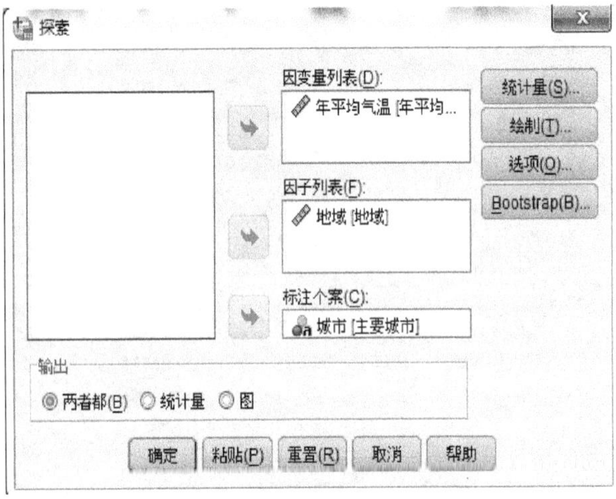

图10-79 “探索”对话框

（2）选择进行探索分析的变量。在“探索”对话框的左侧列表框中选择“年平均气温”，向右移入“因变量列表”列表框。选择“地域”并使其进入“因子列表”列表框，用于按地域分组进行分析；选择“城市”并使其进入“标注个案”列表框。标注个案的作用在于用户可以方便地找到异常值或某个个案的编号。本例最后结果的箱图（图10-89）中会显示，海口的年平均气温为极端值。

（3）选择是否输出描述统计量或统计图。此处选中“两者都”单选按钮。

（4）选择输出有关的描述统计量。单击对话框右上方的“统计量”按钮，弹出图10-80所示的对话框，在此可以设置有关的描述统计量。本例选中全部复选框。设置完毕后，单击“继续”按钮，返回“探索”对话框。

选项说明：

1）“描述性”复选框用于输出基本描述统计量，其中系统默认均值的置信区间为95%。

2）“M-估计量”复选框用于输出4种权重下的最大似然数，其中Huber的方法比较适用于接近正态分布的情况，其余的方法比较适合数据中有较多极端值的情况。

3）“界外值”输出5个最大值和最小值，在输出窗口中它们被标明为极端值。

4）“百分位数”复选框用于输出5%、10%、25%、50%、75%、90%以及95%的百分位数。

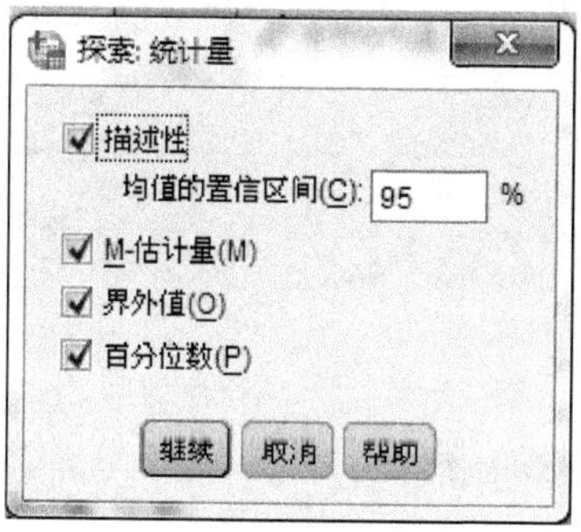

图10-80 “探索：统计量”对话框

（5）设置统计图的输出。单击“探索”对话框中的“绘制”按钮，弹出图10-81所示的对话框。在“箱图”中选择“按因子水平分组”，在“描述性”选项组中选择“茎叶图”和“直方图”，然后选择输出“带检验的正态图”，并且在“伸展与级别Levene检验”选项组中选择“无”。

（6）选项设置。单击“探索”对话框中的“选项”按钮，弹出图10-82所示的对话框，可以设置对缺失值的处理方法。选中“按列表排除个案”单选按钮，即剔除变量中含缺失值的记录后再进行分析。单击“继续”按钮，返回“探索”对话框。

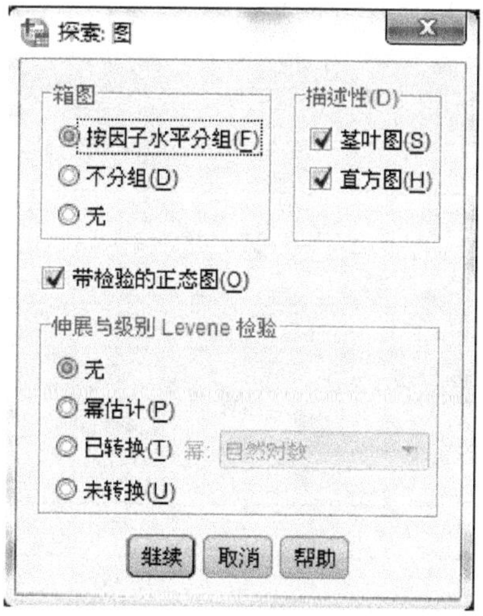

图10-81 “探索：图”对话框

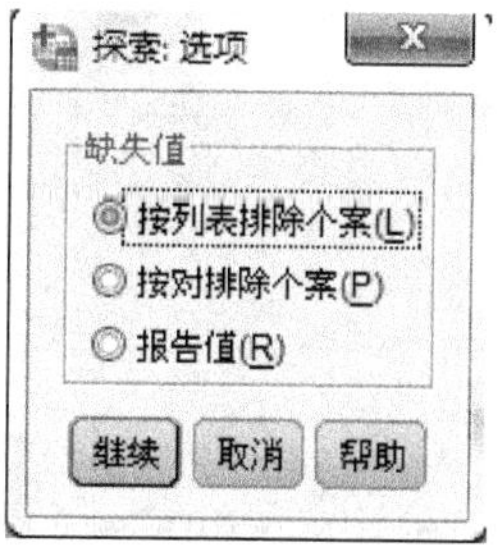

图10-82 “探索：选项”对话框

（7）设置完毕后，单击“确定”按钮，等待输出结果。

（三）结果分析

1. 基本统计信息

从表10-9中可以读出以下信息：“1”代表南方，共有16个平均气温样本数据，“2”代表北方，也有16个平均气温样本数据。

2. 按地域分组的平均气温描述统计量

从表10-10中可以看到各组的描述统计量，包括平均值、标准差、极大值、极小值、偏度等。依据这些统计量数值，可以对南北方平均气温的情况做进一步的比较分析。

表 10-9 南方、北方平均气温的描述统计量

地域		案例					
		有效		缺失		合计	
		N/个	百分比	N/个	百分比	N/个	百分比
年平均气温	南方	16	100.0%	0	0.0%	16	100.0%
	北方	16	100.0%	0	0.0%	16	100.0%

表 10-10 南方和北方的平均气温描述统计量 （单位：℃）

地域				统计量	标准误差
年平均气温	南方	均值		18.900	0.6720
		均值的95%置信区间	下限	17.468	
			上限	20.332	
		5%修整均值		18.778	
		中值		18.000	
		方差		7.225	
		标准差		2.6880	
		极小值		14.8	
		极大值		25.2	
		范围		10.4	
		四分位距		3.3	
		偏度		1.001	0.564
		峰度		0.782	1.091
	北方	均值		11.300	0.8497
		均值的95%置信区间	下限	9.489	
			上限	13.111	
		5%修整均值		11.378	
		中值		11.600	
		方差		11.552	
		标准差		3.3988	
		极小值		5.6	
		极大值		15.6	
		范围		10.0	
		四分位距		6.0	
		偏度		−0.310	0.564
		峰度		−1.267	1.091

3. *M* 估计量

M 估计量可以用来判别数据中有无明显异常值。SPSS 输出的 *M* 估计量有 4 种，分别是 Huber、Tukey、Hampel、Andrews 提出来的，其区别是使用的权重不同。从表 10-11 中可以看到 4 种不同权重下的最大似然数。容易发现，南方和北方的平均气温的 4 个 *M* 估计量离平均数和中位数都很近，这说明数据中应该没有明显的异常值。

表 10-11 *M* 估计量 （单位：℃）

地域		Huber 的 *M*-估计器①	Tukey 的双权重②	Hampel 的 *M*-估计器③	Andrews 波④
年平均气温	南方	18.269	17.921	18.178	17.918
	北方	11.544	11.444	11.351	11.444

① 加权常量为 1.339。
② 加权常量为 4.685。
③ 加权常量为 1.700、3.400 和 8.500。
④ 加权常量为 1.340π。

4. 分组后的百分位数

百分位数是一种位置指标，它将一组观测值分为两部分，如百分位数 10 代表的值就表示理论上有 10%的观测值比该值小，有 90%的观测值比该值大。从表 10-12 中可以看出分组后的各个百分位数。

表 10-12 百分位数 （单位：℃）

地域			百分位数						
			5	10	25	50	75	90	95
加权平均（定义 1）	年平均气温	南方	14.800	15.850	17.450	18.000	20.700	23.730	
		北方	5.600	6.090	8.325	11.600	14.350	15.600	
Tukey 的枢纽	年平均气温	南方			17.500	18.000	20.300		
		北方			8.450	11.600	14.100		

5. 最大最小值

表 10-13 给出了分组后的 5 个最大值和最小值。

表 10-13 最大最小值 （单位：℃）

地域				案例号	城市	值
年平均气温	南方	最高	1	23	海口	25.2
			2	21	广州	23.1
			3	22	南宁	21.9
			4	14	福州	21.1
			5	24	桂林	19.5

（续）

地域				案例号	城市	值
年平均气温	南方	最低	1	27	贵阳	14.8
			2	28	昆明	16.3
			3	11	南京	16.8
			4	13	合肥	17.4
			5	26	成都	17.6①
	北方	最高	1	18	郑州	15.6
			2	30	西安	15.6
			3	16	济南	15.2
			4	3	石家庄	14.6
			5	17	青岛	13.6
		最低	1	9	哈尔滨	5.6
			2	32	西宁	6.3
			3	8	长春	7.0
			4	5	呼和浩特	8.2
			5	29	乌鲁木齐	8.7

① 下限值表中仅显示一部分具有值17.6的案例。

6. 正态分布的检验结果

如表10-14所示，两组的显著性Sig. 值都大于0.05，说明正态分布特征不明显。

表10-14 正态性检验结果

地域		Kolmogorov-Smirnov①			Shapiro-Wilk		
		统计量	df	Sig.	统计量	df	Sig.
年平均气温	南方	0.188	16	0.136	0.915	16	0.138
	北方	0.159	16	0.200②	0.928	16	0.227

① Llliefors 显著性水平修正。

② 这是真实显著性水平的下限。

7. 直方图

南方和北方平均气温的直方图如图10-83和图10-84所示，可以看出，南北方的年平均气温都无明显集中趋势。

8. 茎叶图

图10-85和图10-86所示是两组数据的茎叶图。从左往右分别是频数、茎、叶三部分。其中茎代表数值的整数部分，叶代表数值的小数部分。由每行的茎叶构成的数字再乘以茎宽，则为实际数据的近似值。

9. 正态概率图

图10-87所示是南方平均气温的正态概率图，其中的斜线表示正态分布的标准线，点表示实际数据的分布，各点越接近于直线，则数据的分布越接近于正态分布。本例中，分布拟合度不是很好，说明正态分布并不明显。

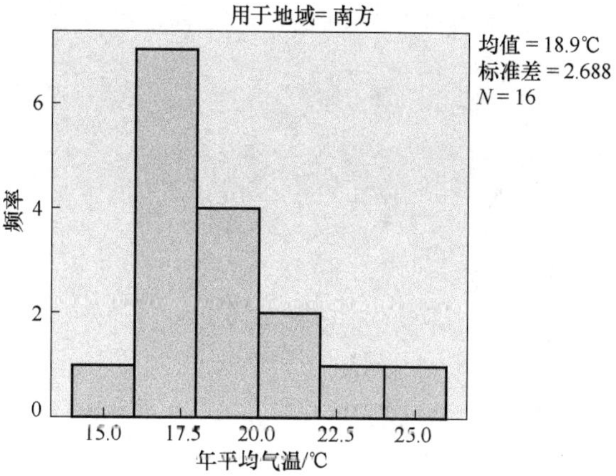

图 10-83 南方平均气温的直方图

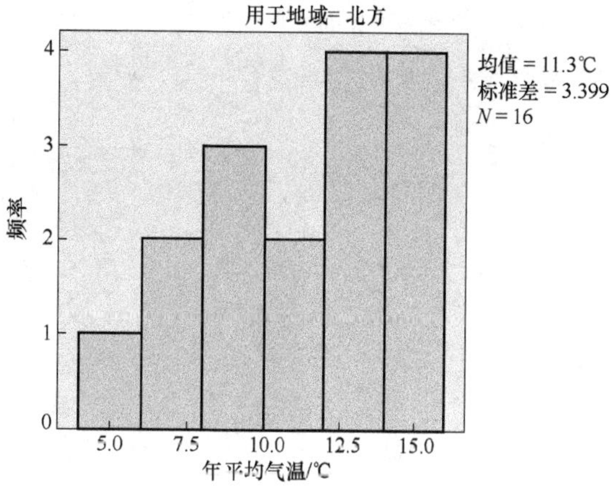

图 10-84 北方平均气温的直方图

```
□□□□□ Stem-and-Leaf Plot for
□□=

 Frequency    Stem &  Leaf

     1.00        1 .  4
    11.00        1 .  66777778889
     3.00        2 .  113
     1.00 Extremes    (>=25)

 Stem width:   10.0
 Each leaf:        1 case(s)
```

图 10-85 南方平均气温的茎叶图

```
□□□□□ Stem-and-Leaf Plot for
□□= □□

 Frequency    Stem &  Leaf

     6.00        0 .  567889
     7.00        1 .  1123334
     3.00        1 .  555

 Stem width:   10.0
 Each leaf:        1 case(s)
```

图 10-86 北方平均气温的茎叶图

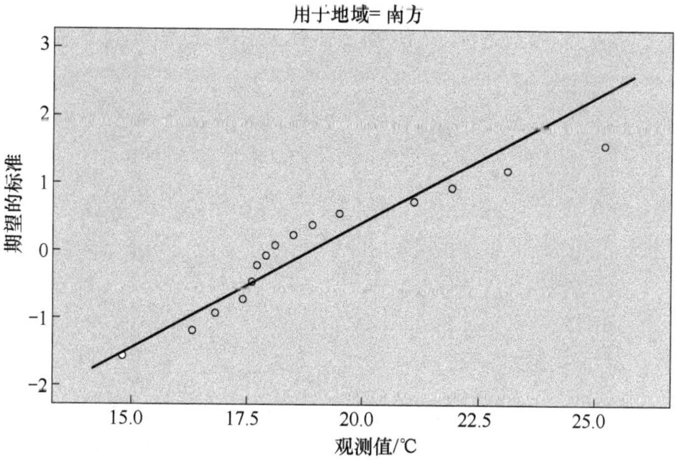

图 10-87 南方平均气温的正态概率图

10. 去掉趋势的正态概率图

图 10-88 所示是去掉趋势的正态概率图。去掉趋势的正态概率图反映的是按正态分布计算的理论值和实际值之差（也就是残差）的分布情况。如果数据服从正态分布，数据点应

该均匀地分布在中间标准线的上下。本例中，数据点的分布不仅不均匀，而且存在着一定的波动趋势，所以正态分布特征不明显。

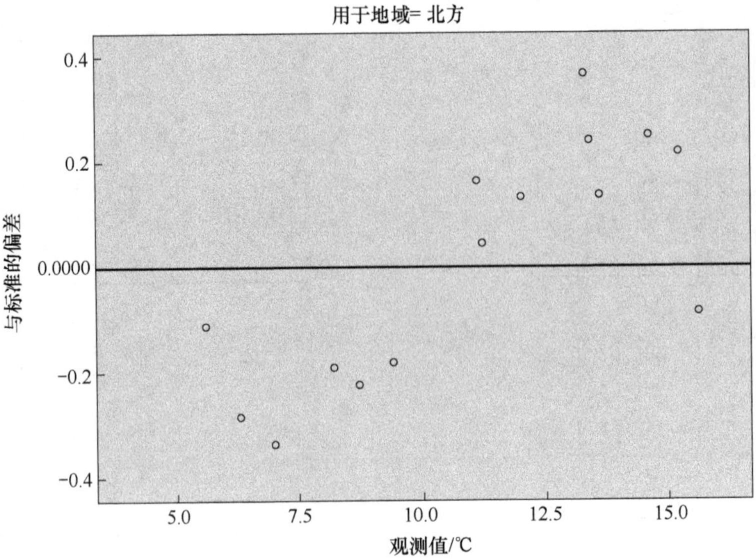

图 10-88　北方平均气温分布去掉趋势的正态概率图

11. 箱图

图 10-89 给出了南方和北方平均气温的箱图。其中箱为四分位间距的范围。四分位距就是百分位数 75 代表的值减去百分位数 25 代表的值。中间的粗线表示平均数，上面和下面的细线分别表示最大值和最小值。超出最大最小值的数为异常值。本例中，海口的年平均气温就是异常值，明显高于其他城市。南方的平均气温总体高于北方的平均气温。

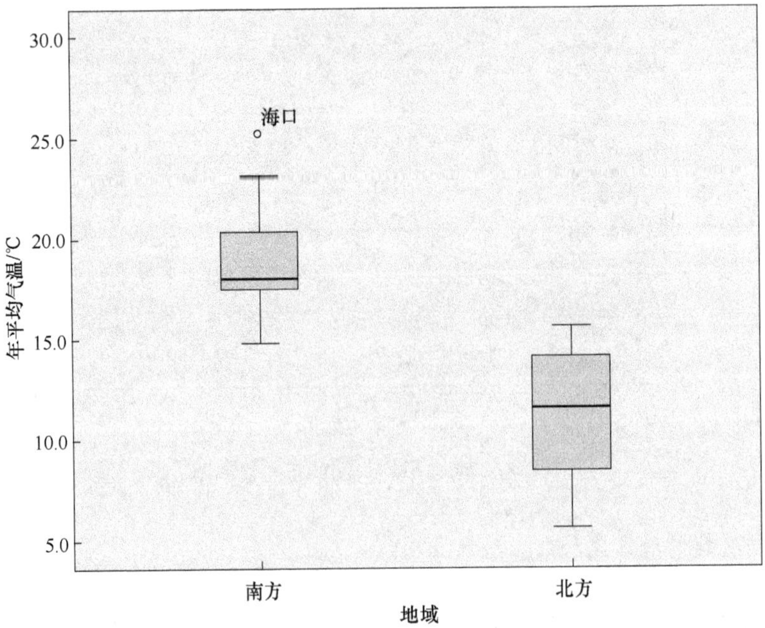

图 10-89　南方和北方平均气温对比的箱图

（四）同步练习

（1）使用数据文件“3-4 身体素质”，利用探索分析对不同性别的“身高”情况进行对比分析。

（2）使用数据文件“3-4 身体素质”，利用探索分析对不同性别的“体重”情况进行对比分析。

实验四 相关分析与回归分析

一、实验目的与要求

掌握相关分析、回归分析的实现操作步骤，理解统计结果的含义。

二、实验内容

简单相关分析、偏相关分析、一元线性回归、多元线性回归。

三、实验背景知识

数据分析中，有时要进行现象间的关联分析。在研究各个变量之间的关系时，相关分析和回归分析是广泛应用的分析技术和方法。

相关分析是不考虑变量之间的因果关系而只研究分析变量之间的相关关系的一种统计分析方法，包括简单相关分析、偏相关分析、距离分析等。

回归分析是研究分析某一变量受其他变量影响的分析方法，它以被影响的变量为因变量，以影响变量为自变量，研究因变量和自变量之间的因果关系，包括简单线性回归、多重线性回归、曲线回归、非线性回归等。

四、实验步骤

第一部分：两变量相关性分析

SPSS 的简单相关分析是最基本最常用的一种相关分析方法。其基本功能是通过绘制散点图或计算简单相关系数，来反映两个变量之间的关联密切程度（关系强弱）。

（一）实例问题描述

【例 10-15】 数据文件“4-1 居民收入与支出”给出了某年度全国分地区城镇居民人均消费现金支出和人均可支配收入数据，如表 10-15 所示。试分析城镇居民人均消费现金支出与人均可支配收入的相关性。

（二）操作步骤与过程

（1）打开数据文件“4-1 居民收入与支出”，单击“图形”→“旧对话框”→“散点图”→“简单分布”。

绘制消费现金支出与可支配收入的散点图的设置，如图 10-90 和图 10-91 所示。

从散点图 10-92 可以明显看出，两者存在线性相关关系，可以进行线性相关分析。

表 10-15 某年度全国分地区城镇居民人均消费现金支出与人均可支配收入 （单位：元）

地　区	人均消费现金支出	人均可支配收入	地　区	人均消费现金支出	人均可支配收入
北　京	26274.89	40321.00	湖　北	15749.50	22906.42
天　津	21711.86	32293.57	湖　南	15887.11	23413.99
河　北	13640.58	22580.35	广　东	24133.26	33090.05
山　西	13166.19	22455.63	广　西	15417.62	23305.38
内蒙古	19249.06	25496.67	海　南	15593.04	22928.90
辽　宁	18029.65	25578.17	重　庆	17813.86	25216.13
吉　林	15932.31	22274.60	四　川	16343.45	22367.63
黑龙江	14161.71	19596.96	贵　州	13702.87	20667.07
上　海	28155.00	43851.36	云　南	15156.15	23235.53
江　苏	20371.48	32538.00	西　藏	12231.86	20023.35
浙　江	23257.19	37851.00	陕　西	16679.69	22858.37
安　徽	16285.17	23114.22	甘　肃	14020.72	18964.78
福　建	20092.72	30816.37	青　海	13539.50	19498.54
江　西	13850.51	21872.68	宁　夏	15321.10	21833.33
山　东	17112.24	28264.10	新　疆	15206.16	19873.77
河　南	14821.98	22398.03			

注：表中数据未包括香港特别行政区、澳门特别行政区和台湾省的数据。

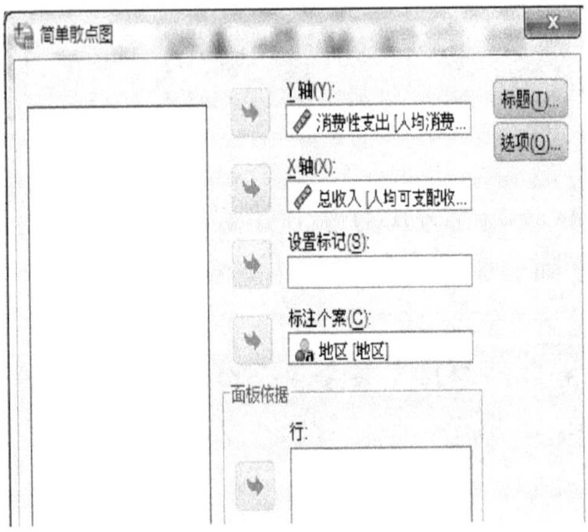

图 10-90 散点图的变量设置

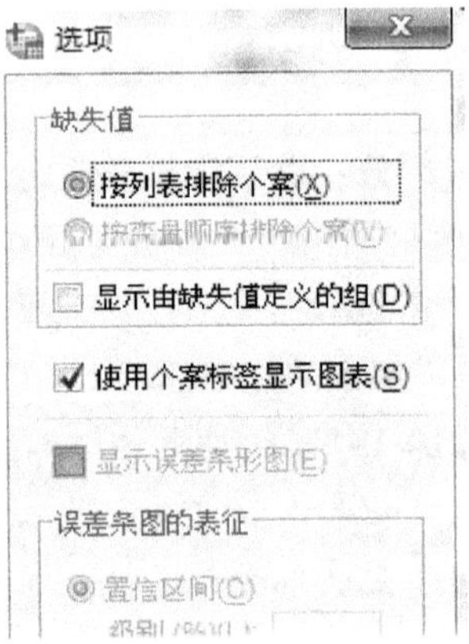

图 10-91 个案标签的设置

（2）选择“分析”→“相关”→“双变量”命令，弹出“双变量相关”对话框。

选择进行相关分析的变量。在左侧选择“消费性支出”和“总收入”变量，将其添加到右侧的“变量”框中。

（3）选择相关系数的种类。因为本例中的变量属于连续型变量，所以在“双变量相关”

对话框内的“相关系数”选项组中选择“Pearson”。

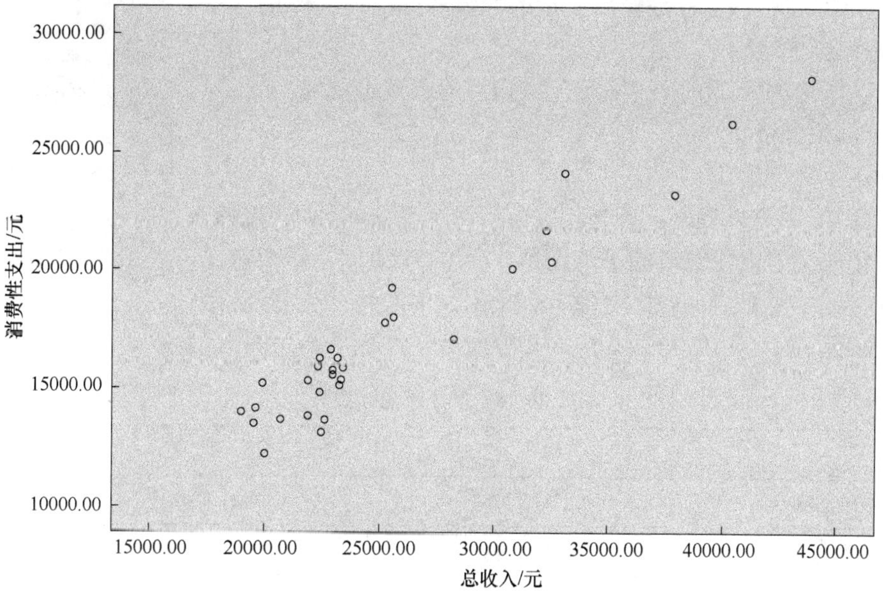

图 10-92 消费性支出与总收入的散点图

（4）设定显著性检验的类型。在“显著性检验”选项组中选择“双侧检验”。

（5）选择是否标记显著性相关，也就是在输出结果中是否把有统计学意义的结果用“ * ”或“ ** ”表示出来。“ * ”表示在 0.05 的显著性水平有统计学意义，“ ** ”表示在 0.01 的显著性水平有统计学意义。设置结果如图 10-93 所示。

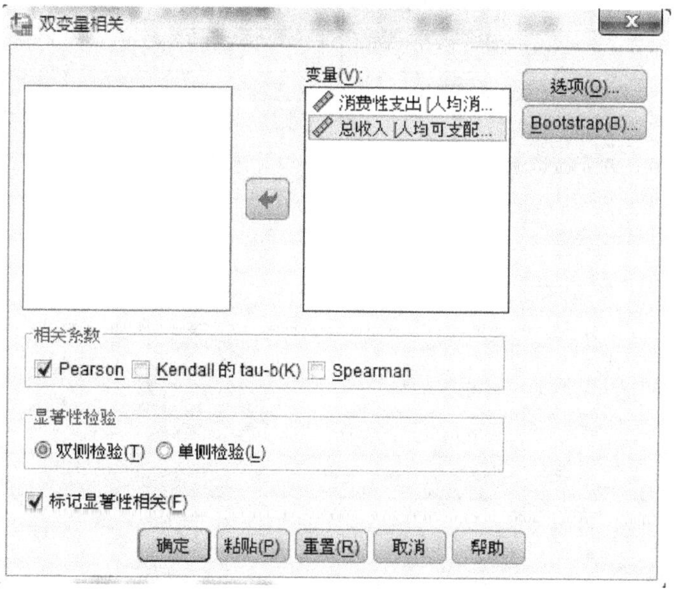

图 10-93 双变量简单相关的设置

（6）选择相关统计量的输出和缺失值的处理方法。单击“双变量相关”对话框中“选项”按钮，弹出图 10-94 所示对话框。在“统计量”选项组中选中“均值和标准差”，也就是输出变量的均值和标准差，然后选中“叉积偏差和协方差”。

(7) 设置完毕后，单击“确定”按钮，等待输出结果。

（三）结果分析

1. 描述性统计量

从表 10-16 中可以看出：参与相关分析两个变量的样本数各有 31 个，城镇居民消费性支出的平均值是 17190. 5755 元，标准差是 3693. 83652 元。总收入的平均值是 25531. 8048 元，标准差是 6354. 39068 元。

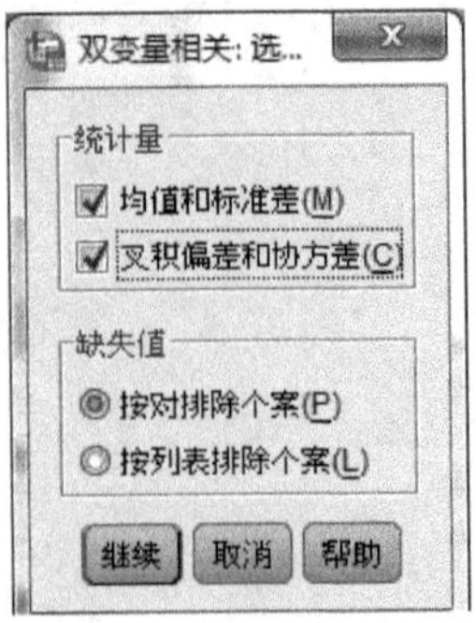

图 10-94　“选项”对话框

表 10-16　描述性统计量表

	均　值	标　准　差	N/个
消费性支出/元	17190. 5755	3963. 83652	31
总收入/元	25531. 8048	6354. 39068	31

2. 相关分析结果表

表 10-17 所示是皮尔逊相关系数大小及显著性检验结果。从表中可知，城镇居民消费性支出与总收入的相关系数 $r=0.960$，显著性水平为 0. 000，小于 0. 01，所以相关系数用“**”标记，说明城镇居民消费性支出与总收入的相关性是高度显著的，而且可以建立直线方程对消费性支出进行预测。

表 10-17　相关系数结果表

		消费性支出	总　收　入
消费性支出	皮尔逊相关性	1	0. 960**
	显著性（双侧）		0. 000
	平方与叉积的和	471359998. 1	725574011. 7
	协方差	15711999. 94	24185800. 39
	N/个	31	31
总收入	皮尔逊相关性	0. 960**	1
	显著性（双侧）	0. 000	
	平方与叉积的和	725574011. 7	1211348428
	协方差	24185800. 39	40378280. 93
	N/个	31	31

** 在 0. 01 水平（双侧）上显著相关。

（四）同步练习

小组合作自主学习，从中国国家统计局网站的统计年鉴中寻找合适的数据进行练习。

第二部分：偏相关分析

偏相关分析就是当需要进行相关分析的变量取值的同时，受到其他变量因素的影响，采取把其他变量控制住，然后输出控制其他变量影响后的相关系数的方法。

例如，在身高、体重与肺活量之间的关系中，因为身高与体重有线性关系、体重与肺活量又有线性关系，所以要分析身高与肺活量之间的相关性时，可以采用偏相关分析，控制体重的影响。

（一）实例问题描述

【例 10-16】 数据文件“4-2 智商与成绩”给出了某校 12 名学生的 IQ 值、语文成绩、数学成绩。因为语文成绩与数学成绩都受 IQ 的影响，所以试用偏相关分析研究学生语文成绩和数学成绩的相关关系。

（二）操作步骤与过程

（1）打开数据文件“4-2 智商与成绩”，选择“分析”→“相关”→“偏相关”命令，弹出“偏相关”对话框，如图 10-95 所示。

（2）选择进行偏相关分析的变量和控制变量。在左侧选择“语文成绩”和“数学成绩”变量，将其添加到右侧的“变量”框中。然后选中“IQ”将其移入“控制”变量列表。

（3）设置显著性检验的类型。本例选择“双侧检验”。

（4）选择是否显示显著性水平。本例选中。

（5）选择相关统计量的输出。单击“偏相关”中的“选项”按钮，弹出图 10-96 所示的对话框。本例在“统计量”中选中“均值和标准差”以及“零阶相关系数”。这里的“零阶相关系数”也就是输出所有变量的相关系数矩阵。单击“继续”按钮返回。

（6）设置完毕后，单击“确定”按钮，等待输出结果。

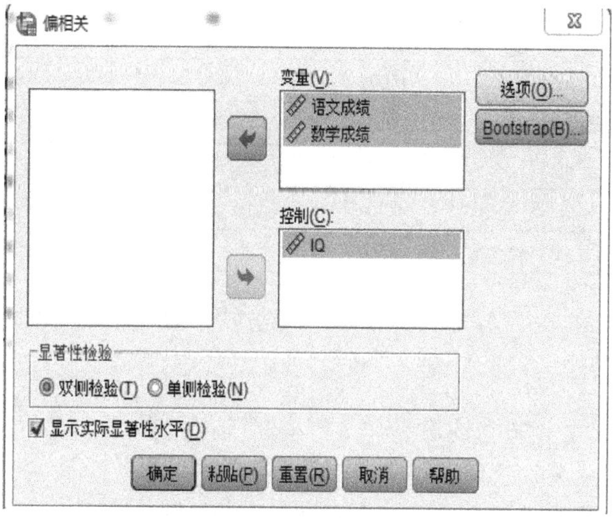

图 10-95 “偏相关”对话框

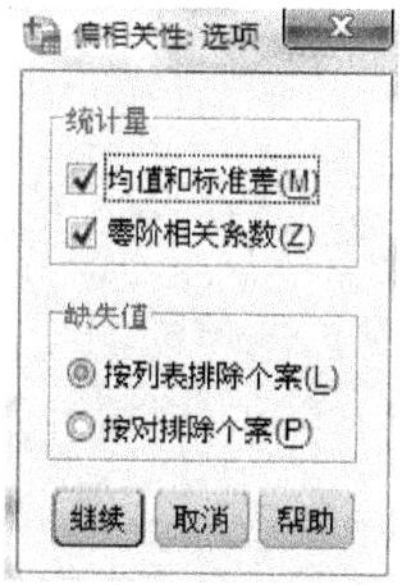

图 10-96 “选项”对话框

（三）结果分析

1. 描述性统计量表

从表 10-18 中可以看出：参与偏相关分析的两个变量各有 12 个样本数据。语文成绩的平均值是 77.67 分，标准差是 19.014 分；数学成绩的平均值是 76.33 分，标准差是 22.797

分。IQ的平均值是98.33分，标准差是22.96分。

表10-18　偏相关的描述性统计量表　　（单位：分）

	均　值	标　准　差	N/个
语文成绩	77.67	19.014	12
数学成绩	76.33	22.797	12
IQ	98.33	22.960	12

2. 偏相关分析结果表

从表10-19可以发现：不控制IQ时语文成绩和数学成绩的相关系数为0.991，显著性水平为0.000，小于0.01。控制IQ后语文成绩和数学成绩的相关系数为0.904，显著性水平也为0.000。所以，语文成绩和数学成绩之间的相关关系为高度正相关。

表10-19　偏相关分析系数结果表*

控制变量			语文成绩	数学成绩	IQ
无	语文成绩	相关性	1.000	0.991	0.950
		显著性（双侧）		0.000	0.000
		df	0	10	10
	数学成绩	相关性	0.991	1.000	0.964
		显著性（双侧）	0.000		0.000
		df	10	0	10
	IQ	相关性	0.950	0.964	1.000
		显著性（双侧）	0.000	0.000	
		df	10	10	0
IQ	语文成绩	相关性	1.000	0.904	
		显著性（双侧）		0.000	
		df	0	9	
	数学成绩	相关性	0.904	1.000	
		显著性（双侧）	0.000		
		df	9	0	

*单元格包含零阶（皮尔逊）相关。

（四）同步练习

小组合作自主学习，寻找合适的数据进行练习。

第三部分：一元线性回归分析

SPSS的一元线性回归分析是最简单也是最基本的一种回归分析方法。其特点是涉及一个自变量，主要用于一个自变量和一个因变量之间的线性关系，建立两个变量之间的线性模型，并根据模型来做出评价和预测。

回归分析要解决的两个基本问题：一是回归方程的求解，即两个回归参数的估计，二是回归方程好坏的评估判断。一般来说，线性回归分析主要包括以下几个步骤。

（1）确定回归方程的自变量和因变量。

（2）建立回归方程，即确定自变量和因变量的函数关系。

（3）对回归方程进行各种统计检验。

（4）利用回归方程进行预测。

（一）实例问题描述

【例 10-17】 数据文件“4-1 居民收入与支出”给出了某年度全国分地区城镇居民人均消费现金支出和人均可支配收入数据。从图 10-92 所示的散点图可以明显看出，两者存在线性相关关系。从表 10-17 可以看出两者的相关系数 $r=0.960$ 可知，两者呈高度正相关。因此可以用一元线性回归分析来建立城镇居民消费性支出与总收入的回归方程。

（二）操作步骤与过程

（1）打开数据文件“4-1 居民收入与支出”，选择“分析”→“回归”→“线性”命令，弹出图 10-97 所示的“线性回归”对话框。

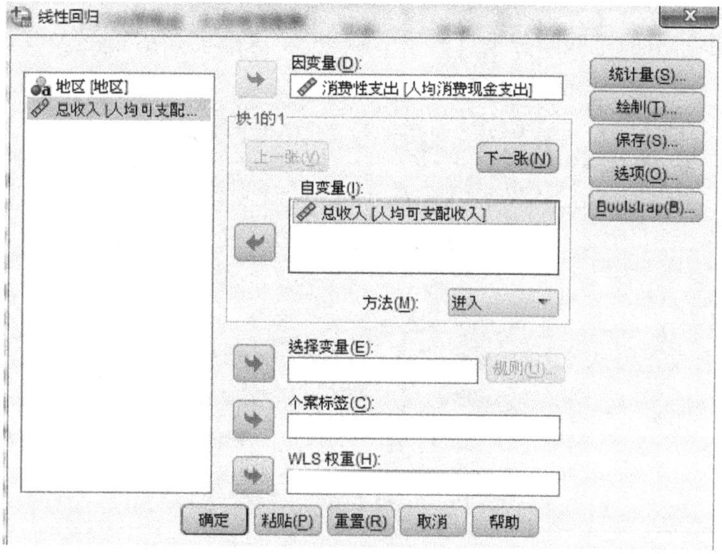

图 10-97 “线性回归”对话框

（2）选择进行简单线性回归分析的变量。在左侧的列表框中选择“消费性支出”变量，移入右侧的“因变量”框中。选中“总收入”，并使其进入“自变量”列表框。

（3）单击“统计量”按钮，弹出“线性回归：统计量”，设置如图 10-98 所示。其中部分选项说明如表 10-20 所示。

（4）单击“绘制”按钮，选择“直方图”和“正态概率图”。

（5）其他设置使用系统默认设置即可。设置完毕后，单击“确定”按钮，等待输出结果。

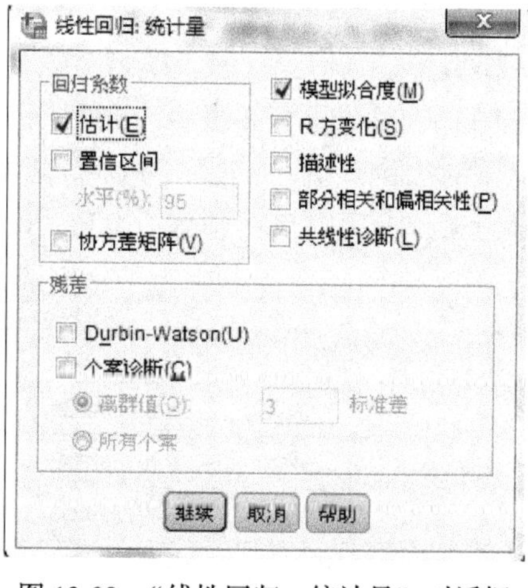

图 10-98 “线性回归：统计量”对话框

表 10-20 “线性回归：统计量”部分选项说明

选　项	选 项 说 明
回归系数	定义回归系数的输出情况
估计	指是否输出回归系数及其检验结果，系统默认选此项
置信区间	指是否输出回归系数的置信区间
协方差矩阵	指是否输出各个自变量的相关系数矩阵和方差、协方差阵
模型拟合度	指是否显示模型拟合过程中进入、退出的变量的列表以及模型拟合情况，系统默认选此项
描述性	指是否输出例如均值、标准差等一些描述统计量
共线性诊断	指是否输出一些用于共线性诊断的统计量
残差	选择是否输出对残差进行检验的结果，默认不输出

（三）结果分析

（1）表 10-21 显示的是回归分析过程中变量进入/退出模型的情况。该表主要针对多元回归分析，相对于一元线性回归可以忽略。

表 10-21 变量进入/退出模型的情况

模　型	输入的变量①	移去的变量①	方　法
1	总收入②		输入

① 因变量：消费性支出。
② 已输入所有请求的变量。

（2）模型拟合情况。表 10-22 显示的是一元线性回归模型的拟合情况。相关系数 R 为 0.960，反映的是自变量与因变量之间的密切程度，其值在 0~1 之间，越大越好。决定系数（判定系数）R^2 为 0.922，调整的 R^2 为 0.919。可见，模型的拟合效果很理想。

表 10-22 模型拟合度检验

模　型	R	R^2	调整 R^2	标准估计的误差
1	0.960①	0.922	0.919	1125.80023

① 预测变量：(常量)，总收入。

模型的拟合情况反映了模型对数据的解释能力。R^2 越大，模型的解释能力越强。

（3）方差分析。如表 10-23 所示。方差分析反映了模型整体的检验结果的显著性，一般将模型的检验 P 值（Sig.）与 0.05 进行比较，如果小于 0.05，则说明回归模型显著，有统计学意义。本例中 Sig. 值为 0.000，说明该模型有显著的统计学意义。

表 10-23 方差分析①表

模　型		平 方 和	df	均　方	F	Sig.
1	回归	434604639.2	1	434604639.2	342.903	0.000②
	残差	36755358.84	29	1267426.167		
	总计	471359998.1	30			

① 因变量：消费性支出。
② 预测变量：(常量)、总收入。

（4）回归方程的系数以及系数的检验结果。如表 10-24 所示。回归方程的系数是各个变量在回归方程中的系数值，Sig. 值表示回归系数的显著性，越小越显著。一般将其与 0.05 进行比较，如果小于 0.05，即为显著、有统计学意义。

表 10-24 回归方程的系数[①]及检验

模型		非标准化系数		标准系数	t	Sig.
		B	标准误差	试用版		
1	（常量）	1897.524	850.256		2.232	0.034
	总收入	0.599	0.032	0.960	18.518	0.000

① 因变量：消费性支出。

本例中常数项对应的系数其 t 检验的 Sig. 值为 0.034，自变量总收入的 t 检验的 Sig. 值为 0.000，都具有显著的统计意义。

（5）回归分析的残差统计结果。虽然表 10-24 拟合得出了总收入与消费性支出的检验公式，但一个完整的回归分析还包括利用残差分析，对拟合结果进行检验。从表 10-25 给出的预测值及标准化的预测值、残差及残差预测值的极小值、极大值、均值、标准偏差和样本数。这些数据中无离群值，且数据的标准差也不算大，可以认为模型是健康的。

表 10-25 残差统计结果[①]

	极小值	极大值	均值	标准偏差	N
预测值	13257.0557	28163.6309	17190.5755	3806.15571	31
残差	−2181.81689	2415.44360	0.00000	1106.87787	31
标准预测值	−1.033	2.883	0.000	1.000	31
标准残差	−1.938	2.146	0.000	0.983	31

① 因变量：消费性支出。

（6）对模型的检验，除了分析残差统计量外，还可以直接做出标准化残差的直方图和正态 P-P 图来观察其是否服从正态分布。从图 10-99 所示的标准化残差直方图和图 10-100 所示的标准化残差正态分布 P-P 图可以看出，残差具有正态分布的趋势，因此可以认为这里的回归模型是恰当的。

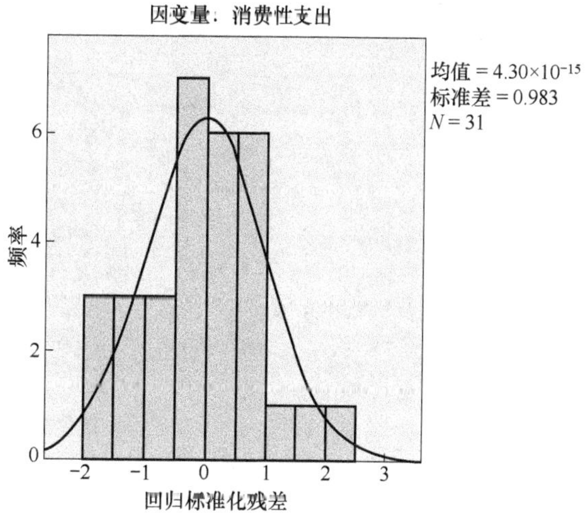

图 10-99 标准化残差直方图

（四）同步练习

小组合作自主学习，上国家统计局网站寻找合适的数据进行练习。

第四部分：多元线性回归分析

SPSS 的多元线性回归分析也称多重线性回归分析。在回归分析中，如果有两个或两个以上的自变量，就称为多元回归。例如，某种产品的销售额不仅受到投入的广告费用的影响，通常还与产品的价格、消费者的收入与购买能力、购买者的消费习惯偏好以及市场上相近替代产品的价格等诸多因素的影响。此时可以采用多元回归分析。

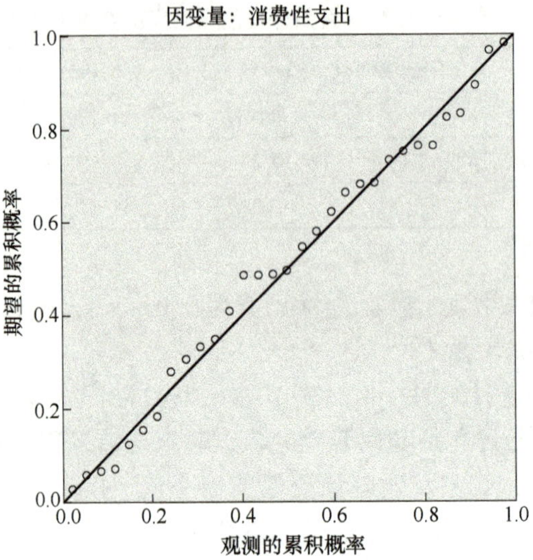

图 10-100　标准化残差正态分布 P-P 图

（一）实例问题描述

【例 10-18】 数据文件“4-4 营业收入与广告费”给出了 8 个星期的样本数据。某教育培训公司老板希望了解公司投放的电视广告费用和网络广告费用对公司营业收入的影响。请用多元线性回归分析来建立这两种广告形式对公司营业收入的回归方程。

（二）操作步骤与过程

（1）打开数据文件“4-4 营业收入与广告费”，绘制三维散点图。步骤：“图形”→“旧对话框”→“散点图”→“3D 散点图”。结果如图 10-101 所示。

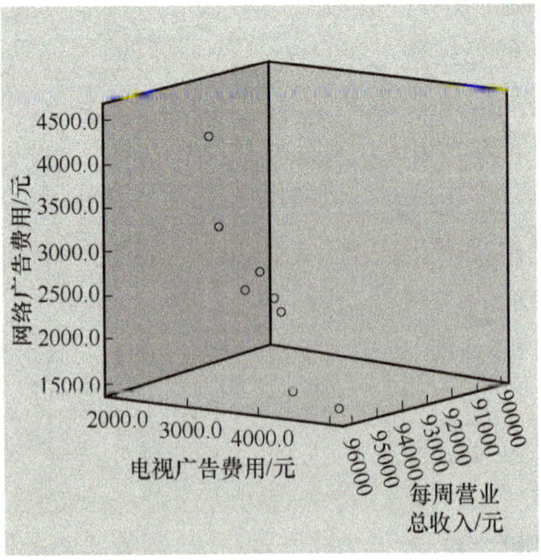

图 10-101　三维散点图

（2）选择“分析”→“回归”→“线性”命令，弹出“线性回归”对话框。设置如图 10-102 所示。

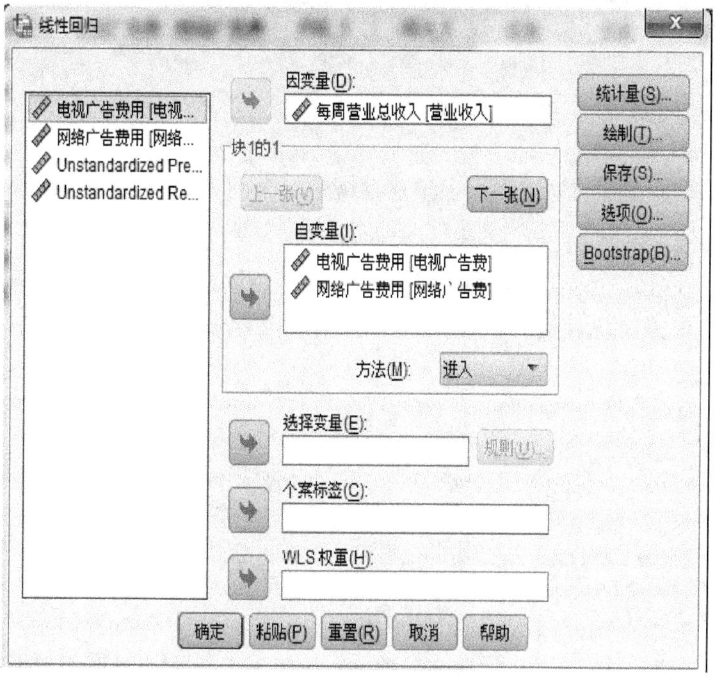

图 10-102　线性回归变量的设置

（3）单击“统计量”，设置如图 10-103 所示。

（4）单击“继续”按钮，设置如图 10-104 所示。

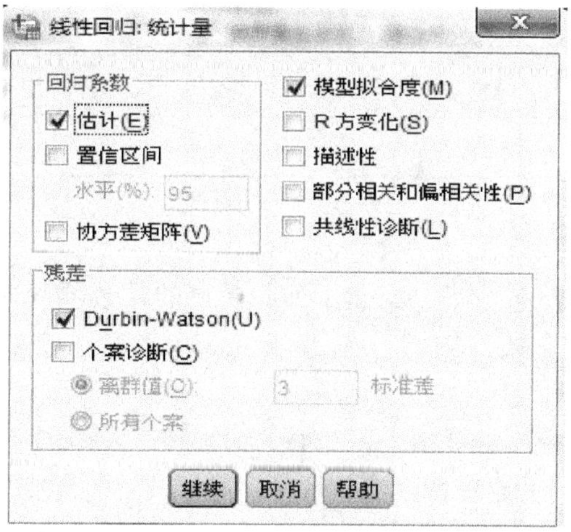

图 10-103　“线性回归：统计量”的设置

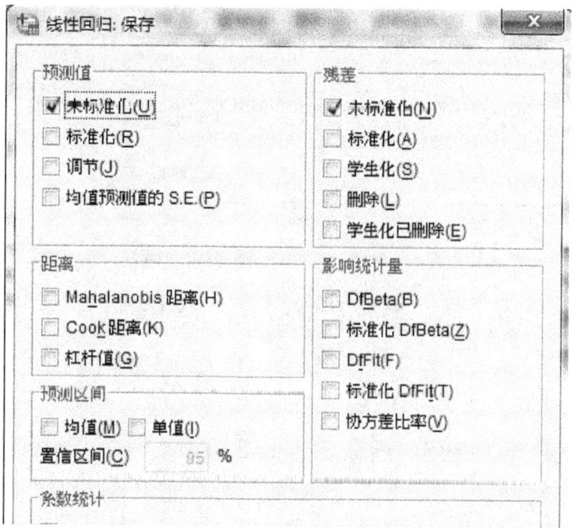

图 10-104　“线性回归：保存”的设置

（三）结果分析

（1）自变量进入方式，如表 10-26 所示。

表 10-26　自变量进入方式

模　型	输入的变量[①]	移去的变量[①]	方　法
1	网络广告费用		输入
	电视广告费用[②]		

① 因变量：每周营业总收入。
② 已输入所有请求的变量。

（2）模型拟合度情况。表 10-27 所示是对模型的汇总，给出了衡量该回归方程优劣的统计量。R 为复相关系数，它表示自变量与因变量营业收入之间的线性关系的密切程度，取值介于 0 和 1 之间，取值越大，说明线性回归关系越密切。判定系数 R^2 等于复相关系数的平方。调整的 R^2 需要关注统计量，值越大，说明模型拟合效果越好。本例中，模型拟合效果理想。

表 10-27　模型拟合度情况[①]

模　型	R	R^2	调整 R^2	标准估计的误差	Durbin-Watson
1	0. 959[②]	0. 919	0. 887	642. 587	2. 174

① 因变量：每周营业总收入。
② 预测变量：（常量）、网络广告费用、电视广告费用。

（3）方差分析表。本例中 P 值（Sig. 值）为 0. 002，所以该模型是有统计学意义的，即两种广告支出费用和每周营业收入之间的线性关系是显著的。方差分析表如表 10-28 所示。

表 10-28　方差分析[①]表

模　型		平 方 和	df	均　方	F	Sig.
1	回归	23435407. 79	2	11717703. 90	28. 378	0. 002[②]
	残差	2064592. 208	5	412918. 442		
	总计	25500000. 00	7			

① 因变量：每周营业总收入。
② 预测变量：（常量）、网络广告费用、电视广告费用。

（4）回归系数及检验表。表 10-29 所示为回归系数表，给出了回归模型的常数项（常量）、电视广告费用和网络广告费用的偏相关系数，它们分别等于 83230. 092、2. 290、1. 301，于是得到的回归方程为

y（每星期营业收入）= 83230. 092 + 2. 290x_1（电视广告费用）+ 1. 301x_2（网络广告费用）

常数项表示当自变量取值全为 0 时，因变量的取值大小，即没有这两种广告投入时的营业收入。同时，从回归系数的大小可以看出，电视广告对收入的影响效果比网络广告的好。表 10-29 最后一列 Sig. 值分别为 0. 000、0. 001、0. 010，都小于 0. 05。说明自变量具有显著统计意义。

表 10-29　回归系数及检验表

模型		非标准化系数		标准系数	t	Sig.
		B	标准误差	试用版		
1	（常量）	83230.092	1573.869		52.882	0.000
	电视广告费用	2.290	0.304	1.153	7.532	0.001
	网络广告费用	1.301	0.321	0.621	4.057	0.010

注：因变量：每周营业总收入。

（四）同步练习

小组合作自主学习，寻找合适的数据进行练习。

参考文献

[1] 贾俊平．统计学基础［M］.6 版．北京：中国人民大学出版社，2010.
[2] 石娟．统计学方法与案例应用［M］. 北京：科学出版社，2017.
[3] 贾俊平，何晓群，金勇进．统计学［M］.7 版．北京：中国人民大学出版社，2018.
[4] 贾俊平．统计学（第 7 版）学习指导书［M］. 北京：中国人民大学出版社，2020.
[5] 高敏雪，李静萍．经济社会统计［M］. 北京：中国人民大学出版社，2003.
[6] 莫生红．应用统计学［M］.2 版．杭州：浙江大学出版社，2019.
[7] 马立平，刘娟．应用统计学［M］. 北京：首都经济贸易大学出版社，2019.
[8] 郑长娟．市场研究［M］. 北京：经济科学出版社，2010.
[9] 姜诗章．统计学教程［M］. 北京：清华大学出版社，2006.
[10] 易晓文．统计学基础与实验指导［M］.2 版．北京：高等教育出版社，2020.
[11] 曾五一，肖红叶．统计学导论［M］. 北京：科学出版社，2006.
[12] 李桂荣．市场调查与预测［M］. 北京：经济管理出版社，2004.
[13] 范伟达．市场调查教程［M］. 上海：复旦大学出版社，2002.
[14] 何海燕．商务管理统计学［M］. 北京：中国对外经济贸易出版社，2003.
[15] 金勇进，等．抽样技术［M］. 北京：中国人民大学出版社，2002.
[16] 缪柏其．管理统计学［M］. 合肥：中国科学技术大学出版社，2002.
[17] 赵相忠．市场调查与预测［M］. 重庆：重庆大学出版社，2004.
[18] 刘超．简明应用统计学［M］. 北京：中国人民大学出版社，2010.
[19] 吴世国．统计学原理［M］. 北京：经济科学出版社，2003.
[20] SINCICH T. 例解商务统计学：第五版［M］. 陈鹤琴，罗明安，译．北京：清华大学出版社，2001.
[21] 郑珍远．统计学［M］. 北京：机械工业出版社，2007.
[22] 薛印革．统计学原理与实务［M］. 北京：电子工业出版社，2009.
[23] 徐国祥．统计学［M］. 上海：上海人民出版社，2007.
[24] 李金林，马宝龙．管理统计学应用与实践［M］. 北京：清华大学出版社，2007.
[25] 龚曙明，朱海玲．应用统计学［M］. 3 版．北京：中国水利水电出版社，2010.
[26] 张梅琳．应用统计学［M］.2 版．上海：复旦大学出版社，2008.
[27] 刘思峰，吴和成，菅利荣．应用统计学［M］. 北京：高等教育出版社，2007.
[28] 李洁明，祁新娥．统计学原理［M］.5 版．上海：复旦大学出版社，2010.
[29] 张兆丰，王军，高欣．统计学［M］. 北京：机械工业出版社，2010.
[30] 杜强，贾丽艳．SPSS 统计分析从入门到精通［M］. 北京：人民邮电出版社，2009.
[31] 倪雪梅．精通 SPSS 统计分析［M］. 北京：清华大学出版社，2010.
[32] 程士富．统计指数同度量因素的权数作用及其比例构成［J］. 统计与决策，2008（9）：172-174.
[33] 杜佳龙．统计指数因素分析理论问题研究［J］. 荆门职业技术学院学报，2006（4）：65-70.
[34] 谢龙汉，尚涛．SPSS 统计分析与数据挖掘［M］. 北京：电子工业出版社，2012.
[35] 薛红文．大数据与统计学［N］. 现代物流报，2013-09-16（3）.
[36] 邱东．大数据时代对统计学的挑战［J］. 统计研究，2014，31（1）：16-22.
[37] 耿直．大数据时代统计学面临的机遇与挑战［J］. 统计研究，2014，31（1）：5-9.

[38] 游士兵，张佩，姚雪梅 . 大数据对统计学的挑战和机遇 [J]. 珞珈管理评论，2013（2）：165-171.
[39] 孙允午 . 统计学：数据的搜集、整理和分析 [M]. 上海：上海财经大学出版社，2009.
[40] 高祥宝，董寒青 . 数据分析与 SPSS 应用 [M]. 北京：清华大学出版社，2007.
[41] 时立文 . SPSS19. 0 统计分析从入门到精通 [M]. 北京：清华大学出版社，2012.
[42] 吴广 . SPSS 统计分析与应用 [M]. 北京：电子工业出版社，2013.
[43] 荣泰生 . SPSS 与研究方法 [M]. 大连：东北财经大学出版社，2012.
[44] 朱建平，殷瑞飞 . SPSS 在统计分析中的应用 [M]. 北京：清华大学出版社，2007.